U0935278

后浪出版公司

THE HOUSE OF THE DEAD

死屋

SIBERIAN EXILE UNDER THE TSARS

DANIEL BEER

沙皇统治时期的西伯利亚流放制度

[英]丹尼尔·比尔 著 孔俐颖 译

四川文艺出版社

媒体评价

表述精湛，扣人心弦……全书生动描述了种种关于罪与罚、赎罪、爱和可怖暴力的惊人与悲伤故事。书中人物包括专制者、杀人者、卖淫者、英雄。这是一部绝妙的佳作。

——西蒙·塞巴格·蒙蒂菲奥里

我们很难去想象这个在沙皇统治时期地狱般的西伯利亚刑罚殖民地。这部历史著作描绘了一幅生动、恐怖的图景……该书极其引人入胜，富于真实事例和逸闻轶事。

——大卫·阿罗诺维奇，《泰晤士报》

专业学者为大众写作的典范性作品。尽管他是一个极其平静和冷静的讲述者，但是不公正事件和暴行故事出现在该书的每一页上。

——多米尼克·桑德布鲁克，《星期日泰晤士报》

[这部]关于沙皇统治时期西伯利亚流放制度的杰出新历史著作……令人信服地将西伯利亚置于19世纪俄国乃至欧洲历史的中心。

——《经济学人》

极其出色……一部壮阔的著作，它娴熟地把罗曼诺夫王朝的古拉格与囚犯们令人撕心裂肺的凄惨故事结合在一起。

——道格拉斯·史密斯,《文学评论》

从很多方面来说，西伯利亚确实是一个“死屋”，就像丹尼尔·比尔以骇人且扣人心弦的细节展现的那样。另外要提到，丹尼尔·比尔借用了费奥多尔·陀思妥耶夫斯基那部监狱题材小说的书名，来作为这部杰出新研究著作的书名。

——欧文·马修斯,《旁观者》

研究无可挑剔，写作流畅优美。

——唐纳德·雷菲尔德,《卫报》

虽然比尔的研究主题很黯淡，但他的写作不是。一个个恰到好处的隐喻，把《死屋》提升至标准历史著作的水平之上。

——奥利弗·布洛,《电讯报》

[比尔]采用了大量资料……这些丰富的材料，造就了这部有着细微细节的历史著作……它把“西伯利亚”这个名字的可怕之处变得如此生动，如此清晰。

——《纽约时报书评》

比尔的这部佳作在一段时期内会是英语世界中关于这个宏大主题的权威性著作。

——《华尔街日报》

足以让我们为人类而羞愧……比尔的叙述明晰，评述谨慎而克制。

——《基督教科学箴言报》

比尔生动地描绘了自从西伯利亚殖民化开始以来这个地区极其丰富且悲剧性的历史……在这幅复杂的镶嵌画中，[他]扼要描述了各种囚犯，叙述了他们的苦难和他们忍受的令人反胃的惩罚。

——《外交事务》

一部富有启发性、令人难以忘怀的作品，它阐述了一个巨大的帝国刑罚系统是如何从其腐烂的内核处崩溃的。

——《柯克斯书评》

献给古斯塔夫

约1875年的沙皇俄国

★本书地图均系原书地图

北
冰
洋
白令海
科雷马河
上扬斯克
勒拿河
亚
利
雅库茨克
阿尔丹河
鄂霍次克
鄂霍次克海
萨哈林岛（库页岛）
安加拉河
勒拿河
阿穆尔河
诺亚尔斯克
贝加尔湖
石勒喀河
阿穆尔河
哈巴罗夫斯克
（伯力）
伊尔库茨克
赤塔
符拉迪沃斯托克
（海参崴）
中
国
日本

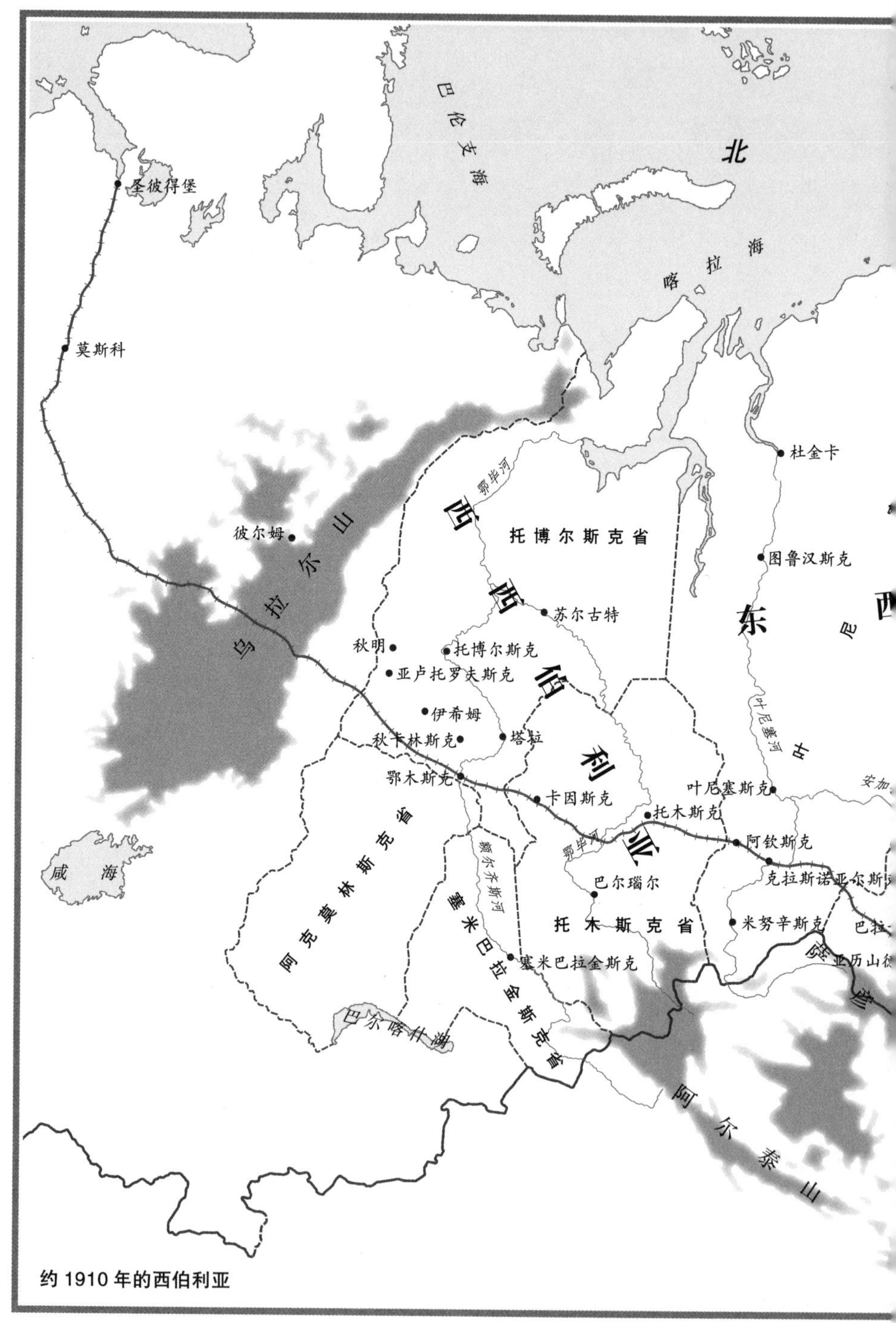

约1910年的西伯利亚

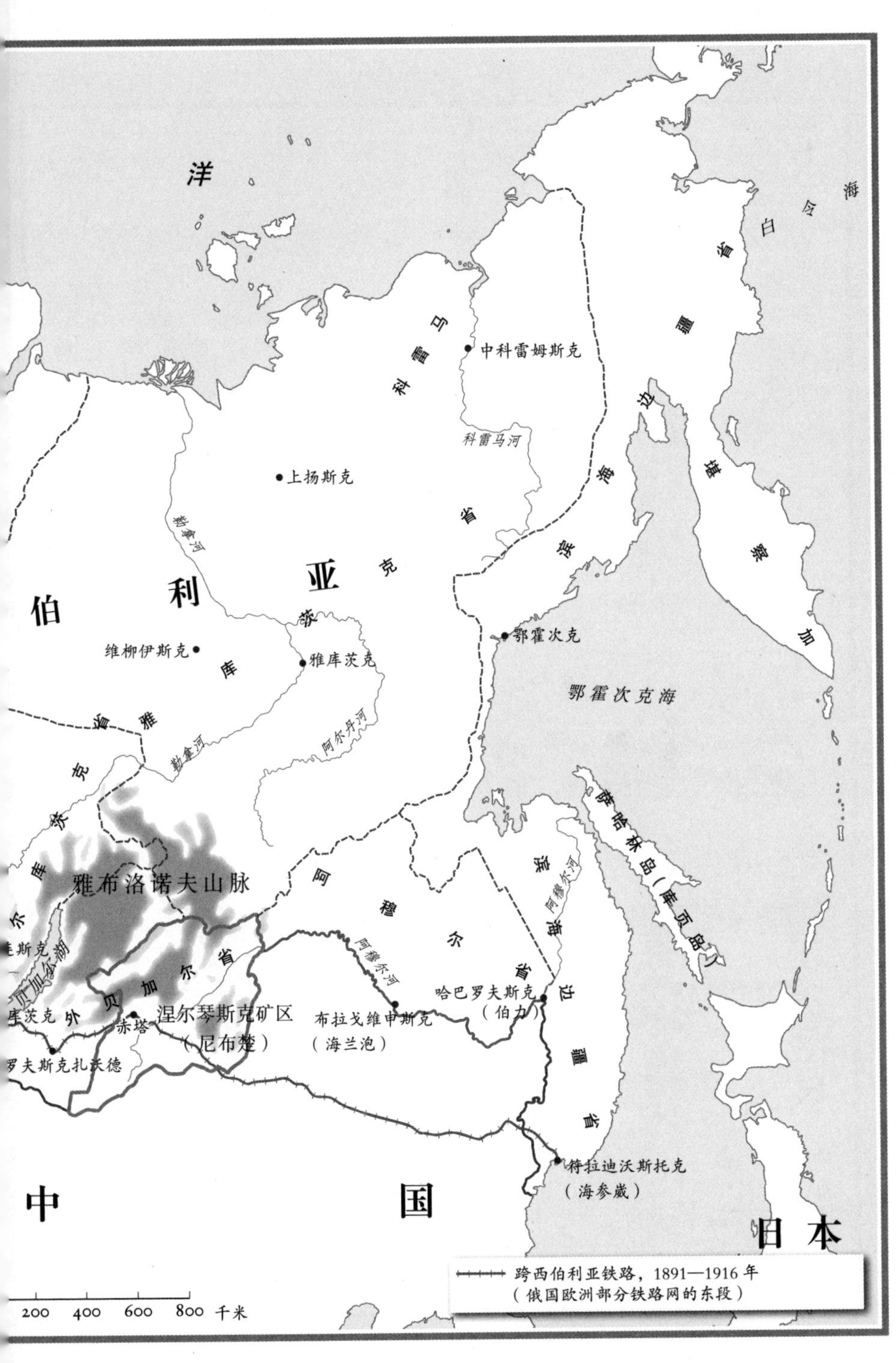

洋
伯
利
亚
中
国
日本
中科雷姆斯克
科雷马河
上扬斯克
勒拿河
维柳伊斯克
雅库茨克
阿尔丹河
勒拿河
鄂霍次克
鄂霍次克海
雅布洛诺夫山脉
阿穆尔河
哈巴罗夫斯克
（伯力）
布拉戈维申斯克
（海兰泡）
涅尔琴斯克矿区
（尼布楚）
赤塔
符拉迪沃斯托克
（海参崴）
萨哈林岛（库页岛）
跨西伯利亚铁路，1891—1916 年
（俄国欧洲部分铁路网的东段）
200
400
600
800
千米

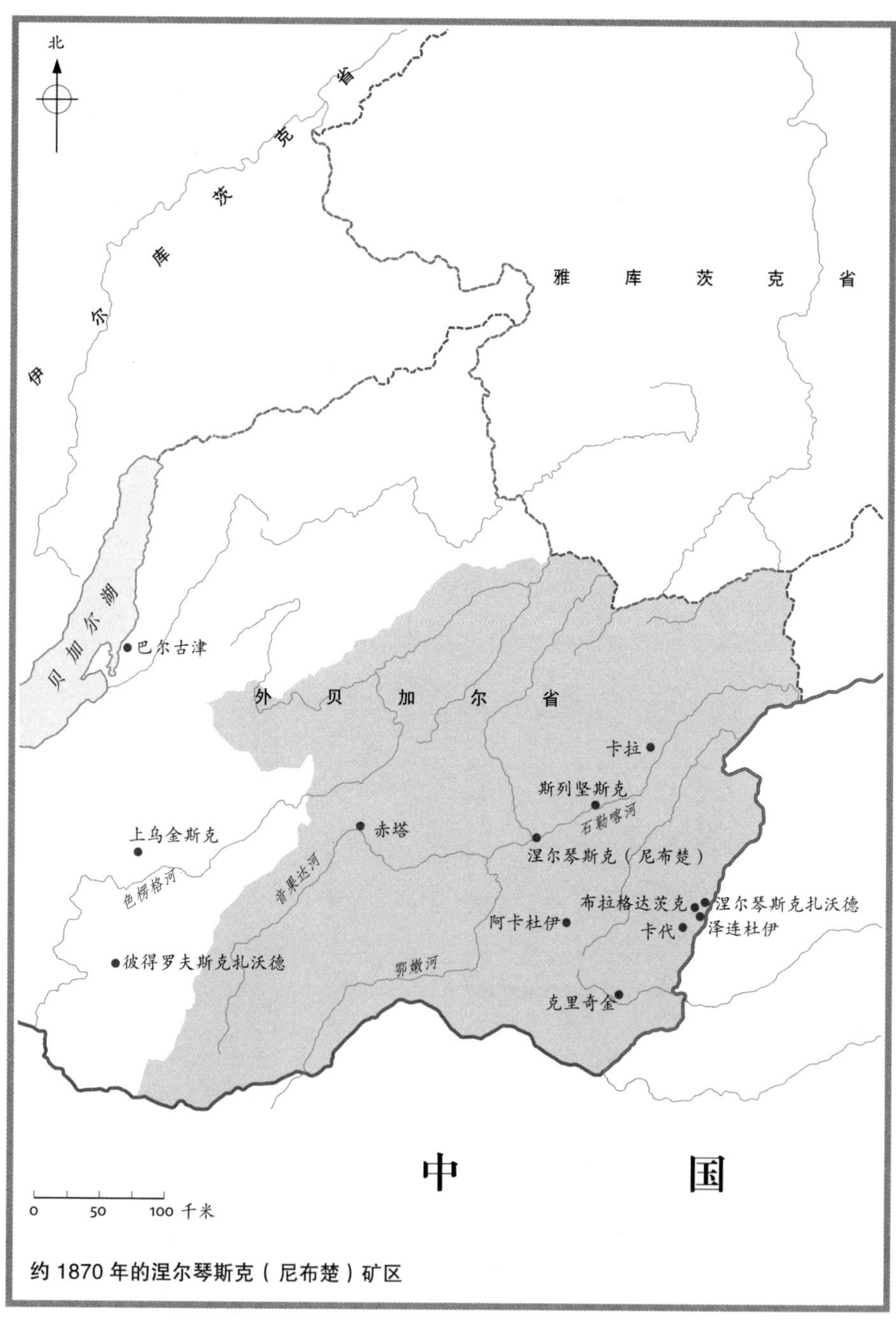

约 1870 年的涅尔琴斯克（尼布楚）矿区

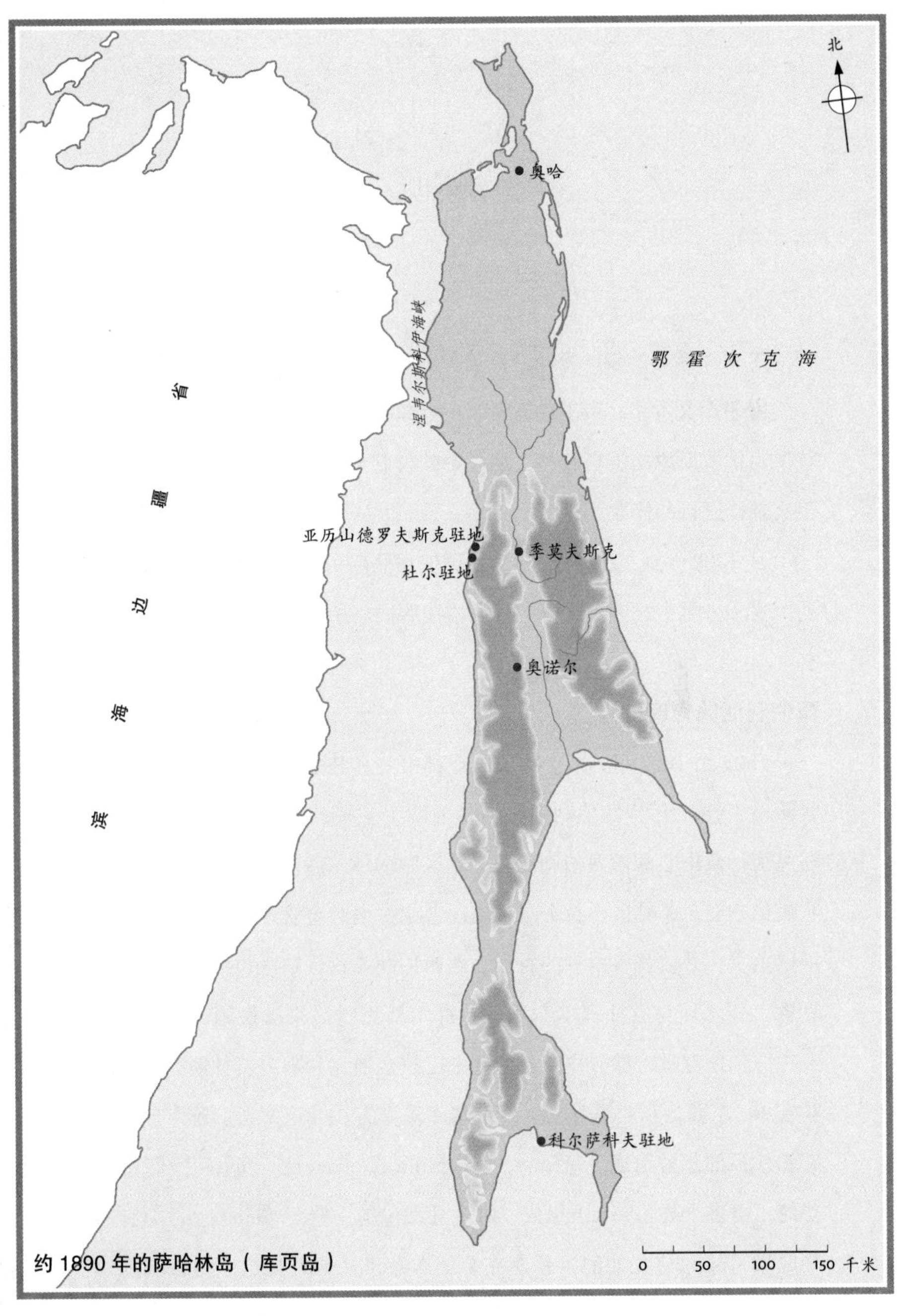

约 1890 年的萨哈林岛（库页岛）

作者说明

本书注释处的俄语音译遵照美国国会图书馆采用的标准体系。

在整个文本中，所有的重量和尺寸单位已经从俄罗斯的帝国系统转换为俄罗斯原始资料和英文翻译中的公制系统。我们已注明对现有英文翻译进行的修改。

从 1700 年到 1918 年 2 月，俄国使用儒略历，这套历法比格里高利历晚十一至十三天。文中的日期均按照儒略历给出。

西伯利亚的管理机构

1803 至 1822 年，整个西伯利亚都由一名驻地在伊尔库茨克的总督统治。1822 年，西伯利亚被划分为两个主要的行政区域：以鄂木斯克为行政中心的西西伯利亚总督辖区和以伊尔库茨克为行政中心的东西伯利亚总督辖区。每个总督辖区各由一名总督管理，总督对圣彼得堡负责，并监督各个省的省长。西西伯利亚总督辖区包括托博尔斯克省、托木斯克省和鄂木斯克省（鄂木斯克省后来被撤销，部分并至托博尔斯克省，部分再细分为塞米巴拉金斯克和阿克莫林斯克两个新省）；东西伯利亚总督辖区由伊尔库茨克省、叶尼塞省、雅库茨克省和外贝加尔省组成。每个省（губерния 或 область）都有一个行政首府，由多个县（уезд）组成；每个县都包括一些乡（волость）。有些区域（округ），如涅尔琴斯克（尼布楚）矿区，在这个等级制度之外，由一名直接对沙皇负责的高级官员统治。1882 年，西西伯利亚总督辖区被取消，托木斯克省和托博尔斯克省转而由中央政府直接控制，而塞米巴拉金斯克省和阿克莫林斯克省形成了新的草原总督辖区。东西伯利亚总督辖区随后被再分为两个新的总督辖区：1884 年的阿穆尔河沿岸总督辖区和 1887 年的伊尔库茨克总督辖区。阿穆尔河沿岸总督辖区管理着外贝加尔省、滨海边疆省、阿穆尔省及萨哈林岛（库页岛）；伊尔库茨克总督辖区管理着叶尼塞省、伊尔库茨克省和雅库茨克省。尽管中间还有一些微小的变化，但这些基本的行政单位在 1917 年之前一直存在。

这里才是自己特殊的、无比丑恶的世界；这里有自己特殊的规章制度，自己的服装，自己的风尚和习惯，以及毫无生气的死屋，这样的生活是别处所没有的，人也是很特别的人。我要描写的就是这特殊的一角。

——费奥多尔·陀思妥耶夫斯基，《死屋手记》（1862年）[1]

目录

序言　乌格利奇的铜钟　1

1　流放制度的起源　9

2　界 标　31

3　折断的剑　57

4　涅尔琴斯克的矿山　91

5　十二月党人共和国　115

6　西伯利亚人　150

7　刑罚堡　181

8　“以自由的名义！”　214

9　库库什金将军的军队　244

10　萨哈林岛　271

11　鞭 打　304

12　“失败者要倒霉了！”　330

13　收缩的大陆　366

14　严峻的考验　393

尾声　红色西伯利亚　427

致 谢　432

注 释　434

出版后记　509

序言

乌格利奇的铜钟

1891 年，一群俄国商人向沙皇亚历山大三世请愿成功，他们获准将一口重 300 千克的铜钟从西伯利亚的托博尔斯克运回铜钟的故乡，即托博尔斯克以西 2200 千米处的乌格利奇。这口铜钟在 1892 年晚春沿伏尔加河而行，搭乘蒸汽船抵达了乌格利奇大教堂前的码头。人们在那里为这口铜钟举行了返乡仪式，此时离铜钟起初被流放西伯利亚正好过去了 3 个世纪。[1]

这口铜钟的厄运是在 1591 年春被决定的，当时伊凡雷帝 9 岁的儿子兼指定继承人德米特里皇子在乌格利奇被割喉。德米特里的母亲及她的家族认为，德米特里皇子是被皇位的有力争夺者沙皇摄政鲍里斯·戈都诺夫下令谋杀的。因此，他们敲响了乌格利奇的铜钟，召集当地百姓起义。乌格利奇人组成了一支起义队伍，他们横冲直撞，杀死了有嫌疑的凶犯和一名来自莫斯科的官员。这场骚乱引起了克里姆林宫的愤怒。戈都诺夫令军队进发乌格利奇，以镇压暴动，并在第二年春天实行了审判。戈都诺夫判处大约 200 名市民死刑，其他人监禁；被监禁者之中，约 100 人遭鞭笞，他们的鼻孔被撕破，口才不错的人被拔掉了舌头。起义者遭受折磨和残害后，被放逐到西伯利亚。

除了对暴动者实施报复，戈都诺夫还惩罚了他们政治团结的象征：他命人把铜钟卸下，鞭打它12下，抽出它的钟“舌”，然后把它流放到西伯利亚。乌格利奇人被迫拖拽着这口参与暴动的铜钟越过乌拉尔山，最后把它安置在托博尔斯克，该城的军事长官把它登记为“第一个无生命的流放者”。这口遭遇噤声和放逐的铜钟成了俄国统治者的权力的证明：他们既可以把不守秩序的臣民驱逐到乌拉尔山以东，也可以让这些臣民无法发声。[2]

然而在随后的几个世纪里，这口铜钟也成了专制政权反对者的一个集结点，这些反对者将戈都诺夫对乌格利奇人的惩罚看作篡权者做出的残忍行径。1862年，被流放到托博尔斯克的贵族伊波利特·扎瓦利申意识到，乌格利奇铜钟是一个“未被消除的控告者，它提供了关于这个完全无过失的城镇所受惩罚的雄辩证词”[3]！到了19世纪中叶，这口铜钟已经不仅象征着君主的最高权威，还象征着这种最高权威所依赖的报复性力量。

在乌格利奇铜钟被放逐之后的几个世纪里，托博尔斯克在西伯利亚流放制度的发展过程中发挥着核心作用。现在，通过该城老城区日益倾颓的木构房屋和新古典主义建筑，人们依旧能够看到流放制度的痕迹。托博尔斯克的中心广场坐落在一片高地上，高地往下50米，是浑浊的额尔齐斯河和向南延伸的下城区。这个广场俯瞰着远处的景致：四周的乡村和缓缓逆流而上的驳船。广场两边各有一座大型建筑。其中一座就是石质的托博尔斯克克里姆林宫，这栋设防的综合建筑张扬着帝国政府的权威和辉煌。城堡厚重的白墙——其上方高耸着索菲亚大教堂蓝色和金色的穹顶——的修建人是流放者，即彼得大帝于1709年在大北方战争（1700—1721年）的一场决定性战斗中俘虏的瑞典士兵。另一座建筑是托博尔斯克中央苦役监狱，它壮观的新古典主义外立面占据着广场的西缘。这座监狱建于19世纪50年代初，是城中的第二座此类建筑，它为已有的脆弱拘留所增加了许多必要的容量。由数百名流放者组成的流放队伍会进入这座城镇，穿过广场，走进监狱的大门，然后被收押在监狱里；而托博尔斯克流放事务部，即整个流放制度的行政中心，将决定他们最终的目的地。流放者被分成新的流放队伍，随后踏上西伯利亚的陆路和水道，去往遥远的村庄和刑罚定居点。托博尔斯克是通往一个大陆规模的监狱的通道。[4]

流放制度在西伯利亚的殖民历程中发挥着核心作用。为了安置来到西伯利亚刑罚堡和殖民地的官员和军事人员，城镇围绕着这些地方逐渐形成。几乎每个西伯利亚村庄都出现过流放者，他们要么正式地定居在西伯利亚各省的各个地区，要么作为流动工、小偷和乞丐非正式地穿梭在各个村庄。西伯利亚的道路上散布着低矮的赭色休息站，流放队伍可以在此过夜。中转监狱、城市拘留所、矿山、工业企业和流放定居点，如同政府权力的肌腱，从圣彼得堡向东延伸。1879年的伊尔库茨克是一座拥有三万居民的繁荣城市，当年的一场大火吞噬了中心城区的四分之三，只有少数石造建筑在大火后幸存，其中之一便是中央监狱。大火后，这座监狱突然醒目地高耸于城市的灰烬之上，它作为一个重要的流放中转站的作用也因此凸显了出来。[5]

托博尔斯克中央苦役监狱一直充当着一个刑罚机构，直到当局在1989年将其关闭。和许多沙皇时代的监狱一样，它在1917年之后被改造，并最终成了亚历山大·索尔仁尼琴所称的劳改营“群岛”（它们构成了斯大林的古拉格）的一部分。无论在俄国还是在其他国家，古拉格都覆盖着沙皇把西伯利亚用作惩罚场所的回忆。然而，在苏联建立劳改营之前很久，西伯利亚就已经是一个有着三百多年历史的大型开放式监狱。[6]

西伯利亚（俄语 Сибирь，发音同英语的 Seebeer）令俄国欧洲部分相形见绌。西伯利亚的面积为 1550 万平方千米，是欧洲大陆的 1.5 倍。西伯利亚从未作为一个独立的政治体存在；它没有明确的边界，没有有约束力的民族身份。它的现代历史与俄罗斯的现代历史密不可分。容易征服的乌拉尔山脉与其说是一个地理边界，不如说是一个欧式俄国的虚构性、政治性界线，在这个界线之外，坐落着一个巨大的亚洲殖民地和一个广阔的刑罚场所。西伯利亚既是俄国的黑暗之心，也是一个满是机遇和繁华的世界。这个大陆黯淡且无情的当下，会让步于更为光明的未来，西伯利亚的流放者将在这个被大肆吹嘘的转变中发挥关键作用。[7]

帝国政府想做的不仅仅是把社会和政治混乱关进它的大陆监狱中。通过清除旧世界里的不受欢迎之人，政府也会在新世界填充人口。为了服务于殖民开发西伯利亚这个更广阔的计划，流放系统将管理并利用日益增多的流放者。在理论上，俄国的罪犯将辛劳地开发西伯利亚的自然财富，并在西伯利亚偏远的地区定居，而且在这样做的过程中，他们将体会到自力更生、节俭克制和勤奋耐劳的美德。然而，在实际上，流放系统分派到西伯利亚腹地的不是富有进取精神的定居者，而是贫困、绝望的流浪者。他们不是靠自己的勤劳为生，而是靠向真正的殖民者——西伯利亚农民——偷窃和乞讨为生。从乌格利奇起义者被放逐到 1917 年沙皇帝国崩溃的这三个多世纪中，“监狱殖民地”这种双重身份所固有的紧张状态从未得到缓解。与俄国统治者的计划相反，刑罚殖民从未成为西伯利亚发展背后的推动力量。反过来，随着流放者人数增加，这种制度日益成为西伯利亚发展的障碍。

在 19 世纪，西伯利亚流放的规模和强度显著增加，因而它轻松超过了英帝国和法帝国的流放系统。1787 到 1868 年，这 80 年间英国人运送了约 16 万名罪犯到澳大利亚；从 1860 到 1900 年，法国向其海外殖民地流放了约 5500 名罪犯。与之相比，在 1801 至 1917 年，超过 100 万名沙皇臣民被放逐到西伯利亚。[8]

这些流放者中包括来自俄国欧洲部分和波兰城镇的历代革命者。有些革命者为争取自由主义宪法而斗争，有些革命者为民族独立而斗争，还有些人为社会主义乌托邦而斗争。在欧洲共和主义与俄国革命运动交叠发展的历史中，西伯利亚成了一个孤寂的集结待命地区。到 19 世纪末，沙皇政府把成千上万名热诚的革命者放逐到西伯利亚的监狱、矿山和偏远定居点。在与世隔绝和幽闭阴暗的环境当中，这些革命者进行争论，暗自谋划并出版政治小册子，以激励并协调在俄国主要城市的地下革命活动。他们对即将到来的革命——这场革命因现实政治的妥协而缓和——的憧憬填补着空洞的西伯利亚天空。西伯利亚已成为一个巨大的革命和流放实验室，一个日后将统治俄国的男男女女都要历经的仪式。当革命终于在 1905 年爆发时，这些被流放的激进分子把西伯利亚的城镇和乡村变成了暴力反对专制统治的熔炉。监狱的院子里架起了行刑台；而在监狱之外，监狱看守在街头被暗杀。西伯利亚不再是一个防止革命蔓延的隔离区，而是成了一个传染源。

一些名人的传记和著作支配着后来人们有关俄国革命以前西伯利亚流放制度的历史记忆。有些名人本身就是流放者，比如费奥多尔·陀思妥耶夫斯基和弗拉基米尔·列宁；其他人也在他们的报告文学和虚构作品中生动形象地描绘了西伯利亚的囚徒生活，如安东·契诃夫和列夫·托尔斯泰。1861—1862年，在亚历山大二世大改革的“解冻”氛围中，陀思妥耶夫斯基发表了他著名的半自传体小说，该书英译本的书名（*Notes from the House of the Dead*）的意思是“死者之屋手记”，虽然原来的俄语书名更精确的意思为“死亡之屋手记”，但英译名强调的是陀思妥耶夫斯基的如下看法：所有的流放者，无论他们的罪行为何，最终都将沦为一种残酷且令人丧失人性的监狱制度的牺牲品，这种制度就是死者之屋制度。

关于流放制度的文章、回忆录和虚构作品原本如涓涓细流，此后，它们汇聚成了湍流，这股湍流在沙皇时代的最后几十年中滔滔不绝。俄国新闻界就流放制度的恐怖之处和它给西伯利亚本身带来的灾难性后果展开了痛苦的讨论。其他著名作家和艺术家追随着陀思妥耶夫斯基的脚步。在契诃夫的小说《在流放中》（1892年）中，西伯利亚的多年流放岁月夺走了一个年迈渡船工人所有的怜悯、希望和愿望。他年轻的同伴大声说，这个流放者“不是活人，是石头，是泥土”[9]。伊利亚·列宾在1884年绘制了《意外归来》：进入自家餐厅的憔悴年轻男子茫然的眼神以及他的亲人既困惑又震惊的表情不需要再进行解释说明。每一个列宾的同时代人都明白，这个画面描绘了一个政治流放者回家的情景。列宾的画属于那类描绘流放、残酷和苦难（它们长久地与西伯利亚联系在一起）的虚构油画。当亚历山大三世终于在1892年批准流放在外的乌格利奇铜钟回归故乡时，俄国新闻界将这一姿态赞许为亚历山大三世的宽宏大量；但在那些越来越反感灾难性的西伯利亚刑罚殖民制度的公众眼中，铜钟的回归更像是他在承认失败，甚至是大败。[10]

在国外，流放制度也在败坏沙皇专制政权的名声。1880 年，英国讽刺杂志《朱迪》刊载了一幅漫画，灵巧地概括了许多西方观察者的观点：在画中，俄国熊被装扮成一个宪兵，它高举“文明的火炬”，引领着一队戴着镣铐的囚犯奔赴西伯利亚，而这个队列似乎望不到尽头。俄国和波兰政治流放犯的困境引起了欧洲和美国读者出于愤慨的同情，他们纷纷声讨沙皇专制政权的残暴。俄国政治流放犯最能言善辩、消息最灵通的外国代言人是美国记者和探险家乔治·凯南。起先，他同情俄国政府与他认为十分危险的狂热分子所进行的斗争；19 世纪 80 年代后期，凯南获得了内政部的许可，可以畅通无阻地前往西伯利亚各地，并报道他了解到的情况。他表示，他在那里看到的成千上万的男男女女，并不是疯狂和危险的激进分子，而是自由事业的牺牲者。在世界各地，西伯利亚正迅速成为沙皇专制政权的代名词。[11]

然而，虽然流放西伯利亚的著名作家和革命者的个人命运变得广为人知，且在俄国国内外均被讨论；但是绝大多数西伯利亚流放者的命运却不是这样。每有一个被流放的激进分子，就有成千上万个不知名的普通罪犯和他们的家人被带到了西伯利亚，然后被逐渐忘却。他们中的大多数人是文盲，没有办法为后人记录下自己的经历，他们的命运只能见诸警方报告、诉状、法院记录和官方函件中。一个日益发达和复杂的警察国家的组织机构收集并保存了这些文件：它们被装订在一起，包裹在简陋的纸质文件夹中，被束之高阁地存放在沙皇政府部门满是灰尘且年久失修的储藏室里，如今，它们被放置在莫斯科、圣彼得堡和西伯利亚各个城镇的档案馆里。[12]

正是通过这些档案资料和诸多已出版的回忆录与日记，本书还原了从 1801 年亚历山大一世加冕到 1917 年尼古拉二世退位这一历史时期当中革命者和普通罪犯在西伯利亚的经历。这些表述讲述了当沙皇政权与现代世界的政治力量猛烈碰撞时，俄国企图控制其监狱帝国的努力。

1

流放制度的起源

16 世纪末，俄国发起了后来被称为“领土聚合”的征服计划。这次领土扩张填补了因蒙古金帐汗国衰落而造成的权力真空。金帐汗国是一个游牧和半游牧部落组成的联盟，自 13 世纪起，它曾统治着从西西伯利亚至莫斯科的地域，但近来分裂成了几个各自独立的汗国。1582 年，哥萨克冒险家叶尔马克·季莫费耶维奇率几百人翻过乌拉尔山，大胆地袭击了势力日渐衰弱的西伯利亚蒙古首领库丘姆汗。在西西伯利亚打了一场胜仗后，叶尔马克匆忙地在乌拉尔山以东建立了根据地，并宣布这些土地归伊凡雷帝所有。虽然叶尔马克只是短暂地享受了自己的胜利（仅仅过了三年，这名哥萨克首领就在逃离鞑靼人的埋伏时被淹死了），但是由他打开的通往西伯利亚的大门永远不会关闭。俄国人越过乌拉尔山继续发动袭击，库丘姆汗于 1598 年在鄂毕河附近战死，于是这个西伯利亚汗国崩溃了。[1]

此后，俄国人向西伯利亚的层层推进是势不可当的。莫斯科使者、正规兵、外国雇佣兵、商人以及来自俄国西南部的顿河和第聂伯河地区的哥萨克移居者，这些形形色色的人沿着额尔齐斯河、鄂毕河以及它们的支流不断向东前行。他们在那里建立了要塞，用来充当军力投射和向西伯利亚当地部落收集贡赋的节点。

秋明市创建于1586年，托博尔斯克也于次年建立。至1600年，俄国军队声称乌拉尔山和鄂毕河之间所有的土地归其所有，并向东朝着下一条西伯利亚大河继续推进，即1600千米之外的叶尼塞河。进一步的征服活动随后出现：曼加泽亚在1601年创建，托木斯克在1604年创建……至1630年，西西伯利亚有了约50个设防的村庄，俄国人在叶尼塞河畔的叶尼塞斯克和克拉斯诺亚尔斯克建立了前哨基地。仅仅12年之后，他们越过了西伯利亚最后一条南北向的大河——勒拿河，并在雅库茨克稳固建立了自己的势力，这最终提供了到达位于北极圈的荒凉流放地的途径。至1649年，他们已经抵达北太平洋沿岸，建立了鄂霍次克海港。9年后，他们又推进了2000千米，到达了距离阿拉斯加的威尔士王子角不到160千米的白令海峡岸边。[2]

正是在俄国向这片大陆的东部发动征服和殖民的过程中，我们可以看到流放制度的起源。俄国的迅速扩张是由莫斯科日益增长的军事实力、后勤能力和行政完善驱动的，但是迅速扩张也令边远而广阔的西伯利亚地区出现了劳工、农民和商人的持续短缺。根据流放制度最早的资料，流放制度不仅使沙皇能够把难以管束的臣民逐出俄国欧洲部分，还可以令他们成为在西伯利亚的战略要地的移民和苦役犯。流放制度在这个更广阔的扩张计划的支持下形成了；惩罚与殖民交织在了一起。

俄国人征服的土地从乌拉尔山向东至太平洋，从北极圈向南至蒙古边境，长8000千米，宽3200千米。叶尼塞河构成了西西伯利亚和东西伯利亚之间的天然边界，两侧的地貌显著不同。除了阿尔泰山脉，西西伯利亚海拔较低，地形平坦、开阔，大量河流流入湿软的土壤中，形成了会在每年春季涨水的沼泽地。东西伯利亚和俄国远东地区的地形更加多样：崎岖的山脉、幽深的峡谷、茂密的森林和多沼泽的低地交织。在东西伯利亚的心脏地带，有世界上最深的淡水湖贝加尔湖。该湖湖面面积约为 3.2 万平方千米，每年冬季皆会结冰。

与流行的看法相反，西伯利亚并非终年被冰雪包裹。冻原地带的永冻层景观只存在于北纬 60 度（横穿瑞典和阿拉斯加的纬度）以北。事实上，西伯利亚的大部分地区覆盖着泰加林，这个宽一两千千米的地带密布着针叶林和落叶林。泰加林以南是草原，这片由草地和荒漠组成的地区地形平坦，没有树木。大多数西伯利亚人生活在北纬 60 度以南，那里的气候类似于欧洲的气候。大部分西伯利亚城镇（事实上其地理位置比莫斯科更靠南）的夏季气温经常可以攀升至 30℃。但是，在这个大陆性气候最典型的地区，冬季极为严酷。气温频频在 9 月跌破 0℃，到 12 月更低至−20℃，刺骨的−30℃至−40℃也并不少见。至晚春时节，气温才回升至 0℃以上。[3]

在 16 世纪后期，西伯利亚人口很少。这里总共有约 23 万原住民，他们使用不少于 120 种语言。这群人包括在北部冻原地带的驯鹿牧民、在泰加林带的密林里的猎人和在南部草原的游牧民。西西伯利亚的奥斯加克人是最先遇到俄国人的部落之一，这个部落放牧驯鹿、打猎、设置陷阱，在鄂毕河和额尔齐斯河水域捕鱼。西伯利亚中南部地区主要活动着半游牧的突厥民族鞑靼人和吉尔吉斯人，他们放牧自己的羊群、播种小麦、开采铁矿并贸易丝绸。通古斯人在西西伯利亚和东西伯利亚的泰加林流转，在林中狩猎、放牧驯鹿。雅库特人则形成了一种围绕着在勒拿河流域的牛马放牧的生活方式。虽然他们逐渐接受了俄罗斯民族许多风俗，但他们仍在夏天住在用兽皮和桦树皮制成的圆顶帐篷里，在冬天生活在用黏土、树皮和牛粪制成的圆顶帐篷里。骁勇善战的布里亚特人在外贝加尔（位于东西伯利亚的贝加尔湖以东的地区）的崎岖土地上放牧羊群，到17世纪，他们已经开始与南部的中国人做皮毛和皮革生意。在更往东南的阿穆尔河流域，生活着吉利亚克人，他们是身披鱼皮和狗皮的农民和渔民。在遥远的东北部，在整个欧亚大陆气候最恶劣的地方，居住着楚科奇人和科里亚克人，他们是靠食用驯鹿、鲸鱼和海豹肉为生的强悍渔民和猎人。大多数西伯利亚原住民通过萨满巫师与他们的神沟通，崇敬他们捕猎和放牧的动物。有些原住民在17世纪皈依了基督教，如雅库特人；其他原住民则开始用佛教僧人取代其部落巫师，如布里亚特人。[4]

在人们在这片土地上发现储量丰富的贵金属之前，吸引俄国人东进的磁石是毛皮。欧洲和亚洲对西伯利亚毛皮的广泛需求将这片荒野变成了一个似乎取之不尽的宝藏。哥萨克人、士兵、政府官员及私人毛皮商（被称为 промышленники）翻过乌拉尔山，然后沿着这片大陆上的河网并利用水陆联运来走过这段路程，从而更加深入西伯利亚腹地。他们成群结队地行动，少则两三人，多则六十人或更多人，而且常常由在设防的俄国城镇和定居点办公的西伯利亚总督资助，就这样，他们踏上了收集毛皮的征途。在俄国欧洲部分与西西伯利亚的城市及要塞之间往返，通常需要一个冬天和两个夏天的时间，而远至雅库茨克和外贝加尔的行程则需耗费三倍的时间。各种危险侵扰着旅途。一个定居点和另一个定居点之间可能相隔几百千米；在冷酷无情的森林、沼泽和山区里，不太严重的轻伤或疾病都可能会是致命的。然而在一个原本极为贫穷的农业经济体中，毛皮贸易的收益是惊人的。私人毛皮商带回的松鼠皮、狐狸皮、白鼬皮、貂皮及最珍贵的黑貂皮在俄国欧洲部分和更远的地方卖到了天价。一只黑色北极狐的毛皮就足以购买一个相当大且带有马、牛、羊和家禽的农场。[5]

在俄国人向东推进时，他们用软硬兼施的手段从西伯利亚原住民那里榨取贡赋。那些与私人毛皮商合作的人可以得到报酬和保护，而拒绝合作的人以及疑似隐瞒财产的人则付出了惨痛的代价。酷刑、劫持人质和谋杀司空见惯；整个村庄会被夷平。有些部落（如奥斯加克人）已习惯于向他们之前的蒙古统治者缴纳贡赋，他们想要向不断推进的俄国人让步，结果却震惊于新主人的贪婪。布里亚特人等其他部落则从一开始就抵制入侵。但是即便有时这些西伯利亚部落能够团结起来共同守卫他们的土地，他们也只能做出零星的抵抗。无人能够敌得过俄国军队的火力，而且成千上万人死于入侵者携带而来的疾病。只有地处遥远的东北部、被冰雪封住的楚科奇，因为令人却步的自然险阻和极少的毛皮产量而延缓了俄国的推进。[6]

随着时间推移，俄国人恩威并施的手段取得了他们想要的结果：西伯利亚的原住民接受或屈从于这个新的贸易帝国，与他们的新主人谋求和平，并缴纳贡赋。在这场可说是极其成功的由国家控制的领土征服活动中，私人毛皮商收集了大量毛皮。1630 年夏，他们经曼加泽亚运送了 3.4 万条黑貂皮；1641 年夏天，不少于 7.5 万条黑貂皮通过了位于雅库茨克的沙皇海关。扩张中的沙皇俄国极端高效地监管着毛皮收集，因而到了 1700 年，这种“软黄金”的供应临近枯竭。[7]

随着时间推移，俄国政府依靠一套复杂的关系网来让自己在这片新的边疆世界中施加影响，关系网的一方是商人、设陷阱捕兽者和哥萨克人，另一方是沙皇在西伯利亚定居点设置的早期总督，他们通常是互惠的，但有时是对立的。由于俄国经济困难，它的东扩计划不得不自筹资金，因此西伯利亚总督获准在向国家上交固定份额的前提下，通过贩卖毛皮、酒和女性来养活自己及下属，这种做法被称为“自给自足”。有些总督因此积累了巨额财富。为了确保他们不会过度勒索和贪污，政府在返回俄国欧洲部分的主要道路上设立了检查点，以搜查返程的总督，没收多余的掠夺品。虽然“自给自足”的做法被容许存在，但它在西伯利亚官员当中确立的免责制（甚至可说是免罚制）在19世纪之前一直困扰着圣彼得堡。偷窃、贪污和贿赂盛行于行政部门的各个层级，上至西伯利亚的省长，下至低等文员。然而尽管俄国的帝国系统有未完善之处且其权力结构简易、不合规范，但是它不仅完全足以收集西伯利亚的毛皮，而且足以征服、掌握并最终管理广阔的土地。对西伯利亚的征服将俄国从一个在欧洲边缘的次等王国变成了世界上最大的大陆帝国。[8]

俄国人首先是作为战士、设陷阱捕兽者和商人来到西伯利亚，但是在17世纪的进程中，他们在西伯利亚的活动从毛皮贸易转向了农业生产，从收缴贡赋转向了在此定居。1622年，共有约2.3万名俄国人和多个国家的人生活在乌拉尔山以东；至1709年，人数达22.7万且仍在不断增加。在毛皮贸易盛期出现的边疆要塞逐渐发展成更为稳定的城镇和贸易中心。17世纪下半叶，托博尔斯克崛起为在西西伯利亚的俄国行政、宗教和商贸中心。到1700年，托木斯克在西伯利亚中南部扮演着类似的角色，而叶尼塞斯克这个往来雅库茨克和远东地区的所有贸易都要经过的中转站，在更偏北的地区也发挥着同样的作用。伊尔库茨克建于1652年，它的发展也很迅速，先是作为一个从外贝加尔的布里亚特原住民那里收集毛皮贡赋的中心，后来成为中国和俄罗斯帝国之间的一个贸易商业中心。[9]

在 17 世纪的最后几十年，因为几波新的移民潮，许多欧洲人在西伯利亚定居。农民从俄国欧洲部分的贫困地区迁移至此。有些人是政府资助的移民；其他人则是逃亡的农奴，他们知道如果自己越过了乌拉尔山，那么他们的主人就几乎不会追踪到他们了。早在 1670 年，仅在托博尔斯克地区就有约 3.4 万名农民。政府官员、哥萨克人、其他士兵和战俘在西伯利亚小城镇和定居点的居民中占很大的比例，并给这些地方增添了明显的军事特征。成千上万名宗教异见人士逃离了俄国欧洲部分对他们的迫害，在更往东的地方建立了定居点，他们可以在那里不受当局干扰地信奉自己的信仰。[10] 到了 18 世纪，西伯利亚有原住民人口约 20 万人，来自俄国和欧洲的人口则由约 15 万名男性和 7.6 万名女性组成。这些群体之间相互通婚。很多俄国移民娶（有时是夺取）当地妇女为妻并与之生儿育女。在叶尔马克首次越过乌拉尔山一个世纪之后，一种西伯利亚生活方式开始形成。俄国士兵、工匠和农民与西伯利亚原住民生活在一起，并逐渐成为稳定的殖民者，被称作“老西伯利亚人”（Сибиряки 或 Старожилы）[11]。

然而，和老西伯利亚人居住在一起的人是并非主动选择来到西伯利亚的男男女女，他们被迫离开了自己的故乡，被扔到了这个后来被称为“没有屋顶的大监狱”的地方。西伯利亚既是充满机遇的土地，也是刑罚的世界；既是自由移民的土地，也是不自由的流放者的土地。在沙皇统治时期，这两个角色之间明显存在着根本性的矛盾，这一矛盾将在随后的几个世纪支配着西伯利亚和流放制度。[12]

流放是一种驱逐行为。托博尔斯克和西伯利亚主教约安·马克西莫维奇于 1708 年宣称：“为了避免身体垮掉，我们不得不清除体内的有害物质，在国民社区中也是如此：所有健康且无害的要素可以存留在这里，但是有害的要素必须被清除出去。”[13] 帝国理论家们一再将西伯利亚描绘成一个超出帝国想象边界的世界，君主可以将杂质清除到那里，以保护政治和社会机体的健康。这些比喻说法随着时间推移而不断变化，但基本的信念仍然是说，西伯利亚是收容帝国自己的机能紊乱的容器。

将罪犯驱逐出俄国社会的惩罚是在一种残酷的仪式中公开施行的，这样做既强调了罪行的严重性，也维护了统治者的权力。犯有严重罪行的人会在公共场所遭受鞭打；男性重罪犯的面部还会被打上烙印，鼻孔被撕破。英国历史学家威廉·考克斯在 18 世纪 70 年代穿过俄罗斯帝国时，在圣彼得堡的中心市场看到一个杀人犯正在遭受这样的鞭打。考克斯挤过人群，爬到广场边缘的一座小屋的屋顶，从这个有利位置目睹了行刑过程。行刑者挥舞着最可怕的肉刑刑具——皮鞭（knout）。这种皮鞭由结实的生牛皮构成，直径约 4 厘米，被一个铜环固定在一根长约一米的编结而成的皮质鞭子上，皮质鞭子又连到让行刑者手持的长木柄上：

> 行刑者每次抽打前都会先后退几步，同时向后挥动握着皮鞭的手。然后他倾身向前，用相当大的力气将皮鞭平直的尾端垂直地打在罪犯赤裸的脊背上，鞭痕从衣领到腰部有 6

> 至 7 英寸（约 15 至 18 厘米）。他开始抽打罪犯的右肩，并继续使用同样的力气抽打左肩；直到鞭打了整整 333 次才罢休，这是判决规定的鞭打次数。在遭受这种骇人的刑罚后，罪犯的鼻孔被钳子撕裂；他的脸上被热烫的铁块烙下印记；并被再度被关进监狱，等待被发配到西伯利亚涅尔琴斯克的矿井。[14]

这种残酷的惩罚实际上是帝国的仁慈的证据。从彼得大帝在位（1696—1725 年）时开始，“公民权死亡”或“政治死亡”的惯例剥夺了罪犯的司法权利，并没收了他们的所有土地和财富，以充分显示国家的威力。后在 1753 年，伊丽莎白女皇（1741—1762 年在位）正式用在西伯利亚服苦役取代了绞刑。参政院的一项裁决明确说明，那些犯了可判死刑罪的人今后将沦为“政治死亡”，并“终身服苦役”。从那个时候起，死罪犯人被宣判为“公民权死亡”，他们都会在市场上被行刑者公开鞭打。下文是对一名 18 世纪的重罪犯的典型判决：

> 判处他死刑，把他带到行刑台上，命令他躺在刽子手面前的台子上，然后再把他从台子上带走，说道：“我们伟大的君主对他显示了怜悯之心，恩赐他生命，而不是死亡。我们没有让他被处死，而是……为惩治他的盗窃罪，让他的鼻孔被无情地撕破，这样观看行刑的人就不敢有偷窃的念头，也不敢说任何对伟大的君主不利的话。”[15]

因此，公民权死亡是让人羞耻和痛苦的经历。在 1785 年之后，俄国贵族被免除了肉刑，因为羞愧和耻辱本身就可以对上层阶级发挥可怕的惩罚效力；但对下等阶层来说，由于他们被认为对这类崇高的情感无动于衷，那些标志着将他们从帝国社会驱逐出去的仪式并没有重大仪式感。[16]

考克斯苦笑着说，无论在这些仪式中体现出了什么样的君主怜悯之心，“总体来说，我们也许会发现，尽管俄国的刑事法典明显很温和，但在俄国丧命的罪犯并不比那些设有死刑的国家少”[17]。虽然西伯利亚苦役犯将面对严酷的现实，但是死刑的废除意味着，不仅是他们的惩罚得自沙皇，他们的性命也得自沙皇。君主的权力不单单是夺走生命，而且还在于赐予生命，在随后的几个世纪里，君主的权力一直是流放制度的基石。

西伯利亚流放制度不仅是专制权威的体现，在 17 和 18 世纪，它还拥有了经济目标。随着俄国不断扩张以及它对领土和资源的欲望不断增长，“驱逐出”被“流放到”取代了。在 1592 年的乌格利奇起义者被驱逐之后，国家不断把罪犯、逃兵、妓女和暴乱者发往西伯利亚，通常是送往那些未能吸引足够多的自愿移民的地区。据某项估计，共有 19900 名男性和 8800 名女性在 1662 至 1709 年间被流放到西伯利亚。[18] 在彼得大帝在位时期，苦役犯参与了在圣彼得堡、波罗的海沿岸和亚速海周边的大规模建设项目，这个做法推广到了西伯利亚。彼得大帝的约 2 万名瑞典战俘（包括那些修建了托博尔斯克克里姆林宫的战俘）戴着镣铐被发送到了西伯利亚各地的城镇和村庄，后来彼得大帝在政治上的手下败将和一些逃亡的农奴也来到了这里。现在国家不仅想要开采西伯利亚的自然资源，还努力把移民迁居这里，于是彼得大帝用囚犯在西伯利亚各地的劳动场所开采原材料的做法得到了推广。[19]

18 世纪的基础设施建设是这个殖民进程中的一个显著变化。最初铺设的道路是为了补充西伯利亚的河流网络作为首要交通运输方式的不足之处，使旅程变得更加方便和快捷。西伯利亚人口稀少、地域辽阔，因此政府依靠当地居民来维持交通和通信。未铺砌的道路由农民和当地人维护，在叶卡捷琳娜大帝在位期间（1762—1796 年），他们因自己的劳动而被奖励不必缴纳西伯利亚贡赋。到 1725 年，西伯利亚的大路沿线已经雇用了约 7000 名马车夫。18 世纪 40 年代，通过努力设置驿舍，各个西伯利亚要塞被联结了起来，每个驿舍都配有马车夫和健壮的马匹。路面状况非常糟糕，因而每两个驿舍之间的距离相对较短（1745 年，相距仅 380 千米的塔拉和托博尔斯克之间有多达 20 个驿舍）。联结莫斯科与雅库茨克的西伯利亚大驿道于 18 世纪 60 年代开始建设。这条驿道的建造付出了巨大的代价，无论是在卢布花费还是在罪犯和农奴的生命损失方面都是如此，但这条驿道的确有效改善了车辆的通行条件。[20]

然而，穿越西伯利亚的旅程仍然是一项严峻的考验。步行或者乘车赶路是根据季节决定的，有的季节仅仅是折磨人，有的季节则完全不能赶路。每个春季和秋季，软泥总是让车轴深陷其中。形容这一时期的俄语术语为 распутица，字面意思是“没有道路的时节”。马车常常陷于泥沼中；因为马车颠簸着碾过石头和木头，所以车轮和车轴会折断。夏季，滚滚尘土令旅客几乎窒息，路旁的池塘和溪流在炎热的天气中变浑浊、变咸，周围飞着成群的蚊子和马蝇。在 1787 年终于到达伊尔库茨克后，美国旅客约翰·莱德亚德在自己的日记里写道：

> 我……终于休息了一下，此前我走过了一段非常疲乏的路程，之所以这样说是因为一些很恼人的情况：我和信使一道前行，鞑靼野马以极快的速度载着我在荒芜崎岖的乡间奔跑，其间弄坏了几驾［有篷马车］，被蚊子袭击，一路都在下大雨，当我终于抵达伊尔库茨克时，我浑身湿透（在此前的 48 小时里都是如此），满是泥浆。

只有在冬季，积雪盖住了尘土，骤降的气温冻住了泥泞的土壤，西伯利亚大驿道才变得更容易通行，但旅行仍然耗时数月时间，甚至数年。即使进入 19 世纪 30 年代，在通往太平洋沿岸的鄂霍次克的道路上，仍旧散布着没能扛过旅途的马匹的尸骨。[21]

随着道路慢慢增多、路况逐渐改进，西伯利亚和俄国欧洲部分之间的实际距离不断缩短。到 18 世纪末，政府信使可以在不到 18 周的时间里骑马完成从圣彼得堡到鄂霍次克之间 10500 千米的行程，外贝加尔的涅尔琴斯克则能够在 75 天到达。从首都到西伯利亚东北部的雅库茨克需要 100 天，而到西西伯利亚和中西伯利亚的城市要近得多。如果沙皇在冬宫下达一条指令，他可以放心，这条指令在几个月内就能到达相关西伯利亚官员的手中。[22]

然而，对越过乌拉尔山的移民来说，俄国欧洲部分与西伯利亚的城镇及乡村之间的距离仍然是遥远的。许多作为移民或是流放者踏上这趟征程的俄国农民，此前从未去过离自己出生的村庄几十千米远的地方。对圣彼得堡和莫斯科来说，西伯利亚的部分地区仍然在地理上难以抵达，在心理上距离遥远，正如 18 世纪 90 年代的植物学湾之于伦敦。[23]

但移民还是在往这里迁移，随着 18 世纪的时间慢慢流逝，移民人数越来越多。到 1762 年，超过 35 万名男性农民在西伯利亚定居；到 1811 年，这个数字攀升至超过 60 万。贸易和农业的发展逐渐将西伯利亚边疆定居点变成繁忙的城镇。四周环绕着肥沃可耕地的托博尔斯克成了一个贸易中心。1782 年，348 名商人和 2761 名工匠构成了托博尔斯克的过半数居民，此外还有 725 名流放者、487 名马车夫、151 名皈依基督教的原住民和 300 名退役军人。至 1790 年，托博尔斯克拥有 12 名圣像画家、18 名银匠、35 名枪支技工、45 名铁匠、1 名钟表匠和许多其他工匠，包括裁缝、女装裁缝师和鞋匠。[24] 当苏格兰探险家约翰・邓达斯・科克伦在 19 世纪 20 年代初到访这座城镇时，他发现：

> 这里有很多气派的教堂……街道上铺设着木板，建筑大多也是用木材建造的。市场和集市监管良好，总的来说，这座城镇非常干净……托博尔斯克附近可以看到成群的牛，这里的食物价格低廉，储量丰富……或许更值得注意的是，这里的社会公正；这个地方此前一直被认为是野蛮和残酷的中心，可是这里展现出了最为令人满意的特点。[25]

叶卡捷琳娜大帝在 1775 年将西伯利亚划分为东西伯利亚和西西伯利亚，此后，伊尔库茨克像托博尔斯克一样成了一个地区首府。到 18 世纪 90 年代，每年有价值多达 700 万卢布的货物会经过伊尔库茨克，每年冬天有多达 1 万驾雪橇聚集在伊尔库茨克，然后向西运送来自中国的货物。行政权力和生机勃勃的贸易带来了大量财富和规模不断扩大的西伯利亚商人阶层，他们与俄国官员家庭通婚，从而开始形成一个地方文明社会。伊尔库茨克的第一座公共图书馆于1782年开放；到18世纪末，该城还拥有一个业余剧院和一支完整的管弦乐队。科克伦这样描述伊尔库茨克：“街道宽敞且笔直……大部分房子是木构建筑，但也有许多房子是砖石建筑且建筑风格出众。”[26]

尽管如此，到19世纪初，只有托博尔斯克、托木斯克和伊尔库茨克这三座西伯利亚城市的人口超过1万人，没有一座城市的人口超过1.5万人，大多数城市的人口少于5000人。此时西伯利亚的总人口包括原住民、俄国农民定居者以及流放者，加起来只有大约100万人，他们集中在西西伯利亚的城镇和乡村以及叶尼塞河以东的几个城市中心。大多数西伯利亚城镇实际上只比大村庄略大一点，它们被大片冻原、泰加林和草原地带分隔开，其间散布着从事农业、贸易和手工艺的居民的小规模定居点。尽管国家将哥萨克人、退役士兵、农民和定居流放者列入不同的法律范畴，但这些人比邻而居，而且共同忍受着西伯利亚的恶劣气候和荒凉地带构成的无情挑战。大多数村庄沿着西伯利亚的航道、驿道和商路分布；有些则毗邻矿山、盐场和酿酒厂。各种各样的非自愿移民在这些或者属于沙皇或者属于私人土地所有者的工业企业里辛苦劳作。有些是被判处服苦役（каторга）的罪犯，有些是逃兵和逃亡的农奴，其他人则是被其主人从俄国欧洲部分强制发送到西伯利亚的国家农民或私人农奴。[27]

随着国家在18世纪加强中央集权，它不断增加对社会的控制。很多此前无罪的活动（砍伐橡树、采盐、流浪、进入私人土地、乞讨等）变成罪行，并可被判处流放西伯利亚。在安娜女皇（1730—1740年在位）和伊丽莎白女皇在位期间，刑罚殖民通过一堆新法律发展了起来。新法律让欠债者、宗教异见人士和罪犯也成了西伯利亚非自愿的新成员。帝国也见证，或者至少现在能够记录，轻微犯罪和有组织的严重盗匪行为均明显增加。这两类犯罪活动都为西伯利亚的刑罚工厂增加了新成员。俄国欧洲部分城市里的妓女、窃贼、醉鬼和乞丐经常会遭到围捕，然后被带到西伯利亚。[28]

随着农奴制加紧对俄国农民的控制，国家和不愿放弃自由的百姓之间的暴力冲突也出现了。18 世纪，俄国因暴力起义而动荡不安，如 1707—1708 年的布拉文起义与 1773—1775 年哥萨克人和农民起义，后者由叶梅利扬·普加乔夫领导，是其中最为引人注目的。兵败的起义者如果躲过了大屠杀和绞刑架，就会戴着镣铐被送往西伯利亚。[29] 还有成千上万的人没有造反，而只是想要逃离农奴制和长达 25 年的兵役，于是他们躲进了俄国的乡村地区。无法出具国内证件的流动劳工和乞丐会被（常常是直接）当作逃亡的农奴或逃兵，从而遭受鞭打和流放。随着流浪在 1823 年被定为犯罪行为，上述惩罚这些劳工和乞丐的做法达到了高潮，每年被流放到西伯利亚的人数激增。在 1819 至 1822 年间，每年有超过 4000 人被流放到西伯利亚；1823 年，这一数字增加到近 7000 人，次年这一数字几乎翻了一番。1826 至 1846 年的 20 年间，被流放到西伯利亚的 16 万人中有 48500 人是被判为流浪者。[30]

18 世纪后期，俄国第一次出现了思想领域的反对力量。在乌格利奇起义者被放逐到托博尔斯克近两个世纪后，俄国专制政权仍然将西伯利亚视为一个倾卸异见人士和颠覆者的便利场所。历任沙皇都把宗教当作政治合法性的思想堡垒。叶卡捷琳娜大帝流放了成千上万名旧礼仪派（反对 17 世纪 60 年代的宗教礼仪改革的东正教信徒）成员和乌托邦教派（如鞭笞派和莫罗勘派）成员。这些驱逐活动确立了一种迫害和流放宗教异见人士的模式，这种模式将一直持续到20世纪初。[31]

随着法国大革命到来，即便是叶卡捷琳娜大帝这个钦慕孟德斯鸠，与伏尔泰和狄德罗通信的最开明的专制君主，也倾向于把所有对她的国家的批评视作在意义上和目的上的革命。作家亚历山大·拉吉舍夫因为在《从彼得堡到莫斯科旅行记》（1790年）一书中阐述了对俄罗斯帝国的政治、社会和道德堕落的广泛批判而被流放到了西伯利亚。尽管拉吉舍夫提出了明显是反革命（和预言性）的警告，即警示如果国家无法解决农奴制和农村贫困弊病而会出现的暴力事件，叶卡捷琳娜大帝还是被激怒了。她谴责拉吉舍夫为“比普加乔夫还恶劣的人”，并以煽动暴乱和冒犯君主的罪名审判他。拉吉舍夫被认定有罪并判处死刑，后叶卡捷琳娜大帝改判为流放伊利姆斯克十年，那是一个位于东西伯利亚的遥远要塞定居点。然而，拉吉舍夫只服了五年刑期，因为乐于推翻母亲决定的保罗一世（1796—1801年在位）将拉吉舍夫召回了圣彼得堡。在18世纪末，拉吉舍夫是一个孤独的西伯利亚政治流放者，但是从19世纪末回看，拉吉舍夫似乎是后世思想反叛者的先驱，他们先是拿起笔，后来拿起枪，来反对专制政权。[32]

沙皇政权继续利用司法和司法外的机制来放逐那些其宗教和政治信仰被认为有害于公共利益的臣民。“行政流放”制度使沙皇政权可以规避法律细节和公众惯例。人们会被悄悄地逮捕，在没有上诉权利的情况下被直接从俄国社会中驱逐出去。一个喀山省的文员在1821年指控省长贪污，后来这个文员被指责为“可疑的”，并被放逐到西西伯利亚的托木斯克。官僚无能、贪污腐败和漠不关心，制造出了一个充斥着荒唐规定、不实指控和秘密逮捕的迷宫。[33]

尽管18世纪流放者的人数在增加，但俄国在西伯利亚不断发展的刑罚工厂仍旧面临着长期的劳动力短缺。为了部分解决新成员的缺口，政府试图向帝国各地的一系列社会机构和公共机构授予行政流放的权力。1736年，工厂、矿山和冶炼厂的私人所有者及国有工厂的经理获得了流放“表现不当的工人”的权力。由于注意到“在西伯利亚的伊尔库茨克省和涅尔琴斯克地区有很多适合定居和农耕的地方”，1760年，参政院颁布了一项法令，允许地主和修道院将他们的农奴交给国家。地主现在能够拟定可以选来流放到西伯利亚的男男女女的名单，名单一般由村庄里的长者提供，名单上的人被描述为“下流的”“淫秽的”或有“不道德行为”。作为额外的激励，15岁以上的男性可以代人入伍，以顶替农奴主必须为国家征募的士兵。该法令力图将令人讨厌的农民逐出俄国欧洲部分，同时为东西伯利亚不断发展的工业场所提供大量廉价劳动力。

行政流放也使得农奴主可以摆脱那些不顺从、不中用或者仅仅是自己不喜欢的农奴。伊万·屠格涅夫在1874年的自传体中篇小说《普宁与巴布宁》中描绘了他自己的家庭是如何专横地对待自家庄园中的农奴的。叙述者的祖母（这个人物的塑造受到了屠格涅夫的母亲的启发）挑出了一个年轻的农奴，她指责这名农奴对她不够尊重。祖母让他被流放到西伯利亚，在让他离开时，她“冲着窗户挥了挥手帕，仿佛在驱赶一只恼人的苍蝇”[34]。

但俄国农民并不是专横主人的被动受害者；他们也把流放制度用作社会控制和净化的工具。农民社区时常和农奴主勾结，对残疾人和精神疾病患者实行行政流放。对农奴和他们的主人来说，摆脱那些给村庄造成经济负担的人符合他们双方的既得利益，但这些人唯一的罪过就是没有工作能力或头脑愚钝。[35]1835 年初，在西伯利亚的 97000 名流放者当中，28500 人被标示为“没有工作能力”。此外，根据 1669 年订立的法律，农民和商人社区这些自发成立的合法机构可以像农奴主一样拒绝接纳刑满返乡人员。一个罪犯或许会被认定有罪、遭受鞭打、被判处监禁，但在他（她）终于获释之际突然发现，自己之前的社区不允许自己回去。在这种情况下，这名罪犯便会明白，自己被行政流放到了西伯利亚，即便是他（她）原来的罪行不应处以这种刑罚。阿列克谢·列别捷夫的遭遇是千千万万个例子当中的一个。他是一名莫斯科商人的儿子，因小偷小摸在 1846 年被定罪。列别捷夫遭受了鞭打和短暂的监禁，但他的商人社区拒绝重新接纳他，于是他被流放到了西伯利亚。[36]

除了可以拒绝接纳获释的罪犯，这些农民和商人社区还被赋予了更多的权利。一条 1763 年的法令使这些社区能够行政流放本社区的成员，即使他们的罪行未被证实，而仅仅是有犯罪嫌疑。由于缺乏足够的农村警力，沙皇政府依靠这些下放的惩罚行动来维持俄国欧洲部分的法律和秩序。1857 年，在雅罗斯拉夫尔这个面积 3.6 万平方千米、人口 95 万人的俄国中部省份，内政部仅能依靠 244 名警察来维护治安。至 1900 年，为了整个帝国的近 9000 万高度分散的乡村人口，政府只配备了 1600 名治安官和 6900 名警佐。由于沙皇政府无法委托自己的机构来维护法律，政府便将调查犯罪活动、逮捕作恶者和定罪的法律责任移交给了多个社区、行会和机构。一些不幸的人被草率地宣判有罪，然后被交付当局以流放西伯利亚。流放制度从来都不仅仅是高压政府的一个工具，也是农民和商人社区用来对付自己的成员的惩罚手段。[37]

因而对农奴主、工厂主、村民会议和商人行会来说，行政流放是一种清除惹是生非者和生产能力低下的成员的有效工具。这种制度被近乎无限地滥用。从小偷、杀人犯和强奸犯到被诽谤者、迷信受害者和村庄政治受害者，这些人都会戴着镣铐被押送到东方。行政流放的使用和滥用令流放者的人数在19世纪上半叶激增。从19世纪30年代开始，超过半数的西伯利亚流放者从未见过法庭的内景或听过法官的裁决。许多被乔治王时代的英格兰判处流放殖民地的人可能犯的是极其轻微的罪行，但至少他们是由地方法官或陪审团定罪。俄罗斯帝国的绝大多数农民和商人被排除在法律保护之外，这为西伯利亚的流放定居点和刑罚殖民地提供了源源不断的新人口。[38]

到了18世纪后期，叶卡捷琳娜大帝的专制政权已经把流放制度发展成一个成熟的由政府主导的西伯利亚殖民项目。[39]仅在叶卡捷琳娜大帝刚开始执政的20年时间里，就有约6万名叛乱分子、宗教异见人士和政治犯以及罪犯、妓女、行政流放者和他们的家人等几类常见的流放者被流放到西伯利亚。女皇非常关注非自愿移民的生产能力，因而她试图改革流放制度。女皇规定，那些经常施予西伯利亚流放者的肉刑不能过于残酷，不能令其伤残，因为他们必须保持劳动能力。出于同样的原因，叶卡捷琳娜大帝想要阻止老人和体弱者被流放，但是，女皇的权力在距离圣彼得堡数千千米远的地方非常有限，因此她的指示几乎没有产生显著的影响。因为农奴主、农民和商人被授予了流放权力，所以那些西伯利亚新成员被选中仍旧不是因为他们具有潜在的生产能力，而恰恰是因为他们缺乏生产能力。[40]

虽然殖民活动给帝国在西伯利亚的政策提供了一个更广阔的目标，但是被各种临时增设的法令、法律和临时立法驱动的流放制度依然混乱。在伟大的19世纪政治家米哈伊尔·斯佩兰斯基（1772—1839年）的改革下，流放制度首次实现合理化。斯佩兰斯基在1819年被亚历山大一世任命为西伯利亚总督，随后他着手合理化流放制度。1822年，他实施了大量改革，这些改革标志着帝国开始调整和维系西伯利亚刑罚殖民事业。从那以后，犯有重罪的流放者被判处服不同年限的苦役，之后被流放到西伯利亚的某个地区的定居点（ссылка на поселение）；罪行不太严重的罪犯被直接判处不同的刑期，时间从几年到终身不等（也是在某个特定的地区）。一旦流放者服满了自己的刑期，就会离开自己被官方指定的地区，在西伯利亚的任意地方居住。这两种惩罚方式都设想着让流放者最终融入西伯利亚农民群体中。流放者如果想要返回俄国欧洲部分，必须拿到当局授予的明确许可（和一种国内通行证）。他们一定要得到自己所属的农民和商人社区的同意，但他们无法很快获取同意，而且他们不得不自行为返乡之旅支付费用。虽然这些法律经常被自行其是的地方当局轻视，但它们构成了流放制度的基础。刑满后的流放者在打算返乡时会遇到重重法律障碍，其实这些障碍事先经过了精心设计，以确保大多数人最终会留在西伯利亚。斯佩兰斯基的行政、刑罚和后勤改革塑造了19世纪余下的几十年中的流放制度。[41]

更广阔的移民野心现在要求罪犯应被惩戒，甚至被改造。理论上，苦役犯和流放者会被转移到地广人稀的伊尔库茨克省和叶尼塞省，并被分配到特定的工业场所和矿山，例如亚历山德罗夫斯克、涅尔琴斯克和卡拉。正如流放制度清除了俄国欧洲部分的恶棍，西伯利亚流放的严酷条件清除了这些恶棍的恶习。西伯利亚流放者的性别比例失衡，因而到 18 世纪中期，当局已经开始担心西伯利亚的妇女短缺问题将使得西伯利亚无法出现人口稳定的刑罚殖民群体。因此，国家鼓励妇女跟随丈夫越过乌拉尔山，因为国家料想她们可以对男性发挥安抚和改造作用。政府甚至还通过了新的法律，规定行政流放者的妻子以及（在经过农奴主同意的前提下）他们的孩子跟随丈夫和父亲来到西伯利亚，然后由政府补偿农奴主的人力损失。通过建立稳定且能够从事生产活动的家庭单位，个体的再生和国家的移民议程实现了完美结合。[42]

然而，国家的规划与国家在西伯利亚位置偏远、人口稀少且管理不到位的地区落实这些规划的能力之间有着一道始终存在的鸿沟。在当地，殖民和惩罚之间矛盾重重。由于资金长期不足、被不当管理且受被囚环境的摧残，在西伯利亚无情的气候和地形条件中，流放者缺乏使自己成为独立的农民和商人所必需的激励机制、技能、财政手段和组织手段。然而，虽然惩罚和殖民的矛盾在亚历山大一世在位时就已经很明显，但在 20 世纪初之前，国家一直坚持把流放作为首要的惩罚工具。

精确的统计数据无法获取，但是据可靠的估计，18 世纪末生活在西伯利亚的流放者有数万人，大约 3.5 万名男性是在 1761 至 1781 年间被流放。到 1801 年亚历山大一世即位时，这些流放者分散在大约 36 万名当地人以及大约 57.5 万名俄国和欧洲移民当中，因此占西伯利亚居民总数的不到 5%。19 世纪，流放者人数很少超过这片大陆总人口的10%。然而，流放者和苦役犯不平衡的集中分布意味着，他们或许会在某个城市或地区的居民中占重大比例。1840年，他们只占西西伯利亚的亚卢托罗夫斯克地区的人口的4%，而占中西伯利亚的卡因斯克地区的人口的31%，占更往东的马林斯克地区的人口的不低于38%。[43]

随着上报的犯罪、社会动荡、宗教不服从和暴乱活动在19世纪持续增加，流放者的人数激增。在19世纪30年代，7.8万名流放者翻过了乌拉尔山脉；到19世纪70年代，人数已攀升至近16.7万。这种刑罚移民的累积效应的结果是，到1897年全国范围的人口普查时，在西伯利亚的576万总人口当中，有30万流放者。虽然当时距俄国革命还有20年，但人数日益增多的被逐出者和他们激起的紧张局势已经加深了社会和政治冲突。沙皇俄国努力把社会和政治混乱囚禁于乌拉尔山以东，但是到19世纪末，沙皇俄国开始变得像一个正在自我毁灭的社会。[44]

2

界 标

在 19 世纪，翻过乌拉尔山前往流放地的囚犯队伍，都会路过一根高 3.5 米的普通柱子。柱子由砖砌成，表面涂石灰。它矗立在圣彼得堡以东约 2500 千米处的林间空地上，一侧刻着彼尔姆省的省徽和“欧洲”的字样，另一侧刻着托博尔斯克省的省徽和“亚洲”的字样。这个俄国欧洲部分和西伯利亚之间的界标非常简易，因而掩盖了它作为流放者跟故乡痛苦分离的标志的重要意义。被流放的无政府主义者彼得·克鲁泡特金公爵冷冷地指出：“在西伯利亚界标上题刻但丁的《地狱》的铭词，会比这两个假装描绘两大洲的轮廓的词更合适。”[1] 美国人乔治·凯南曾在 1888 年穿越西伯利亚，当时他亲眼见到了这个界标旁的景象：

> 在圣彼得堡和太平洋之间的广阔地域，这个地方包含着最多的痛苦暗示，这个小小的林间空地，这个矗立着一根满是悲伤的柱子的空地，是最引行路者伤心的地方。成千上万名流放者，包括男人、女人和儿童，王公、贵族和农民，在这里向朋友、故乡和家园永别……俄国农民，即使他是罪犯，也深深依恋着他的故土；这个界标周围曾经上演过很多撕心裂肺的场景……一些人陷入无限的悲伤当中；一些人在安慰

> 泪眼婆娑之人；一些人跪下来，把脸贴向故土的土壤，然后带上一把泥土随他们去流放地……[2]

经过这根界标柱的流放者有时会在上面涂写最后的告别语句，比如“别了，玛莎！”“别了，生活！”。另一些人为了避免自己被遗忘，会把自己的名字刻在水泥涂层上。这根界标柱没能保存至今（虽然后人已经重建了一根类似的柱子），但是只要这个标志着行政边界的朴素柱子矗立在那里，大众就会始终把它当作西伯利亚流放者遭受过苦难的象征。[3]

在界标柱旁一再上演的悲伤和不幸场景，是一种对沙皇把其臣民驱逐到帝国的广阔领地的权力的衡量方式，正如1649年的刑法典规定的那样，“到君主命令去往的任何地方”[4]。因此，前往流放地的行程是一种对专制权威的衡量方式，向东的每一步都是对统治者的效忠。到18世纪末，在圣彼得堡野心勃勃地在乌拉尔山以东地区推动殖民化的过程中，罪犯及其家人的被迫迁移也发挥着核心作用。

欧洲各个帝国都在努力解决刑罚移民的严峻后勤问题。在18世纪后期，对英国罪犯来说，前往澳大利亚刑罚殖民地的航程是可畏的考验。罪犯精神萎靡地待在船只的监牢中，“在湿漉漉的寝具上瑟瑟发抖，无法外出活动，四周都是盐、粪便和呕吐物，他们忍受着坏血病和疖子”。共有1006名罪犯在1790年随第二舰队出航，其中267人死在海上，至少又有150人在登陆后死去。[5]为了控制运送过程中严重的罪犯死亡问题，英国政府采取了迅速而果断的行动，因为政府明白，将健康的罪犯有组织、高效地运往殖民地，对于更广泛的刑罚殖民开发计划是十分必要的。英国政府严正要求负责运送罪犯的私人承包商改善运送条件，并且延期支付每个罪犯的运送费用，直到罪犯身体健康地下船才会付款。每艘船上都配有一名海军医生，他们对政府，而不是对承包商负责。虽然一些船上仍存在疏忽照看和虐待罪犯的现象，但是到1815年，运送途中的死亡率下降为1/85。到1868年年底，死亡率仅为1/180。[6]

把罪犯流放到西伯利亚的后勤难度并不比大西洋和印度洋的滚滚波涛造成的后勤难度小（甚至可能更大）。每年都让几千名难以管束且有时举止暴力的罪犯跨越几千千米的不毛之地，对当时任何一个欧洲国家来说都是沉重的负担。西伯利亚大陆仅有一套稀疏的路网和几条毫无用处的河流（因为它们都是南北向的，而不是自西向东流），而且这片大陆在每个冬天都是一个危险的冰雪世界。

与那些欧洲对手相比，俄国的国家机器较为原始，在行政重担的压力下已经运转困难。圣彼得堡的势力范围不像伦敦或巴黎那么宽广。即使在俄国欧洲部分，国家也几乎没有与其人民直接接触。国家把管理权下放给拥有土地的贵族、教会、商人行会和村民会议。对大部分俄国臣民（农民阶层）来说，帝国陆军是唯一一个可以让他们直接且持续地与国家力量打交道的机会。西伯利亚行政官员和他们在首都的主人之间距离遥远，这一现象扩大了这种官僚制度缺陷的影响。由于资源不足且几乎没有责任，官员操纵流放制度来谋取私利，无视、剥削并劫夺由他们负责的罪犯。

罪犯离开俄国欧洲部分时身强体健，在路上走了几个月甚至几年后，当他们终于抵达东西伯利亚的目的地时，这些人衣衫褴褛、体弱多病且饥肠辘辘，他们的形象讥讽着圣彼得堡官员所设想的强壮刑罚殖民者。遣送过程本身就挫败了国家在西伯利亚实行刑罚殖民的战略野心。随流放队伍向东跋涉的人既沮丧又绝望，这些人就是对国家的虚弱和无能的控诉。界标柱与其说是君主权力的象征，不如说是其限度的标志。

19 世纪初，流放者几乎都是步行前往西伯利亚。他们可能会从俄罗斯帝国的以下五个城市出发：圣彼得堡、波兰王国的比亚韦斯托克、乌克兰的卡梅涅茨–波多利斯克和赫尔松以及格鲁吉亚的第比利斯。大多数人都会经过在莫斯科的中央中转监狱，他们及其家人从这座监狱向东行进，然后经过弗拉基米尔，那条蜿蜒向东的道路就是因这座城市而得名。弗拉基米尔路（Владимирка）与西伯利亚流放制度同义，它在 19 世纪臭名昭著，伊萨克·列维坦在 1892 年创作的同名风景画（现藏莫斯科的特列季亚科夫画廊）似乎在附和着东去流放者的沉重步伐。

弗拉基米尔路通过喀山和彼尔姆出俄国欧洲部分，穿过乌拉尔山，后与西伯利亚大驿道交汇。西伯利亚的干道在西西伯利亚的开阔平原上蜿蜒，经过秋明、托博尔斯克和托木斯克，然后进入东西伯利亚茂密且多沼泽的森林，经过阿钦斯克和克拉斯诺亚尔斯克，最终到达区域性首府伊尔库茨克。安东·契诃夫形容这条路是“最长而且是我眼中世上最丑陋的道路”。的确，西伯利亚大驿道事实上就是一条狭窄的土路。流放队伍是这条路上的熟悉景象。1856 年的一天早上，英国旅行者威廉·斯波蒂斯伍德在这条路的路旁醒来：“寒冷的黎明来临；在两排白桦树下，一长列衣着单调的人沿着和我们相同的方向行进，低垂的枝条遮蔽着他们的头顶。我们凭直觉猜出了这个队伍是什么，但我们还是很难相信，那么伤感、那么陌生又那么遥远的一个故事正在我们眼前上演。”[7]

流放队伍中的流放者分到了标准服装：质量粗劣的灰色工作服，每件衣服上都有一小块颜色鲜亮的布料，这块菱形的布料缝在衣服的背后，以方便识别他们的罪犯身份（进入西伯利亚的男性罪犯还被剃去了半边头发）。随着冬季来临、气温骤降，赶路的罪犯还分到了羊皮大衣。根据一个同时代人的描述，标准配置的大衣和靴子通常“质量低劣、缝线粗糙，因此罪犯在托博尔斯克分到的衣物无法支撑到下一个地区性城市”。于是，流放者不得不自费从当地居民手中购买替补衣物，当地居民则充分利用了这个垄断市场。那些没有钱自行购买衣服和鞋子的人只好赤脚走路，一路穿着破衣烂衫。流放队伍越往东走，他们就越像是浑身脏兮兮的难民，而不像严加管理的囚犯。[8]

这些罪犯一整年都在赶路。在夏季的酷暑中，数百只脚踩踏出了团团尘土，走在队伍最后的流放者几乎无法呼吸。在开阔的草原上，地面上没有树木，天空中没有浮云，流放者没有任何躲避烈日的机会。在行进途中，脱水和中暑让很多罪犯身体虚脱。秋雨只是让罪犯们在忍受高温后获得片刻喘息，随后，雨水把道路变成了泥泞的沼泽地，罪犯们咯吱咯吱地走过没膝的泥泞之地。9月下旬便会迎来第一次冬霜。气温在-20℃时，哈出的气会冻在人的胡须上；在-30℃时，寒气刺痛着人的肺部。1828年1月，一位年轻女性乘马车穿过西伯利亚，前去陪同她被流放的未婚夫，她在-46℃的低温中遇到了一支流放队伍：

我听到了一个声音，那种声音我当时听着很陌生，但后

> 来对我来说就很熟悉了。这是镣铐碰撞的响声……这群人都戴着镣铐，有些人甚至被拴在金属杆上。这些不幸的人构成了一幅可怕的景象。为了让自己的脸不受冻，他们用脏布遮住整张脸，并在眼睛处划出了破洞。[9]

极冷的气温、肆虐的暴风雪和厚厚的积雪常常让流放队伍经历致命的考验。

政府巡视员报告，许多流放者在从俄国欧洲部分出发时并未带着足够的钱和够穿的衣服，另一些流放者的钱财被途中的官员夺走了。还有一些人，虽然地方官员为他们配备了适当的物资，但他们“却因为自己的疏忽和不负责任，而在走完一半路途之前就把自己的钱财挥霍殆尽”。很多在行进途中的流放者最终不得不出售自己的大衣；他们食物和衣物短缺，筋疲力尽，依靠他们借住的西伯利亚庄户人家的救济品果腹。

档案保存状态极为糟糕，与之相关的问题包括不同的罪犯队伍混淆，文件被弄丢、篡改。1806 年，亚历山大一世在一项法令中确认，西伯利亚当局“对送往他们那里的定居者的性别和人数并不清楚”。为了解决这些问题，政府提出在流放者经过的各个省的第一个定居点配备官员。这些官员将负责草拟精确的名单，上面记录着抵达那里的流放者的确切人数、他们的身体情况和目的地。但是这类措施收效甚微，这套系统中的档案保存仍然是随意和不完整的。因为流放者会出现逃逸、死亡、在途经的省份被拦截等问题，所以官员们无法精确统计流放者的人数和所在位置。[10]

国家想要为国有工业企业增加劳动者，但沿途的地方当局却实行了一些与国家的设想完全相反的做法：他们通常会为自己的辖区留下身强体壮的流放者，只让患病的人和体弱的人继续前行。早在1786年，外贝加尔的涅尔琴斯克矿区的负责人就曾给圣彼得堡写信，抱怨送到自己这里的都是未成年和生病的流放者，这些人无法在矿山工作。被分配到矿山和工厂中的970名流放者中，五分之一的人或者年纪太小，或者病得太重，或者身体太虚弱，因而无法胜任体力劳动。那些目前在工作的流放者中，超过一半的人年龄在50岁以上，因此“在不久的将来就会失去工作能力”。圣彼得堡认识到，那些更健康的流放者确实被留在了他们途经的省份，于是下令禁止这种做法。[11]

然而，在随后的几十年里，这种做法毫无减少的迹象。1813年，内政大臣奥西普·科佐达夫列夫给西伯利亚总督伊万·佩斯捷利写了一封措辞激烈的信，抱怨本应在1809至1811年间送往伊尔库茨克省的1100名男性流放者只有625人到达；490人仍留在托木斯克省，其中180人定居在那里，220人因为病得过重而不能继续前行，而其余的人因为被分配到当地工厂工作而留在了那里。虽然科佐达夫列夫承认生病的流放者确实可以留在托木斯克省由当地人照顾，但他指出：“这个借口让很多身体健康的人被留了下来。”5年后，抵达东西伯利亚的流放者不到原定人数的一半。调查显示，“年龄和体力条件最好的人”留在了许多俄国欧洲部分省份和某些西伯利亚省份，在那里充当劳工。在这些地方近10年的苦役生涯摧毁了他们的健康，然后他们才会被发送到伊尔库茨克。[12]

大多数罪犯是从遥远的俄国欧洲部分省份走到指定地点的，

这段路途要花费 2 年时间。但是，如果他们在途中生病并接受治疗，路程则可能耗费多达 3 年时间。有些罪犯甚至花了四五年时间。当局担心，如果被判处服苦役的罪犯的苦役是从定罪的那一刻算起，那么他们或许会在前往流放地的途中故意拖拉，并想方设法地在沿途的医院消耗刑期，以拖延到达矿山或工厂的日子。因此，当局规定，苦役犯到达在西伯利亚的最终目的地后，他的刑期才开始计算。一个罪犯用了八年时间走到伊尔库茨克，但在他终于进入监狱工厂的那一刻，他的八年刑期才开始。[13]

流放途中的恶劣条件必然地损害了罪犯及其家人的健康。一位巡视员在 1802 年报告，病人和孕妇坐着没有弹簧的木质马拉货车（телега）追随着流放队伍，“他们的境况很可怜、很危险……有些人死在途中，妇女在马车上生产”，这些病人和孕妇接受的治疗“很随便”。一系列疾病侵扰着沿西伯利亚大驿道行进的流放者：发热、鼻黏膜炎、风湿、肺炎、肺痨、镣铐造成的溃疡、污物造成的皮疹以及住房过于拥挤造成的斑疹伤寒症。据估计，在所有向五千千米以外的东西伯利亚行进的流放者当中，三分之一的人需要在沿线的军医院和医疗站治疗和康复。一位记者写道：“他们来时筋疲力尽，过早地衰弱，染上了不治之症，忘记了自己的手艺，并且变得非常不习惯于劳动……”[14]

17 和 18 世纪出现了这样一个惯例，即流放队伍会在途中的村庄过夜。人数较少的队伍可以寄宿在农民的屋舍和谷仓，人数较多的队伍有时不得不在室外睡觉。当地农民既要负责守卫流放队伍，还要养护队伍途经的道路和桥梁。1804 年，西伯利亚总督伊万・谢利丰托夫在给首都的报告中强调，为了让流放者“通过广阔而人烟稀少的西伯利亚省份”，西伯利亚人承担的责任极为繁重。这种责任让农民不得不从种地的工作中分心，因而是积聚仇怨的一个原因。[15] 虽然村民要为自己看守的罪犯潜逃而负责任，但许多村民自己就曾经是流放者，而且他们无心冒着生命危险去保证流放队伍的安全。逃逸是司空见惯的现象，逃犯随后会加入流浪者组成的强盗团伙，这些团伙专门打劫沿着西伯利亚的荒凉公路行进的商队。谢利丰托夫呼吁在主要的西伯利亚道路沿线设置配有哥萨克骑兵的小支部队，“不仅是为了终结此类土匪和抢劫行为，也是为了消除居民和旅客的安全隐患”。谢利丰托夫估计，为顺利转移罪犯，在西伯利亚主要道路沿线的邮驿处共需要 2880 名士兵。然而他明白，如果不严重干扰其他地方的部队职能，招募到这么多士兵是十分困难的，所以他把所需士兵人数定为 1825 人。亚历山大一世批准了他的请求，内政警卫处于 1816 年最终形成。然而，在内政警卫处服役的哥萨克人虽然取代了农民，却并不比农民牢靠。有些官员悲叹，哥萨克人经常会为了钱财而释放自己看守的罪犯。逃跑的普遍性以及逃犯在托博尔斯克和托木斯克犯下的种种罪行是当局的无尽烦恼。[16]

尽管存在这些行政问题，在 1822 年大幅度的流放制度改革之前的几年里，被发送到西伯利亚的流放者不断增多。1807 至 1813 年，平均每年有 1600 人被流放，而从 1814 到 1818 年，人数上升至 2500 人，从 1819 年至 1823 年，人数达到 4600 人。地主和农民均在不断利用行政流放制度，再加上拿破仑战争的影响以及农民与其主人之间的冲突日益加剧，这些情况刺激了流放者人数的增长。快到 19 世纪 20 年代时，流放制度濒临崩溃的边缘。稳定并彻底整顿流放制度的责任落在了新任西伯利亚总督米哈伊尔·斯佩兰斯基肩上。[17]

斯佩兰斯基鼓励人们去相信，西伯利亚最终会融入俄罗斯帝国，而且他认为，道德力量和行政改革能够解决流放制度存在的问题。他把遣送罪犯至西伯利亚的任务作为一个纯粹后勤方面的工作去处理。他制定了一份《关于在西伯利亚各省运送流放者的章程》（以下简称《运送流放者的章程》），包括13个条款和199项细则。它成了在1822年发布的覆盖范围更广泛的《流放者章程》的组成部分。在西伯利亚大驿道沿线建造休息站（étape）的做法从1819年就已经开始了。斯佩兰斯基的章程加速并推广了这个做法，从而形成了一条沿着众多驿站分布的新路径，这条新路上点缀着一系列休息站。从一个休息站出发，走一天的路可以到达一个中间站，然后再跋涉一天，可以到达下一个休息站。中间站仅可以让流放者借住一晚，休息站则可以让流放者借住两晚和一个休息日。斯佩兰斯基下令在西西伯利亚建40个这样的休息站，在东西伯利亚建21个。每一个休息站都有自己的指挥部，指挥部从内政警卫处调配人手，对国防部负责，分程接送由武装警卫押送的流放队伍。流放队伍通常由一名军官、一名军士和一名鼓手在前领路，武装士兵在左右两侧护卫，哥萨克骑兵在队伍的前后守卫。[18]

流放队伍是不幸的队列。在队伍前面走着的是苦役犯。那些不单被判处流放还被判处服苦役的人被认为更危险、更有可能试图逃跑（在大多数情况下，这种看法有充分理由）。他们手上戴着手铐，脚上戴着沉重的脚镣，脚镣系在一根链子上，这条链子通过一个圆环拴在腰带上。接着，他们两人一组地被锁在一根杆子（后来杆子换成了链条）上，以防止逃逸。如果一个人病倒了，所有人都不得不停下；如果一个人要去排便，所有人都不得不一起去。一个同时代人说："那些沉重的脚镣就算是四周包裹着皮革，也会在走路时严重擦伤人的腿脚。但所有这些不幸中最让人难以忍受的是，他们被成对地绑在一起：如果一名罪犯做出急促猛烈的动作，那么他的同伴就会因为手铐的传导作用而遭罪，特别是当这两个罪犯的身高和体型相去甚远时。"如果脚镣不够分配，罪犯们就会一起被拴在一套脚镣上。走在这些苦役犯后面的，是被流放到定居点的人，他们仅仅戴着脚镣。再后面是行政流放者，他们没有戴镣铐。走在队伍最后的，是自愿随亲人到流放地的流放者家庭成员。队伍后面跟着 4 辆大车，每辆车都由一匹马拉动。车上装着流放者的财物（他们的生活被压缩成不超过 12 千克的东西）。如果车上有多余的空间，年老者、年幼者和病人可以和行李一同乘车；如果没有多余的空间，他们可以自己花钱另行租用当地村庄的马车。如果他们没有钱，就只能步行。[19]

在斯佩兰斯基技术层面的设想中，这套休息站系统可以让流放者有序地抵达其指定的目的地，还可以实行流放者运送的责任制。这个伟大的改革者一丝不苟地规划了路线的细节设计和流放队伍的日程安排：如果流放者从位于蒂古洛耶村（在托博尔斯克省的西部边界上）的第一个休息站指挥部开始自己的行程，走上两天后（其间会经过一个中间站）会抵达在别列瓦洛瓦的第二个休息站，在那里他们会被交给第二个休息站指挥部。流放者会在这个休息站休息一天，还可以使用浴室。接着，这个运送指挥部会让这些囚犯继续前往秋明，然后他们会被移交给秋明伤残军人指挥部，这个指挥部将负责把他们运送到 280 千米外的托博尔斯克。[20]

斯佩兰斯基改革将西伯利亚流放事务部的总部设在了托博尔

斯克，这一举措把托博尔斯克变成了流放行政管理的神经中枢。流放者从托博尔斯克出发，会先跋涉 1560 千米到达托木斯克市，此程历时 12 个星期，中途在任何站点的休息时间从未超过一天。然后再从托木斯克走 590 千米到达叶尼塞河（该河是西西伯利亚和东西伯利亚之间的分界线）畔的克拉斯诺亚尔斯克，囚犯可以在克拉斯诺亚尔斯克休息一个星期。之后流放队伍再往前走 1050 千米，其间又是休息时间不会超过一天，最终队伍抵达伊尔库茨克，并可以享有几天宝贵的休息时间。最后一段路程也极为费力：被发配往涅尔琴斯克银矿的苦役犯还要再走 1600 千米。根据斯佩兰斯基的估算，流放者在到达伊尔库茨克时已经在 29 星期半的时间里走了 3570 千米（大致为从马德里到圣彼得堡或从华盛顿到犹他州的盐湖城的陆上距离）。[21]

斯佩兰斯基制定的《运送流放者的章程》是一份带有帝国的傲慢的文件。该章程站在圣彼得堡各部的高傲高度，打造了一个虚拟世界，在这个世界中，流放者的出发和到达都有序、按时间表进行，有能力的各个运送指挥部步调和谐地沿着精心策划的路线把流放者送到各西伯利亚目的地。从这个高度，设计如何强制迁移人口，就是在一个连贯的序列中编入数字：每个罪犯分配多少卢布、每个运送队伍有多少罪犯、每隔多少千米设置休息站等。然而，西伯利亚偏远和难应付的现实情况打破了斯佩兰斯基的帝国雄心，挫败了这位改革者微观管理人口运送的努力。

特别需要指出的是，斯佩兰斯基制定的有序运送流放者的计划因为每年被放逐到乌拉尔山以东的人数激增而失败了。斯佩兰斯基似乎确信，一年运送的总人数基本浮动不大，但是在 19 世纪 20 年代，人数实际上增加了一倍以上（很大程度上是因为流浪在 1823 年被宣布为犯罪行为），从 1819 至 1823 年间的平均每年 4600 人，增长到在接下来的 3 年中平均每年 11100 人。一名官员在 1825 年沮丧地指出，在 1822 年之前，国家每个星期流放 60 到 70 人，现在每个星期流放的人数超过 200 人。从 1823 到 1831 年，11000 名苦役犯和 68600 名流放者（共 79500 人*，其中 9200 人是女性）经过了托博尔斯克流放事务部。[22]

为了减少在夏季向东押送流放者时出现的逃逸现象，《运送流放者的章程》规定每个流放队伍在夏季不能超过 60 名流放者，在冬季则不能超过 100 名（冬季的严寒直接会让差不多所有流放者打消逃跑的念头）。苦役犯被认为比一般流放者更危险，因而每个队伍中不能有超过 10 名苦役犯。斯佩兰斯基还规定，每星期从蒂古洛耶集中点出发的队伍不应超过一支。然而，随着流放者人数在 19 世纪 20 年代持续增加，官员们不得不忽略上述限制性规定，因此不得不让队伍的安全陷于危险当中。19 世纪 20 年代初，流放队伍的人数膨胀至超过 400 人。随后人们几次想要限制流放队伍的规模，但都因为流放者人数增长过快而失败了。1835 年，几名高级政府巡视员指出，流放者人数涨幅巨大且事先未曾预料到，这“使得地方官员虽说不是完全不可能，但也是难以按照《运送流放者的章程》设置的规章来履行自己的职责”。他们指出，流放队伍一般多于 250 人。或者，当局不得不把超过所需人数的流放者截留在沿途的城镇中，拖延他们到达正式目的地的时间。[23]

---

* 原文如此，疑数据有误。——编者注

在西伯利亚边境以东的休息站是根据斯佩兰斯基的章程中的一系列规定而建造的，常见的样式是围起一个院子的低矮围栏建筑。休息站包括三座只有一层的木屋，木屋外面涂成标准的赭色，一座住着流放队伍的指挥官，另外两座住着士兵和流放者。流放者的房舍里有三四个大牢房，每个牢房里有一个俄式炉子和成排高高低低的木板，这些木板挨着墙壁分布，罪犯可以在上面坐着、睡觉或放置自己的财物。中间站比这还要简单：一个有两间小屋的木围栏建筑，一间小屋住着军官和押送兵，另一间住着流放者。养护这些建筑的责任落在了当地人头上，而他们却并没有因为替国家的监狱建筑出力而获利。在大多数监狱建筑落成仅仅约十年之后，一名政府巡视员向圣彼得堡报告，托博尔斯克省的几乎所有监狱建筑“都状态极差，它们既狭窄又设计欠佳”。通过用石料搭建休息站来改善休息站建筑质量的指示遭到了地方当局的轻视。直到 1848 年，甚至连托博尔斯克中央中转监狱都仍旧是木构建筑。[24]

在许多休息站和中间站，牢房的供暖效果和通风效果都很差；流放者会争抢长凳上的空间；冷酷且好斗的罪犯会在冬季占据靠近炉子的位置，在夏季占据窗边的位置。体弱多病者不得不睡在长凳下满是污垢的地板上。一位匿名的同时代人记录：“供罪犯居住的小屋被划分成多个牢房，这些牢房一共可容纳三四十人，但是，当由一两百人甚至更多人组成的流放队伍要在那里休息半个白天加一个晚上时，这些罪犯会睡在长凳上面、长凳下面、门边的地板上、走廊上，有时甚至无论天气如何都得睡在外面的院子里。”休息站里常常有贪婪的昆虫出没。在牢房里长凳上方的墙壁上，通常都有一道染上了斑斑蚊子血的墙皮，那是因为一个又一个流放者想要终结折磨自己的蚊子。[25]

休息站里的拥挤和肮脏让罪犯近乎沦为牲畜的状态。一位被流放的贵族回忆：

> 长凳上太挤了，人们几乎无法翻身；有些人在别人的脚下给自己找了个地方，就在长凳的边缘；其余人在地板上和长凳下给自己找了个地方。你们尽可以想象那里有多么恶臭难耐，特别是碰上恶劣的天气时，那会儿所有人都穿着他们脏污的破衣服湿漉漉地来到这里。那里还放着便桶(параша)，也就是方便囚犯夜间排便的木桶。便桶散发出的臭味让人难以忍受……

这些存放粪便的木桶和糟糕的通风条件使休息站成为斑疹伤寒、痢疾、霍乱和肺结核的孵化器。[26]

虽然政府宣称自己关心着如何把健康、有劳动能力的流放者运送到劳役场所的问题，可是西伯利亚大驿道不是一个适合生病的地方。每个休息站只有一个病房，里面只有 6 张病床，对于在流放途中生病的众多流放者来说，这是远远不够的。1845 年，政府要求病人要被立刻用马车送到沿线地区性城镇的医疗机构中。然而，在西西伯利亚，在近 2000 千米的距离内只有 6 个这样的城镇。那些需要救治的病人不得不沿着西伯利亚坑坑洼洼的道路赶差不多 200 千米的路程，这样一段旅程有时会走上 2 周以上。迟至 1880 年，在克拉斯诺亚尔斯克和托木斯克之间的这 590 千米，只分布有 3 个这样的医疗机构。凯南亲眼看见过坐在无篷马车上的患病流放者的痛苦模样：“如果一名罪犯患有某种在休息站生活中很常见的呼吸系统疾病，连续 6 到 8 小时坐在无篷马车的逼仄角落里就是一种折磨，他不得不呼吸着 350 个走在一起的人脚下扬起的灰尘。”有些人足够幸运，有些人足够坚强，最终撑过了这段路程，但他们到了西伯利亚城镇的医疗机构后，却发现这些机构并不让人省心。有些医疗机构只有在病人能够付钱时才照看他们；其他医疗机构则没有合格的医务人员。过度拥挤依旧是永恒的危险：1868 年，由于“严重的过度拥挤”，斑疹伤寒在挤满了 1500 多名罪犯的克拉斯诺亚尔斯克监狱中肆虐。这所监狱医院在建造时只考虑设置 80 张病床，现在却要奋力照料 250 位病人。[27]

流放队伍对妇女构成了特殊的折磨。尽管大多数女性罪犯没有从事过卖淫行为，但是在她们加入流放队伍之前，官员就已经认定她们都是妓女。1839 年，波兰流放者尤斯蒂尼安·鲁钦斯基根据亲眼所见介绍了流放队伍里的每位女性流放者是如何在流放途中不得不拥有一个情人的。然而，女性的情人不是由她自己选定的，在这名女性的众多“追求者”中，谁出价最高，谁就可拍得这位女性。如果一名女性拒绝接受这个情人，那么她“将遭到可怕的报复”。鲁钦斯基曾多次“目睹在光天化日之下发生的强奸”。由于无法把少数几名女性和大批男性分开运送，激情、欲望和嫉妒在流放队伍中严重滋生，并且可能会引发暴力行为。在一个由约 300 名男性和少数女性罪犯组成的流放队伍中，一名流放者回忆起了“各种风流韵事是如何发展的，一个年轻漂亮的女人是如何在休息站被开膛破肚的”。亚历山大二世在位时审查制度较为宽松，俄国作家开始描绘在西伯利亚流放途中的女性的命运。尼古拉·列斯科夫的《姆岑斯克县的麦克白夫人》（1865 年）描绘了流放队伍中的女性的悲惨境况：为了从男性那里获得保护和物质援助，她们竞相以身相许。[28]

当局长期以来因为这种贩卖妇女身体的做法而困扰，但他们一般把这些出卖自己的女人看作自甘堕落的，而非陷于绝望的。比起保护妇女，他们更关心如何解决性病对流放途中的流放者造成的威胁。1826年，当局指示妇女和儿童的队伍应该和男子的队伍分开走，比他们晚两天出发。但男女犯人继续一同被押送，因为实地的官员既没有资源也没有动因来把他们分开。此外，押送兵自己常常是比那些罪犯还要过分的性侵者，他们轻而易举地侵犯女性罪犯的名誉和尊严。很多押送兵把罪犯的性服务当作自己工作的额外津贴之一，并利用这些额外津贴来买卖女性的身体。[29]

当圣彼得堡质问流放行政机构中的严峻事态时，官员们通常会指出“秘书资源短缺的问题，1823年关于流浪者的法令颁布后，案件数量增加，而现有秘书资源无法应对这么多的案件”。在这一点上，官员们确实可以申诉。托博尔斯克流放事务部的工作人员要为差不多每个进入西伯利亚的流放者的装备、审核、分配负责，而在1856年，这些工作人员总共只有七人，其中包括一名负责人、两名顾问、两名簿记员和两名秘书。到1873年，这个数字“跃升”为九人。[30]

如果说长期的资金不足和流放者人数的激增都使斯佩兰斯基的流放者运送计划遭受挫折，那么西伯利亚当局的渎职行为也起到了决定性作用。被委派到西伯利亚的小城镇、休息站和偏远的刑罚定居点肯定不是帝国最令人满意的工作，流放行政机构的各级官员都热衷于用贪污来抵消日常生活中的单调和艰辛。斯佩兰斯基曾把托博尔斯克流放事务部设想成流放制度中能力卓著的行政总部。事实上，它是腐败的深渊。一个又一个报告突出强调了贪污案件、流放者财产被盗案件和在放逐场所的非法交易。19 世纪 30 年代的一项广泛调查揭示出，流放事务部官员曾向超过两千名本应去往东西伯利亚的流放者售卖留在托博尔斯克省的许可，甚至允许某些人返回自己原先的省份。他们还擅自给那些能够用钱换取宽赦的人减刑。[31]

腐败现象难以铲除，部分原因在于甚至某些最高级的官员也深陷贪污受贿案件。从 1822 到 1852 年，托博尔斯克的十一个省长当中有五个因腐败被解职。1847 年，东西伯利亚总督威廉·鲁珀特在一次调查中被发现犯有多种罪行（包括征用苦役犯为他建造私人住宅），因而被迫辞职。与这种大范围的贪赃枉法相比，那些小官员为了换取几个卢布而做出的不端行为不过是小巫见大巫，但就算是微末的贿赂和盗窃行为也会破坏流放运送工作的实效。[32]

由于托博尔斯克流放事务部用于采买取暖衣物的资金被贪污了，流放者只能无助地面对西伯利亚冬季的严酷。一名官员在 1864 年报告，流放者从托博尔斯克出发时带着质量非常差的衣物，“如果他们没有自己的衣服，那么便很难走完这趟行程”。有些人抵达托木斯克时带有严重冻伤，冻掉了手指和脚趾。[33]

流放者在启程时装备简陋，他们只能指望着流放指挥部的仁慈。从英国驶往澳大利亚新南威尔士的英国罪犯运输船的船长，正是六个月以后把船上的罪犯交付殖民当局的船长。船上还配有对英国国王负责的外科医生，因而船长可就船上犯人的身体状况被追究责任。公然虐待罪犯的行为会被发现并受到惩罚，即使不是被法律惩罚，至少也是拿不到酬劳。运送船只是密封的装置，四周是广阔的大海，推脱官员问责就像逃逸一样困难。与之相比，为了走完圣彼得堡和涅尔琴斯克之间的七千千米，罪犯会经过多达一百个运送指挥部。每个指挥部都配备有士兵和军官，如果这些官兵愿意，他们可以几乎免责地无视、劫掠和虐待罪犯，然后让罪犯前往下一个运送指挥部。之后，这些士兵和军官会把自己热切的注意力转向下一批交由他们监管的不幸罪犯。当然，并不是所有士兵和军官都是腐败和贪婪的，但许多人确实是这样。因为国家发放的口粮太少，罪犯有时不得不卖掉自己的衣服来为自己补贴些口粮。当流放队伍从途中的某个休息站出发时，押送军官会给罪犯留出一天的津贴，或者有时会直接给他们发放一些钱。这些钱差不多总是不够从队伍经过的村庄购买食物。押送兵和他们的家人会在休息站和中间站经营垄断生意，向罪犯高价出售面包和日用品。[34]

一些押送军官除了贪污腐败，还实行公然的虐待。一位匿名罪犯于 1857 年在日记中记下了他所在的队伍在一个运送指挥部受到的待遇：

> 当你们到达休息站时，即使温度极低，他们也要彻底搜查每个人，让每个人身上仅余衬衫。在［一个村子里］时，天气非常冷，如果不戴手套，一个人根本无法站立三分钟，我们一到达休息站，押送指挥官就让我们接受这种搜身。他比从笼中放出来的野兽更野蛮，比起对待人类，他对他的马和狗更友好……让人吃腐烂的食物对他来说有利可图，因而，遵照这个规则，他给我们分发的食物质量糟糕，我们当中很多人因此病倒了。[35]

押送兵的唯利是图常常有致命的危害。在离开彼尔姆后，这位匿名流放者于 1858 年 2 月 10 日在日记中写道："我们当中的两个人今天去世了，一个老人和一个婴儿。他们都是在马车上冻死的。" 1852 年 10 月，在涅尔琴斯克矿区，四名罪犯在前往流放地的途中在暴风雪中冻死了。暴风雪来袭时，他们不仅没有必要的御寒衣物，而且饥肠辘辘，他们此前没能在休息站从哥萨克人那里购到更多的面包，因为那里的食品价格超出了他们的每日津贴。[36]

在这件事发生之后，内政大臣亚历山大·季马舍夫给东西伯利亚总督尼古拉·穆拉维约夫（后来的穆拉维约夫–阿穆尔斯基）写信："如果人们所说的事情可以在叶尼塞省当局的眼皮底下发生，我们只能去想象远离这种监管的地方会发生什么事。"季马舍夫再次让各省省长注意押送兵及其家人垄断供给品贸易所带来的风险。他要求"对那些犯有虐待罪行的人实行最严厉的起诉"。然而，政府仍旧不能把自己的意志强加给距离圣彼得堡数千千米远的休息站里的押送指挥官。整个 19 世纪，在途中因寒冷、饥饿和疾病而死的流放者人数太多，这引起了负责处理尸体的当地农民的抗议。1844 年，圣彼得堡不得不明确表示，地方当局应为丧葬事宜提供资金。[37]

为了应对这种残酷的环境，罪犯在流放途中组织起了罪犯协会（артель）。民族志学者谢尔盖·马克西莫夫有以下抒情性的描述："罪犯热爱自己的罪犯协会；没有这个协会，途经休息站的旅途和在监狱中的生活都是无法进行的。对罪犯家庭来说，这个协会是生活与喜悦的来源，是他们的慰藉和安宁的来源。"真正的喜悦和安宁或许超出了这个协会的职责范围，但该协会确实为罪犯提供了一种集体组织和保护的基本形式。在每个流放队伍里，大约十个人中会选出一个代表，这些代表组成了这样一个非官方但强大的组织，它类似于农村中的公社组织。在前往流放地的途中，罪犯协会影响着罪犯生活的各个方面。它的主要功能是团结起来对抗当局的侵害。罪犯协会由选举产生的长官——会长——领导，协会的运作由一套传统支配着，这套传统支持商业活动，讲究财政集中，注重纪律与惩罚严明。[38]

从俄国欧洲部分出发时，流放队伍会为前往托博尔斯克的旅程选出一名协会会长。罪犯们往往会选择一个因为过往的流放经历而熟悉西伯利亚的人，一般是一个曾经出逃却再次被抓获的流浪者，而且他拥有有用的技能和谋生手段。一旦当局确认了他的当选，如果没有得到整个罪犯协会同意，任何押送军官和休息站警卫都不能让他解职。一到达托博尔斯克，罪犯协会就会解散，然后在托博尔斯克流放事务部组织起的新流放队伍内，罪犯协会会重新组建起来。[39]

虽然罪犯协会不是一个正式组织，但流放行政机构确实承认它的存在，并在一定程度上承认它的必要性。当局不仅对它的许多非法行为视而不见，而且还依靠其信誉来管理流放队伍。反过来，罪犯珍视押送指挥官给予的信任，于是他们服从指示、坚守承诺，以便简化指挥官的职责。有一次，流放者甚至帮助押送兵扑灭了某个休息站中的大火。没有一个人趁机逃跑。[40]

行程开始时，罪犯协会会筹备一笔共有资金，这笔资金由会长控制，每个罪犯都必须为资金出钱。这笔公共储金主要用于行贿，以便从押送兵和休息站指挥官那里买入各种特许权。利用这种集体谈判的形式，罪犯们可以获准在沿途的村庄乞求救济品。

为了引出西伯利亚农民和商人知名的慷慨，罪犯们会吟唱出自己的痛苦：

可怜可怜我们吧，我们的父亲们！
可怜可怜我们吧，我们的母亲们！
为了耶稣之爱，可怜可怜我们这些悲惨的罪犯吧！
我们是囚徒！
我们被关在在砖石监狱里，
我们被关在铁栏之内，
我们被关在橡木门之内，
我们被关在沉重的挂锁之后。
我们已经向我们的父亲和母亲告别，
向我们的亲人告别，向我们的人民告别！[41]

罪犯协会也会和押送军官达成协议。军官会违反斯佩兰斯基的《运送流放者的章程》，在城镇和村庄外面把罪犯脚上令人厌恶的脚镣拿掉，以换取所有罪犯都不会逃跑的承诺。罪犯协会会为其成员的行为担保。如果任何一名罪犯打破了这个协议，那么他不仅会被押送兵穷追不舍，还会被流放队伍里的其他流放者穷追不舍。有一次，三名流放者在秋明市附近逃离了一支由三百多人组成的流放队伍，而这支队伍的罪犯协会此前刚和押送指挥官协商好让队伍多休息一天。罪犯协会因为这几个人违反了他们的集体协议而暴怒，并且担心他们刚刚取得的让步会被收回，于是他们派出一批流放者去追击逃犯。到早上，他们追上了这些逃犯，把他们带回押送指挥官那里。指挥官下令用桦树条鞭打每个逃犯一百下。罪犯协会认为这样的宽大处理还不够满意，于是他们又让人大力鞭打每个逃犯五百下，罪犯协会的残忍令押送军官也感到震惊。[42]

罪犯协会的另一个主要职责是督促执行协会成员之间订立的契约，从完全属于财务方面的契约到非常个人的契约都有。罪犯协会依靠暴力威胁，监督罪犯之间频繁的商品和服务交易，并确实使这些交易成为可能。从修补靴子到购买伏特加，罪犯协会都保证延期付款的承诺会被兑现。有些人只有自己的名字和性命可以用来交易。每个被判处流放或者服苦役的罪犯都会分到一张卡片，上面写着这名罪犯的名字、地位、出身、罪行、惩罚和简短的外貌描述。这种卡片常常会出现抄写错误，诸如姓名拼写错误或者流放目的地被混淆，因为这些错误，有人会跋涉数千千米却到达错误的地方。纠正错误可能需要花费几个月的时间。尤谢夫・诺维茨基是一个难对付的流放者，他的名字从在 1848 年从托博尔斯克到伊尔库茨克的流放队伍的名单中消失了。随后，他以一个不同的名字出现在了另一支流放队伍中，这支队伍的目的地是西西伯利亚的伊希姆，这是个没有遥远的伊尔库茨克那么累人的目的地。这个错误被发现后，诺维茨基随即被捕，他供认自己与其他几名流放者在一个休息站里贿赂了抄写员，让他把他们的名字列入了前往伊希姆的流放者名单中。[43]

流放者自己敏锐地意识到，那些记录着他们的身份、罪行和刑罚的纸片决定着他们的命运。流放队伍的警卫想要确保自己负责押送的流放者全员到达目的地，但他们更注意核对名字，而不是面孔。押送指挥官不可能记住每一个人，而且在从一个休息站指挥部向另一个指挥部交接工作时，他们只清点罪犯的总人数，并没有点名。这种记录保存方面的松散为那些坚决果断且肆无忌惮的流放者提供了机会。待在流放队伍中的几个月甚至几年提供的不仅是发展新友谊的机会，还有发展更阴险、更具剥削性的关系的机会。费奥多尔·陀思妥耶夫斯基在《死屋手记》中描述了罪犯交换姓名的做法：

> 例如，一批囚犯被送往西伯利亚。各种人都有：有的去服苦役，有的去养马场，有的是移民；都在一起走。在途中某地，就比如彼尔姆省吧，一个流放犯想和别人互换姓名。例如，一个名叫米哈伊洛夫的是杀人犯，或犯有其他严重罪行，认为去长年累月地服苦役对自己没好处……最后他找到了苏希洛夫。苏希洛夫出身家仆，只是要流放到移民点去定居。他已经走了一千五百俄里（1 俄里约等于 1.06 千米），当然身无分文，因为苏希洛夫永远是一文不名的：他虚弱至极，疲惫不堪，只靠公家的伙食活着，想偶尔吃一块甜点也办不到，穿的是囚服，为了可怜的几枚铜币替别人跑腿。米哈伊洛夫开始和苏希洛夫闲聊，接近他，甚至成了朋友，最后到了某个阶段又请他喝酒。终于问他：想不想改名换姓？……苏希洛夫已经有了醉意，头脑迟钝，对善待他的米哈伊洛夫充满了感激之情，因而不好意思拒绝……他们谈妥了。昧良心的米哈伊洛夫利用苏希洛夫的缺心眼，用一件红衬衣和一个银卢布买下了他的姓名，他立即当着证人们的面把这些东西交给他。第二天苏希洛夫酒醒了，可是人家又给他灌酒，嘿，这就不好拒绝了：收到的一个银卢布已经喝掉了，过了一会儿那件红衬衣也喝掉了。你不愿意，那就还钱。苏希洛

夫从哪里能搞到整整一个银卢布呢？要是不还钱，大伙儿就会强迫他还……否则决不会放过他。也许会暴打一顿，甚至干脆打死，至少也会恐吓他……最后苏希洛夫看到，求饶也是枉然，便决定无保留地同意……结果就是这样，苏希洛夫为了一个银卢布和一件红衬衣而走进了“特别部”。[44]

任何想要否认这种协议的人都会招致罪犯协会的愤怒，用凯南的话说，可能会被“这个无情的西伯利亚菲默法庭（Vehmgericht）*判处死刑”。这类叛徒的头上“悬着一把无形的达摩克利斯之剑，或早或晚，在此处或在彼处，这把剑一定会落下”[45]。

19 世纪初，已经有大量流放者在前往西伯利亚的途中改换了姓名。随着 19 世纪 20 年代流放队伍的规模不断膨胀，这种做法愈演愈烈。1828 年，政府通过了一项新的法律，规定如果被流放到定居点的流放者与苦役犯交换了名字，该流放者会被判处服五年苦役。非法交易自己的身份的苦役犯会被判处用桦树条鞭打一百下，并在原来的流放地服至少二十五年苦役。更多的严苛法律随后也颁布了，但是交易身份的现象仍然无法根除。很多人因为交换了名字而被送往了错误的目的地、服了错误的刑罚，审讯这些人的案子充斥着地方法院。[46]在随后的几十年中，官员们继续抱怨，这种改换名字的做法太过普遍，因而它在破坏着流放制度的基础。

许多罪犯在回想前往西伯利亚的行程时，都会把这段行程看

* 一种中世纪的德国兄弟会法庭。

作自己流放生涯中最痛苦的部分。他们被迫离开自己的城镇和村庄，离开自己的朋友和家人，然后被抛向一个陌生又可骇的世界，这个世界中有令人疲惫的强制赶路、过度拥挤的休息站、疾病、贫困和时时存在的暴力威胁。然而，这种种的困苦和折磨，既是国家无法落实自己的指令的结果，也是圣彼得堡发出的一项残酷政策的衡量标尺。沙皇专制政权无力妥善地注资和管理这个让无数囚徒在武装警卫的押送下跨越一片大陆的复杂后勤项目。

被派去调查西伯利亚流放制度的状况的官员很清楚，国家的殖民雄心在流放队伍中化为了灰烬。罪犯最终是身体欠佳、疲惫不堪地抵达目的地，努力工作的愿望几乎消失殆尽，他们更愿意去乞讨、偷窃和谋杀。一名西伯利亚巡视员在1835年的报告中准确地提出，国家对流放者发配西伯利亚的行程管理不善造成了弄巧成拙的效果，而且这种批评在接下来的几十年中一直都是见解敏锐的：

> 流放者的旅途漫长，途中不可避免地会遇到一些久经历练的罪犯……而且还会待在勉强才能挤入的监狱中，这趟旅途对他们余下的道德意识具有不良的影响。经过这番堕落培训后，一个刚刚踏上邪路的人在抵达西伯利亚时已经准备好犯下任何罪行。[47]

对罪犯来说，经过界标、穿过西伯利亚边界，就是走进了一个黑暗的世界，在那个世界中，弱者会落入愤世嫉俗者、无情之人和堕落之人的手中。这个界标无声地见证着国家权力的脆弱以及男女老幼在流放途中的劫难。

3

折断的剑

1826年7月13日凌晨3点，在圣彼得堡市中心的彼得保罗要塞，警卫开启了位于要塞深处的狭窄牢房。沉重的橡木门缓缓打开，三十多名年轻的军官走出了牢房。在7月，黑暗只会极其短暂地笼罩着俄国北方首都的天空，这些囚犯被带到院子里时，天已破晓。排在他们前面的，是来自圣彼得堡团的士兵以及数十名官员和显要人物。远处，在要塞的北门外面，囚犯们可以看到绞刑架，那是为了处决他们的领导者而专门竖立起来的。俄罗斯帝国最高法院已认定这些被后世称为“十二月党人”的人意图推翻沙皇尼古拉一世。他们领导了一场短暂而猛烈的起义，起义于1825年12月14日在圣彼得堡参政院广场开始，两周后，随着切尔尼戈夫团暴动在基辅城外被镇压，起义失败。彼得保罗要塞是俄国专制政权的象征，它耸立在涅瓦河畔，而帝国的权力中心冬宫与它隔河相望。这个要塞将成为国家复仇的中心。

十二月党人按要求排列成队，然后一个接一个地被带到一个噼啪作响的火盆前。他们的判决依次被宣读出来：被褫夺公民权，并被流放到东西伯利亚的矿山服苦役。他们的肩章被人从肩膀上扯了下来，连同他们的军大衣一起被抛至火中。每个军官都被要求跪下，然后一名行刑者拿出一把剑刃中部被特意锉薄的剑，在军官的头上将剑折断。随后，这些囚犯换上发放给罪犯的粗糙灰色囚服，被宣判“公民权死亡”。这个仪式标志着他们被逐出了俄国社会，并且重申被他们触犯的法律的神圣性。法律上的死亡也使得这些人不再是沙皇的合法臣民，使得他们“丧失了其地位带来的所有权利和特权”。十二月党人的妻子可以再嫁，他们的孩子可以继承他们的财产。流放至西伯利亚服苦役是一种死缓。这场仪式结束后，书生气的十二月党人亚历山大·穆拉维约夫甚至给尼古拉一世写信，怯懦地感谢沙皇“赐予我生命”[1]！

十二月党人将自己的判决理解为一种彻底毁灭的宣告。在这场仪式后，26 岁的尼古拉·巴萨尔金回到在要塞中的牢房，此时他“确信，我和这个世界的所有关联现在都消失了，我将在一个遥远又黯淡的地方度过余生……我将饱受折磨，穷困潦倒。我不再把自己当成这个世界的成员”[2]。这些被定罪的人将失去他们的财富、威望和影响力，取而代之的是贫穷和被忘却；他们将失去在军队和政府的光辉事业，取而代之的是在西伯利亚银矿和普通罪犯一起服苦役。流放制度维护了沙皇不可撼动的权力，保证他的敌人会被消灭。这就是在那个 7 月的早晨于彼得保罗要塞院子中大声宣读裁决背后的意图，但结果事与愿违。因为十二月党人在西伯利亚获得的不是政治上的湮没，而是政治上的新生。他们因为领导了一场被镇压的起义而被流放，因此他们赢得了新的道德威望，被当作自由和改革事业的牺牲者。西伯利亚后来从一个政治荒漠转化成了欧洲共和主义运动和俄国革命运动发展过程中的一个中心舞台，如果要讲述这个转变历程，那么十二月党人的经历是这个故事的第一部分。

参政院广场起义的思想根源可追溯至欧洲启蒙运动和浪漫主义运动，但十二月党人运动十年前就在帝国陆军中开始成形。未来的十二月党人在1812年与拿破仑和入侵的法国人作战时认识到了俄国人民。这场战争锻造出了新的兄弟情谊以及军官和他们的部下之间的忠诚。俄国农民（其中很多人是农奴）在战争中表现出，他们能够对祖国忠诚可靠、无私奉献。年轻的贵族曾在战争中和作为他们的合法财产的农奴并肩作战，战后刚返回俄国，这些贵族就开始努力让自己理解那段振奋人心的战斗经历。对他们来说，农奴制是一个可耻的提醒物，提醒着他们俄国的落后以及受过教育的富裕精英阶层和穷困潦倒的农民阶层之间不可逾越的鸿沟。经过1812年的严峻考验的历练，军官们对俄国人民的爱国主义的忠诚开始高于他们对沙皇王朝的忠诚。[3]

很多俄国军官在从拿破仑战争战场回来时头脑中也装满了新的政治思想。一名军官称："如果说我们用武力占领了法国，那么法国则用习俗征服了我们。"很多十二月党人运动的领导者（比如谢尔盖·沃尔孔斯基、伊万·亚库什金和米哈伊尔·方维津）在1815年从战场上胜利归来，却发现严格的等级制度和军队生活中沉闷的纪律让人恼怒。他们曾和欧洲的"拿破仑专制主义"作战，如今他们要努力适应这个基本是沙皇的个人封地的俄国。[4]被捕后，尼古拉·别斯图热夫写信向尼古拉一世解释他参加起义的原因：

> 我们让我们的祖国摆脱了暴政，但却再一次被我们自己的君主施行暴政……为什么我们解放了欧洲，自己却被困于枷锁当中？难道我们为法国带来了宪法，却不敢为我们自己争取一部宪法？难道我们用热血换取了在诸民族中的优越地

位，却在国内饱受压迫？[5]

其他军官虽然在拿破仑战争时因为太过年轻而无法参战，比如米哈伊尔·别斯图热夫-留明和德米特里·扎瓦利申，但他们却被伏尔泰、亚当·斯密、孔多塞和卢梭的思想所影响。在俄国战胜拿破仑后，他们从其他国家的自由派军官领导的要求立宪和独立的起义中获得了启发。[6]

1816 年以后，这些爱国的年轻理想主义者开始在非正式团体和“秘密协会”中讨论改革。在接下来的十年中，他们的集会越来越带有密谋意味，并逐渐产生了两大组织：一个是以圣彼得堡为总部的“北方协会”，由谢尔盖·特鲁别茨科伊上校、卫队队长尼基塔·穆拉维约夫和诗人雷列耶夫领导；另一个是以乌克兰为总部的“南方协会”，由帕维尔·佩斯捷利上校和谢尔盖·穆拉维约夫–阿波斯托尔中校领导。十二月党人的秘密协会和波兰爱国协会之间有着广泛联系，波兰爱国协会中的很多波兰人后来也成为西伯利亚流放者。然而，亚历山大一世在 1825 年的突然死亡促使十二月党人起义仓促举行，而此时十二月党人还未与波兰人结成牢固的同盟。在 19 世纪 20 年代早期，波兰人的观点较为保守，他们主要关心争取自身的独立、收回失去的省份。他们不想接触十二月党人更激进的共和主义计划。[7]

当局知道了这些秘密团体的存在以及由密谋者撰写和讨论的各种小册子。然而在开始时，当局对他们比较宽容，并没有采取行动来解散这些集会，更不用说逮捕参加者了。亚历山大一世在 1823 年视察谢尔盖·沃尔孔斯基的军队时，曾对他提出警告：“你最好继续你在［军队里］的工作，而不要关注我的帝国的政府，我恐怕那不关你的事。”[8] 沃尔孔斯基没有理会这条警告。

1825 年秋，十二月党人一直在筹划于来年夏天发动起义的具体计划。然而，无嗣的亚历山大一世在出行俄国南部时突然于 1825 年 11 月 19 日去世，他的弟弟康斯坦丁拒绝继承皇位，于是这些密谋者认为，发动起义的时刻到了。在短暂的权力真空时期，亚历山大一世最小的弟弟尼古拉继承皇位的准备工作正在紧锣密鼓地进行，十二月党人匆忙地拼凑起了武装起义的计划。12 月 14 日，当卫戍部队按期齐集首都向新沙皇宣誓效忠时，十二月党人计划让忠于自己的部队开赴参政院广场。他们将在那里拒绝宣誓，要求推翻专制制度，并且要求颁布宪法。十二月党人依靠的部队并不了解起义目标，且十二月党人缺乏统一的领导和清晰的战略规划。他们指挥的军队或许是支持他们个人，但几乎并不清楚他们的政治雄心。结果与其说是一场严肃的起义，不如说是一场演出笨拙、很多演员忘记台词的政治戏剧。

12 月 14 日早上，起义的军官率领大约三千名士兵进入白雪覆盖的参政院广场。士兵们围在法尔孔纳创作的彼得大帝雕像四周。雕像描绘的是彼得大帝骑在腾跃的马上，而这匹马正踩着一条瑞典毒蛇。这个雕像标志着无情的彼得大帝驱逐其敌人的场景，现在它似乎在俯视着在其面前上演的戏剧。这次起义准备不足、组织混乱，因而在开始前就注定要失败。十二月党人委任的领导者和新共和国的临时“执政官”特鲁别茨科伊没有出现在广场上；他已舍弃他的战友，在避难奥地利大使馆前已经向新沙皇宣誓效忠。起义者敲响战鼓，扬起他们的军旗，并呼吁制定宪法，但他们最终只展现了自己的孤立和无能。

忠于沙皇的军队迅速包围了他们，随着这一天的时间流逝，尼古拉一世的耐心消耗殆尽，起义者人数不敌敌方且群龙无首。起义者试图通过协商来推翻专制制度，这种尝试自然是失败了，于是小规模冲突开始了。政府军用炮火和霰弹驱散起义者。起义军官逃跑了。在随后的日子里，他们遭到了包围并最终被逮捕。即使是特鲁别茨科伊等没有直接参加起义的军官也被关进了彼得保罗要塞。[9]南方的起义者在 12 月 23 日才听说圣彼得堡起义失败的消息，切尔尼戈夫团于 12 月 31 日在基辅城外发动了短暂而血腥的起义，但失败了。起义领导者穆拉维约夫-阿波斯托尔无法召集足够多的士兵参与他的事业，由他指挥的起义部队被轻易打败了。[10]这些革命者未能夺取政权，甚至连一天也没有。[11]

十二月党人发动政变的尝试非常不专业、紧张且时机不当，这些问题有时掩盖了推动这场起义的激进主义。伟大的俄国诗人亚历山大·普希金是几位十二月党人的亲密朋友，在他于 1833 年创作的叙事长诗《叶甫盖尼·奥涅金》中，他表现出了对十二月党人的密谋的轻视：

他们在拉菲特和克里科之间
进行的这些秘密议论，
最初只是朋友间的争辩，
还没让这种反叛的学问
深深扎进他们的心坎，
还都只是烦闷时的消遣，
年轻的头脑无事可做，
成年的淘气鬼也借此作乐。[12]

普希金居高临下地否认了十二月党人的观念，然而这种否认并没有公平地评价起义者的雄心的范围和意义。十二月党人从古代的共和模式和俄国自己的共和主义传统里汲取了灵感。他们计划以共和式爱国主义和公民民族主义（在美国革命和法国革命中都很常见）为基础，彻底革新俄国的国家结构。他们设想着“诛杀暴君”尼古拉一世，谋杀皇室成员。专制制度将被推翻，取而代之的是君主立宪制或共和制。在这两种制度下，主权都将从统治者手中转到人民手中。他们打算废除农奴制、贵族政治以及社会中的各种团体和行会组成的混杂物。他们将引进现代国家的机制来代替上述机制。无论是作为一个单一制政府还是一个美国式的联邦制政府，这些机制都将在平等和共同权利的基础上凝聚俄罗斯帝国的各个民族和宗教，从而锻造一个统一的国家。不同的权利和责任不再归属于不同的社会阶层和团体；相反，只有公民共同的权利和责任，而公民在法律面前一律平等。十二月党人坚持欧洲的共和主义传统，在19世纪20年代的俄罗斯帝国，这类观念非常激进，因而是极富争议的。[13]

受过教育的俄国人对十二月党人起义及其后续影响的反应是矛盾的。一方面，很多人为起义的暴力程度（大约三千人丧生）和刺杀皇室成员的计划感到震惊；另一方面，在很多地方，许多人同情十二月党人的改革愿望，尤其同情他们制定宪法、废除农奴制的主张。此外，对此次起义的镇压触及了沙皇俄国精英阶层的核心。许多十二月党人都来自圣彼得堡和莫斯科最显赫的家族，自己本身就是皇室圈子的常客。在一些家族中，有两三个兄弟都参与了起义。别斯图热夫家族和别斯图热夫–留明家族在北方协会和南方协会中都是重要人物；穆拉维约夫家族（还包括穆拉维约夫-阿波斯托尔兄弟）也同样如此，他们中的三人于12月14日前往了参政院广场。十三名十二月党人是参政员之子，七名是省长之子，两名是大臣之子，还有一人是国务会议成员之子。但没有人比谢尔盖·沃尔孔斯基的家族与皇室更亲近，谢尔盖所属的家族是俄国最古老、最富有的贵族家族之一，他本人是尼古拉一世儿时的玩伴。沙皇把他参加起义的行为当成对他个人的背叛。[14]

即使在宫廷令人窒息的一板一眼中，部分十二月党人的家人仍设法让自己的儿子和兄弟逃脱沙皇的怒火。他们不断请求尼古拉一世宽大处理，指出这些军官年幼无知，而且惩罚他们就是惩罚对沙皇忠心耿耿的整个家族。面对这些请求，尼古拉一世遇到了专制权力的本质带来的一个障碍。在审理十二月党人这样重要的案件时，调查委员会和最高法院会把所有关于审判和判决的事都交由年轻的沙皇做决定。所有人都明白，决定十二月党人命运的不是法律条文，而是尼古拉一世个人的仇恨或宽仁。伟大的俄国历史学家、保守主义政治家尼古拉·卡拉姆津在19世纪初发现："在俄国，君主就是活生生的法律：他赦免好人，处决坏人，对前者的喜好造成了后者的噩梦……俄国君主集所有权力于一身；我们的规则是父权制的、家长式的。"[15]

在俄国的官方意识形态中，尼古拉一世确实是臣民之父。他站在权力和权威的顶端，这种情势又使得俄罗斯帝国内的所有家长式机制合法化：地主和农奴之间、军官和士兵之间、父亲和家庭成员之间等类家长式关系。像许多同时代的欧洲君主国一样，俄罗斯帝国的父权式统治体现着一种统治者和被统治者之间的协定：沙皇的臣民献出服务、服从和尊重，以换取沙皇的保护和照管。然而，在处理起义者家人的请求时，这种处于专制君主权力的核心的父权制构成了一种进退两难的境地。[16]

伊万·奥陀耶夫斯基是十二月党人诗人亚历山大·奥陀耶夫斯基的父亲，他在 1826 年 1 月给尼古拉一世写信。伊万·奥陀耶夫斯基这位拿破仑战争中的杰出将领，承认他的儿子让“我和他自己蒙羞”。他理解沙皇的愤怒，因而他不会乞求赦免，因为儿子的罪行“超出了我的想象”，但他请求沙皇同情他的儿子的年轻和“这个 57 岁的父亲的眼泪”。他求沙皇“把儿子还给我，好让我亲自管教，让他能够配得上忠诚的仆人之名，如同我一样”。彼得·奥博连斯基是俄国一个最古老的贵族家族的首领，曾任图拉省省长，他还是十二月党人叶甫盖尼·奥博连斯基的父亲，他也曾替儿子向沙皇请愿。起义当天，因为特鲁别茨科伊没有出现，叶甫盖尼·奥博连斯基指挥着参政院广场上的部队。彼得·奥博连斯基声称，他的儿子的罪行并不是“出于他的本心。上帝接纳悔过之人、悔罪之人：您就如同世间的上帝……我请求您，臣民可亲的父亲，不要让我的儿子离开我和我的家人”[17]！俄国精英阶层中的重要人物求助于沙皇的家长式统治，而这样的请求无法被完全忽视。

并不是所有十二月党人的家人都用这种方法来影响君主。有些人仅仅是劝起义的家人向尼古拉一世屈服。沃尔孔斯基的哥哥尼古拉·列普宁-沃尔孔斯基是一名副官长、有权势的政府官员，他给狱中的谢尔盖写信，强调谢尔盖给自己的家庭造成的痛苦：“亲爱的谢尔盖，你被囚禁于监狱几乎让我比你更难受。”尼古拉向谢尔盖发表了一通相当于强调君主的父权权威的宣言，以规劝谢尔盖和他的同谋者断绝关系并向调查者坦承一切："在这些事以后，友谊的纽带将不复存在。在我们都不应背弃的神圣义务面前，这些友谊的纽带都消散了。现在不仅你的荣誉危在旦夕，我的荣誉和我们的祖先的荣誉也是如此……"尼古拉提出，对沙皇的顺从和忠诚高于暴动者之间的情谊。兄弟情谊和父权制是互不相容的，每个人都必须选择二者当中的一个。每个人都会做出不同的选择。谢尔盖拒绝在受审时控告同伴，所以说他选择了自己的同伴，这使得沙皇勃然大怒。沙皇厉声谴责："沃尔孔斯基是个骗子、恶棍……不回答任何问题，假装恍惚地站在那里。他就是一个令人厌恶、卑鄙无耻的罪犯，一个愚蠢至极的人！"尼古拉选择了他的君主，彻底同自己的兄弟断绝了关系。在此后谢尔盖流放西伯利亚的 30 年中，尼古拉再也没有给谢尔盖写过信。[18]

尼古拉一世密切指导了审讯过程，在长达数月的详尽审讯后，1826 年 6 月 1 日，最高法院对罪犯做出了裁决。它判处 5 名所谓的主犯分尸刑，31 人斩刑，其余大部分人（共 121 名军官）被褫夺公民权并发配东西伯利亚服苦役。此前死刑在俄国已废除近 70 年，但此次突然为主犯重启死刑令许多人感到不安。在莫斯科，波兰诗人亚当·密茨凯维奇观察到了俄国社会各界对这些严重判决的惊惧。[19]

尼古拉一世知道这种普遍的不安情绪，但他坚持不为所动。他曾在私底下对法国使节拉费罗奈伯爵说："我不会对这起阴谋的头目和煽动者显示丝毫的怜悯与同情。法律规定了惩罚方式，我不会为了他们使用我的宽赦权。我不会姑息纵容。我必须让俄国和欧洲看到这次教训。"[20]但他是在夸大其词。这位年轻的君主或许是报仇心切，但他也很谨慎，而且他的谨慎是有理由的。毕竟，他是残忍且不幸的保罗一世的儿子，保罗一世在1801年的宫廷政变中被自己的禁卫军杀死了。尼古拉一世明白，既然很多十二月党人出自俄国贵族阶层，那么贵族阶层对血腥报复的忍耐是有限的。

宽仁是君主的一种特权和他的权力的一种体现。传统上，沙皇行使宽赦权，是为了纪念继承人的生日、国家历史上的重要纪念日，当然，还有加冕礼。正是因为有这样的传统，伟大的激进主义思想家亚历山大·赫尔岑回忆："每个人都在加冕礼前夕期待着已定罪的人会被减刑。甚至是我的父亲，尽管他凡事谨慎又持怀疑态度，但他也说死刑不会执行，那只是为了震慑人们。"尼古拉一世确实表现出了些许怜悯：他改判原本要被斩首的31名罪犯长期服苦役和终身流放。"他在自己对司法的责任和国家安全允许的范围内减轻了刑罚。"因此，西伯利亚流放成为一个变通的惩罚手段。西伯利亚使得君主可以清除俄国社会中的暴动分子，同时尽可能在这个过程中保全贵族的性命。通过向暴动者施予怜悯，年轻的尼古拉一世也擦亮了自己作为俄罗斯帝国最高统治者的凭证。[21]

其他起义者在彼得保罗要塞的院子里被褫夺了公民权，然后那5名所谓的主犯经历了总体而言没那么有仪式感的刑罚。起义的主要理论家帕维尔·佩斯捷利、南方的起义领导者谢尔盖·穆拉维约夫-阿波斯托尔、诗人孔德拉季·雷列耶夫、年轻的米哈伊尔·别斯图热夫-留明和坚决拥护共和制的彼得·卡霍夫斯基被带出了牢房，来到要塞围墙外竖着绞刑架的地方。尼古拉一世已经给了这5个人一丝宽仁，即"让他们免于流血"：他把他们的死刑从分尸刑减为绞刑。[22]

如果说实施绞刑是为了使报复行为显得仁慈，那么它失败了。绳套被收紧了，犯人脚下的凳子被踢开了，但一些绳子（由于前一晚的雨水而发胀）突然断了。三名犯人从绞刑台上摔到了下面的沟渠里。这些被勒得半死的人又被放到了绞刑架上，执行第二次绞刑。穆拉维约夫-阿波斯托尔讽刺地说，他很高兴有机会为国捐躯，而且不是一次，而是两度捐躯。雷列耶夫大呼："这片被诅咒的土地！在这里，我们不知道如何组织一场暴动，不知道怎么审判犯人，甚至不知道怎么把犯人绞死！"然而，他和他的同伴在第二次绞刑中真的被绞死了，然后他们的尸体在绞刑架上挂了一个小时。他们的脖子上挂着刻有"罪犯－弑君者"的牌子。这场操作笨拙的处决逐渐为人所知，对很多人来说，挂在绞刑架上的尸体象征的不是沙皇富有同情心的审判，而是他复仇的愤怒。事实上，在随后的一个世纪里，俄国人不断将五名十二月党人领导者的绞刑视为暴力专制政权的象征。[23]

尼古拉一世可能已经饶了其余十二月党人的性命，但他决定褫夺他们的公民权并将他们流放西伯利亚，这一判决是在警告俄国精英阶层，不要忘记他们的教训。沙皇在行刑那天的宣告意在为公众构建这些处决的意义。它支持了尼古拉一世的父权权威，强烈否定了暴动者"不切实际的暴行"，严厉警告各个家庭更加关注对孩子的"道德教育"。它强调不少起义者的家人已声明与他们脱离关系，这也有种胜利的调子："我们已经看到了表现忠诚的新例子：我们看到一些父亲并没有饶恕自己犯罪的孩子，一些亲属与叛乱分子断绝关系，并把他们交付法院；我们看到各个阶层的人意见一致——审判和惩罚这些罪犯。"[24]

的确，对于许多家庭来说，惩罚迫使他们在自己的兄弟和儿子与沙皇之间做出选择。有些人选择了尼古拉一世。帕维尔·别斯图热夫-留明是被处以绞刑的最年轻的十二月党人的父亲，他让其余孩子“消除”对他们的兄弟的记忆。他边撕碎这个儿子的肖像，边说着“就当是死了一条狗”。赫尔岑对这种“与亲人断绝关系的无耻行径”表示愤慨。为了表示对沙皇的忠诚，很多十二月党人的亲人和朋友“证明了自己是狂热的奴隶，有些出于卑贱的个性，而另一些人则更糟，是出于坚定的信念”。沃尔孔斯基的母亲亚历山德拉夫人因为儿子被捕这件耻辱之事而深感痛心，她也把自己对沙皇的忠诚放在对儿子的情感之前。她是皇太后的侍女，此后她继续出入冬宫。她的儿子被关押在彼得保罗要塞，要塞壮观的城垛隔着涅瓦河清晰可见。十二月党人亚历山大·穆拉维约夫把彼得保罗要塞称为“面向着沙皇宫殿的可怕专制主义标志，它就像在严正提示，这座建筑之所以能够存在，是因为那一座建筑”[25]。因为担心表露出对儿子的同情，亚历山德拉夫人甚至在沃尔孔斯基踏上流放路途的那天出席了一个庆祝尼古拉一世加冕的舞会。一贯的得体和忠诚为她赢得了圣凯瑟琳勋章。在十二月党人领袖被处决后不久，她的行为给作为官方代表团成员参加尼古拉一世加冕礼的法国伯爵雅克－弗朗索瓦·安瑟洛留下了长久的印象：

> 我们都认为，在加冕礼前几天发生的这场血腥灾难会给即将要举行的庆祝活动增添一抹伤感。因为几乎每个俄国家庭都有让人垂泪的受害者。我吃惊不已……这些被定罪者的父母、兄弟和姐妹积极参加了非凡的舞会、奢华的盛宴和华丽的聚会！有些贵族……久久地跪在沙皇面前，他们无疑是

> 害怕自己的悲伤被当作叛乱……在一个专制国家，人们可以用人性的弱点来解释这种对最自然的情感的轻视，这种弱点可以影响一个极度渴求荣誉和财富的男人。但是一个年华垂暮的母亲，每天都会珠光宝气地参加热闹非凡的公共盛会，而她的儿子正要开始非常痛苦，或许会令其丧生的流放生涯，人们又怎么解释这个女人的表现？[26]

对君主的忠诚拥护者来说，公民权死亡是一种确确实实的死亡。私下里，他们就像为一个已故家人哀悼一样进行哀悼。在谢尔盖被流放之后的几年中，他的家人会说："谢尔盖已经不在了。"在上述例子中，这些人奴性地顺从沙皇的父权权威，但是与之相反，一些十二月党人的妻子决定跟随丈夫远赴西伯利亚，这样的决定深深地印入了同时代人乃至后世的思想觉悟当中。[27]

十二月党人年轻的妻子事先对其丈夫的密谋毫不知情，丈夫被捕的消息打碎了她们养尊处优的生活。在彼得保罗要塞的牢房里，十二月党人懊悔于他们给自己无可责难的妻子造成了痛苦。1825 年 12 月底，尼古拉·穆拉维约夫给妻子亚历山德拉写信，承认自己参加了起义并求她原谅自己："有很多次我都想向你坦陈我的重大秘密。我的沉默誓约和一种错误的耻辱感让我看不到自己的行动有多么残酷和鲁莽，让你的命运和一个罪犯的命运结合在一起。我是造成你和你的家人的不幸的原因。""我几乎无法动笔，"亚历山德拉向她的妹妹吐露，"我太过悲痛了。"[28]

有些十二月党人的妻子在得知丈夫参与起义的消息后非常焦虑，她们当中的有些人出自非常有影响力和十分富裕的家庭，如玛

在冗长的信中，他诉诸叶卡捷琳娜对他的爱。但是他更多的是诉诸她作为妻子的宗教责任感。1826 年 1 月，他承认："我没有力量不寻求和你在一起的幸福。"特鲁别茨科伊将他的惩罚和流放可能性说成是对他的妻子的基督教美德的一种考验："我知道，我亲爱的朋友，如果上帝允许我们在一起，你不会有任何遗憾；无论你的命运将会如何，你都不会抱怨命运。"到了 5 月，特鲁别茨科伊在信中谈及了自己的信念，即"上帝给予我们的一切都是完全公正的"，而且"上帝会赐予我们承受我们的命运的力量，无论我们的命运有多么艰难"。特鲁别茨科伊知道叶卡捷琳娜将被迫放弃世俗的财富，于是他强调，这种"优越和享乐对救赎来说是完全没有必要的，或许只会让我们偏离正道"。他也没有不屑于情感勒索。在被褫夺公民权前夕，他写道："没有你，我的生活是一副我想要摆脱的重担。"[30]

20 岁的玛丽亚·沃尔孔斯卡娅面临的抉择更为棘手。她是 1812 年卫国战争的英雄尼古拉·拉耶夫斯基将军的女儿。出生于 1806 年的玛丽亚是一个年轻美丽的女子，有着忧郁的深色眼睛和精致的面庞，一头浓密的黑色卷发。她嫁给了粗犷、仪表堂堂的谢尔盖·沃尔孔斯基，结婚时她几乎不认识谢尔盖，他已经 34 岁，而她只有 17 岁。在谢尔盖在参政院广场上决定自己的厄运之前，他们结婚才刚一年多，在此期间，谢尔盖大部分时间不在家，忙于在南方准备这次密谋。玛丽亚在 1826 年 1 月生下了他们的第一个孩子尼基塔，但在接下来的几个星期里高烧不退，在死亡边缘挣扎。因为担心她的健康，她的家人起先并没有告诉她在圣彼得堡发生的起义以及她的丈夫在其中发挥的关键作用。[31]

她在 3 月初终于知道了谢尔盖被监禁的消息，便立即给丈夫写信："我亲爱的谢尔盖，两天前我得知你被捕的消息。我不会让我的灵魂因此而动摇。我寄望于我们宽宏大量的沙皇。我可以向你保证一件事：无论你的命运如何，我将共同承受你的命运。"随后，拉耶夫斯基家族和沃尔孔斯基家族就玛丽亚的未来发生了不体面的争吵。拉耶夫斯基家族断定，她不应该受西伯利亚流放的折磨，她应该和她的孩子一起待在她的家人身边；沃尔孔斯基家族则努力说服她跟随丈夫流放，为他提供援助和支持。面对着这样一个令人恐惧的选择，玛丽亚在6月中旬写信给她的丈夫："不幸的是，我非常清楚我必然会与你们二者之一分开；我不能带着我的孩子东奔西跑，这会令他性命堪忧。"然而，玛丽亚的选择并不是家族荣誉和浪漫爱情之间的简单选择。[32]

就像在其他欧洲国家一样，俄国的浪漫主义不仅仅是一种对情感的颂扬；它还提供了一系列关乎高尚行为的公共守则。拜伦式文学作品在俄国精英阶层中非常流行，它们提供了可供受过教育的时人效仿的范例。十二月党人的妻子受到了一位年轻贵族女士的真实故事的鼓舞，这位女士的丈夫伊万·多尔戈鲁基在1730年被安娜女皇放逐，她选择陪同丈夫流放西伯利亚。[33]在1825年起义的前夕，十二月党人领袖雷列耶夫在他的诗《纳塔利娅·多尔戈鲁卡娅》中歌颂了她的牺牲精神：

> 我忘记了我的家乡、
> 财富、荣耀和姓氏
> 只为和他共同承受西伯利亚的严寒，
> 忍受命运的无常。[34]

这种典范在俄国社会被普遍接受，许多人认为，婚姻誓言的神圣性意味着十二月党人的妻子应该分担丈夫的命运。在起义之前的几个月，尼古拉·巴萨尔金在给妻子读雷列耶夫的另一首诗，此时他说出了心中的疑惑，想知道自己是否会独自前往西伯利亚。他的妻子没有起疑，她毫不犹豫地回答："那又怎样呢？我会和你一起去，照顾你，共同承受你的命运。那绝对不会把我们分开，所以想这件事有什么意义？"拉耶夫斯基家族意识到了这些对配偶的忠诚与责任的文化期待，于是他们努力把玛丽亚留在基辅省的沃尔图什卡家族领地上，使她远离那种只会鼓励她跟随丈夫的公众观点。然而，玛丽亚坚持前往首都，到达首都后，她在监狱官员在场的情况下与丈夫进行了一次简短又尴尬的会面，谢尔盖趁机塞给她一张字迹潦草的纸条，上面写着种种保证和爱意。看到戴着镣铐的丈夫，玛丽亚决心跟随他去西伯利亚。[35]

目的地东西伯利亚在几千千米之外，玛丽亚的父母非常担心这趟危险的行程会危及女儿的健康，他们恳求沃尔孔斯基解除其妻子的婚姻誓言，让她和孩子待在一起。"像一个男人、一个基督教徒一样，"玛丽亚的母亲写道，"让你的妻子尽快到她的孩子身边，孩子需要他的母亲。你要平静地和她分开。"玛丽亚的父亲则说得更直接。他担心玛丽亚可能不会放弃追随沃尔孔斯基的念头，于是在1月，在玛丽亚在生产后重病时，他写信给这个被监禁的十二月党人："你曾经称我为父亲，那么就服从你的父亲！你知道你的妻子的心意、她的情感和她对你的依恋：她愿意分担一个罪犯的命运，但她会因此丧命。你不要把她害死！"[36]那年夏天，玛丽亚仍旧坚持要离开，她的父亲再次恳求沃尔孔斯基：

> 我的朋友，想想她是否可以挺过数月的颠簸；想想那几个月是否足以让你的幼子死去；想想她能为你带来什么帮助，又能给幼子带来什么帮助！想想吧，她会放弃自己的显赫地位，你们所生的所有孩子也将没有显赫地位。我的朋友，你的内心一定会告诉你，你应该亲自写信给她，告诉她不要跟你走。[37]

但是谢尔盖并没有劝他的妻子和他们的孩子待在一起，玛丽亚的决心仍不动摇。她的决定最终令她和父亲关系不和："父亲和我沉默着分别；他向我送上祝福，然后一言不发地走了。我看着他，跟自己说：'结束了。我再也见不到他了，我曾经可以为了家人而死。'"[38]

公众对十二月党人的命运看法矛盾，而某些人为十二月党人的命运奋力游说，在这样的氛围中，政府迫切想要避免创造新的改革和革命牺牲者。政府在选择行刑时间时，考虑的是尽量减少前来观看行刑的十二月党人同情者，同样，十二月党人出发前往西伯利亚的活动也是悄悄进行的。沙皇指示："罪犯出发前往流放地的行动应该在夜间秘密进行，任何罪犯都不能经过莫斯科，要前往西伯利亚的罪犯应该沿着雅罗斯拉夫尔路行进，任何人都不应当知道行进路线。"这种保密性是沙皇俄国软弱的表现，而不是沙皇俄国强大的表现。德米特里·扎瓦利申回忆："政府不知道要拿我们怎么办。它不仅不敢让我们和流放西伯利亚的犯人一道沿着常规路线行进，甚至害怕将我们所有人都分到一个小组里。"[39]

每年有数千人沿着从圣彼得堡到伊尔库茨克的“脚镣之路”艰难地走到流放地，但与他们不同，大多数十二月党人被分成了小组（每个组不超过四个人），他们不是徒步行进，而是坐马车。由于担心出现逃匿事件，政府决定每名罪犯都应有两名宪兵和一名专门的信使随同，还应戴着沉重的脚镣。脚镣带来的羞辱令十二月党人印象深刻。切尔尼戈夫团的起义者伊万·戈尔巴乔夫斯基回忆：“我完全没有想到他们会拿出镣铐并给我们戴上。当我们站起来时，镣铐在我的腿上当啷作响……那声音十分恐怖。”波罗的海德意志人安德烈·罗森疑惑，为什么国家要把通常用来惩治惯犯和逃犯的惩罚用在十二月党人身上。当听到有些人把这归因于沙皇俄国的怜悯之心时，他带着些许嘲讽的语气说：“据说这个焦虑的政府惧怕平民的愤怒和复仇心，惧怕平民或许会在途中把我们大卸八块。”[40]

尼古拉一世做出的惩罚和羞辱这些囚犯的决定甚至也包含着黑色喜剧的元素，这些元素突出了国家权力具有不老练和临时拼凑的本质。扎瓦利申回忆，就在出发前，上面突然发来指示，要求脚镣不能用铁钉封上，而应该用挂锁锁上，以便在途中需要时可以更轻松地打开脚镣。由于当时手边没有挂锁，几名士兵被派去城里买挂锁。他们带回了用来锁礼物盒的锁具，上面通常还刻着字。扎瓦利申腿上的挂锁上面写着“我把这个送给我爱的人”，别斯图热夫的腿上的挂锁则写着“我珍视的不是你的礼物，而是你的爱”[41]。

起义的失败、审讯的耻辱以及在彼得保罗要塞长时间忍受的艰苦环境摧毁了很多十二月党人的精神和健康。即使在经历了十三年的流放生涯后，尼古拉·巴萨尔金仍然可以生动地回忆起

“愁苦的无助感和道德挫败感”，这些感觉在狱中令他不堪重负，而他在那里独自面对着“专制政权的无限力量”。尼古拉·穆拉维约夫满怀遗憾地对妻子吐露：“每一天，我都祈求上帝宽恕我曾经参与这件疯狂和违法的事，宽恕我曾努力争取建造这座新巴别塔。”与此同时，特鲁别茨科伊在审讯时在尼古拉一世面前贬抑自己并乞求怜悯。在他入狱的第一个月，他在给妻子叶卡捷琳娜的信中称：“要是你知道在［尼古拉一世］面前当一名罪犯有多么困难就好了……我向上帝祈祷，希望上帝让我有机会可以向我们的恩人表示，我认清了我的罪行和他的祝福，至少我的心并不是忘恩负义的。”特鲁别茨科伊在彼得保罗要塞阴湿的牢房里待了半年，似乎患上了结核病，在离开前夕，他“咯出了大量鲜血”。其他人，比如奥博连斯基，为了减轻自己的惩罚而告发同伴。沃尔孔斯基在整个审讯过程中一直保持着一种挑衅性的威严，但他也在监禁期间病倒了，还担心自己不能撑过前往流放地的路途。[42]十二月党人在离开圣彼得堡时都心力交瘁。

第一组囚犯于 1826 年 7 月下旬出发，在接下来的 12 个月中，共有 93 名几乎都“被剥夺了与其地位相当的所有权利和特权”的人出发前往东西伯利亚。由于政府希望减少犯人与沿途城镇居民和村庄居民之间的接触，因此流放队伍行进得非常快速。马车日夜兼程地赶路，每隔 3 天才休息一次。[43]押送警卫收到的指示是尽快运送犯人，因此他们经常会把马累死。米哈伊尔·别斯图热夫和他的同伴要求押送队长出示书面指示，如果队长接到的指示里没有明确说“杀死他们”，那么他们一有机会就会去举报他。别斯图热夫确实差点死于途中。有一次，他乘坐的马车快速冲下一座小山，他被从车上甩了出去。他的镣铐卡在了车轮里，他“就像在阿喀琉斯的战车后面的赫克托耳一样被拖拽着”。各个流放队伍都在以疯狂的速度前行，押送队长们努力维持着自己在时间表中的位置。别斯图热夫兄弟和他们的同伴本应在托博尔斯克休息一天，但押送队长拒不让他们休息，因为他害怕自己的队伍被别人超过。“官僚作风的俄国！”尼古拉·别斯图热夫若有所思地说，“行政官员准备让我们赶路赶到精疲力竭，甚至累死，只要他们不违反1、2、3、4的时间顺序就行。”对流放者来说，路况和强制性的速度并不是途中仅有的折磨。直到大约四年后他们才获准摘下镣铐，在此之前，他们要努力去适应随着他们一起活动的镣铐。脚镣摩擦着他们的脚踝，让脚部流血。沃尔孔斯基在下台阶时被镣铐绊倒了，一个农民嘲讽地说：“先生，学会忍受它们吧！”[44]

在十二月党人看来，他们生理上的困境无疑比不上心理上的痛苦。这些贵族中的许多人出自圣彼得堡和莫斯科最著名、最富有的家族，并且沉浸在当时的浪漫主义爱国主义当中，对贵族来说，这是一段痛彻心扉的旅程。他们不仅失去了财富、权力和地位，还被从自己的故土驱逐了出去。一个俄国探险家在1830年评论：“‘西伯利亚’这个名字本身就足以让一个俄国人恐惧，俄国人在这个名字中只看到了他（她）会与自己的故土永远分离，看到了一个无法逃离、始终不变的巨大地牢。”许多十二月党人，如谢尔盖·克里夫佐夫，担心自己余生都将生活在“荒无人烟的边远地区，在那里，霜雪就像海格力斯之柱一样为人类划出了界线，标示着极点”。阿尔塔蒙·穆拉维约夫一再谩骂哥萨克冒险家叶尔马克“征服”西伯利亚的举动，那里是“痛苦的来源和流放者的坟墓”。在流放者乘马车颠簸着向东行去时，大多数人沮丧且绝望。押送宪兵报告：“所有罪犯都非常悲伤，特别是当他们还在俄罗斯各省行车时。他们大多数时候默不作声，有时候会哭泣。瓦西里·达维多夫最为悲伤，他为自己留下的五个孩子而伤心。”[45]

对于几乎所有十二月党人来说，翻过乌拉尔山就是越过了边界，进入了一片外国土地。尼古拉·洛雷尔回忆起了那一刻：

> 上午，我们沉默地攀爬了二十一千米路，抵达了那个孤单又凄凉地矗立在山巅的休息站。从山顶看过去，一望无际的森林远看呈蓝色和紫色，一条蜿蜒着穿过森林的道路在我们面前伸展开来。马车夫用他的鞭子指着前面说：“那就是西伯利亚！”
>
> 也就是说，我们自此以后不在欧洲了！我们已经与整个文明世界分离了！[46]

然而，离开乌拉尔山后，十二月党人的精神开始振奋起来。他们看到的并不是俄国人想象中的冰冷荒漠，而是美丽又多样的景观，这里的农民不受农奴制的压迫。巴萨尔金评价：“我们越深入西伯利亚，眼前的景象就越迷人。比起俄国农民，尤其是农奴，那里的平民百姓看起来更加自由、更有活力，也更有教养。”[47]在西伯利亚，在具有改革思想的俄国人当中越来越盛行一种浪漫主义设想，即一种将替代俄国欧洲部分僵化、沉闷的等级制度的民主模式，十二月党人的观察资料将为这种设想提供支持材料。

然而，尽管十二月党人忍受着道德折磨和身体不适，通过大多数十二月党人被运送到西伯利亚的方式，人们可以看出他们是具有特殊地位的人。首先，他们是坐着马车，而不是步行。在19世纪20年代，每年都有数千名流放者辛苦地越过乌拉尔山，对于这些流放者来说，坐马车赶路是一件难以想象的事情。官员和押送兵也不确定要如何对待他们押送的对象。即使十二月党人已经"被剥夺了一切权利和特权"，十二月党人仍然在语言、举止和礼仪上与他们的上级相同。扎瓦利申说："无论我们去哪里，我们都被称为爵爷和将军……许多人既想用符合我们当前地位的态度来对待我们，又想表示对我们的尊重，于是他们对我们说'前殿下、前阁下'。"警卫们在执行大臣们精心设计的严格规则时很迟疑，但是十二月党人用贿赂为自己买来的好处让这些规则执行得更加混乱。尼古拉一世的第三厅（在十二月党人起义之后，尼古拉一世为打击暴动而成立了这个部门）的负责人亚历山大·本肯多夫了解到，最早的两组流放者沿途"吃吃喝喝"，用酒食让自己的押送士兵和宪兵为他们效劳。奥博连斯基可以给自己的妻子写信，达维多夫可以刮胡子。十二月党人被明令禁止乘坐自己的马车，但是，方维津利用妻子给他的1000卢布恰恰坐上了自己的马车，并成功为自己和旅伴弄到了温暖的毯子。在旅程当中，他和同伴被他们的宪兵"服侍"[48]。

随着十二月党人深入流放地，他们遇到的不是波罗的海德意志人罗森先前被警告过的愤怒暴民，而是官员和众多西伯利亚人的好奇、同情和慷慨。方维津在途中写信给他的妻子，说托博尔斯克省省长德米特里·班特什-卡缅斯基和他的家人"热情慷慨地接待了我，因为他们，押送军官对我们非常好，甚至同意把这封信转寄给你"。巴萨尔金回忆起卡因斯克小城的年迈市长斯捷潘诺夫先生，他来见他们时"带了两个人，他们拖着一个巨大的篮子，里面装满酒和各种食物。他让我们随便吃，然后让我们带走剩下的吃食。他还给了我们钱，并说出了令我们惊讶的话。‘我获取这笔钱的途径，’他边掏出一大包钞票边说着，‘不是完全干净的，而是通过受贿。你们拿着吧，这样我会心安一些。’”在克拉斯诺亚尔斯克，当地居民争论着，在流放者们在该镇休息一天时，谁有幸为他们提供膳宿。商人们用家中最好的房间招待十二月党人，毫不吝惜地为这些客人供应食物和酒水。[49]

这种经历反映的不仅仅是十二月党人的特殊地位。向随流放队伍穿过定居点的“不幸的人”提供施舍，是西伯利亚的一个传统。尽管官方努力让这些行程保密，但巴萨尔金回忆，人们会聚集在休息站周围，看一眼这些犯人。更大胆的居民会靠近马车，把施舍给犯人的铜币扔进车里。“我至今保留着，”巴萨尔金在他的回忆录中写道，“一个年迈的女乞丐给我的铜币。她走进我们的小屋，向我们出示了一些硬币，说道：‘这是我所有的钱。拿着吧，先生们，我们亲爱的大人。你们比我更需要这些钱。’”[50]

虽然政府还要定出一个具体的流放地点，但十二月党人肯定是要去涅尔琴斯克矿区这片广阔的刑罚区域，它在贝加尔湖以东1700千米处。最早的两组十二月党人在仅仅37天的时间里赶了6000千米的路，这些筋疲力尽的人在1826年8月下旬抵达了地区首府伊尔库茨克，在2个月后最终到达涅尔琴斯克的布拉格达茨克银矿。[51]

如果对比十二月党人领导者和参与起义的普通军官的经历，我们会发现，起义领导者因为沙皇不安的宽赦和广泛的公众同情而获得的益处是非常明显的。当一个被流放的官员说“学习四处为家是可能的”时，他还应补充，对有些人来说，学习曲线比其他人更陡。这些出自上层阶级、受过教育又被判处服苦役的俄国人努力在流放队伍不安全、暴力和穷困的环境中寻求对自己所处地位的意识。他们被褫夺了公民权，又被剥夺了权利和显贵地位，现在突然与平民为伍。帝国陆军的等级和纪律、贵族家庭以及农奴制，不再是他们与农民、商人和士兵打交道的基础。[52]

少数流放西伯利亚的十二月党人军官经历了这种与下层阶级的文化冲突。在官方对这场暴动的短暂恐慌平息之后，他们被判刑，随后他们不是从首都，而是从地方市镇被驱逐出境。这些人在前往流放地的途中没有受益于国家的焦虑、个人的财富和公众的慷慨。最早的几批十二月党人是秘密、快速地被送走的，但现在圣彼得堡的当权者同意不再追求那种保密性和速度。因此，这些犯人不是乘坐马车和雪橇匆忙地东去，而是和普通罪犯一道步行去往东西伯利亚。对于负责流放队伍的沙皇地方官员来说，这些人只是流放者名单上多出的几个名字。他们的待遇同犯有重罪的普通罪犯一样，并且也加入了有一两百人的标准流放队伍。他们的经历有助于突出显示，当局对他们向北行进的同伴相对宽容。[53]

瓦西里·科列斯尼科夫就是这样一个年轻军官，他为后世记录下了自己的经历。和突然陷入流放队伍这个吵闹、暴力和破败的世界的大多数贵族一样，相较于流放者不得不面对的非人环境，科列斯尼科夫对流放者自己明显的不道德更加震惊：

> 总之，慈善家会发现这里完全没有热爱同胞的观念……这些不幸的人差不多是在互相竞争谁更残忍，努力去展现他们人性中更多的阴暗面。他们沉浸在道德败坏当中，习惯于

各种恶习。他们周围是噪音、叫声、纸牌、骰子、争论或歌唱、舞蹈……上帝！这是些什么舞蹈！

一句话，这是一个真正的地狱！

在路上走了 3 个月后，1827 年 12 月，科列斯尼科夫终于到达了托博尔斯克。他被锁在一个狭窄、极冷、潮湿的牢房里，他在那里因为“身体疲惫和天气寒冷”而生病，但没有得到医疗护理。然而，当 5 天后流放队伍要出发时，他获准坐着队伍中的一辆马车赶路。多次发病让科列斯尼科夫在沿途的不同医院耽搁了行程，1828 年 9 月，在走了整整一年后，他到达了位于贝加尔湖以东 320 千米处的赤塔定居点。[54]

在惩罚十二月党人时，尼古拉一世艰难地在正当的愤怒和家长式怜悯之间寻求巧妙的平衡，但十二月党人的妻子想要陪同丈夫的决定使他处于一个进退两难的困境。到 19 世纪 20 年代，罗曼诺夫王朝已经开始珍视公众的家庭美德表现，直到 1917 年，它一直在强调这种美德。否认沃尔孔斯卡娅、穆拉维约娃、特鲁别茨卡娅和其他妇女履行其作为妻子的责任的权利，就是公开否认婚姻的神圣性。强迫忠诚的妻子与丈夫分开，必然对专制政府的道德权威产生不利影响。[55]

但是让十二月党人的妻子这样继续下去，就有可能破坏这些被定罪者的定位，还有可能在国家努力让他们销声匿迹时，反令公众关注他们的命运。为了阻止十二月党人的妻子上路，沙皇不允许她们带着自己的孩子同行。这次加赌注在政治上是欠考虑的，因为此举把妇女逼入了在丈夫和孩子之间做出选择的公众痛苦当中。1826

年10月，尼古拉一世更进一步，他明确表示，假使她们要前去，那么管理苦役犯配偶的标准法规也要强制实施。假使她们在涅尔琴斯克陪同自己的丈夫，如果没有遇到大赦、夫妻间的婚姻也没有解除，那么，只有在丈夫去世后她们才能返回俄国。[56]

在伊万·亚库什金向东行进时，他获准在雅罗斯拉夫尔和妻子阿纳斯塔西娅以及他们的孩子会面，他被告知尼古拉一世不允许孩子们随父亲流放。虽然阿纳斯塔西娅想要在西伯利亚陪伴丈夫，但亚库什金坚称她不应该丢下孩子，因为“母亲的照顾是非常重要的”。这是他最后一次见到自己的家人。“当我们永远分离的时刻到来时，”他回忆，“我同妻儿告别，哭得像一个最后一件心爱玩具被人夺走的小男孩。”大约六年后，等孩子们大一些时，亚库什金会写信给阿纳斯塔西娅，让她自己一个人来西伯利亚陪他。然而等到那时，十二月党人的妻子在西伯利亚陪同丈夫的许可已经被收回了，尼古拉一世拒绝了亚库什金家的请求。[57]

10月下旬，正当亚库什金在雅罗斯拉夫尔不许妻子抛下年幼的孩子时，谢尔盖·沃尔孔斯基已经进入了涅尔琴斯克矿区。沃尔孔斯基不再幻想如果玛丽亚跟随他，她将经历什么。一方面他不愿意玛丽亚分担他的命运，另一方面他渴望玛丽亚陪在他的身边，这两种想法明显在撕扯着他。他给自己的妹妹写信：“我对自己的境况想得越多，就越开始认为不让亲爱的玛申卡来这里和我一起生活是我的责任。在我看来，她对我们的儿子的责任，以及我悲惨的处境，这二者都是不可逾越的障碍。”来到涅尔琴斯克仅仅一个月后，沃尔孔斯基就放弃了这些顾虑。他于1826年11月12日给他的妻子写信：

> 如果你来这里，你将不得不做出很多牺牲……你会失去你的地位，不得不和我们的儿子分开……我有义务向你说明我的处境多么恐怖，但是我……非常了解你坚韧的性格，因而我认为你……或许不会改变此前你在信中向我重复过的决定。我知道，只有和我在一起或者是有机会看到我，你才会感到内心平静。如果我向你保证，看到你不是我凄苦命运中唯一的慰藉，那必是谎话……[58]

一星期后，11 月 18 日，沃尔孔斯基写了另一封信，信中的浪漫主义是特意用来颂扬妻子离开她的孩子的举动的。他声称，玛丽亚面对的是“与我的永久分离或者与我们的儿子的短暂分离”。之所以说短暂，是因为沃尔孔斯基内心深知，“因为精神上的折磨，我很快就会死去……玛申卡，在我走进坟墓之前，来到我身边吧！让我再看一看你，让我用灵魂中的所有情感填满你的心”！ 12 月 15 日，玛丽亚给尼古拉一世写信，正式请求获准追随自己的丈夫。[59]

据说，尼古拉一世给十二月党人的妻子设下了一个陷阱：直到她们抵达了伊尔库茨克，他才让她们知道他打算禁止她们返回俄国欧洲部分。事实上，沙皇在 12 月 21 日答复沃尔孔斯卡娅的请愿时就已经向所有有关人士表明了这种限制：“我感到有必要重复我已经向你提出过的警告，提醒你如果过了伊尔库茨克，以后会有什么在等待着你。你当然应该采取就你目前的处境来看最合适的做法。”玛丽亚后来跟自己的父母说她不明白这些话的含意，她这么说很有可能是想平息他们的愤怒和痛苦。至少，她是选择故意误解这道警告。尼古拉一世不希望这些妇女前往西伯利亚，所以他没有理由向她们隐瞒他不准她们回来。但是，在这些年轻的已婚女士面前设下了这样的障碍并没有成功阻止她们。沃尔孔斯卡娅完全没有退缩，她给父亲写信："我的儿子很幸福，但我的丈夫并不幸福。我应该和我的丈夫在一起。[这就是]我的责任感。"[60]

我们还应把玛丽亚的决定放在19世纪初俄国的贵族家庭文化这个更广泛的背景中去理解。对母性和顾家的文学性崇拜已经于18世纪在英国和法国被广泛接受，这种崇拜影响了许多俄国母亲，但并非所有的俄国母亲。一些贵族妇女仍然忙于管理家庭和庄园，忙于改善自己的孩子在宫廷中的前途。一些贵族妇女在身体上和情感上都与其年幼的孩子疏离，这些孩子被托付给了乳母和保姆。[61]1826年12月，在玛丽亚离开前夕，她写信给谢尔盖，说自己愿意坚持为了丈夫而离开孩子的决定，她表达了她所属的那个阶层常见的情绪：

> 亲爱的，现在我可以对你说，为了实现我的目标，我已经忍受了很多。但现在我将要离开，我会忘记这一切的一切。没有你，我就好像没有生命一样：只有我对我们的儿子的责任才能让我离开你，但和他分离时我不会悲伤。他的周围都是关爱，他不会感觉到母亲的缺席：我的灵魂为我们的天使而感到平静。希望以及很快就会看到你的想法鼓舞着我。似乎我从未感到如此开心。[62]

她再也没有见到自己的儿子。一年后，他死了。

玛丽亚痛苦的父亲确信，女儿是在沃尔孔斯基家族的影响下才决心追随她的丈夫的："他们赞扬她的英雄主义，让她相信她是个女英雄，于是她像个白痴一样离开了。"他或许是对的，但十二月党人妻子的自愿流放是一个正在形成的伟大神话。亚历山德拉·穆拉维约娃和玛丽亚·沃尔孔斯卡娅于 1827 年新年前夕离开了莫斯科，几天后，诗人彼得·维亚泽姆斯基写信给朋友说："在过去几天里，我看着穆拉维约娃和沃尔孔斯卡娅出发。多么动人、崇高的命运！我们必须感谢这些女性！她们为我们的历史增添了美丽的诗句。"维亚泽姆斯基是一个敏锐的评论者。即使十二月党人的妻子是由自己的个人动机驱使，但她们随丈夫流放西伯利亚的决定却被普遍理解为一种政治反抗行为。[63]

甚至在大多数十二月党人的妻子还未抵达西伯利亚之际，将她们塑造成牺牲者的活动就已经开始了。玛丽亚·沃尔孔斯卡娅于 1826 年 12 月前去陪伴自己的丈夫，在她离开莫斯科前夕，她的朋友和支持者聚集在当时最著名的某个文学沙龙中，普希金在这个聚会上大声朗读了他的《致西伯利亚的囚徒》：

在西伯利亚矿坑的深处，
望你们坚持着高傲的忍耐的榜样，
你们的悲痛的工作和思想的崇高志向，
决不会就那样徒然消亡。

灾难的忠实的姊妹——希望，
正在阴暗的地底潜藏，
她会唤起你们的勇气和欢乐，
大家期望的时辰不久将会光降：

爱情和友谊会穿过阴暗的牢门
来到你们的身旁，
正像我的自由的歌声
会传进你们苦役的洞窟一样。

沉重的枷锁会掉下，
黑暗的牢狱会覆亡，——
自由会在门口欢欣地迎接你们，
弟兄们会把利剑送到你们手上。[64]

沃尔孔斯卡娅离开莫斯科时带着这首诗。虽然普希金的这首诗在此后四十年中并未公开发表，但它在俄罗斯帝国的两个首都的沙龙和客厅广泛传播，如大炮般在整个19世纪回荡。这首诗吸引了公众的想象，塑造了对流放中的十二月党人的看法，并且让人们永远把他们记成报复心重的专制国家的受害者。

如果说尼古拉一世和他的大臣们没有从身体上消灭十二月党人，那他们也是在努力从政治上消灭十二月党人作为俄国精英阶层的宪制改革的代表的地位。但是他们没有成功消灭，因为十二月党人流放西伯利亚的故事是一个反败为胜的故事。十二月党人被支持者崇拜，他们的道德权威在尼古拉一世在位期间不断增长，在他死后，他们则将鼓舞下一代激进人士。在伦敦的移民中，赫尔岑成为创作十二月党人及其妻子的传奇故事的重要作者。他的杂志《北极星》根据被处死的十二月党人诗人雷列耶夫发表过的一部年鉴命名，这份杂志的刊头印着五名被绞死的起义领袖的面孔。赫尔岑本人是19世纪上半叶最有影响力的激进派知识分子，是19世纪60年代和70年代俄国革命运动的重要设计师之一。他精心塑造的1825年革命牺牲者的故事继续激励着下一代专制制度反对者。[65]

十二月党人的起义和他们的流放也在俄国境外引发了共鸣。在意大利半岛，朱塞佩·马志尼和他的共和主义运动“青年意大利”致敬了那些“为斯拉夫民族的解放而献出生命的人，他们因而成了公民和世上所有为正义和真理事业奋斗的人的兄弟”。十二月党人也为波兰爱国者点亮了一条道路。到19世纪20年代末，波兰的共和主义受到了欧洲其他地区的发展的鼓舞，因此非常具有优势。波兰起义者把十二月党人恢复“古代罗斯自由”的努力视作一种灵感来源。尼古拉一世面对的下一次武装威胁不是出现在沙皇俄国首都的街道上，而是在他的帝国的最西部，即华沙。西伯利亚将招手呼唤波兰起义者，就像它曾招手呼唤十二月党人一样。[66]

十二月党人作为士气低落的叛徒被流放，他们当中的很多人不仅背叛了他们的同志，也背叛了他们的事业。然而，那些活得比尼古拉一世久的十二月党人将作为英雄和爱国者荣归俄国欧洲部分。当年这些人在彼得保罗要塞院子里跪在火盆前，剑在他们低着的头上折断，那时的他们根本无法设想自己有可能回归。几十年后，巴萨尔金带着轻蔑的语气回顾他在西伯利亚的流放经历：

> 我现在确信，如果政府不是这么残忍地处罚我们，而是更宽厚地惩罚我们，那么，它或许能更好地实现自己的目的……我们被剥夺了一切，突然成了处在社会最底层的被驱

逐者，这让我们有权把自己看作俄国未来改革的净化剂。总之，政府把我们从最简单、最普通的人变成了我们的观念的政治牺牲者。在此过程中，它为我们招致了广泛的同情，而将它自己塑造为愤怒、残忍的迫害者。[67]

4

涅尔琴斯克的矿山

涅尔琴斯克矿区西起贝加尔湖东岸，东至中国边境，这片横跨 1300 千米的多山丘、多林木地区是尼古拉一世时期最可怕的流放地。涅尔琴斯克的采矿业发端于 16 世纪末，第一个银矿冶炼厂于 1704 年在涅尔琴斯克扎沃德建立，该城位于东西伯利亚首府伊尔库茨克以东 1600 千米处。这个偏远而荒凉的地区从未吸引过很多自愿劳动者，因此当局是从苦役犯和被征用的农民当中招募矿工的。在 18 世纪 40 年代之前，涅尔琴斯克一直是俄罗斯帝国唯一的银矿区，并且在 18 世纪 60 年代之前，这里的产量始终不大。俄国参与七年战争（1756—1763 年）之后，金属需求量增长，采矿业扩张，这里的产量才开始变大。在 1704 到 1750 年的数十年间，涅尔琴斯克只开采和提炼了 9000 千克白银，但仅在 18 世纪 80 年代这十年中，产量就跃升至 7.6 万千克。到 19 世纪初，涅尔琴斯克发展为重要的银矿、铅矿、铜矿和金矿开采地以及主要的西伯利亚苦役劳动场所。[1]

到 19 世纪 20 年代，以涅尔琴斯克城的行政中心为圆点，四周分布着 7 个冶炼厂和 20 个银矿山。每个劳动场所周围都聚集着定居点，共住有 1.7 万名工厂工人、矿山雇员和士兵，还有约 6000 名流放者，其中 1/3 是苦役犯。页岩和岩石覆盖着矿山上方的山丘。夏天，这些石头上长着一层薄薄的植被，冬天则盖着厚厚的积雪。茂密的树林环绕着定居点，晚上人们可以听到野兽穿林而过的声音。工程师和民族志学者格里戈里·斯帕斯基在1820年记录了他对涅尔琴斯克扎沃德的阴郁印象："沿着长6000米的下坡路走向这个城镇，仿佛走入一个深坑，在这个深坑里，摇摇欲坠的建筑杂乱地散布在斜坡上。只有来到主街上才可能看到冶炼厂的建筑。"在城镇里面，熔炉喷出令空气难以流通的浓重黑烟；矿工的喊声和诅咒响彻泥土路和破旧的建筑。到19世纪20年代，这些矿山太过声名狼藉，因而亚历山大·普希金在他的诗作《沙皇尼基塔和他的四十个女儿》中把"通往涅尔琴斯克之路"暗指为那些得罪沙皇的人将要面对的可怕命运。西伯利亚的矿山臭名昭著，而在涅尔琴斯克的矿山无愧于这一声名。[2]

在第一组十二月党人谢尔盖·沃尔孔斯基、谢尔盖·特鲁别茨科伊以及他们的6个同志从圣彼得堡出发3个月后，1826年10月，他们到达布拉格达茨克矿山。玛丽亚·沃尔孔斯卡娅后来回忆，这座矿山是"一个有着一条孤零零的道路的村庄，村子周围是分布着矿井的小山，矿井中含银的矿层已被挖掘……如果方圆50千米的树林没有被砍伐，这本该是个美丽的地方（之所以将树木砍掉，是因为当局担心逃亡的苦役犯可能会藏在林中）；甚至连灌木也被砍伐了。冬天，这里十分荒凉"[3]。

这些十二月党人两人一组地被安置在某个营房的狭窄小库房里，营房由一个大型俄式炉子供热。他们来时带着几千卢布，在涅尔琴斯克矿区负责人季莫费·布尔纳舍夫把他们的钱没收，再分期发还给他们之前，他们可以用这些钱购买生活必需品。这些十二月党人用这些钱让他们的4个警卫为他们效力。叶甫盖尼·奥博连斯基回忆，警卫们“为我们准备食物，安排茶饮，为我们干活，而且不久后就开始喜欢我们，他们成了最得力的助手”。布尔纳舍夫“有点粗暴，但从他的命令中可以感觉到，他想改善我们的境况”。虽然十二月党人被判处作为普通苦役犯在矿山劳动，但东西伯利亚总督亚历山大·拉文斯基写信告诉布尔纳舍夫，他们“不能被累到精疲力竭”[4]。

尽管有这些相对的优待，但沃尔孔斯基在 1826 年 11 月用明显不够淡然的语气给妻子写信：“从我到达这个地方的那一刻起，我就被安排到矿上工作。我白天做着艰苦的体力劳动，休息时间待在黑暗的牢房里而且总是处在极其严格的监督之下，这种监督比我在彼得保罗要塞监禁期间还要严格。所以你可以想象我的命运有多么难以忍受，我的处境有多么可怕。”[5] 奥博连斯基在评价布拉格达茨克的条件时没有那么夸张：“工作本身不那么繁重，但地下的工作条件非常不便：我们必须在一个通向一堵竖直墙的洞窟中工作，要在洞窟里跪着，并根据洞顶的高度变换不同的姿势，还要挥动重 6 至 8 千克的锤子。”奥博连斯基回忆：“在地下工作时，我们没有指定的工作量，可以自由选择工作和休息时间；此外，工作在 11 点结束，其余时间由我们自由支配。”反常的是，在地面上的条件要差得多：“休息日等于遭受惩罚的日子：在闷热、几乎不能转身的牢房里，数百万臭虫和各种令人憎恶的生物从头到脚爬满我们全身，让我们不得安宁。此外还有官员的无礼态度，他们习惯于与苦役犯打交道，把虐待和辱骂我们当成自己的职责。”[6]

尼古拉一世命令涅尔琴斯克当局严密监管“国家罪犯”，并且每月向圣彼得堡汇报他们的健康状况和精神状态。官员报告，这些人很顺从，但有时会情绪低落。[7]只有一次，十二月党人一改往日的温顺，愤而反抗。当时，一个工作积极的矿山官员突然下令：当犯人不工作时，牢房要始终锁着。十二月党人想要捍卫自己在自由时间互相来往的权利，并且主张连续十八个小时被关在通风不良的库房里会损害自己的健康，于是开始绝食抗议。一两天后，布尔纳舍夫便出面干预。他希望平息事态，避免这些显赫的犯人出现任何伤亡，因此他命令库房门不必上锁，换下了那名矿山官员，并恢复了之前的管理规范。[8]

从莫斯科出发六个星期后，玛丽亚·沃尔孔斯卡娅于 1827 年 2 月 10 日到达了布拉格达茨克矿山，见到了早几天到达的叶卡捷琳娜（卡佳）·特鲁别茨卡娅。为了获准见到自己的丈夫，这两名妇女被迫签署了一项保证书，承诺自己每隔三天才能见一次自己的丈夫，而且见面时会有一名军官在场。所有信件都要经过涅尔琴斯克矿区军事指挥官斯坦尼斯拉夫·列帕尔斯基少将之手。沃尔孔斯卡娅和特鲁别茨卡娅不能给丈夫送去任何书面材料或其他物品，不能传播丈夫写来的任何信件。她们只能雇一个男仆和一个女仆。她们与丈夫说话时只能用俄语（不能用法语），而她们以往通常只有在跟仆人和农奴说话时才使用俄语，而且她们的俄语说得不太好。[9]第二天，玛丽亚被带到矿山营地去见自己的丈夫，这是在谢尔盖于前一年 7 月从圣彼得堡的彼得保罗要塞出发后他们第一次见面：

起先我什么也看不清，因为营房里太暗了。他们打开了左侧的一扇小门，然后我走进了丈夫的牢房。谢尔盖快速向

> 我走来；我被镣铐的当啷声吓了一跳：我之前不知道他戴着脚镣……看到他的镣铐后，我深受打击，于是我跪了下来，先亲吻了谢尔盖的镣铐，然后亲吻了他。[10]

沃尔孔斯卡娅和特鲁别茨卡娅一起在矿山定居点租了一个小屋。“那里非常狭窄，”玛丽亚回忆，“我躺在放在地板上的床垫上时，头会碰到墙壁，脚会碰到门。炉子冒烟严重，院子里起风时，炉子就没法用了；窗户上没有玻璃，只有云母。”在布拉格达茨克的头几个月是一段很困难的时期。她们到达布拉格达茨克时身上的钱不多，而她们的女仆迅速抛弃了她们，跟着当地的哥萨克人离开了，而且此时她们二人连最基本的家庭杂务也不会，现在她们不得不开始一段艰难的新生活了。和沃尔孔斯卡娅一样，活泼的卡佳·特鲁别茨卡娅出生于一个非常富有的圣彼得堡贵族家庭，在她的成长过程中，她的身边总是围满了周密照顾她的仆人。她成长于一座华丽大宅中，据说那里的大理石饰面砖原属于尼禄皇帝，但她现在却要自己擦洗地板。[11] 玛丽亚大部分时间都抱有一种坚忍甚至振奋的态度，但她明显认识到自己在布拉格达茨克的生活极具挑战性，她在1827年10月写给母亲的信中暗示：“亲爱的母亲，在这里生活需要多么大的勇气啊！我们被禁止在书信里公开谈论这里的生活，这对您来说是多么幸运。”[12]

尽管沃尔孔斯卡娅和特鲁别茨卡娅自己面临着种种艰辛，但她们却还能够为那些十二月党人提供精神和物质支持。一旦这两位女性出现在矿上，她们的丈夫就开始恢复精神。[13] 然而，她们越来越担心，犯人们糟糕的饮食正在损害他们的健康。特鲁别茨科伊再次开始咯血，沃尔孔斯基患有胸痛，阿尔塔蒙·穆拉维约夫患有腹绞痛。[14]特鲁别茨卡娅找出了自己带来的一本食谱，开始在她和沃尔孔斯卡娅共同租住的小屋里用木炉子为这些犯人做饭，然后委托她买通的士兵把饭菜送给犯人们。这两个妇女开始用自己的名字但代表丈夫写信给在莫斯科和圣彼得堡的朋友和家人，这打破了自从十二月党人来到布拉格达茨克以后围绕着他们的消息沉寂。家人了解到流放者的所在地后，立即给他们寄来了信件、包裹和钱。在这两名妇女的帮助下，当局开始对这些犯人做出种种让步。沃尔孔斯基和特鲁别茨科伊获准在妻子租住的小屋与妻子见面，十二月党人可以在休息日在布拉格达茨克周围的乡村散步。几年后，奥博连斯基在写给哥哥的信中把玛丽亚和卡佳描述为"守护天使"。随着这两个"贵族妇女"的出现，他吐露："俄国出现在她们的心中，高贵出现在她们的性格中……我们创建了一个家庭。"[15]

没有十二月党人的特殊地位带来的好处、私人的钱财和热心的妻子，涅尔琴斯克矿区普通苦役犯的命运要凄惨得多。一名巡视员指出，他们住的营房"即将倾颓，设计不合理……极其狭窄，养护糟糕，室内肮脏"。在一些矿山定居点，80 至 120 人被挤在这样的建筑里，面积为 9 平方米*，里面"秩序混乱，没有新鲜空气"。处处都是穷困和脏乱之象。苏格兰海军军官和探险家约翰·邓达斯·科克伦在 19 世纪 20 年代初到访过涅尔琴斯克矿区，他认为"苦役犯憔悴、疲惫、可怜和饥饿的样子简直难以想象"[16]。

罪犯工作的矿井是从山体侧面挖进去的简单狭窄坑道。例如，

* 原文如此，疑应为 90 平方米。——编者注

泽连杜伊矿山是一个直径约 4 米的洞窟，从山脚下往石灰岩山体中挖进去了 50 米。矿井的入口在一个小棚子里，通过入口后，矿工们就进入了矿井，下井时他们的脖子上都挂着灯具。他们在井下用锤子和撬棍劈向墙面，敲下石块，随后这些石块会在矿井外被碾碎、筛选。有时，他们会用炸药炸出从主矿井分出去的分支巷道。矿井里的温度令人气闷；墙壁上渗水，人们在坑洼不平的地面上挖了一条排水沟，好让这些水通过排水沟流出去。矿井里有些地方已经被淹了。有位矿山参观者说："矿井里的湿度会让人联想到澡堂，这种湿度本身就是一种惩罚方式。"[17]

矿工日夜轮班工作，一班 12 个小时。许多矿工一直生活在黑暗当中：在一年中的好几个月，他们在离日出还有几个小时的清晨进入矿井，夜幕降临很久之后才离开。在俄国农民的迷信文化中，土地是一个黑暗的地狱，里面住着许多恶魔。在矿井里彻底的黑暗中，吱吱叫着的老鼠四处跑动，这里似乎大批量地容纳着这些"不洁的灵魂"。在泽连杜伊矿山，罪犯们将两个主矿井称为两个每天都在设法毁灭他们的怪物，给它们取名为"咆哮者"和"敲钟者"。这些矿井确实在毁灭他们。矿工会在时常发生的塌方事故中死去，在钻孔中使用炸药、落石、支撑物倒塌都可能导致塌方。在涅尔琴斯克的某个矿山里，3 名矿工窒息而死。因为他们 3 人都不想把一个同志丢在含硫黄的烟雾里，他们在努力救回同志时遇难。矿工们会说到"被大山压碎"或"被洞窟压垮"。

这项工作不仅危险，也极为单调。矿井设计得很粗糙且挖掘得很匆忙，它们以一种非常混乱的方式挖入山侧，而且因为里面散布着坑洞或土堆，所以这里甚至无法使用常规的独轮手推车把矿石运出去，更不用说使用矿井运输车了。矿石全都用制作简易的伸缩设备运出，两人一组配合工作；这个地区几乎没有任何地方采用机械化作业。刚到达卡拉金矿（位于涅尔琴斯克矿区东部）的犯人会被安排去做“收尾工作”，即把从矿井里挖出的土装到手拉车里，然后把土拖走。甚至农民罪犯也意识到，这项西西弗斯式的工作真的是给役畜干的，民族志学者谢尔盖·马克西莫夫说，这种了悟“无尽地折磨着他们”[18]。

这里的劳动异常费力、单调，于是许多罪犯用一些极端的方法来避免劳动。他们会声称自己犯了需要地方法院特殊处理的可怕罪行。他们这么做，是希望引来调查活动，从而推迟自己返回矿山的时间。他们会声称自己杀了人，把尸体抛在了某个偏远的地方，这样说只是为了延长查清案件所需的时间。如果调查人员无法找到与他们声称的罪行相关的证据，这些罪犯会编造出新的暴行来为自己争取时间，这样他们就可以筹划逃跑，或者跟某个流放者同伴交换身份。比起在地下的危险劳动，有些人更喜欢被关在涅尔琴斯克监狱里。[19]

自我伤害是另一种躲避辛苦劳动的常用手段。有些人会把针插到自己的脸上，然后在 -30℃或温度更低的冬天里站在外面，让脸颊肿胀。有些人会故意把手冻伤，甚至冻到手指需要被截肢。还有一种策略是通过将切碎的马毛插入阴茎上的微小切口来模拟梅毒的症状。脓液足以说服所有人这个罪犯不再适于工作，除了经验最丰富的营地医生。[20]

在矿山中，唯一能让苦役犯发挥精力和智慧努力去做的事，就是盗窃金银。有些深谙此道的行家会故意把这些贵重的碎块藏在刑罚定居点外面的围栏里，以躲过警卫的抽查和搜查。有一次，罪犯成功地在一个矿山的存储设施下挖了地洞，以偷取那里积累了一年的黄金。涅尔琴斯克的法院充斥着大量贵金属盗窃案。[21]

这些矿山不是按照企业精神，而是根据圣彼得堡的官僚指示组织工作的，而且这里的人手都是非常不情愿的劳动力，因此，不足为奇的是，矿山工作效率低下。1851 年，平均每人每天仍旧只能挖出约 200 千克可以用来筛选黄金的土；在伊尔库茨克省那些雇用自由劳动力的私营采矿企业中，平均每人每天可挖出多达 1370 千克土。一名负责西伯利亚苦役犯的巡视员哀叹，在 19 世纪 30 年代发现卡拉金矿之前，“涅尔琴斯克矿区没有产生任何利润”。比起那些唯一的工作动机就是逃避惩罚的罪犯，西伯利亚的矿山官员更喜欢自由劳动者，这也是不足为奇的。[22]

国家想要在西伯利亚把惩罚和殖民结合在一起，而涅尔琴斯克的工作条件暴露了这个计划的一个根本性缺陷。米哈伊尔·斯佩兰斯基 1822 年的流放制度改革把苦役设想为一种改造工具。矿山和冶炼厂应该不仅生产铁、银和金，还应该生产一大批改造过、充满活力且吃苦耐劳的罪犯。而实际上，它们锻造出了一无所有且十分危险的罪犯，他们没有什么可以失去的，而且在成批地逃跑。东西伯利亚总督亚历山大·拉文斯基于 1829 年 1 月向首都报告了苦役犯“无法容忍甚至悲惨”的境况：

> 他们拿到的工资少到不足以维持生计，但从事着最艰苦的劳动。他们住在糟糕、狭窄、肮脏的营房里，忍受着超出人类力量的危险。这些罪犯没有能让他们远离自己根深蒂固的恶习的财产，一有机会就会从矿山逃跑，然后大概 10 个人或更多人聚在一起，从事新的罪行，包括暴力抢劫。有些人

> 在被抓获时已远逃至叶尼塞省甚至［西西伯利亚的］托木斯克省。[23]

那些住在矿山定居点营房里的流放者和苦役犯从来没被锁起来，也不戴脚镣。一位官员在1831年向圣彼得堡解释："考虑到苦役犯人数之多，把他们每个人都戴上脚镣、关在监狱里是不可能的……也缺乏合适的建筑。"在夏天的那几个月里，逃跑就是直接跑进周边的树林中（但逃跑者被抓后通常会被痛打）。[24]

在这片偏远又人口稀少的土地上，流放者几乎不受什么限制，因此在尼古拉一世在位时逃跑者成千上万。虽然涅尔琴斯克刺骨的严寒在1830年春天才开始消退，但是到5月1日，163个苦役犯已经逃跑了。大多数逃犯最终被抓获或者直接自首了，但在这之前，他们已经干扰了矿上的工作，通常还犯下了严重的罪行。监狱当局的装备很差，而且有时因为绵延数百千米的泰加林而无法获得增援，所以说比起由他们负责的罪犯，他们人手不足，还经常火力不足。1828年，只有10名军官、40名下级军官和524名士兵负责分散在广阔区域上的约6000名流放者。1830年，涅尔琴斯克矿区军事指挥官斯坦尼斯拉夫·列帕尔斯基少将多次写信给拉文斯基总督，请求增加用来追捕逃犯的士兵。虽然拉文斯基意识到涅尔琴斯克矿区无休止的逃亡和随之而来的频繁犯罪正在损害国家的矿业经济利益，但他只能凑到121名正规兵。1833年，当局下令，成功逮捕一名逃亡流放者的士兵可获得3银卢布。即使如此，这些措施还是难以阻止那些一无所有且危险的犯人逃跑。[25]

在涅尔琴斯克，谋杀案是司空见惯的，作案的是刑罚定居点的流放者和在周边乡村游荡的流浪者。1828年，涅尔琴斯克矿区负责人费奥多尔·冯·弗里希发出的报告里充斥着因少数钱款而杀害一家人的案件、强奸案和绑架案。涅尔琴斯克地区的官员是这个地区唯一拥有可支配收入的人，通常还是流放者的仇视对象，他们尤其容易受到攻击。涅尔琴斯克一座冶炼厂的副职负责人伊万·巴利道夫是一名“品性良好、在矿上尽职工作”的官员。有一次，他下令鞭打2个企图逃跑的苦役犯。当他走到罪犯跟前宣读判决时，其中一个罪犯伊万·伊万诺夫在他面前弯下腰，然后突然掏出藏在袖子里的刀。在场的守卫还没反应过来，伊万诺夫已经把刀刺进了巴利道夫的腹部。虽然当地医生竭力抢救，但巴利道夫还是在2天后去世了，身后留下了妻子和5个孩子。1828年2月，为了17卢布“巨款”，流放者安东·扎哈罗夫把一个涅尔琴斯克士兵的妻子和儿子刺死了。7月，另一个流放者在卡代矿山割破了一个官员妻子的喉咙。[26] 这些罪犯甚至在歌曲中称颂他们杀害官员的举动：

矿山监工终于退休啦
但他逃不了正义的复仇
倘使一名流放者抓住他
他的头颅就会被用锤子砸碎[27]

因为苦役犯和当地的官员、定居的流放者、在工厂工作的农民混居生活，所以苦役犯可以轻易喝到刑罚定居点小酒馆里出售的伏特加和葡萄酒。酒精可以点燃矿山中盛行的各种紧张、怨愤和仇恨。1828年3月，有人在伏特加的刺激下意图谋杀克里奇金矿山（该地距离涅尔琴斯克城180千米）的工头亚历山大·塔斯金和他的妻子，这个事件最终引发了一场骚乱。某天晚上，以季莫费·伊万诺夫为首的一群流放者在矿山小酒馆喝得烂醉，他们用刀逼着酒保拿出了更多葡萄酒。第二天，还未醒酒的伊万诺夫袭击了一名矿山官员，他当时是知道自己会因为这一罪行遭到鞭打的。但是因为此前塔斯金曾命令伊万诺夫“不要酗酒、喧闹”，伊万诺夫便决心报复塔斯金，于是他闯入了这位官员的住处，意欲谋杀。伊万诺夫发现没人在家，但是他打坏门锁时弄出的声响惊动了塔斯金的邻居，随后邻居们抓住了他。然而伊万诺夫的酒友看到了他被抓捕，于是他们袭击了这些邻居，放了伊万诺夫。接着，他们一起持刀进入酒馆，吹嘘自己打算杀了塔斯金，“烧了定居点，还要割开每个人的喉咙”。其他罪犯开始加入他们。直到晚上，足够多的军人和矿山工作人员齐集现场后，这些罪犯才被抓获。他们被处以鞭刑，并被判处终身服苦役。[28]

涅尔琴斯克当局越来越担心：这些苦役犯（其中许多人以前是军人）现在显示出他们有能力实施协调一致的军事抵抗。列帕尔斯基在1828年6月抱怨：“这些被流放的苦役犯策划的阴谋一年比一年复杂。”前一年8月，57名罪犯随流放队伍进入矿区，他们发起了一场反对其守卫的叛乱，其中25名罪犯成功骑着驿马逃跑。哥萨克人索波列夫召集了一群人去追捕逃犯，最终将他们逼至一个湖的岸边，要求他们投降。但流放者拒绝投降，于是这群哥萨克人向他们发起进攻，随后双方展开了一场长达4小时的战斗，在此过程中，索波列夫身受重伤，2名流放者被杀，很多人受伤。其余逃犯最终被抓获，只有一人成功逃脱。下一个月，另一支向涅尔琴斯克行进的罪犯队伍袭击了他们的哥萨克和农民守卫，并把守卫锁在休息站里，随后他们也骑走了驿马，逃进了附近的森林里。逃亡途中，他们洗劫了庄户人家，还打伤了 3 个人。虽然这一行人不超过 28 人，而且列帕尔斯基称“他们最终在与中国交界处被哥萨克边防兵打败，但是在他们防守时，他们是按一定的编队进攻或撤退的”。他们的目的是“袭击各个矿山，通过口头说服或者武力威胁，迫使其他苦役犯……加入他们。他们因为这样得到了增援，并计划奔向中国边界”。列帕尔斯基严峻地指出，这样有组织、有纪律的抵抗“此前从未出现过”。因此，他要求自己手下的兵将加强力量。[29]

在这个由凶暴的罪犯和畏怯的官员组成的阴暗世界里，告发和诽谤几乎是一种通货。流放者会向当局报告阴谋消息——有的是真的，有的是编造的——为的是给自己谋求一些好处或者特许权。季莫费·菲利波夫于 1823 年被判处鞭刑并终身服苦役。为了拖缓到达涅尔琴斯克的时间，他多次写信告发行刺亚历山大一世的阴谋。他的举报由有关人员进行调查，但官员们认为这些举报都是捏造的，他编造出这些说法只是为了拖延执行判决的时间，或者是为了让自己被召到圣彼得堡去。他们推断：“菲利波夫想要救的是自己的性命，而不是沙皇的性命。”菲利波夫没有灰心，他在托木斯克与一个罪犯同伴交换了名字，从而成功逃离了一支在 1827 年向涅尔琴斯克行进的流放队伍。冒名顶替的事暴露后，他立即被带到了伊尔库茨克。在伊尔库茨克，菲利波夫迫切地想要延缓惩罚，因此，他又揭发了多起共济会密谋者意图杀害皇室成员的阴谋。这一次，菲利波夫似乎做得过火了。他的举报传到了沙皇秘密警察第三厅的负责人亚历山大·冯·本肯多夫的耳中，本肯多夫断然否定了这些指控。1830 年，菲利波夫被处以 45 下鞭刑，脸上被打上烙印，并被送往原本他在涅尔琴斯克矿区的流放地。[30]

对于想要讨好当局的流放者来说，十二月党人是非常显眼的告发目标。被流放的军官安德烈·罗森和德米特里·扎瓦利申都注意到，当局对于十二月党人抵达西伯利亚感到非常紧张。[31]这些起义者的罪行是有组织地集体攻击专制政权，而这个政权正是他们宣誓保护的对象。如果说先前的起义失败，部分是因为在参政院广场上的士兵几乎不了解他们被命令为之战斗的事业，那么或许在涅尔琴斯克，因为一种由共同的绝望形成的团结，情况会有所不同。十二月党人在 1827 至 1828 年到达这个地区，这或许会给这些贫穷且绝望的罪犯带来政治方面的领导力量。

有些人想要利用政府的焦虑，罗曼·梅多克斯便是其中之一，他就像是一个从尼古拉·果戈理讽刺作品里走出来的人。梅多克斯是 19 世纪最惊人的俄国冒险家、盗用公款者、玩弄女性者和欺诈者，他非常擅长通过告发阴谋来操纵当局。他是英国杂技演员迈克尔·马多克斯的儿子。马多克斯在 1766 年来到莫斯科，并在那里建立了彼得罗夫斯克剧院，在该剧院毁于大火后，这里于 1805 年又重建为波修瓦剧院（又名莫斯科大剧院）。[32]梅多克斯生于 1789 至 1795 年之间，后加入了骑兵部队，但是在 1812 年，他贪污了 2000 卢布，从自己的部队逃到了高加索地区。他利用伪造的文件冒充财政部特使，并从俄国南部的地方当局那里弄到了更多的钱。最后他的伪装暴露，他被遣送至圣彼得堡。1813 年，亚历山大一世下令把他囚禁在彼得保罗要塞。他在那里待了 14 年，而且在 1826 年，十二月党人也同他一起被关在这个要塞里。

在梅多克斯多次恳求沙皇开恩后，1827 年 3 月，他的请求终于得到了回应，然后他被流放到了莫斯科以东 960 千米处的维亚特卡城。他在 1828 年再次潜逃，但遭到逮捕，随后他再次逃跑。最终，他于 1831 年 3 月来到了被流放的十二月党人亚历山大·穆拉维约夫在伊尔库茨克的家里。梅多克斯非常渴望赢得沙皇的青睐，他立刻充当起了本肯多夫的间谍，不久后，他揭发了一起重大的反政府阴谋：被监禁的十二月党人正在与他们在各个俄国城市的支持者广泛通信，酝酿一个新的反政府密谋，即“大事业同盟”。梅多克斯向本肯多夫报告：“虽然我很反感写举报信，但是神圣的责任让我给您写信，我要揭发一个可能会产生严重后果的秘密，并摆明我完全没有参与这起事件。”梅多克斯甚至杜撰出了一套复杂的代码系统，声称十二月党人通过这套密码秘密地通信。例如，这群密谋者用匕首代表十二月党人伊万·亚库什金和亚历山大·亚库博维奇，因为从他们准备新起义的状态来看，“他们像匕首一样尖锐”[33]。他还声称，这些罪犯已经争取到了政府在西伯利亚的几位重要代表，包括伊尔库茨克省省长伊万·蔡德勒，甚至还有涅尔琴斯克军事指挥官列帕尔斯基本人。梅多克斯称，他的情报将会“拯救祖国”，但他坚持要从西伯利亚返回家乡，因为他担心敌人会出手报复，所以他不能在伊尔库茨克透露任何细节信息。政府的一些重要人物对梅多克斯的举报持怀疑态度，但尼古拉一世似乎相信另一场全国范围的反沙皇阴谋确实可能会发生。1833 年 10 月，梅多克斯被召回莫斯科，尼古拉一世的秘密警察把他安置在莫斯科最好的旅馆之一，慷慨地照应他的生活，但他一直在搪塞他们，迟迟拿不出支持自己的说法的证据。当政府要求他证明情报真实性的压力变得异常沉重时，他终于再次逃跑了。然而，这一次他的运气不佳，他再一次被逮捕，然后戴上镣铐，被送回了彼得保罗要塞。他在那里又待了二十年，直到亚历山大二世最终在1856年赦免了他。[34]

在布拉格达茨克矿山待了十一个月后，1827年9月，十二月党人和他们的妻子被转移到了赤塔。圣彼得堡当局因为涅尔琴斯克的暴力事件而感到惊恐，并且惧怕由“国家罪犯”策划的阴谋，于是决定将所有十二月党人集中在一个地方，以便更有效地约束和监控他们。[35]尼古拉一世命令列帕尔斯基寻找一个合适的临时场所来关押所有十二月党人，同时，一个永久性的监狱正在彼得罗夫斯克扎沃德建造。列帕尔斯基选择了赤塔。赤塔建于17世纪西伯利亚毛皮贸易蓬勃发展时期，它由一些破旧的小屋组成，有三百名居民和一个小教堂。在一座废弃的哥萨克要塞的所在地，圣彼得堡当局下令建造一个木围栏监狱，监狱最终于1827年8月完工。一个月后，布拉格达茨克的八名十二月党人为即将与他们的朋友和同志会合而振奋，在十二名哥萨克武装警卫和一名下级军官的押送下，他们出发前往赤塔。[36]伊万·苏希诺夫是十二月党人在涅尔琴斯克的一个同志，他的遭遇让他们感激自己离开了暴力和动荡的矿山世界。

布拉格达茨克的八名十二月党人被转移到赤塔一年后，1828年6月13日上午，泽连杜伊矿山的一条狗跑入定居点，叼给其主人一只人类的手臂。发现这个手臂后，人们很快又找到了一个头颅和一副躯干，在附近树林里找到了散落在一个废弃矿井周边的衣服。野兽将尸体撕成了碎片，但人们认定这具遗骸属于几个星期前在营地失踪的苦役犯阿列克谢·卡扎科夫。

卡扎科夫最后一次被人看到是在5月24日，当时，泽连杜伊矿山的监督人切尔尼戈夫采夫结束了对一个邻近的矿山为期三天的视察后返回了自己的住所。这趟行程令切尔尼戈夫采夫筋疲力尽，他躺到了床上休息，但很快便被一阵不寻常的敲门声惊醒。他迅速走到窗边，打开窗户后发现卡扎科夫“醉醺醺又十分兴奋地”站在门前。卡扎科夫告诉切尔尼戈夫采夫，一群在矿山酒馆喝酒的囚犯正在策划一场阴谋。那天晚上，在被流放的十二月党人伊万·苏希诺夫的领导下，罪犯们正在密谋在泽连杜伊发动武装暴动，“他们计划先从军械库夺取士兵的武器和弹药，一旦武装完毕，就立即进入苦役犯居住的营房，要求他们逃跑，接着摧毁监狱并释放所有被看守的罪犯。接下来，他们计划放火烧毁泽连杜伊矿山周围的整个定居点，然后去往涅尔琴斯克和更远的地方，摧毁路上的一切建筑”。切尔尼戈夫采夫指示卡扎科夫去矿山办公室等他。这位醉酒的罪犯踉踉跄跄地走了，之后便消失不见了。他在 6 月 13 日才再次出现，但这时的他已被肢解，此时，他处于一出交织着密谋、暴动和背叛的戏剧的中心。[37]

卡扎科夫醉酒后的告发引出了一连串事件，这些后来被称为“泽连杜伊阴谋”的事件在大约六个月后达到了血腥的高潮。[38] 在尼古拉一世统治时期，国家对流放者的管理存在资源不足、工作不到位和手段残忍的特点，这个案件暴露出了这套管理系统的黑暗之心。苦役犯的管理人员既害怕又多疑，他们总是怀疑在营房的阴暗角落里和矿山的暗处可能存在着威胁。为了震慑苦役犯，他们会向苦役犯展示恐怖的惩罚和报复。

卡扎科夫刚刚告发流放者在定居点策划谋杀和暴动，切尔尼戈夫采夫就开始担心自己和家人的安全。他立即下令逮捕了卡扎科夫所指认的人。其中一个被指认的人是伊万·戈利科夫，他曾是帝国陆军的军士长。切尔尼戈夫采夫不在矿上这三天，戈利科夫一直和他的难友一起饮酒作乐。切尔尼戈夫采夫因戈利科夫的酗酒问题令人抽打了他，同时，就卡扎科夫的指控讯问了他。切尔尼戈夫采夫后来断言，抽打和审问是“凑巧同时发生的两个不同事件”[39]。但对戈利科夫来说，它们不会那么巧合。

因为审问过程中使用的劝说方法，戈利科夫的供词让审问者发现了一件完全不同的急务。戈利科夫承认，从4月底开始，他经常拜访苏希诺夫和其他两名十二月党人军官（韦尼阿明·索洛维约夫和亚历山大·莫扎列夫斯基）共同居住的房子。苏希诺夫招募了戈利科夫和流放者瓦西里·博恰罗夫（一名阿斯特拉罕商人的儿子），向他们承诺，如果他们能让二十个“正直的流放者”参与泽连杜伊暴动，他就会回报他们。在桦树条的鞭打下，这群人被指控的罪行从意图武装逃跑转变为了政治暴动，政治暴动的目标是解救在二百九十千米以外的赤塔的十二月党人。戈利科夫现在承认，苏希诺夫曾告诉他：

> 我们可以聚起很多人，先从军械库夺走士兵的武器，武装完毕后进入营房，要求所有住在那里的罪犯一起逃跑……之后我们前往涅尔琴斯克扎沃德，在那里做同样的事：先夺走作战武器，释放狱中的所有罪犯，……然后要求矿上的所有居民加入我们……等我们的队伍壮大、武器增加后，没有什么能阻挡得了我们。之后，我们将经过矿山和工厂，沿途不断扩充人数，最终到达赤塔要塞，释放所有的十二月党人。[40]

这番供词集合了当权者惧怕的所有要素：一场暴力叛乱，领导者是一名经验丰富的军官，而且这名军官能够唤醒并释放出涅尔琴斯克十二月党人沉睡的革命性力量。通过类似的审问方法，另外两名罪犯费奥多尔·莫尔沙科夫和季莫费·涅波姆尼亚希证实了这套说法，并承认自己在5月24日被戈利科夫招募到这场阴谋中。当天晚些时候，被指控为这场阴谋的领导者的苏希诺夫也遭到了逮捕和审问。[41]

在1825年12月底在基辅附近发生的短暂、血腥的切尔尼戈夫团起义中，伊万·苏希诺夫发挥了重要作用。苏希诺夫1794年生于赫尔松省一个中等收入的贵族家庭，15岁时加入轻骑兵，曾在拿破仑战争中战斗，因为战斗得到了七处创伤和一枚勇敢奖章。1816年，他从战场回到俄国，回国后，他因伤短暂复员，1819年，他被提拔为一名切尔尼戈夫团的军官。和很多从战场上回来的军官一样，苏希诺夫发现亚历山大时期的严格控制和日常生活中的等级秩序令人窒息。1825年9月，他的上级指挥官谢尔盖·穆拉维约夫-阿波斯托尔把他招募进十二月党人的南方协会。[42]

苏希诺夫远不能被称作革命英雄。切尔尼戈夫团起义失败后，他逃跑了，随后从藏身处给尼古拉一世写信："陛下，请宽宏大量地原谅我和我的罪行。我既不是谋杀犯也不是野蛮人。如果我有罪，那么我的罪行只是遵守了穆拉维约夫-阿波斯托尔的命令。"苏希诺夫一直成功地躲过了抓捕，直到1826年2月15日才被抓获。当时，当局拦截了一封他向自己的兄弟要钱的信，随后他在比萨拉比亚被捕。他于2月26日在一个军事法庭出庭，法庭裁定他犯有"意图非法推翻现有国家制度"的罪行。尼古拉一世在1826年7月12日核准了他在东西伯利亚终身服苦役的判决。8

月 1 日，在经过清洗和改革的切尔尼戈夫团官兵面前，苏希诺夫和他在切尔尼戈夫团的同志索洛维约夫和穆拉维约夫在奥斯特罗格城被褫夺了公民权。他们于 9 月 5 日出发前往西伯利亚。[43]

苏希诺夫和他的同伴直到 1826 年年底才抵达莫斯科，次年 5 月才抵达托博尔斯克。苏希诺夫旅途疲乏且对命运悲观愁苦，于是他向一名负责报告流放起义者的思想倾向的政府官员表达了自己的绝望和悔意。这些军官在途中屡屡患病，因而延误了时间，在路上走了一年半之后，他们终于在 3 月 9 日抵达涅尔琴斯克的泽连杜伊矿山。[44] 仅仅两个月后，苏希诺夫便被指控策划了一起暴力反抗国家的阴谋。

在被审问时，苏希诺夫表明他认识被指称为他的共犯的人：从自己开始雇戈利科夫来完成自己的苦役劳动时他就认识戈利科夫，自己和博恰罗夫只是见过面。戈利科夫一直缠着他、莫扎列夫斯基和索洛维约夫要钱，而且在逮捕行动的前一天，他们三人不让他进入他们的屋子。苏希诺夫断然否认自己曾让戈利科夫招募起义人手，表示自己从来不会设想“这种犯罪行为，而总是相信君主迟早会施恩，并且他一直以这种令人宽慰的希望来鼓励自己”。苏希诺夫推断，戈利科夫做出这番诽谤，是“因为他想要报复苏希诺夫，起因是此前苏希诺夫拒绝了他[要钱] 的要求……而且不让他进入苏希诺夫的小屋”[45]。

一个星期后，戈利科夫和他的同谋者再次在矿山办公室受审，如今他们清醒地意识到了自己的处境有多不利，于是他们努力撇开原来的供词。戈利科夫解释：“虽然苏希诺夫曾说过要他们同他一起逃跑，但那只是出于对如此可怜的苦役犯的怜悯，[苏希诺夫] 说，如果他处在他们的位置，他或者会立即逃跑，或者会自杀。”正是因为这个原因，喝醉了的戈利科夫动员大家逃跑，但是实际上他从没听苏希诺夫提起过任何实质性计划。他之前的证词是假的，“因为在喝了三天酒之后，他宿醉未醒，为了撇清自己便撒了谎”。涅波姆尼亚希和莫尔沙科夫声称他们之前的证词是屈打成招。博恰罗夫表示他没听说过任何阴谋，声称当时喝得酩酊大醉，所以他不记得在酒馆里的谈话。[46]

然而，一旦告发和供认已经让一场阴谋成形，那么这场阴谋的存在便是难以否认的，罪犯撤回先前的证词也无法阻拦全面调查的开展。切尔尼戈夫采夫的上级冯·弗里希获悉这些指控后，不仅因为自己的辖区里可能出现的社会混乱而惊恐，还因为一个十二月党人参与其中而惊恐。他写信给涅尔琴斯克的军事指挥官列帕尔斯基，声称由苏希诺夫领导的“阴谋很可能是确实存在的”。随后，列帕尔斯基指导冯·弗里希加强泽连杜伊的警卫，并彻查这一事件。[47]冯·弗里希设立了一个调查委员会，该委员会在戈利科夫撤回最初的供词的第二天来到泽连杜伊，他们负责“以最严谨的手段查清整个［事件］”。一位传言曾在涅尔琴斯克把两名流放者虐待致死的官员被选来领导此次调查。他和他的同事的调查活动仅限于一再审问嫌疑人，这符合尼古拉一世时期俄国的一贯司法程序。[48]

调查委员会刚开始工作，鲁达科夫的狗就有了重大发现。卡扎科夫的尸体似乎为他在 5 月 24 日提出的指控提供了确凿证据。嫌疑人被从泽连杜伊转移到涅尔琴斯克城，在那里，审讯变得更加残酷。在西伯利亚刑罚定居点，与神职人员的道德规劝相结合的殴打被广泛用作一种获取供词的手段。[49]所以，当冯·弗里希后来向圣彼得堡的上级报告称新的审讯伴随着“法务官员的直接劝说”时，这其实没什么想象空间。涅波姆尼亚希是第一个屈服的，到6月22日，他恢复了原来的供词。其他人也很快这么做了。戈利科夫最终承认，他从另一个罪犯那里听说卡扎科夫举报了他们，于是他叫博恰罗夫用更多的酒把卡扎科夫引诱到离营房三十米的小树林中。然后，他尾随他们二人，用石头把卡扎科夫砸死。戈利科夫和博恰罗夫将尸体扔进一个废弃的矿井中，随后返回定居点的小酒馆继续喝酒。对于桦树条劝说方式，（前）贵族成员苏希诺夫拥有传统的豁免权，所以在他随后的审讯中，他是唯一一个没有改变自己的说法的被告。[50]

被指称的泽连杜伊阴谋于1828年8月传到了尼古拉一世耳中，当时他正在敖德萨消夏。沙皇对于十二月党人被发配到的矿山的条件感到震惊，这充分说明了他对他自己的刑罚定居点一无所知。尼古拉一世愤慨于“对矿山苦役犯的不力监管”，愤慨于涅尔琴斯克当局只是用桦树条轻微地惩罚醉酒的流放者。尤其令人惊恐的是，“罪犯苏希诺夫可以自由地行动……甚至有另一个流放者作为仆人为他效力”。沙皇立即下令设立一个军事法庭来审判被告，并明确地暗示，被认定有罪的人要被处决。到9月下旬，由四名军官组成的法庭准备好在涅尔琴斯克城审理这个案件。[51]

在尼古拉一世统治时期，军事法庭的工作设定是，审判的命令就等于定罪的命令。诉讼程序是基于“审问原则”：被告的供认被认为是令人信服的证据。如果两名证人的证词一致就更好了。这个军事法庭现在收集到了一些证人的供词，这些证人在夏天已经统一好了口径。当然，通常来说，军官和缙绅的证词比社会阶层低的人的证词更重要。然而，正如法庭所指出的，苏希诺夫参与过十二月党人起义“已经足以证明他的罪行”[52]。

法庭于 11 月 4 日向列帕尔斯基发布裁决，它认定苏希诺夫企图在泽连杜伊发动暴动，其最终目的是释放在赤塔的同伙。法庭认定戈利科夫和博恰罗夫为暴动招募人手，在卡扎科夫告发他们后谋杀了卡扎科夫。法庭判处被指称的几名头目 280 至 400 下鞭刑，在他们的脸上打烙印，并监禁他们，“以防止他们将来犯下类似的罪行”。法庭判处这场阴谋的其他成员 200 下鞭刑（如果他们的罪行较轻，则是 200 下普通鞭打），脸上打烙印，终身服苦役。[53]

根据军法，列帕尔斯基有权更改判决，11 月 29 日，他正当地行使了他的自由裁量权。苏希诺夫和他的密友将被免除鞭刑（鞭刑几乎必然是致死的），改为相对体面和仁慈的射击队枪决。列帕尔斯基决定从赤塔前往涅尔琴斯克，准备在 12 月 3 日亲自监督行刑。他为处决进行了精心准备，规定需要多少士兵和多少子弹，以及掩埋死刑犯的尸体的深坑的大小。[54]

列帕尔斯基将会发现，即使精心设计的计划也会偏离正轨。这场阴谋的策划者并未抵达处决地点。12 月 1 日晚上，一名囚犯被躺在地上的苏希诺夫绊倒了。当时苏希诺夫的头离地面不到 30 厘米，被套在他用自己的皮带做成的绞索中。苏希诺夫把皮带绑在脚镣上，然后将皮带另一端系在炉子的木架上。接着，腿部的重量让绞索在脖子上收紧，他用一个几乎水平的姿势慢慢窒息而死。[55]

事后看来，这场处决让苏希诺夫的自杀成了一个有尊严的选择。12 月 4 日，愤怒的列帕尔斯基向上级报告了处决行动。驻扎在涅尔琴斯克的第五矿区营拥有 170 名列兵，这个营“无法为参与枪决死刑犯的 70 人提供超过 40 支步枪”。在这些武器中，只有 15 支适于使用，被选出的士兵中，有半数“不能正确地射击”。而且只有减少火药用量，才有可能使用这个营自 1775 年以来所拥有的武器。列帕尔斯基苦涩地抱怨："就算只配备长矛，也比这个营现在的武装强。"[56]他的报告中省略了关于犯人死亡的可怕细节，但是，关于行刑过程既拙劣又野蛮的谣言开始在涅尔琴斯克矿区传开。

列帕尔斯基关心的事了结了，他命令把苏希诺夫在泽连杜伊的十二月党人同伴索洛维约夫和莫扎列夫斯基转移到赤塔十二月党人那里。在那里，索洛维约夫向他的同志和他们的支持者讲述了这次英勇解救十二月党人的不幸尝试以及国家的可怕报复。这个故事最终在亚历山大二世在位时正式出版。他说道，那些死刑犯在第一轮射击后没有死去，射击队不得不用刺刀刺死了他们。博恰罗夫被抛进坑里时"还有半条命"[57]。19世纪下半叶出版的一大批十二月党人回忆录都回顾了苏希诺夫为释放在赤塔的同志所做的铤而走险而悲剧性的尝试。这个运气不佳的十二月党人被奉在了沙皇暴政英勇反对者的万神殿里。[58]

事实证明，官方过于担心了被流放的十二月党人所构成的危险。这些被流放的军官从来没有表现出任何再次发起暴动的热情，但是对沙皇政权构成潜在威胁的是，他们逐渐被塑造成了公众眼中的牺牲者。当苏希诺夫于1828年12月1日在牢房里用自己的皮带制作绞索时，他不可能会想到这种认识转变。但是，西伯利亚正在成为俄罗斯帝国政治史上的一个中心舞台。苏希诺夫在赤塔的同志会继续这个故事。

5

十二月党人共和国

十二月党人被流放了十年之后，伊尔库茨克的商人和官员开始派自己的仆人到彼得罗夫斯克扎沃德凄凉的定居点订购珠宝。19 世纪 30 年代，这些装饰品在东西伯利亚文明阶层十分流行，这种现象非常有助于揭示在尼古拉一世统治时期十二月党人的命运。这些囚犯在 1830 年秋抵达彼得罗夫斯克扎沃德后，尼古拉·别斯图热夫——拥有“金手指”的十二月党人——开始用罪犯废弃的脚镣打制戒指和手镯。然后他把它们寄回了在圣彼得堡的亲戚那里。别斯图热夫回忆起，这些配饰后来突然在有教养的圈子里流行起来：“伊尔库茨克的女士，我们妻子的熟人，想要拥有这些配饰；她们的丈夫和兄弟也想佩戴它们。一些人是出于虚荣心，其他人则出于原始的自由主义。”他不无愤怒地指出彼得罗夫斯克扎沃德当地的锁匠是如何开设售卖“十二月党人珠宝”的摊位的，就像在售卖“仿造的罗马古董”。十二月党人的脚镣是“神圣的物品，是我们为了真理而忍受的苦难的象征，现在却成了任何伊尔库茨克纨绔子弟都可以拥有的粗糙装饰品”[1]！然而，虽然别斯图热夫厌恶这种小饰品买卖，但是他忽视了一个事实，即这种买卖最终证明，十二月党人在道德上战胜了专制政权。在他们在彼得保罗要塞的院子里被褫夺公民权十年之后，他们的脚镣已成为国家的暴政的象征，也成了他们的牺牲精神的代表。

尼古拉一世在位的整个时期是十二月党人起义的一个漫长尾声。在起义被镇压之后的几十年里，俄国畏惧着国外革命的影响和国内的暴动。在这个过程中，沙皇俄国把官方文化拖入了反动当中。政府在教育和艺术领域的代言人创造出了“官方民族特性”这一观念，即由专制制度、东正教和“民族精神”组成的文化三位一体。“官方民族特性”是拿破仑战争后欧洲范围的复辟和反动的组成部分，它努力地重塑着专制政权的象征性基础。政府审查制度残酷地压制了沙皇制度在意识形态方面的对手：自由主义、民族主义和立宪主义。[2] 审查制度、等级制度、传统，再加上政府坚决反对受教育阶层在国家发展和管理方面置喙，这些令俄国欧洲部分的文化窒息。尼古拉一世统治时期见证了“道路分离”现象，在此过程中，受过教育的俄国人对沙皇政权的支持开始减退。许多人因缺乏公民自由和知识自由而受挫，并且担心引起沙皇秘密警察第三厅的注意，于是他们开始在自家庄园的私人世界和哲学理想的抽象概念中寻求庇护。[3] 然而，在西伯利亚的一个小角落里，被放逐的十二月党人虽然戴着脚镣，却反常地可以试验政治权威和社会组织的新形式。他们为同时代人和后代提供了一种民主主义、爱国主义和社会行动主义的模式。正是从这个意义上来说，1917 年革命的根源可回溯到 1825 年。

从布拉格达茨克矿山出发两个星期后，谢尔盖·沃尔孔斯基、谢尔盖·特鲁别茨科伊和他们的妻子以及六个同志到达了涅尔琴斯克矿区西部的赤塔要塞，国家现在把所有被流放的十二月党人都集中到了这里。尼古拉·别斯图热夫既是一个杰出的珠宝制作者，也是一个技艺娴熟的艺术家，他在19世纪20年代末留下了一系列出色的赤塔水彩画和速写作品。监狱围栏坐落在一个宽谷里，宽谷四周是长着矮树的山丘。三米高的监狱围栏由削尖的原木制成，那些原木令玛丽亚·沃尔孔斯卡娅联想到了船只的桅杆。围栏内有一系列营房，到1827年年底，这些营房挤满了八十二个囚犯和几名随丈夫而来的妻子。鄂嫩湖位于赤塔以北几千米处，安德烈·罗森说："成吉思汗曾在这里组建他的法庭。(他曾经在进军俄国时把罪犯淹死在滚滚湖水中。)他的蒙古人后裔布里亚特人仍然带着毛毡帐篷在这片河湖密布的地域漂泊。"赤塔的冬天漫长而寒冷，但没有涅尔琴斯克多数地区盛行的刺骨潮湿；夏天高温灼人，植被丰茂。罗森回忆，赤塔河谷"以植物闻名，正因为这样，这个地区被称为'西伯利亚的花园'"。这里的气候是更有益健康的。在列帕尔斯基看来，从布拉格达茨克出发时，沃尔孔斯基看起来"消瘦且非常虚弱"。一到赤塔，沃尔孔斯基迅速恢复了健康。[4] 十二月党人将在赤塔待三年，在他们的西伯利亚流放生涯中，这三年是一段宁静的时日。

这些人十到二十个人一组，分别住在监狱的四个大营房里。尼古拉·别斯图热夫的兄弟米哈伊尔写道，他们"像装在桶里的鲱鱼一样挤在"通风不良的房间里，到了晚上，正如罗森回忆的那样，这些房间"简直令人难以忍受"。尼古拉·巴萨尔金叙述："每个人在木板通铺上有半米宽的睡觉空间，所以如果一个人在夜里翻身，必定会撞到一个邻居，特别是在我们戴着镣铐时。我们在晚上也不能脱掉镣铐，而且它们会弄出非常大的响声，随便活动一下，它们都会带来明显的痛楚。但是，有什么是年轻人不能习惯的吗？什么是不能忍受的？我们都睡得很安稳，就和在豪华床铺上、在羽绒床垫上睡觉一样。”[5]

在赤塔，十二月党人的妻子找到了她们在布拉格达茨克失去的仆人的替代品。最初，按照沙皇的指示，她们每周只可以去看望自己的丈夫2次，总共3个小时。玛丽亚痛苦地抱怨，她们的命运比普通苦役犯的妻子还要糟："我离开了我的父母、孩子和家乡，跋涉了6400千米，还签署了一项放弃法律保护的承诺书，却被告知我甚至不能依靠丈夫的保护。所以，国家罪犯像普通苦役犯一样受法律严惩，却无法拥有家庭生活，可是连最可怕的罪犯和残忍之人都可以拥有家庭生活！"[6]玛丽亚强调了当局面临的一大主要困境：执行这些规则明显也会对这些妇女造成伤害，而赤塔当地居民和监狱官员都同情她们。"我们每周见我们的丈夫2次，共3个小时，我们可以给他们送晚饭。"玛丽亚在1827年12月写道。"通常，镣铐的当啷声会提醒我们到窗边去，用一种苦乐参半的喜悦看着他们去上工。"[7]沃尔孔斯卡娅、特鲁别茨卡娅和其他十二月党人的妻子会走到监狱庭园处，透过紧实的木栅栏的缝隙，抓紧时间和自己的丈夫交谈。这些妇女担心列帕尔斯基会发现她们，便贿赂守卫，让他们在列帕尔斯基过来时提醒她们。[8]

尼古拉一世下令，十二月党人要"像普通苦役犯一样安排工作和待遇"[9]。但是实际上，十二月党人所服的苦役是敷衍了事的，而且在扎瓦利申看来，他们所服的苦役只是表现出了"俄国的畸形情况和政府的无能"。夏天，这些人被派去填补被称为"魔鬼的坟墓"的路边坑洞。扎瓦利申回忆，他们的一天是这样开始的：

> 在出去工作之前，营房守卫和十二月党人妻子家的仆人都忙得不可开交。书籍、报纸、棋盘、早餐、茶炊、茶和咖啡都被带到了我们的工作场所。如果我们要去修补“魔鬼的坟墓”，工人就会带上砂浆桶、手推车和铲子。最后，一个军官会过来问我们：“先生们，去工作吗？今天谁去（因为每天都会有很多人说自己生病了，因而不想工作）？”如果愿意工作的人太少，军官就会说：“还是需要人工作，先生们，否则指挥官会发现工作的人数太少。”这时有人会说：“好吧，我也去吧。”……然后我们便出发了，有些人会为了消遣而拿上一把铲子，有些人没拿。士兵们会带上一些备用的铲子。我们中的某个人开始唱歌，伴随着镣铐的当啷声……我们经常会哼唱一首革命歌曲，《我们的祖国在你的束缚下受苦》等等。军官和士兵会平静地听着这首歌，并伴着歌继续往前走，好像一切都是理所应当的……工作场所变成了一个俱乐部；有些人在看报纸，有些人下棋，还有人是为了娱乐而把泥土装进手推车里，把手推车里的土和灰浆倒入沟渠后便放声大笑……官员或监工会吃我们剩下的早餐或茶，只有当他看见指挥官出现在远处时，为了装样子，他才会向我们大喊：“这是在干什么，先生们，你们怎么不工作？”[10]

冬天在户外工作是不可能的，这些人便轮流到列帕尔斯基在监狱旁建造的工厂里工作。在这里，工作不再繁重，每天白天安排2班，每班工作3小时。“我们总共需要磨60千克黑麦，”伊万·亚库什金回忆，“但是，由于最多两个人可以在某个时刻操作4个手磨机中的1个，我们会在工作期间多次变换位置。不消说，这种劳动并不费力，但是一些没有力气干活的人会雇守卫去替他们磨麦子。那些不在工作的人或抽烟或下棋，抑或在另一个房间看书、闲聊。”叶甫盖尼·奥博连斯基写信给他的兄弟讨论“哲学、科学，或者其他的任何事情，以打发一天中的这三四个小时”[11]。不是每个人都喜欢这种对工作的敷衍态度。彼得·斯维斯图诺夫向他的兄弟阿列克谢抱怨：“基本上，我们在这里没有被强迫做任何事，如果不是我们不得不去工作这个事实，我们就像在散步一样……不得不做毫无用处的工作也是一种折磨。在既实施惩罚又维持表面的仁慈方面，当局从未缺乏创造性。”[12]

尼古拉一世向列帕尔斯基发去了管理这些囚犯和他们妻子的详细指示。列帕尔斯基需要每隔两周上交一次报告，介绍十二月党人的“行为、他们的心情、他们是否参与了任何劳动，以及其他与他们有关的一切”。十二月党人不得给朋友和家人写信；他们的妻子可以和他们通信，但是信件必须先在未封口的状态下交给列帕尔斯基，因为这些信可能会被审查。罪犯可以接收经列帕尔斯基核查的信件和包裹。囚犯和他们的妻子只能接收“维持生活所必需的”的经济资助，只能“保留最基本的财物”。这些人不得与这个地方的其他流放者来往。和往常一样，这些来自首都的指示在东西伯利亚只有非常有限的权威，远在东西伯利亚的列帕尔斯基其实不愿意去执行它们。[13]

斯坦尼斯拉夫·列帕尔斯基是一个上了年纪的俄化波兰人，他懂拉丁语，会读写法语和德语，罗森认为他是“一个有着善心的可敬之人”。他只是在一段很短的时间里提交过关于十二月党人的表现的报告，然后便默默地无视了圣彼得堡发来的多条有关如何管理十二月党人的严苛指令。与收到的指示相反，他不仅允许十二月党人与其他流放者保持联系，甚至允许他们雇其他流放者做自己的仆人、付钱让其他流放者帮他们完成苦役劳动。对于十二月党人利用在矿区的几位妻子当秘书的现象，他也视而不见。到 1828 年，赤塔有八名妇女。“每个妇女都负责为监狱里的一些人当秘书，”亚库什金回忆，“她总是在为他们书写、重写自己被交付的信件，表现得好像是她自己写的一样，只是加上‘某某让我传达给你某某信息’。”罗森惊叹于这些女人“是如何在活着的人和政治死亡之人之间建立起联系的”[14]。然而，尽管有这些努力，审查制度的威胁仍然极为令人受挫，正如尼古拉·别斯图热夫发现的：

> 甚至是我们与至亲之间的信件也十分简洁、谨慎；为了通过列帕尔斯基的审查、避免让我们的妇女把信再写一遍，在下笔之前，我们要把每个语句仔细地想上十遍……这些信寡淡无味！信上盖着一个粗俗的官方印章，每次写信时，我都因为这个印章愤怒。[15]

一到赤塔，这些妇女的存在就让官员们置身于一种容易引起反感的境地。如果官员们不公开惩罚那些无私、忠诚又已承受了很多苦难的女性，他们便不能限制这些囚犯接触自己的妻子。罗森发现了国家的尴尬处境：“这些妇女的存在对我们非常有利，即使是考虑到我们在监狱里的生活以及官员对我们的待遇。她们成了我们生活中的见证者，也可以说是参与者，而且她们享有她们的所有权利；因此，她们不仅可以私下向亲人抱怨，甚至可以向政府抱怨，而政府为了不激起公众的反对意见、不让自己被指责为残暴、不被后代和历史定罪，不得不饶恕她们。”[16]事实上，这些妇女已经签字放弃了她们的权利，但是罗森对这一事实的回避是意味深长的。十二月党人的妻子态度坚定，善于表达，并且拥有列帕尔斯基难以与之对抗的道德权威。巴萨尔金回忆，有时，当列帕尔斯基拒绝改善十二月党人的生活条件时，他就会被十二月党人的妻子非难：

> 这些妇女常常是不懂得刑法和民法的，拒不认同政府可对罪犯行使无限的权力，并且站在自己的正义和人道立场上，于是她们会因为某些限制了我们的自由的举措而与指挥官进行斗争。她们会对他说出最刺耳、最尖酸的话，称他为狱卒，并补充说，没有哪个正派的人会担任他的职位，除非这个职位能够不计后果、不顾沙皇的愤怒地去改善我们的处境。如果他确实如此行事，那么他不仅将获得她们和我们的尊重，还会获得所有人和后世的尊重；然而，如果他不这样做，那么她们只会把他看作一个为了金钱而出卖自己的普通狱卒，他将在人们心中留下最不堪的记忆。这些话肯定影响到了这位老者，尤其是因为他内心知道这些话是公正的。“上帝作证，不要这么激动。”他会这样回应这样的情绪爆发。“请理智一些！我会尽我所能，但是你们向我提出的要求会让我在政府眼中的形象受损。我相信你们不希望我因为没有遵从指示而被降级。”“好吧，当列兵比较好，将军，”她们回答，“但请做一个可敬之人！”之后他会怎么做呢？[17]

十二月党人和他们的妻子都很清楚，流放不是被公众遗忘。

他们向后世法庭提出的吁请表明，他们明白自己在西伯利亚所处的公共舞台。而且他们的话是字斟句酌的。在俄国贵族阶层中流通的众多通货中，荣誉或许是最高贵的。对于列帕尔斯基这位来自基辅省的贵族来说，因为缺乏荣誉而被来自杰出的都城贵族家庭的妇女们谴责，着实是一大耻辱。列帕尔斯基曾说过，他宁愿和100个政治流放者打交道，也不想和6个政治流放者的妻子打交道。[18]

为了改善自身的境况，赤塔的十二月党人不仅可以利用妻子的愤怒抗议，还可以利用家族的财富（通常都是巨额财富）。政府限制了十二月党人可以收到的经济援助金额：用于“定居”的2000卢布，而且每年不超过1000卢布。然而，特鲁别茨科伊和尼古拉·穆拉维约夫每年都会收到家里寄来的两三千卢布，沃尔孔斯基会收到2000卢布，米哈伊尔·方维津会收到1000卢布。在赤塔的这些妻子不受限额的约束，并且她们不仅充当着信件流出赤塔的渠道，还充当着金钱流入的通道。据估计，在十二月党人作为国家罪犯的10年中，他们收到了近35.5万卢布，他们的妻子收到了77.8万卢布。而且这些只是官方宣称和记录的金额。在东西伯利亚，这是很大一笔钱。[19]

此外，十二月党人还可以持续享用从圣彼得堡和莫斯科运来的物品，这些东西在当地是买不到的。家具、衣服、食品、科学设备和绘画材料都运往了赤塔。玛丽亚写信给她的母亲，向她要有象牙手柄的叉子和勺子，并向她的婆婆要英国波尔图酒，因为谢尔盖的健康状况需要“补养”。谢尔盖后来还想要《假蝇钓鱼昆虫学》和烟草制备指南。[20]

婚姻、出生和死亡的仪式让十二月党人联系紧密。1828年3月，年轻的法国女子波利娜·盖布勒抵达赤塔。她原来是一家法国服装店的代理人，1823 年来到莫斯科。到了莫斯科后，她发现那里的生活非常迷人，并爱上了伊万·安年科夫，他是她的一个客户的兄弟。社会规矩不允许富裕的贵族安年科夫和一个法国裁缝结婚，但是这名卫队军官后来被褫夺了公民权并被流放西伯利亚，于是突然之间，他们的结合或许有可能实现。盖布勒努力争取并获得了前往西伯利亚与安年科夫结婚的许可，她首先获得了这位十二月党人的母亲的允许，然后是尼古拉一世本人的允许。[21]1827 年 12 月，盖布勒离开莫斯科，次年 3 月底抵达赤塔。三天后，她和安年科夫在村庄小教堂里举行了婚礼，所有十二月党人都到场了。列帕尔斯基在婚礼上把新娘交给新郎。“这是一场奇怪的婚礼，甚至可以说是独一无二的。”巴萨尔金回忆。“在婚礼进行期间，安年科夫的镣铐被卸了下来，婚礼结束后，他才重新戴上镣铐，返回监狱。此后，他的待遇会像其他已婚人士一样，可以每周在安年科娃夫人的住处跟她见两次面。”[22]

但是，像安年科夫的婚礼一般的欢乐时光毕竟是短暂的，悲剧可能很快就会出现。“在赤塔，我收到了可怜的尼古拉的死讯，他是我的第一个孩子，我当初把他留在了圣彼得堡。”玛丽亚·沃尔孔斯卡娅在她的回忆录中冷峻地写道。这个 2 岁的孩子死于 1828 年 1 月 17 日，但是因为时间和距离的阻隔，玛丽亚在 3 月才得知这个可怕的消息。尼古拉被葬在圣彼得堡的亚历山大·涅夫斯基修道院。他的墓上刻着普希金写下的墓志铭：

在光辉中，在愉快的安息中，
在永恒的造物主宝座旁，
他含笑望着尘世间的流放，

为他的母亲祝福，为他的父亲祈祷。[23]

玛丽亚写信给她的父亲，说她“远离了所有人，不能像以前一样看到我的朋友。当我不知道以后自己会遭遇什么时，我就感到绝望”。玛利亚的儿子去世一周年时，她还没有恢复精神。“时间一天天过去，我的丧子之痛越来越强烈。”她在一封写给妹妹的信中向她吐露。后来，她从赤塔写信说：“在我所处的世界里，只有一个地方接近我的心——覆盖在我儿坟冢上的小片青草。”[24]

赤塔的管理体制逐渐进一步放松。在服刑两年后，1828年8月，这些人终于可以卸掉他们的镣铐了，长久以来，这些镣铐一直是不适和耻辱的来源。亚库什金回忆起了这些镣铐是如何频繁地干扰囚犯的思想的：“当我刚刚开始入迷地读什么东西（有时是亲戚写来的一封信）时，我的思绪把我带到了远离赤塔的地方，突然，门被猛地打开，一些年轻人大笑着拥进房间……伴随着他们的镣铐的当啷声。当这种情况发生时，一个人的思绪总会不自觉地返回赤塔。”到了1828年夏天，关于丈夫与其妻子来往的规章逐渐被完全忽视，亚库什金回忆道：“那些已婚男士每天都会去探望自己的妻子，如果其中一人病了，那么丈夫就会留下来过夜。过了一段时间之后，那些已婚男士根本就不住在监狱里了，但轮到他们工作时，他们还是会去干活。”玛丽亚在1829年5月写信给她的父亲：“三天前，我获准和谢尔盖一起生活。自从能够亲自照顾谢尔盖、在他不干活时与他待在一起以来，我感到了某种平静……这种平静让我重拾了我早已失去的心绪安宁和幸福。”[25]

列帕尔斯基做了很多事来改善十二月党人的境况，但他一直担心自己被指责没有执行法律条文。有一次，波利娜·安年科娃写的一封信寄到了圣彼得堡，但这封信事先没有经过列帕尔斯基审查。列帕尔斯基不安地把安年科娃叫到自己的办公室，询问这封信的内容。“我只在信中说将军是一个正派的人。”安年科娃回答。列帕尔斯基抱着头，开始在房间里踱步，口中喃喃自语：“我迷糊了。”有些妇女怀孕了并写信让亲戚从首都寄来各种物品，列帕尔斯基听到这一消息感到非常惊恐，担心政府对这种情况的反应。他召集了怀孕的妇女，仓促忙乱地向她们解释：“女士们，请允许我说，你们无权怀孕。一旦婴儿出生，那就是另一回事了。”[26]

1830 年 8 月，十二月党人最终接到命令：离开在赤塔的木构要塞，在武装警卫的看护之下跋涉 670 千米，前往在彼得罗夫斯克扎沃德专门建造的监狱。被流放的军官和他们的妻子在乡村公路上走了一个半月。没有什么比他们在美好夏日里的狂欢氛围中的行进更能体现兄弟情谊，以及从尼古拉一世时期的等级秩序、条框规定中的解脱的了，正如巴萨尔金回忆：

> 看着我们的装束和我们滑稽的队伍，我们差点儿笑死。我们的队伍通常由扎瓦利申领头，他头戴一顶帽檐宽大的圆帽，身穿一件他自己设计的黑色长大衣，类似于贵格会教徒的长袖服装。他身材矮小，一手拿着一根比自己高出很多的手杖，另一只手拿着一本他最近在看的书。接下来是身穿童装小外套的亚库什金，之后是穿着有皮毛装饰的女式外套的沃尔孔斯基。有些人穿着教堂司事的长大衣，有些人身穿西班牙式外衣，还有一些人穿着女式衬衫。总之，这个队伍有趣地混杂了各种服装，如果我们碰上某个欧洲人，或者某个刚离开首都的人，他肯定会认为我们是刚从某个机构里被带

出来散步的疯子。[27]

途中，十二月党人用喝香槟、高唱《马赛曲》来庆祝巴黎七月革命的消息。这趟旅途“非常愉快，对我们的健康大有裨益。它为以后的许多年增补了精力”，米哈伊尔·别斯图热夫写道。然而，他们的目的地远不如赤塔称心。一到那里，别斯图热夫就“进入了我们的巴士底狱”，他发现自己的牢房“阴暗、潮湿、不通气。简直是一座坟墓”！在 19 世纪 30 年代，彼得罗夫斯克扎沃德关押着七十一名十二月党人。那里的空间充足，因而每个罪犯可以拥有自己的牢房，但那里没有为十二月党人的妻子提供住处，她们应该住在监狱外面的私人出租房里。[28]

当这些妇女在 1830 年 6 月初第一次听说十二月党人要转移到彼得罗夫斯克扎沃德时，卡佳·特鲁别茨卡娅、亚历山德拉·穆拉维约娃和亚历山德拉·达维多娃正在哺乳在赤塔出生的婴儿，而玛丽亚·沃尔孔斯卡娅正怀着第二个孩子。这些妇女沮丧地发现，在彼得罗夫斯克，她们必须做出选择，是同丈夫一起住在监狱里，还是住在监狱外面且每周只能见丈夫两次（如同条款规定的那样）。无奈之下，特鲁别茨卡娅写信给第三厅负责人亚历山大·冯·本肯多夫伯爵，请他向尼古拉一世求情：

1830 年 6 月 7 日，赤塔要塞

长官：

近五年来，我唯一的愿望就是和丈夫一起分担牢狱生活，只要这件事只对我造成影响，就是可能的。但现在我有一个孩子，我为他担心。我不确定他能否在监狱里潮湿且不健康

> 的空气中生存下来。如果我不得不带着他住进监狱里，我或许就是在把他的生命置于危险之中。一旦他在狱中生病了，我没有任何帮助、没有任何照顾他的方法。因为没有人可以帮我照看孩子，所以我不得不住在监狱外面。但是，如果每三天才能见丈夫一次，我怕我会崩溃，我无法承受这样的情形。此外，如果孩子或者我突然生病了，那么我甚至连和丈夫的这些短暂会面都没法进行了，因为按照他们告诉我们的规定，在彼得罗夫斯克［扎沃德］，会面只能在监狱里进行。总之，为了不和丈夫分开，我已经放弃了一切。我只为他而活。看在上帝的分上，请不要让我与他分离……
>
> 无比真诚的叶卡捷琳娜·特鲁别茨卡娅

达维多娃在同一天写信给本肯多夫，诉诸他的“父亲和丈夫身份。我肯定您不会对一个可怜的无辜婴孩和他的母亲无动于衷”。然而，当这些信件在1830年8月到达尼古拉一世手里时，沙皇拒绝了她们的请求。[29] 这些妇女完全有理由感到担忧。到达彼得罗夫斯克扎沃德后，她们不得不在自己租赁的小屋和监狱之间来回奔波，而且当时的气温在一个月内跌至-20℃以下。“我一整天都在监狱和住处之间往返。”穆拉维约娃写信告诉自己的父亲。“我的心为独自被留在家中的孩子流血。另一方面，我非常担心尼基塔……我已经两天没有看到他了，因为我病得很重，不能离开屋子。”当局没收了这封信，本肯多夫亲自解释：

> 这封信不应该流传，而且应该有人告诉十二月党人的妻

> 子，她们是在徒增亲人的痛苦。她们的丈夫的流放是一种惩罚手段；能帮他们的都做了，同情和宽容已尽可能减轻了他们应得的刑罚。这些妇女已经获准和她们的丈夫住在一起，但是我们不可能在监狱里为他们的孩子建造房屋，因为我们不知道这些由于鲁莽的爱而来到世间的不幸受害者到底有多少。[30]

亚库什金回忆，穆拉维约娃每天在家里的女儿诺布什卡和监狱里的丈夫之间来回奔走很多次。她的健康状况逐年恶化。有一次，在 1832 年 9 月，穆拉维约娃白天穿着随意地去了监狱，但傍晚回家时她觉得自己感冒了，那天晚上，她的胸口特别疼。她找来一名医生，医生说她得了肺炎。亚库什金后来写道："在接下来的两个月里，这名患病的妇女日渐衰弱。任何治疗都不能恢复她的力量。在她去世两天前，她说想要见见我。我在她的床边陪她坐了半小时。她几乎不能说话，但是从她的话中可以明显地听出，她已经准备好和那些自己亲近的人永别了。"由于担心公众不安于 28 岁的穆拉维约娃过早死亡，两个月过后，圣彼得堡当局发布了一个新的指令，允许丈夫到监狱外去探看他们的妻子。[31]

十二月党人的妻子不仅仅分担了她们的丈夫的命运，也改变了丈夫的命运。十二月党人和他们的妻子供养家庭的愿望必然要涉及与当局的斗争。沃尔孔斯卡娅、特鲁别茨卡娅、穆拉维约娃和其他妇女或许已经在越过涅尔琴斯克矿区边界时签字放弃了她们的法律权利，但国家不能剥夺她们的道德权利。尼古拉一世努力把十二月党人放逐到无名之地，在那里，他可以让人随意惩罚他们，远远地避开俄国贵族阶层的注视。然而，通过这些妇女与朋友和家人的通信，她们让十二月党人的消息继续在俄国的各个城镇流传。这些女性从涅尔琴斯克发出的信件意味着，沙皇在公开扮演着一个心胸狭窄、报复心重的暴君角色，他无缘无故地让孩子和父母分离，给无辜、忠于婚姻且具有自我牺牲美德的妇女带来了痛苦。[32]

受过教育的俄国人把十二月党人妻子的个人牺牲看作充满勇气和爱国主义的公共行为，他们反复提及这些高尚和无私的妇女的形象。这样一来，他们成功地将这些女性奉为了帝国改革运动中的世俗圣人和使徒。流亡伦敦的社会主义思想家亚历山大·赫尔岑在 1866 年写道："那些被流放的苦役犯的妻子被剥夺了所有公民权利，她们放弃了自己的财富和地位，然后在东西伯利亚严酷的气候中，在警察部门的可怕压迫下过着囚徒生活。"[33]1873 年，尼古拉·涅克拉索夫，一位有着激进主义同情心和对俄国大众的文学品位有着敏锐商业嗅觉的诗人，在叙事诗《俄罗斯妇女》中定格下了玛丽亚·沃尔孔斯卡娅和卡佳·特鲁别茨卡娅的生活。这首诗的最后一个场景描绘了玛丽亚与她的丈夫在布拉格达茨克第一次见面的情形：

> 我向他冲了过去……跑过去时，我的灵魂
> 激荡着一种神圣的情感。
> 现在，只有在这个地狱当中，
> 在这个高声的喧闹不断回响的地方，
> 看到他的镣铐，我才完全了解到
> 他所遭受的折磨，
> 他的力量和他的耐性，在忍受着这些痛苦，
> 在想要摧毁他的人关押他的地方，

我在他面前跪下。我举起他的镣铐，
亲吻了它们，然后我拥抱了他。[34]

在涅克拉索夫笔下，特鲁别茨卡娅为了陪同在涅尔琴斯克的丈夫而走过了“乞丐和奴隶的国度”，这段路途让她变得激进。她表达了自己“对绞刑吏的蔑视，对于我们的正义性的确知将支撑着我们”[35]。在尼古拉一世去世后的几十年里，诗人、记者和历史学家将这些妇女塑造成了具有民主精神和爱国精神的女英雄，这些妇女相信，通过在西伯利亚陪同自己的丈夫，她们会让丈夫的革命理想在流放中继续存在。20世纪初，在圣彼得堡什利谢利堡监狱的牢房中，激进分子薇拉·菲格纳从十二月党人妻子的事例中受到了鼓舞：“难道我们没有在这些妇女身上发现一些也曾打动、鼓舞过她们的同时代人的东西吗？难道我们没有极其真诚地在她们那里找到……照亮我们的革命运动的未来的火炬手吗？”[36]

虽然十二月党人的家人在流放生活中体现出了一种包含自我牺牲、友谊和深情的新理想，但是十二月党人与在俄国的亲属之间的关系却越来越紧张。许多人觉得自己的家庭成员正在疏远自己，很少给自己写信，而且显得并没有热心替他们向政府求情。奥博连斯基在1830年从彼得罗夫斯克扎沃德写信：“我经常想，人们将一个人的政治行为与他的日常关系、家庭关系混为一谈是多么奇怪……让家人评判家庭内部的行动，让政治当局评判政治行动；为什么在政治惩罚之上又加上家庭惩罚？”他遗憾地表示，奇异的是，“苦役……能够摧毁那些本应持续到我们生命尽头的情感”[37]。玛丽亚的家人从来没有原谅过谢尔盖·沃尔孔斯基，他参与了注定失败的十二月党人起义，还把他们的女儿拖去了西伯利亚，以一个耻辱的“国家罪犯”的妻子的身份在那里生活。玛丽亚的母亲索菲娅·拉耶夫斯卡娅强硬地控诉，玛丽亚“崇拜的丈夫”要为一切负责：“如果一个男人要参与这场该死的阴谋，那么只要稍微有一点儿美德，这个男人就不会结婚！”玛丽亚也感受到了父亲的责难，因而恳求他：“如果您在所有信中给予我的祝福都没有给予谢尔盖，我怎么能有一刻幸福？”家庭经济矛盾也爆发了。拉耶夫斯基家带有某些正当理由地抱怨，沃尔孔斯基家给予谢尔盖和玛丽亚的经济支持很小气，这使得负担落在了他们家肩上。沃尔孔斯基家确实几乎从未给他们二人寄过钱。谢尔盖的亲妹妹索菲娅吞占了谢尔盖的那份家族财产。“如果我不幸有一个儿子在西伯利亚，而且我可怜而无辜的儿媳随他同去了西伯利亚，”玛丽亚的母亲写道，“我会为了给她寄钱而卖掉我所有的裙装。”谢尔盖自己感到很难过，因为他的家人不正当地剥夺了他的继承权，并且没有争取让他的孩子被正式认可为沃尔孔斯基财产的继承人。只有一次，沃尔孔斯基家请求沙皇把谢尔盖转到驻扎在高加索的帝国陆军中。谢尔盖与妹妹的关系彻底破裂了。他在流放生涯行将结束时写道，她就像“卡在食道里的骨头”。1848年，他给十二月党人同志伊万·普辛写信：“我不太在乎贵族家庭关系，我们的监狱家庭更加诚实、可靠。”不单单沃尔孔斯基这样提到过监狱家庭。奥博连斯基和尼古拉·巴萨尔金也把众十二月党人说成一个家庭，这个家庭以互助、感情和团结为特征。[38]

先前在赤塔，后来在彼得罗夫斯克扎沃德，十二月党人一直忠于他们的平等主义、团结和为普通百姓的利益服务的价值观念。但国家却自相矛盾地让他们的这些的事业成为可能。国家未曾有效地限制十二月党人能够得到的金钱，也不愿强迫他们从事可能会令人筋疲力尽的劳役，于是这些受过教育且精力充沛的年轻人可以自如地忙自己的事业。最重要的是，由于国家担心十二月党人会对其他流放者造成煽动性影响，因此把他们集中在了一起。对米哈伊尔·别斯图热夫来说，“监狱让我们在政治死亡的边界之外有了政治生活”[39]。巴萨尔金表示同意：

> 如果政府把我们分在不同的冶炼厂，不让我们和自己的同志在一起，不让我们拥有相互扶持的机会，如果政府把我们与普通苦役犯关在一起，并且让我们从属于地方官员、服从一般的劳动规范，那么我们大多数人或许会轻易地就因为自己所处的环境而在道德上堕落……我们或许会轻易地失去尊严感并不可挽回地走向毁灭，过着最可悲、最不体面的生活……政府的行为不仅给了我们维持道德尊严的手段，甚至给了我们提高道德尊严的手段。[40]

十二月党人之间的社会差异在囚禁生活中迅速消失，取而代之的是共同的经历造就的平等同志关系。扎瓦利申记得，慷慨和互相支持的美德塑造了十二月党人之间“基于基督教公社的复兴”的关系。不是所有十二月党人都拥有大量个人财富。那些没有从家人那里收到一分钱的十二月党人每年只有微薄的 114 卢布国家补贴，这笔钱相当于一名列兵一年的兵饷。但是，为了确保没有人陷入严重困境，十二月党人成立了一个罪犯协会，每个人都要向这个团体投入与他的所得相称的钱款。巴萨尔金被选为财务主管，负责记录账目，确保每个人每年都可以拿到不少于 500 卢布——不管这个人本身的财产有多少。[41]从圣彼得堡寄来的物品被放在一张公共桌子上（毕竟那里只有一张公共桌子，如扎瓦利申苦笑着所说的那样），可以共同使用。罪犯协会制度体现了他们对团结和平等的普遍热情，彼得·斯维斯图诺夫在1831年9月从彼得罗夫斯克扎沃德用讽刺性的话描述了这种制度：

> 这确实是我们的小型“国家”。我们每年会利用无记名投票的多数原则，选出一个统治者和一个管理者，他们会实现罪犯协会的意志，他们的特权存在于，应落在他们身上的工作会由其他成员完成。罪犯协会的民意是其最高法院，判决所有冲突。我们有一套规则、我们自己的预算、我们自己的特别委员会、选民和代表。总而言之，我们以最简单的方式假装成一个共和国，好像在我们的不幸境遇中安慰自己。这是对我们的梦想的一种拙劣效仿，它可以为关于人类思想的缺陷的研究提供材料。[42]

沮丧和孤独的斯维斯图诺夫在1831年时不可能想到十二月党人的“共和国”会在此后几十年里影响公众的想法。如果说十二月党人的共和主义作为一个在圣彼得堡的政治活动失败了，那么通过他们在涅尔琴斯克的小规模社区中实践，他们的共和主义成了向下一代专制政权反对者发出的号角。

在差不多整个19世纪，十二月党人是所有西伯利亚流放者中所受隔离最少的。书籍、杂志和报纸从俄国欧洲部分大批量涌来，先是进入赤塔，后来进入彼得罗夫斯克扎沃德，这使得十二月党人可以一直跟进了解在帝国和欧洲发生的事件，但有两三个月的滞后。罗森在回忆录中写道："任何人都不可能及时读完邮递员一次送过来的所有杂志和报纸，因此，这些报刊会被分发给许多读者，然后他们就最重要的事件和内容做口头报告。"1830 至 1831 年，他们一直关注着波兰起义受到的镇压，同情波兰起义者的困境，实际上，波兰起义者很快也会被流放到东西伯利亚。当局努力对送往涅尔琴斯克的大量俄语、法语、德语和英语出版物实行一种简单的审查，但收效甚微。通晓数种语言的扎瓦利申的文学喜好让列帕尔斯基非常为难，列帕尔斯基只能努力地去评估阿拉伯语和希伯来语书籍里的煽动性内容。[43]

甚至被禁的书籍和报纸也经常到达十二月党人手中，它们还经过了沙皇的私人官署，涅尔琴斯克地区就从属于这个部门。"我们通常采用下列窍门，"扎瓦利申解释，"把书籍的目录页裁下来，然后在那个位置粘贴上一本普通书的目录页，一般是'关于考古学、植物学等的学术著作'。"因此，这些被流放的革命者读到了吉本、孟德斯鸠、富兰克林和卢梭等人的著作。尼古拉・穆拉维约夫、特鲁别茨科伊和沃尔孔斯基让人从圣彼得堡运来了自己的私人藏书。米哈伊尔・卢宁拥有"大量宗教方面的藏书，包括所有希腊和拉丁教父著作的无价初版"，而扎瓦利申拥有"十五种不同语言的藏书"。在几年内，十二月党人的藏书超过了十万卷（扎瓦利申估计有近五十万，但他很可能说得夸张了）。[44]

许多十二月党人出自俄国最高级别的精英阶层，接受过古典教育。有几个人开始给自己的同志讲课。尼古拉・穆拉维约夫有一套极佳的地图收藏，他会用这些地图阐明军事战略；尼古拉・别斯图热夫教授军事史和海战技能。作为具有从医资质的医生，费迪南德・沃尔夫教授解剖学和物理学，而奥博连斯基讲授文学，帕维尔·博布里谢夫－普希金讲授数学。他们彼此之间流利地使用多种语言，这些语言是他们相互教授的。奥博连斯基和卢宁学习了希腊语；斯维斯图诺夫学习了拉丁语、英语和德语；拥有杰出语言天赋的扎瓦利申熟练掌握拉丁语、德语、意大利语、现代希腊语和波兰语。阅读和写作是一回事，准确的发音却是另一回事。精通英语的卢宁会恳求他的学生："先生们，你们尽可以用英语阅读和写作，只是请不要尝试说英语！"另一位被流放的军官尼古拉·别利亚耶夫回忆，十二月党人被流放的时期"是一段美妙的道德、智力、宗教和哲学学习时间"[45]。先是赤塔，后来是彼得罗夫斯克扎沃德，成了沙皇帝国在乌拉尔山以东地区最有活力的文化中心。作家兼外交官谢苗·切列帕诺夫在 1834 年调查了十二月党人的团体，他在日记上记录："彼得罗夫斯克扎沃德可以称得上一个拥有一百二十名学者或教授的学院或大学。"[46]

十二月党人还十分注重实践活动。尼古拉·洛雷尔写道："我们当中出了各种能工巧匠，比如锁匠和家具木工，家具木工的手艺真的可以与圣彼得堡木工的手艺相媲美。"尼古拉·别斯图热夫堪称多面手。他会制作钟表、鞋子、玩具、摇篮和棺材。为了帮助玛丽亚·沃尔孔斯卡娅，他学会了如何给她从圣彼得堡运来的钢琴维修和调音。他为十二月党人和他们的妻子绘制了很多精美的画像，为赤塔、彼得罗夫斯克扎沃德和周边地区绘制了风景画。沃尔孔斯基和亚历山大·波焦是具有天赋、手艺精湛的园艺师，他们竭力在赤塔要塞培育了一个菜园。"为一百人出产够吃整个冬天的农作物是项艰巨的任务。"奥博连斯基自豪地写道。"秋天，我们从田里收获了蔬菜，腌制卷心菜和甜菜，存储土豆、萝卜和胡萝卜。"沃尔孔斯基从圣彼得堡订购了种子，把玛丽亚的房间变成了一个临时搭建的植物园。通过建造温室，波焦成功种植了芦笋、甜瓜和花椰菜。[47]

然而，让尼古拉·别斯图热夫和其他十二月党人沉浸其中的狂热活动从未平息过他们深深的绝望感，即对起义失败的绝望和被驱逐到西伯利亚的绝望。“我渴望生命，但我正躺在一个坟墓里。我完全想错了。我所做的一切让我应该被枪决，我从未指望着自己能活着，而现在我不知道活着要怎么办。”别斯图热夫于1838年从彼得罗夫斯克扎沃德写信跟一个同志说。“如果我一定要活着，那么我就必须行动！无所事事比炼狱还糟，所以我锯东西、刨平东西、挖掘东西、粉刷东西，但时间仍然像冰冷的水滴一样滴落在我狂热的头上，于是我立即就感受到了我那可怜破碎的心里有剧痛袭来。”[48]

十二月党人根据民主原则建立一个富有意义的社区的能力，以及他们在西伯利亚当地居民当中对农业和教育活动的追求，为其他人提供了鼓舞人心的榜样。回顾十二月党人被流放的几十年，扎瓦利申发现，在他们与西伯利亚当地人之间的关系中出现了某些新的内容：“我们是西伯利亚出现的第一批所有人都可以接近的上层社会人士。我们的言行举止遵循的风尚完全不同于当地居民在他们的上级和官员那里已经习惯的样子。他们见到了同情和共同的努力，而不是压迫和敲诈。”[49]在尼古拉一世时期的俄国，这种价值观念是对支配着各种社会阶层之间的关系的等级制度的含蓄否认，带有一种激进的指控意味。

与围绕着十二月党人的种种神话相反，他们并不是圣人。在十二月党人的回忆录中，他们一般不愿意说同志的坏话，但是扎瓦利申并没有回避他们在彼得罗夫斯克扎沃德的生活中不太美好的方面。他讲述，随着更富有的十二月党人在几年后开始在监狱周围建造自己的私人住宅，这种社区感开始减弱："他们向我们保证，这样做是为了减轻过度拥挤的问题，但事实上并不是这个原因……这样做破坏了平等，让一些人不受社会监督的控制，这不仅促生了富人的特权，而且在新生的无产阶级中促生了奴性。"例如，沃尔孔斯基家和特鲁别茨科伊家都有约二十五名仆人，包括一名助产士和一名簿记员。穆拉维约夫家甚至有自己的管家。在监狱里还有四十名仆人：保镖、厨师、面包师、园丁和猪倌。结果，有些人"开始成为更有特权的人，为了从他们那里获得私人利益，赞助人、党派分子和私人派系出现了"。纸牌和酒精，"这些以前不可想象的东西开始出现在监狱中并且开始摧毁我们的人品"。许多人召妓，从周边农民家庭的女儿那里购买性服务。列帕尔斯基发现伊万·苏希诺夫以前在泽连杜伊的同伴亚历山大·莫扎列夫斯基"正维持着最肮脏的关系，做着最不堪的行为"。斯维斯图诺夫拉皮条，嫖娼。他从他的兄弟阿列克谢那里收到了很多钱，但他交给罪犯协会的钱非常少，"他把其余的钱用来狂欢，用来从不正派的乡村父母那里诱惑和购买无辜少女"。亚历山大·库切夫斯基严重虐待自己年轻的新娘，于是她逃跑了，他不得不花钱让人把她找回来。[50]

尼古拉一世将十二月党人的苦役刑期缩短（这是专制主义宽大处理的一个例子，这种宽大处理基本不会动摇一个严格执行惩罚之人的形象）之后，他们从1835年开始从服苦役转为到定居点定居。尼古拉·别斯图热夫的弟弟亚历山大等人获准前往南高加索加入帝国陆军，参与在那个地区的殖民战争。但大多数人被分配到西伯利亚各地的小城镇和村庄。西伯利亚的高级行政官员和省长在任职时把自己的职务看作某种短期的殖民地委派，和这些官员不同，至此已经意识到尼古拉一世并不打算给予他们大赦的十二月党人把西伯利亚当成了自己的家。他们继续在当地人当中从事农业、民族志和教育工作。巴萨尔金和罗森教导布里亚特人如何栽种荞麦、黑麦、大麦和大麻。别斯图热夫开始从中国进口长柄大镰刀，以便更好地为牲畜收割和储存饲料。在赤塔，波焦教布里亚特人如何使用温床提早种植作物，并证明了这里是可以种植烟草、芦笋、黄瓜和西瓜的。[51]

扎瓦利申为赤塔当地农民和布里亚特人的孩子成立了一所学校；尼古拉·别斯图热夫、亚历山大·别斯图热夫和奥博连斯基在涅尔琴斯克成立了另一所学校；亚库什金在西西伯利亚的亚卢托罗夫斯克开设了第三所学校。这三所学校都采用了先进的英国教育理论。亚库什金甚至开办了一所女校，这所学校在四年内招收了五十多名学生。十二月党人中也有一些接受过专业训练的医生，他们在当地的通古斯人和布里亚特人当中推广了基本的医疗服务。其中最著名的医生是费迪南德·沃尔夫，他于 1836 年获准行医，并于 1852 年成为新开设的托博尔斯克中央苦役监狱里的一名内科医生。[52]

在收到家人的慷慨资助后，沃尔孔斯基夫妇被流放到伊尔库茨克城外的乌里克村定居点。在重新融入伊尔库茨克官员和富商组成的文明阶层前，他们在乌里克村建设了一个经营成功的农场，并建立起了家庭。在伊尔库茨克，玛丽亚·沃尔孔斯卡娅创建了一所孤儿院和几所学校。她还在城中心装修精美的沃尔孔斯基大宅（现在是一个纪念十二月党人的博物馆）里举办社交聚会和音乐会。沃尔孔斯基家成了伊尔库茨克生活中的一个文化机构，它将俄国大城市的品位和生活方式传播到了西伯利亚的地方社会。即使在今天，令人印象深刻的伊尔库茨克市政建筑（包括歌剧院、博物馆和美术馆）都与十二月党人的文化影响有关。[53]

巴萨尔金从事了一项关于西伯利亚的经济、社会和行政问题的普查，马特维·穆拉维约夫-阿波斯托尔对亚卢托罗夫斯克地区进行了一次数据分析。彼得·鲍里索夫和安德烈·鲍里索夫兄弟收集、编目了一大套昆虫收藏；尼古拉·别斯图热夫完成了详细的民族志研究活动，包括编纂一部布里亚特语-俄语词典。有些十二月党人还加入了西伯利亚的政府工作中，在这里急缺称职官员的行政机构中担任统计学家和农学家。虽然亚历山大·布里根仍是一个“国家罪犯”，但他被任命为西西伯利亚库尔干地区的地方法院主席。甚至在被捕以前，扎瓦利申就是一名公认的研究俄国远东地区的专家，现在他成了东西伯利亚当局的重要顾问，并对阿穆尔地区进行了一项具有影响力的研究。[54]

随着各种项目令当地居民受益，十二月党人让欧洲知识阶层在西伯利亚站稳了脚跟。十二月党人（如巴萨尔金）为自己给当地居民带来的“道德和教育益处”和“有用的新观念”而感到自豪。[55]正是在这个狭义意义上，政府的流放制度有益于这片区域的整体发展。在19世纪，受过教育、出自贵族阶层和知识阶层的流放者为西伯利亚公民社会的发展做出了卓著而持久的贡献。他们这样做，不是因为他们是想在乌拉尔山以东的地区寻求挽救和改造的罪犯，而是因为他们在流放中继续追寻着为国效力的共和主义理想，起初，正是这种理想让他们与专制政权为敌。19世纪60年代和70年代的下一代政治流放者会遵循十二月党人的脚步。在被剥夺了在当地追求民主目标的机会后，一些政治流放者会在西伯利亚找到释放他们的改革能量和进行公民活动的地方。

然而，政府一直深切怀疑十二月党人在西伯利亚的政治影响力。在十二月党人被释放到定居点后，官方要求同一个城镇不能有三名以上十二月党人定居（但地方当局普遍蔑视这条规定）；他们一直处在警方的监督下，如果没有明确的许可，他们不能离开自己被指定的地区。结果，十二月党人现在比在赤塔和彼得罗夫斯克扎沃德时要孤立得多。1840 年，尼古拉・别斯图热夫在信中对奥博连斯基说："我现在拥有更多的自由，比在监狱里多得多，所以现在至少我的物质存在是可能的。而至于思想生活——再见！"别斯图热夫想要参与社会生活和实践工作，但因为他不得不住在外贝加尔地区的小村子色楞金斯克，他无法实现上述愿望："我被释放到了定居点，而且有干劲，所以我想成为一个有用的社会成员，至少是一个积极的社会成员，而不是一个游手好闲之人。但是我们受到的种种限制意味着，即使有最好的意愿，我们也什么都干不了。"[56]

官方限制了十二月党人的迁移和活动，这也剥夺了他们互相扶持的机会。扎瓦利申在 1842 年从赤塔给本肯多夫写信说，由于他无法自由行动，因而他不能依靠务农或从事任何其他行业来谋生，他请求获准出版自己写的书。只有波罗的海德意志人安德烈・罗森是一个合格且成功的农民；大多数在定居点生活的十二月党人要么依靠俄国欧洲部分的家人补贴生活，要么被迫自己谋生。"我们的许多朋友忍受着真正的贫困，"沃尔孔斯基在 1841 年对自己的同志亚历山大・普辛写道，"穆拉维约夫家和特鲁别茨科伊家都十分富裕，我们都没有债务，但也有些人穷得不名一文……我们在尽自己所能地帮助他们。”[57]

贫穷和孤立最终让许多十二月党人死亡。米哈伊尔·别斯图热夫在赤塔曾说过，“如果我们被分散在不同的矿山，……那么我们很可能已经像苏希诺夫那样死去了，或者在穷苦的重压下而在道德上屈服”，其实他在不经意间预言了几个同志在被释放到定居点以后的命运。1832年，33岁的军官康斯坦丁·伊格尔斯特伦在被释放到定居点的前夜绝望地写道：“现在我被告知要去耕种土地。我在军事学校上了十年学，在军队服役十年，在各个监狱待了七年。所以问题是，我在哪里学过农业技能？”1844年，在托博尔斯克的一个肮脏的棚屋里，亚历山大·巴里亚京斯基死于梅毒；鲍里索夫兄弟靠出售他们在东西伯利亚研究的昆虫的草图勉强维生。彼得死于1854年9月30日，而长期与精神疾病做斗争的安德烈在几天后上吊自杀。[58]

米哈伊尔·卢宁总是预言，十二月党人只有三条路：“有些人会结婚，有些人会进入修道院，其余的人会酗酒致死。”然而，卢宁没有应验他自己的这些预言。卢宁是最值得注意的十二月党人之一，他也许比其他人都明白，十二月党人起义的力量其实不在于它武力挑战了圣彼得堡的专制政权，而在于它塑造了一个爱国主义和共和主义美德的振奋范例。卢宁的同志们在和当局打交道时“安静又顺从”；与他们不同，卢宁一直是态度挑衅、无所畏惧的。[59]

作为一个虔诚的天主教徒，卢宁在赤塔和彼得罗夫斯克扎沃德始终和其他十二月党人有些疏离。1835年年底被释放到定居点以后，他在乌里克村与沃尔孔斯基家和穆拉维约夫家为邻。在乌里克村，他开始给自己的妹妹叶卡捷琳娜·尤瓦若娃写信，在信中辛辣地声讨自己在西伯利亚的流放生活以及沙皇制度的腐败和不公。不久后，这些鲁莽的信件开始引起政府的愤怒，而卢宁原本就知道这些信件会经第三厅审查。[60]

在东西伯利亚这个孤立的小村庄，卢宁明白，国家对十二月党人的惩罚只是提高了他们在受过教育的俄国公众眼中的形象。“没有人有权力，”他在1837年给他的妹妹写信说，“去羞辱那些不该被羞辱的人。我曾站在绞刑架前，曾戴着脚镣。但你真的认为我蒙羞了吗？我的政治对手不这么认为。他们不得不使用暴力，因为他们没有别的手段来反驳我表达的进步观念。”一年后，卢宁写道：“在监狱里，在流放中，我的名字已经被改了好几次，每次改名都越变越长。在官方文件中，我现在被称为‘国家罪犯，被流放到定居点’，所以现在我的名字后附有一长句话。在英国，他们会说：‘卢宁，反对派成员’。”卢宁确信：“我因之被判处政治死亡的观念将在几年内成为公民生活的一个必要条件。”本肯多夫的助手给他的主人写信说，卢宁的这些信是“表明卢宁的错误观念根深蒂固的证据”[61]。

本肯多夫禁止卢宁通信一年，但当卢宁最终于1839年再次获准拿起他的羽毛笔时，他没有表现出任何受到恐吓的迹象。相反，卢宁完全没有采取谨慎态度。在那些他知道必然会令圣彼得堡大怒的信件中，他嘲笑“体现在我们的规范、习俗和制度中的奴隶制”，并写道：“我们不害怕战死沙场，但不敢在国务会议上为正义与人道辩护。”他批评农奴制，并把矛头对准令人窒息的俄国审查制度：“在我们的时代，如果我们的话不包含某种政治意义，说个‘你好’几乎都是不可能的。”他写道，被流放到阿哥斯的雅典将军地米斯托克利最后的愿望是，“他的遗骸能被带回祖国，埋在故乡的土地上；我最后的愿望是，我的想法……能被从西伯利亚荒漠带回故土，让它们在我的同胞心中传播和发展”。他让妹妹“传播我的信件。它们的目标是让人们走出漠不关心的态度”[62]。

卢宁的厄运因为写了几篇严厉谴责俄国政治和社会秩序的政论文而注定了。在其中一段运用了强烈修辞的段落中，自十二月党人起义被镇压后，卢宁向专制政权提出了一份严厉控诉：

> 如果我们的流放者可以从西伯利亚荒漠深处发出他们的声音，那么他们首先会对统治阶层的领导者说：“你们在过去十五年里为人民做了什么？……你们承诺倾听和实施所有被合法表达的关于改善国家状况的主张，但通过对新闻自由施加新的限制、阻碍与欧洲的关系的发展、用反动制度使文明的原则无法运作，你们的承诺变得不可能。我们倡导崇拜法律；你们却倡导崇拜个人，在教堂里存放君主的服饰，好像它们是一种新的圣物。你们亲自清洗了俄国的自由主义思想，并把她抛入了一个死亡的深渊，抛入间谍活动和无知的黑暗当中。你们用刽子手的手消灭了启发社会运动并指导其发展的思想。你们用什么替代这些思想？我们会反过来在我们的同时代人和后代人的法庭上传唤你们：请你们为自己辩护！[63]

本肯多夫在1841年2月下令逮捕卢宁，“并立即将他送到阿卡杜伊矿山，但不是让他在那里工作，而是让他受最严格的监禁，让他与所有的其他罪犯分开，为的是让他不能与任何人有当面或书面联系”。一个月后，卢宁在乌里克村自己的农场中被拘捕，随后进入他的妹妹后来称为“流放中的流放”的状态。他的流放目的地未向他的朋友和家人公开，最终，他于4月到达阿卡杜伊。[64]

即使以涅尔琴斯克的惨淡标准来衡量，阿卡杜伊矿山也是一个荒凉之地。列帕尔斯基曾把它当作建造十二月党人监狱的一个可行的位置，但后来发现阿卡杜伊所在的大“坑”“环境恶劣、有害健康”。据说，空气很浑浊，夹杂着从冶炼厂吹来的烟雾，矿山方圆三百千米内没有鸟类可以生存。流放者认为阿卡杜伊是囚犯被活活埋葬的地方。从来没有人从那里生还。[65]

对卢宁来说，从监狱里把信件偷偷送出去（通过他在那里遇到的波兰囚犯）几乎是不可能的，但是他成功地在1842年1月给沃尔孔斯基送去了信：

> 阿卡杜伊监狱的建筑师无疑继承了但丁的想象力。与我现在的住处相比，我以前的牢房简直是女士的闺房。他们不让我离开他们的视线，守卫站在门边和窗边，无处不在。和我一同被囚禁在这里的有五十个杀人犯、暗杀者、强盗和造假者。顺便说一下，我们相处得相当好。这些人很喜欢我。他们让我保管他们的小笔财富，向我吐露他们的小秘密，当然，这些秘密经常出现在流血的冒险故事里。[66]

当局给卢宁供应的食物非常少，他意识到自己“被判处在监狱里缓慢死去，而不是在绞刑架上快速死去”。1843年，卢宁写信给玛丽亚·沃尔孔斯卡娅：“我被包裹在黑暗中，被剥夺了空气、空间和食物。”水分沿着牢房的墙壁流下，空气十分潮湿，因此他的书很快就长了霉菌。他给沃尔孔斯基夫妇的最后一封信是在1844年10月以后的某个时间写的。我们不知道第二年他发生了什么，但是在 1845 年 12 月 3 日，他在昏暗的牢房里呼吸了最后一口气。他的尸体在第二天被人发现，四周散落着无价但腐烂的柏拉图、荷马、希罗多德、塔西佗、西塞罗和奥古斯丁著作的希腊语和拉丁语版本。[67]

故事在政治中很重要，在尼古拉一世统治时期令人窒息的文化正统观念下，故事比以往任何时候都要重要。十二月党人作为士气低落的叛徒被流放到西伯利亚，他们反抗专制政权的起义的突出之处仅仅在于起义的不专业性。然而，在西伯利亚，他们发现的不是政治上的湮没，而是政治上的重生。当然，这些起义者从来都不是其支持者描绘的那种道德质朴、无法安抚的革命牺牲者。但他们在流放地的生活确实给同时代人提供了一个关于共和主义理想和爱国主义美德的振奋故事。在赤塔和彼得罗夫斯克扎沃德，十二月党人对自由、平等和博爱的持续追求，是对沙皇制度中的压迫性社会等级制度的含蓄否认。他们在西伯利亚的公民活动——他们的园艺、他们的教学工作、他们的民族志研究——表达着他们对公益的热情追求。总之，他们为自己塑造了一种仍然忠于 1825 年 12 月 14 日的理想的生活方式。

在十二月党人流放期间，时间、政治和技术的进展，使他们在西伯利亚的生活更接近俄国两京的世界。1842 年尼古拉・穆拉维约夫死后，沃尔孔斯基沉思地说："死在西伯利亚并不令人悲痛，但遗憾的是，我们这些蒙羞之人的尸骨在这里都没有一座单独的坟墓。这样说不是出于骄傲或个人虚荣心。如果被各自分开，我们和所有人一样落满灰尘。但是如果我们被聚集在一起，有点运气的话，我们的尸骨将成为祖国的伟大事业的一座纪念碑，成为一场为以后几代人举办的有价值的葬礼宴会。”但是沃尔孔斯基是一个务实的人，而且在他在乌里克村的农庄中，关于那些将在尼古拉一世的继任者在位时从西伯利亚涌入公众视野的大量出版物，他毫不知情。这些回忆录、信件和已发布的档案确实为十二月党人在西伯利亚的流放生涯和将他们带到那里的理想树立起了一座高耸的文学纪念碑。十二月党人未被后世遗忘，而是在19世纪下半叶成了改革者和革命者的偶像。对下一代专制政权反对者来说，其中一首最持久的护佑诗歌是由十二月党人诗人亚历山大·奥陀耶夫斯基写的。米哈伊尔·别斯图热夫形容奥陀耶夫斯基“把自己的监禁生涯都用在了诗歌创作上”[68]。1827年年底，在赤塔要塞，奥陀耶夫斯基用诗歌回应了普希金的《致西伯利亚的囚徒》，即玛丽亚·沃尔孔斯卡娅在1826年12月离开莫斯科时随身携带的那首诗：

你那诉说语言的竖琴的声音，
令人激动，最终传到了我们这里。
我们的手迅速伸向刀剑，
却发现钩链牢牢地裹缚着它们。

可是，歌唱者，不要焦躁：
我们为这些枷锁而自豪，如同为我们的命运而自豪。
被锁在牢房里的我们，
嘲笑着国家的统治者们。

我们痛苦的斗争不会白费，

火花会燃成火焰；
我们的人民，不再被蒙蔽，
一种新的效忠将出现。

把我们的镣铐锻造成刀剑，
我们将重新点燃自由的火炬，
她将战胜沙皇们，
而各个民族会在黑夜中醒来。[69]

3年后，1830年11月29日，部分是由于十二月党人的事例的启发，波兰人民，而不是俄国人民，将“在黑夜中醒来”。在尼古拉一世统治的漫长时间里，这场起义是对俄国的帝国权威发起的最严峻的内部挑战。

在被流放的121名十二月党人军官中，只有三四十人比他们的仇敌活得久。尼古拉一世于1855年2月18日去世，他的继任者亚历山大二世迅速摈弃了父亲的停滞和镇压政策的许多方面。1856年8月26日，亚历山大二世颁布加冕宣言，为还在世的十二月党人的大赦做好了准备。共有21人（包括谢尔盖·特鲁别茨科伊、叶甫盖尼·奥博连斯基和谢尔盖·沃尔孔斯基，还有玛丽亚）一起踏上了返回俄国欧洲部分的旅程。在新统治者上任初期，在思想进步的俄国贵族和知识分子越来越高昂的乐观氛围中，这些人的突然出现似乎预示着，那些曾令他们远赴西伯利亚的理想现在或许终于会被国家实施了。在莫斯科的沙龙中，这些年迈流放者的形象——现在因为年老而驼背——激励着年轻一代俄国学生和知识分子，他们把沃尔孔斯基当作“从俄国荒野中走出的基督”。1861 年沃尔孔斯基夫妇在欧洲旅行期间，在佛罗伦萨遇见了年轻的列夫・托尔斯泰。托尔斯泰被这个“非凡的老者”（沃尔孔斯基）吸引住了，于是开始构思一部关于十二月党人的小说，这部小说最终成了他的杰作《战争与和平》(1869 年)。[70]

在 1861 年夏天在巴黎遇到沃尔孔斯基后，资深异见作家赫尔岑称十二月党人是将继续与专制政权斗争的众多革命者的鼻祖：“这些可敬的老看守人的灵魂将从大地上升起，把他们的孙子召唤到他们的儿子的坟墓旁，然后为这些人指明道路。”[71]19 世纪 60 年代，这些回归的流放者成了十二月党人的民主理想和爱国理想与挑战专制政权的新一代激进分子——民粹主义者——之间的纽带。

玛丽亚・沃尔孔斯卡娅去世于 1863 年，谢尔盖去世于两年后。在去世之前的几个月，谢尔盖开始写作回忆录。他不会为自己在起义中所起的作用以及由此引发的一切而道歉：“我选择的那条路把我带往最高法院，带往西伯利亚，带往苦役，带向三十年背井离乡的流放生涯，然而，我不会背弃我说过的每一句话。”[72]

6

西伯利亚人*

1839年11月21日深夜，在俄国南部的要塞城镇乌拉尔斯克，一个年轻人背着背包走出了一座小木屋。他在刺骨的严寒中坚定地穿行，沿着荒凉的街道走到城镇边缘。他走进了阔野中，踩着齐膝深的积雪走了大约三千米，来到了乌拉尔河岸边。缓缓流动的大河上覆着一层厚厚的冰，冰面足以承受一个人的重量。这个年轻人小心翼翼地在冰上走着，寻找冰比较薄、比较脆弱的地方。他终于找到了一个冰洞，那是附近的哥萨克居民用来取水的。他跺跺着当天晚上冻成的薄冰层，这样就把这个冰洞又破开了。他一边偷偷瞥着周边的一片漆黑，一边从背包里抓出一把衣服，把它们扔在冰洞附近的冰面上。他的任务完成了，于是他返回岸边，然后逃离了此处。他跑出了五百米，此时他正匆匆赶回镇上，在寒冷的空气中喘着粗气。他沿着荒凉的街道偷偷摸摸地走，以防沿路小屋窗户里透出的光线照到自己。他仔细地避免被人看见或听见，最后终于走到了他自己的小屋。他走上台阶，打开了门，一个深色头发、满眼警惕的年轻女子在门口迎接他。她搂着他的脖子，他们跟彼此说了一些宽慰和亲切的激动话语，然后他匆忙

---

* 原文为Sybiracy，为波兰语中的“西伯利亚人”。——编者注

闪进屋里。片刻后，这个年轻人走进卧室内的一个大衣柜里，把一面假墙拉到一旁，然后爬了过去。把这面隔墙归位后，他开始安静地等待着。仅仅半个小时过后，敲门声打破了静寂。这个年轻人是一个被流放的波兰革命者，名为文岑蒂·米古尔斯基，这个女人是他的妻子，名叫阿尔宾娜。他们刚刚一起上演了他的死亡戏码。[1]

文岑蒂·米古尔斯基于 1805 年出生于桑多梅日（位于今天波兰的东南部）一个中等富裕的地主家庭，他的家庭属于波兰贵族（шляхта）。这个地区在 18 世纪末和 19 世纪的动荡经历是波兰苦难历史的一部分。1772 年，由波兰王国和立陶宛大公国组成的波兰立陶宛联邦被邻国俄国、奥地利和普鲁士瓜分了。桑多梅日被并入奥地利。经过 1792 年和 1795 年进一步的瓜分后，波兰剩余的领土被这三个帝国吞并了。波兰人十分渴望恢复独立，于是在 1806 年求助于拿破仑，结果他们的国土在拿破仑战败后被进一步分解。在 1815 年的《维也纳条约》中，欧洲强国设立了波兰会议王国，并将其置于沙皇亚历山大一世的保护之下，条件是他要保障波兰的宪制自由。米古尔斯基是在浪漫主义和年轻波兰贵族热切的共和主义氛围中成长起来的，而这些贵族受到了法国大革命的理想以及父辈与拿破仑大军一同作战的经验的鼓舞。在 1812 年拿破仑从莫斯科混乱地撤退时，数千名波兰人被俘，他们被流放到西伯利亚和高加索的刑罚营地，直至拿破仑在西方战败前，他们一直被关在那里。[2]

19 世纪 20 年代，波兰贵族越来越不安于圣彼得堡的统治。亚历山大一世从未真正接受过波兰自治，而尼古拉一世的压制性政权也疏远了很多人。在 19 世纪 20 年代，圣彼得堡破坏了《维也纳条约》的许多条款：出版自由被取消；未经波兰议会同意便强制征税；反对沙皇统治的自由派人士遭到迫害。这些政策只是让波兰立宪主义和民族主义与俄国专制制度和帝国主义之间的紧张关系无所遁形。

1823 年，当局在威尔诺（维尔纽斯）大学发现了一个由波兰学生组成的秘密协会，即“爱学社”。爱学社的领导者（包括伟大的波兰浪漫主义诗人亚当·密茨凯维奇）专注于欧洲浪漫主义和政治民族主义。他们从研究具有爱国主义精神的波兰和立陶宛文学作品，转向了促进波兰从俄罗斯帝国独立出来这个更积极的角色。由于一个成员的背叛，这个组织被暴露了。在经过 1824 年持续几个月的审判后，104 名学生被认定从事颠覆活动，其中 20 人被监禁或被流放到西伯利亚。同一年，威尔诺高中的校长调查了几名在教室黑板上涂写爱国口号的学生。他们的历史老师没有擦去这些口号，而是站在口号前讲课。其他不知名的人在威尔诺多明我会修道院的墙壁上涂抹了反俄的涂鸦。这些案例反映出了反对俄国、支持波兰的情绪，它们甚至引起了俄国皇位继承人和波兰会议王国总督康斯坦丁大公的注意。[3]

康斯坦丁在许多地方不受欢迎，因为他经常专横统治，在军营中和阅兵场上也常常十分严酷。在圣彼得堡坚持要求波兰军队协助镇压 1830 年巴黎七月革命时，波兰贵族和俄国专制政权之间的紧张关系终于绷断了。受到法国的事件和在布鲁塞尔几乎同时发生的起义（这次起义最终令比利时脱离荷兰王国获得了独立并建立了宪制）的鼓舞，年轻的共和主义者彼得·维索茨基在华沙鼓动一批年轻波兰军官起义。1830 年 11 月 29 日晚上，起义者从他们的卫戍部队那里缴获了武器，为了杀死康斯坦丁，他们攻击了大公的住处贝尔维德雷宫。康斯坦丁设法逃走了，但维索茨基的部队成功攻占了华沙的军械库，并迫使俄国部队撤出波兰首都。[4]

波兰起义者也有着十二月党人的共和主义观念；他们的观念是一种政治和文化民族主义，这种民族主义与欧洲的进步国家（尤其是法国和意大利）相呼应。他们想要用“民族的神圣联盟”取代1815年因维也纳会议诞生的专制的“君主的神圣联盟”。维索茨基和他的同志在“为了我们和你们的自由！”的口号下发动起义，这表明他们的敌人是俄罗斯帝国，而不是它的人民。在华沙，在代表着罗曼诺夫势力被从波兰废黜的仪式性活动之前，波兰爱国协会组织了一场纪念十二月党人的仪式。五个象征着在1825年12月14日被处决的五名主犯的空棺材被人抬着在波兰首都的街道上游行，东正教教堂举行了一场宗教仪式，之后，维索茨基向王宫前聚集的人群发表了演讲。[5]

如果说波兰人曾从国外寻找鼓舞力量，那么他们自己的暴动就让他们站在了欧洲共和主义运动的最前沿。欧洲媒体不断呼吁支持这些“北方的法国人”，号召法国出手支援波兰起义者（遭到路易·菲利普一世的反对）。法国共和主义者，如戈德弗鲁瓦·卡韦尼亚克和其他人权社成员承认他们自己要感谢波兰人，因为波兰人让尼古拉一世的军队不再干预法国。法国将军、美国独立战争和法国七月革命的英雄拉斐特侯爵督促法国承认波兰，但没能成功。在英国，愤怒汹涌而来，人们举行会议和集会以声援波兰，谴责俄国并催促英国干预这场冲突。1831年7月，《泰晤士报》严词谴责：“我们可以容忍俄国不受惩罚地去进犯波兰人古老、尊贵的国家多长时间？波兰是法国的盟友，是英国的朋友，是文明的欧洲免受土耳其和俄国野蛮人伤害的天然的、（在几个世纪之前）可靠的和成功的保护者。”大西洋彼岸也掀起了一股美国公众同情波兰起义者的浪潮。[6]

十一月起义迅速演变成波兰人和俄国人之间的大规模武装对抗，双方调动的兵力是自拿破仑战争以来欧洲最大的兵力。然而，起义者高估了自己的力量。他们面对的是强大的帝国陆军，而他们自己却内部分裂，且被犹豫不决的人指挥着，这些人无法决定应该跟俄国人作战还是跟他们谈判。1831 年 2 月 25 日，为拯救华沙，4 万波兰士兵在维斯瓦河击退了 6 万俄国士兵，但他们并没有取得决定性的胜利，只是延迟了失败到来的时间。随着俄国援军拥入波兰，起义者明显寡不敌众。波兰人顽强抵抗了数月，沙皇的军队最终打到了华沙并在 1831 年 10 月重新攻占了这座城市。[7]

俄国严厉报复了被打垮的波兰诸省。1833 年 3 月 15 日的政府法令把 11700 名波兰军官和士兵重新分配到刑罚营地和刑罚堡中，这些地方分布在俄罗斯帝国的偏远、不受欢迎之处。还有几千人被判处在西伯利亚服苦役、定居。沙皇对俄国的西部边疆地区（位于今天的立陶宛、白俄罗斯和乌克兰）的报仇心尤其重，这些地方此前比波兰王国更好地融入了帝国。那里的起义者中有许多人是波兰贵族，他们由现场军事法庭审判并被立刻枪决了。波兰人的俄国盟友被处以尤其残酷的处罚。其中包括来自圣彼得堡以北的维堡省的尼基塔·古姆巴尔斯基，他被认定“参与 1831 年的叛乱、谋杀、纵火和其他罪行”，因而被判处用桦树条鞭打 120 下并终身服苦役。[8]

维索茨基被判处死刑。法庭建议他向沙皇求饶，维索茨基回答：“我当初拿起武器并不是为了日后来向沙皇请求怜悯，而是为了让我的同胞不用再向沙皇请求怜悯。”也许是因为尼古拉一世不愿再出现十二月党人领袖的牺牲事迹，他将维索茨基改判为在西伯利亚服苦役20年。[9]在19世纪30年代，成千上万名波兰人随流放队伍向东行进，跋涉两年到达目的地。仅仅在1832至1835年，就有大约900名波兰政治犯经过托博尔斯克流放事务部。[10]19世纪出现过两次波兰人大规模流放，这是第一次；第二次是在19世纪60年代。这些波兰人后来被称作“Sybiracy”，即波兰语中的“西伯利亚人”。

波兰流放者努力在荒凉的西伯利亚刑罚定居点保存自己的政治理想和文化认同。如果说西伯利亚把十二月党人从俄国社会令人窒息的等级制度中解放了出来，使他们能够把自己的共和主义理想付诸实践，那么西伯利亚带给波兰流放者的只有被遗忘。然而，在这些西伯利亚人孤独、痛苦地保持自己的根基和理想时，他们创造出了震撼人心的牺牲故事，这样的故事非常有助于巩固波兰浪漫主义的民族主义。没有哪个人比文岑蒂·米古尔斯基更适合做他们的这番努力的例证。

在十一月起义遭到镇压之后，七八千名起义者逃脱了被逐去西伯利亚的威胁，他们越过了波兰王国的西部和南部边境，移居外国。许多人在不同的共和主义组织中活动，这些组织组成了“青年欧洲”（“青年波兰”本身仿照了朱塞佩·马志尼的“青年意大利”）。这个大陆范围的革命性先锋团体经常以在法国东部城镇的共济会集会处为活动中心。这些波兰人加入了这个团体后，把自己看作了革命运动的先锋，这场革命运动将把他们自己的家园从专制统治中解放出来，并继而鼓舞俄国本土的革命。在巴黎的波兰民族委员会的首批活动之一，就是向俄国人发出一个友好的公告（部分是由密茨凯维奇起草的）。这份公告致敬了十二月党人，提倡创立一个由斯拉夫民族组成的自由联邦，号召俄国人推翻专制政权，放弃他们的征服成果，与波兰人一道为了自由而斗争。[11]

米古尔斯基是密谋反抗圣彼得堡的人当中的一员。1831 年，他逃到法国，在贝桑松待了两年，他积极在那里参与了来自欧洲各地的共和主义流亡者组成的波兰组织。米古尔斯基的小组游说法国和英国支持波兰解放，并且相信在波兰土地上爆发的活跃的游击战争可以争取到强大的地缘政治盟友的支持。[12]

继“1831 年的波兰大移民”后，很多战败的起义者偷偷返回波兰王国，组织筹备新一轮起义的密谋网络。米古尔斯基本人被派往为奥地利所有的加利西亚。在 1834 年 3 月潜伏在一个地方城镇时，他遇到并爱上了阿尔宾娜·维希尼奥夫斯卡，她是一个地方贵族 17 岁的女儿。他们的恋情在一个月后被打断了，因为米古尔斯基接到了去往华沙与同志取得联系的命令。[13]

然而，米古尔斯基在途中因涉嫌伪造证件而被捕，当他终于到达华沙时，他是在武装警卫的看守下抵达的。米古尔斯基在华沙臭名昭著的城堡里遭受了持续审讯，他深感绝望：他“没有为国效力，且伤害了阿尔宾娜，永远剥夺了她的幸福”。为了结束性命，他服用了毒药，但毒药造成的呕吐救了他。米古尔斯基没有灰心，他抓起一把刀（之前他躲着捕获者成功藏起了这把刀），然后用一本沉重的书五次把刀片锤进自己的肚子里，有一次插进了心脏附近。他把双手合在胸前，“口中祷告着，等待死亡”。但死亡没有来临。警卫发现米古尔斯基趴在牢房的地上，然后发出了警报。医生救活了他，经过两个月的康复期后，他又恢复了体力。圣彼得堡设立的用于揭露波兰阴谋的调查委员会到那时已经停止运行。1836 年 1 月，似乎是出于对米古尔斯基遭受的痛苦的同情，军事法庭在判刑时减轻了他的刑罚，将他流放到里海以北 500 千米处的乌拉尔斯克镇，当一名帝国陆军的列兵。[14]

米古尔斯基最忠实的同伴包括希蒙·科纳尔斯基——一个马志尼的门徒、一个激进的共和主义者和“青年波兰”的创始人之一——的追随者。科纳尔斯基也曾在法国避难，后来返回波兰王国，打算在那里发动一场对抗俄国人的游击战争。1835 年 2 月，他建立了“波兰人民联邦”，这是一个总部设在克拉科夫的保护伞组织，旨在将在西部边疆地区的各种地下团体联合到波兰王国的东部。它谋求建立一个有主权的、独立的波兰，但这个波兰把波兰民族的抱负和人类的抱负视作不可分割的整体。因为“所有国家的人民都是兄弟……一个伟大而团结的团体的成员。他们必须相互帮助，以争取和捍卫他们共同的自由。那些想要压迫其他民族的人、家族、社会团体、民族成了全人类的敌人”。科纳尔斯基的密谋活动把他带入了俄罗斯帝国领土的深处，带到了今天的立陶宛。[15]

沙皇秘密警察第三厅最终渗入了波兰人民联邦。科纳尔斯基于 1838 年 5 月在威尔诺附近被捕，次年 2 月被射击队处决。第三厅成功地迫使一些科纳尔斯基的追随者供出了他们的计划，并揭发了同谋者的身份。许多人遭到逮捕，被流放到西伯利亚。军事法庭判定来自沃里尼亚省克里门特现年 38 岁的医生约瑟夫·安东尼·博普雷积极从事波兰人民联邦的活动。博普雷以“托亚德”（根据那种明艳但有剧毒的花［Tojad，乌头］命名）为假名在省级行政部门担任行政长官，据称，博普雷利用自己的职位收集数据，“以发动游击战……旨在促进波兰复兴”。他被发现向其他密谋者提供钱财、信件和书籍。博普雷于 1839 年 2 月 21 日被判处死刑，后来改判服 20 年苦役、没收财产。[16] 埃娃·菲林斯卡是博普雷在克里门特的一名亲密助手，也是又一名科纳尔斯基的追随者。菲林斯卡也被第三厅抓获了，她是第一个被放逐到西伯利亚的女性政治流放者。尼古拉一世亲自出面干预了这件事，他曾宣称：“我没有理由喜欢波兰男人，但我不能忍受波兰妇女。”因而她被判处没收财产、“永久定居”托博尔斯克省，但没有失去她的贵族权利。菲林斯卡被流放了五年，一回到波兰，她便于 1852 年在伦敦出版了她的西伯利亚回忆录《西伯利亚启示录——来自一名被流放的女士》。这本书中充满了对西伯利亚生活敏锐、有趣的人类学观察，因而吸引了有同情心的英国读者。不到两年，这本书已经印刷了三次。[17]

在尼古拉一世努力清理波兰王国、比萨拉比亚和西部边疆地区的叛乱因子时，波兰革命者在 19 世纪 30 年代和 40 年代持续被流放。新的法规剥夺了许多波兰贵族的地位，把他们当作农民一样给他们判刑。1833 年，比亚韦斯托克的维克多·布格哈特被剥夺了贵族头衔，并因“以华沙居民的名义写了一本具有革命思想的小册子、号召发起暴乱、危害国家的和平与安全、发表贬损君主的言论”被流放到西伯利亚定居点。约 5.4 万名起义者在 1832 至 1849 年间被从立陶宛、波多利亚和沃里尼亚流放到高加索或者伏尔加河以东的地方。这些人当中（据不完整统计），一两万人被流放到西伯利亚。[18]

这些人被流放时没有十二月党人被驱逐出境时的那种速度、保密性、相对舒适性，而是徒步完成了前往西伯利亚的 4000 千米路程。尤斯蒂尼安·鲁钦斯基随一支流放队伍向东行进。鲁钦斯基是科纳尔斯基的追随者且在革命活动中很活跃，在 1838 年在基辅以西的日托米尔被捕，被判处在东西伯利亚服 20 年苦役。在一

1. 一支流放队伍，1900 年

2.《弗拉基米尔路》，这是伊萨克·列维坦描绘“镣铐之路”的象征性油画，罪犯们正是沿着这条路走向流放地，1892 年

3.《再见欧洲》，1894 年，前流放者亚历山大·索哈切夫斯基在画中描绘了 1863 年波兰起义者在西伯利亚界标处告别欧洲。这幅画现挂在华沙的波兰独立博物馆内

4. 患病和年老的囚犯坐着无篷的马车前往流放地，19 世纪 80 年代

5.《俄国文明》，英国讽刺杂志《朱迪》以尖锐的态度看待俄国政府的镇压，1880 年 3 月 3 日

6. 托木斯克中转监狱的一间牢房挤满了男性罪犯以及随丈夫和父亲前往流放地的妇女与儿童，19 世纪 80 年代

7. 在去往西伯利亚途中的一个休息站，囚犯点名，20 世纪初

8. 普通罪犯在西伯利亚界标处的悲痛场景，19世纪80年代

9. 囚犯抵达克拉斯诺亚尔斯克中转监狱，1891 年

10.《意外归来》，伊利亚·列宾描绘了一名政治流放者突然从西伯利亚返回家中，1884 年

11. 谢尔盖·沃尔孔斯基

12. 玛丽亚·沃尔孔斯卡娅

13. 米哈伊尔·卢宁

14. 费奥多尔·陀思妥耶夫斯基

所基辅监狱里待了6个月后，1839年2月，他戴上了镣铐，被放逐到托博尔斯克，他在那里遇到了“数十名流放者，他们已经因为疲惫和折磨而无法辨认了”。鲁钦斯基被安排进了一个由乡下人和普通罪犯组成的流放队伍，然后踏上了前往涅尔琴斯克矿区的路途，这一路要走13个月：

> 我们开始迎接的生活难以说起，更别说描述它了。似乎世界上再也没有比这更艰苦的生活方式了。这种生活包括每天戴着镣铐走20至25千米，在监狱里肮脏的木凳上过夜，……没有足够的内衣、衣服和靴子，只有很少的食物、极度的饥饿、雪泥、高温、霜冻，我们不得不一直向前行进。罪犯受到了持续不断的监视，生活中充满种种堕落，腐败的押送指挥官通常会鼓励这种堕落。我们已经和自己的过去撕裂，置身于一个难以想象的西伯利亚荒原之中，没有任何关于被我们留下的妻子和家人的消息，无法给他们捎信、报平安。我们的身体因为繁重的体力活动而极端疲惫，我们的思想经历着焦虑和思乡之苦。而这只不过是对我们的悲惨命运的苍白描写。[19]

当科纳尔斯基的追随者科纳尔什基派最终到达涅尔琴斯克时，他们被看作波兰革命者中最危险、最顽固的，因而受到了当局尤其严密的监控。[20]

与此同时，米古尔斯基从华沙坐着马车以较快的速度前往乌拉尔斯克，这是属于他的迂回的、痛苦的涅尔琴斯克之路。一到达乌拉尔斯克，他就立即给“我的情感唯一和不变的归宿”阿尔宾娜写信，跟她说起自己的监禁生涯、自杀未遂的经历和放逐判决。作为浪漫主义时代一个年轻的爱国贵族，米古尔斯基对阿尔宾娜的爱是他的基本人性的表达。19 世纪的共和主义者认为，爱情、团结和爱国主义都源自同样的地方：人类的自然尊严。“我们的权利，”他给阿尔宾娜写信说，“是神圣的，甚至是隔开我们的 3000 千米距离也不能影响这些权利。”对米古尔斯基来说，蔑视距离地去相爱，就是蔑视圣彼得堡地去相爱。然而，他不能允许自己去请求阿尔宾娜前来陪同自己，因为他认为这对任何人来说都是一个过于巨大的牺牲。但是，阿尔宾娜用一系列慷慨激昂的声明回复米古尔斯基，表明自己会跟随他远赴俄国：“没有任何困难、距离、舆论可以阻止我迈出这一步。”米古尔斯基被她无私的爱打动了，他表示：“我跪下来，祈求你。相信我，只有你的陪伴才会为我带来快乐……以上帝和我们神圣的爱的名义，我请求你，来吧！”阿尔宾娜终于在 1837 年春季抵达乌拉尔斯克，和米古尔斯基团聚。不到一个月，他们二人结婚了，对于这个年轻的波兰革命者来说，这场婚礼有些矛盾。出席婚礼的观众“能够感受到我的苦闷、恨意和愤怒，因为我脸上的表情不仅鲜明地表现出我对这场婚礼的欢欣，还表现出我在苦恼着，我亲爱的阿尔宾娜本不该遭遇这样的命运”[21]。

这对夫妇在乌拉尔斯克定居下来，他们努力与这个俄国地方小城镇里令人窒息的单调生活做斗争，亚历山大·普希金在他的小说《上尉的女儿》（1836 年）、半个世纪后安东·契诃夫在他的短篇小说中都巧妙地描述过这种生活。虽然米古尔斯基的地位降低了，但没有被判处服苦役，因此，当阿尔宾娜来陪同他时，她没有被要求放弃作为贵族女士的权利和特权。他们二人都是受过良好教育的贵族，依靠阿尔宾娜家里寄来的钱度日，他们先是激起了乌拉尔斯克许多居民的嫉妒，后来是仇恨。“对他们来说，我的妻子是一个谜。”米古尔斯基回忆。“他们不能理解，这个人怎么会在离开家乡时舍弃了她在那里享有的所有乐趣和特权，就为了让她的整个世界可以围绕着与我有关的生活。”这对夫妇在这里忍受着流言蜚语，甚至是直接的侮辱。[22]

阿尔宾娜在1837年夏天怀孕了，次年春天她生下了一个女儿，取名米哈利娜。但是，据米古尔斯基回忆，乌拉尔斯克炎热、潮湿的气候是“让人无法忍受的，是很多新生儿死亡的原因”，“上帝给我们饱经沧桑的心施以了最可怕的打击”：米哈利娜只活了几个星期。地方当局不允许这对夫妇把他们的孩子埋在当地教堂，因为在那时，他们并不认为信奉天主教的波兰人是基督教徒。这种做法伤害了米古尔斯基作为一名父亲和一名虔诚的基督教徒的感情，愤慨的米古尔斯基决心，这个孩子将来不会被埋葬在俄国，而是在波兰。他小心翼翼地为这具小小的尸体做了防腐处理，然后把尸体埋在了公墓外面。[23]

米哈利娜去世后，阿尔宾娜请求亚历山德拉·费奥多萝芙娜皇后允许他们返回加利西亚，或者至少让米古尔斯基从军中退役，这样他们夫妇可以搬到俄国气候不这么恶劣的地方。她的请愿遭到了拒绝，米古尔斯基的父母请求沙皇赦免米古尔斯基同样无果。就是在那时，米古尔斯基开始酝酿“获得自由”的计划。阿尔宾娜同意丈夫的想法，认为留在乌拉尔斯克“是对人类的自然尊严的一种侮辱，是一种低劣的生活方式，是一种罪。任何有机会去改变自己的命运而没有试着去改变的人都是在犯罪。总之，经过充分考虑，我们决定逃离俄国”[24]。行动和人权都是19世纪30年代的共和思想的核心。这些伦理原则为米古尔斯基的决定赋予了一种超越了悲痛的返乡愿望的政治意义。逃离是一种具有波兰爱国主义的反抗行为。

在19世纪30年代和40年代，确实有大量波兰人逃跑。通常，在他们刚抵达刑罚定居点几个月，一弄清楚监禁和强制劳动的条件后，他们就逃走了。阿兰·罗吉茨基于1835年1月27日抵达伊尔库茨克西北约七十千米处的亚历山德罗夫斯克刑罚酿酒厂，3月9日，他逃跑了。3月底，列昂·罗曼诺夫斯基抵达伊尔库茨克盐场,5月4日，对他的追捕也开始了。[25]1835年6月22日夜间，波兰十一月起义的领导人彼得·维索茨基与来自亚历山德罗夫斯克刑罚酿酒厂的六名同志一同潜逃，国家的反应十分严厉。维索茨基和他的同伴只在森林里躲了两天便被再次抓获了。审讯时，维索茨基的同谋供认，他们的领导人计划夺取武器，然后和伊尔库茨克盐场的波兰流放者一同经过印度返回波兰。逃犯携带的亚洲和俄国欧洲部分的地图似乎证实了这种普罗米修斯式的野心。现场军事法庭对维索茨基和他的同谋量刑较轻，即十六到二十四下鞭打。涅尔琴斯克矿区的负责人斯坦尼斯拉夫·列帕尔斯基少将认为这种惩罚不足以起到威慑作用，将刑罚加重为帝国最可怕的肉刑之一。维索茨基和他的同志每个人都要遭受五百名士兵的“夹道鞭笞”[26]。

列夫·托尔斯泰1903年的短篇小说《舞会之后》生动描绘了夹道鞭笞，这种刑罚方式在19世纪的俄国军中和欧洲各地的军队当中均使用过。罪犯的衣服被褪至腰部，然后他要在两列士兵之间跑过，每个士兵手里都拿着一根桦树条，在罪犯跑过时要重重地鞭打他。队列中最多会用到一千名士兵，罪犯有时被要求在他们之间跑上六次，因而要遭受六千下可怕的鞭打。1834 年，尼古拉一世把士兵的人数减半了，但西伯利亚总督认为这项特赦不适用于流放者。1851 年，夹道鞭笞取代了鞭刑，成为西伯利亚最可怖的惩罚方式。[27]

维索茨基和他的同志熬过了夹道鞭笞，然后“在密切监视下”作为苦役犯在不同的工厂中戴着镣铐劳动。他们每个人都有四个月是被锁在手推车上，这是一种专门对最危险的惯犯实施的惩罚。随后，维索茨基被送到了可怕的阿卡杜伊矿区定居点，在那里，他一直被关押着，“直到他的品行调整了过来”。然而，即便他“表现得确实很好”，他仍戴着镣铐。在凄惨的监狱里，他与米哈伊尔·卢宁成了朋友，并帮助这名十二月党人偷偷把信送给他在西伯利亚各地的同志。[28]

波兰人逃跑事件以及随之出现的混乱变得非常常见，因而在 1835 年，西伯利亚军团的指挥官谢苗·布罗尼夫斯基少将写信给国防大臣亚历山大·切尔内绍夫：“为了不给他们逃跑的机会，所有现在被判处在伊尔库茨克省和叶尼塞省工厂服苦役的波兰人以及一些被判到流放定居点的人，都应当在严密的监视下，沿着贝加尔湖以东的小路被单独押送到涅尔琴斯克的各个矿山。”他们一到达那里，当局就要每个月提交关于在押囚犯行为的报告，并每三个月向圣彼得堡发送详细的摘要。[29]涅尔琴斯克当局被警告：“如果因为粗心和监管不力导致某个囚犯逃跑，那么官员将受到审判并被处以最严厉的法律惩罚，因为这些罪犯可能会对国家造成极大的危害。”然而，和先前一样，比起当局对警卫的警惕性的信心，当局更相信“贝加尔湖和贫瘠、荒芜的山区，如果对地理位置掌握得不牢靠，那么人们在穿行这些湖泊、山地地区时是得不到任何生活必需品的”。土著的布里亚特和通古斯游牧民也很善于“在最无法穿行的地方追击逃犯”。在波兰人被转移到涅尔琴斯克之后，逃跑的波兰人人数确实有所下降。[30]

在约6000千米以外的乌拉尔斯克，米古尔斯基正在筹划着自己的逃跑行动。在阿尔宾娜的帮助下，他计划先假装自杀，这样一来，阿尔宾娜就可诡称自己是个寡妇，然后便可以返回家乡了。一连几个月，他都在等着乌拉尔斯克附近有一个和他年龄、身高和外貌均相仿的男人死去，这样他就可以利用其尸体假装自己惨死。然而，阿尔宾娜再次怀孕，她十分害怕在她生产前他们无法实施逃跑计划，因此他们决定把计划提前。1839年11月21日，米古尔斯基给他的指挥官写了一封信：“我承受的极端痛苦和绝望让我无法继续做我的妻子的监护人，而这个女人把一生都献给了我。”米古尔斯基强调了阿尔宾娜在乌拉尔斯克的悲惨处境，他声称，只有自己的死能把她从婚姻誓言和“她的苦难”中解放出来。这会让她有机会回到在加利西亚的家人身旁。那天晚上，米古尔斯基把他的衣服扔在了乌拉尔河上的冰洞旁，然后躲进了卧室衣柜里的假墙后面。地方指挥官在第二天早上打开了信，便立刻赶到了米古尔斯基的住处，他在那里看到了面色苍白、惊恐不安的阿尔宾娜。这个年轻的女人完美地扮演了自己的角色，把对密谋暴露的深刻恐惧伪装成了令人信服的悲痛。[31]

但是，当局仍然持怀疑态度。他们认为米古尔斯基或许只是逃跑了，便下令在附近开展大范围搜捕。他们还把阿尔宾娜置于“最严格的秘密监视下”，以防她的丈夫联系她。一个月后，阿尔宾娜开始请求返回加利西亚：“我的丈夫过世后，我什么都没有了，只能回到家人那里。”然而，当局坚持要等到河面上的冰层融化，以便找到米古尔斯基的尸体，确认他确已自杀身亡。[32]

几个月过去了，阿尔宾娜在这段时间里一直是既紧张又恐惧，这种状态自然是影响了她的健康。她的第二个孩子出生于1840年4月，只活了三个星期。米古尔斯基给这具小小的尸体也做了防腐处理，并将这个孩子与其死去的姐姐埋在了一处，因为他期待着这个孩子或许可以安葬到加利西亚。米古尔斯基一直待在他的小屋内，每当有访客到来时，他就藏起来。阿尔宾娜再次给当局写信，恳求他们允许她返乡。她抱怨说当局并未采取有效的行动搜寻米古尔斯基的尸体。她问道：“如果一个头脑正常的人想要逃跑，假若他能够连着好几天不让人发现他已经逃走了，那么他会警告当局他即将消失吗？”她的请求最终传到了首都。阿尔宾娜是一个贵族女士，也是一个哈布斯堡臣民，而不是一个俄国臣民，因为这一情况，她继续被留在俄国南部就是一个在外交上很敏感的问题了。5月，在奥地利驻圣彼得堡大使的施压下，国防大臣本人同意了阿尔宾娜的请求，准许她从乌拉尔斯克回家。1840年6月13日，阿尔宾娜乘坐一辆封闭的马车前往加利西亚，途中由一个年轻的哥萨克人武装护送。[33]

马车夫和她的护送者并不知道，其实阿尔宾娜·米古尔斯卡并不是独自上路，她把两个死去的孩子的尸体藏在了行李里面。米古尔斯基也在马车里，他躲在妻子的座位下面，希望自己能不被人发现地走过到波兰边界的两千千米路程。然而，这种雄心过于天真。仅仅过了四天，哥萨克护卫听到马车里有男人的声音，于是他打开了车厢门，发现米古尔斯基藏在妻子的座位下。他们扭打了一番，哥萨克士兵在一些路过的农民的帮助下制服了这个逃犯，然后把他捆绑起来，押送到彼得罗夫斯克城。在那里，米古尔斯基被正式逮捕，随后被转送到萨拉托夫，萨拉托夫省省长及时地向圣彼得堡报告了这起事件。[34]

这对悲伤的夫妇试图带着已做过防腐处理的婴孩尸体逃跑，这种做法是一种蔑视君主的姿态。尼古拉一世震怒于米古尔斯基“拒绝”把自己孩子的尸体葬在俄国的土地上，为了防止其他人以后做出类似的事，他要求严惩米古尔斯基。米古尔斯基被武装押送回了奥伦堡，准备在1841年2月接受军事法庭的审判，他竭力为妻子脱罪。他宣称，这项计划全都是他自己一个人的主意，他起先确实打算自杀，但在最后一刻退缩了，转而劝说妻子帮助自己逃跑。这起逃跑事件令乌拉尔斯克当地的军事当局感到尴尬，令沙皇感到愤怒，在历时数月的审讯和调查之后，军事法庭裁定米古尔斯基试图逃离流放地、试图非法把他死去的孩子的尸体偷运出俄国。军事法庭剥夺了与米古尔斯基的地位相当的所有权利，而且在沙皇亲自出面干预后，军事法庭在1841年11月判处他在涅尔琴斯克的东西伯利亚第十三营服役。[35]

米古尔斯基被关在军事监狱中时，阿尔宾娜被送回了乌拉尔斯克，同时当局开始调查她在这起逃跑事件中的共谋成分。阿尔宾娜又怀孕了，与丈夫分离期间，她又为他生下了一个孩子，这个孩子在这个疾病横行的城镇里只活了短短几天，而这座城镇已经夺走了她先前的两个孩子的性命。米古尔斯基没有获准在前往西伯利亚前与妻子会面，他担心如果阿尔宾娜再次想要追随他，那么她可能没法挺过这次旅程，因此米古尔斯基急迫地请求阿尔宾娜：

我最亲爱的阿尔宾娜，如果你没法保重自己的身体，那么请保全你的灵魂！回家吧，在那里为我们的敌人祷告，正如基督所说的，他们真的不知道自己在做什么……不要担心我，我亲爱的。我接受了我的命运和上帝的意志，我将平和地离开，将我的最后一口气奉献给上帝，临死前我抱着这样的信念：上帝不会抛弃我们，会让我们下辈子在一起。[36]

但阿尔宾娜仍旧决心陪同自己的丈夫。法庭不愿给一个已经遭受了这么多苦难的外国贵族妇女定罪，于是宣告她无罪，随后，她表明自己将跟随米古尔斯基去涅尔琴斯克。[37]

1842 年 3 月，在鄂木斯克城，阿尔宾娜在前往涅尔琴斯克的途中追上了她的丈夫。他们在逃亡失败后再也没有见过对方。米古尔斯基记得此次见面夹杂着温柔和恐惧：

经过十八个月的分离，我的内心充盈着情感，我把她搂在怀里，亲吻她，拥抱她，哭泣！可怜又不幸的阿尔宾娜变了好多！她变得如此苍白、瘦弱和疲惫，如果我在街上遇到她，我可能会认不出她。"上帝！"我看着她想着，"我是不是真的不应该被仇恨和报复全人类的愿望裹挟着！他们对她做了什么？他们为什么这样做？你听，为什么？"……我开始再次亲吻她，即使她现在如此憔悴，但她对于我来说一如既往地可亲，当失去的爱人重回到我身边时，她甚至更加可亲。[38]

他们夫妇二人一道前往涅尔琴斯克，在乌里克村谢尔盖·沃尔孔斯基的家中停留了一个星期，沃尔孔斯基夫妇把他们当作共和主义者和爱国者同道之人而热情欢迎。他们走过了贝加尔湖结冰的湖面，于1842年10月抵达涅尔琴斯克。受过教育的西伯利亚流放者和官员把米古尔斯基看作不幸的人，因此他没有被要求以士兵的身份工作，而是用亲戚寄给他的钱买了一个小房子和一些牲畜。阿尔宾娜又怀孕了，但她的体力日渐衰退。她在前往西伯利亚的途中患上了结核病，现在把病传给了她的新生儿康拉德。肺结核在摧残着阿尔宾娜的身体，她知道自己将不久于世。她恳求米古尔斯基："我亲爱的、敬爱的丈夫，你还年轻，所以不要束缚住自己，如果你遇到一个配得上你的人，就结婚吧！虽然我爱你胜过爱自己的生命，但是如果我让自己死后的嫉妒禁锢你的欲望和你的意志，那么我完全应当被谴责！"阿尔宾娜·米古尔斯卡死于1843年6月3日，年仅25岁。她的儿子比她多活一年多一点的时间。米古尔斯基亲手掩埋了他们二人。[39]

后人让米古尔斯基一家摆脱了在西伯利亚湮没无闻的状态，而尼古拉一世曾努力要将这群波兰暴动者投入这样湮没的状态。在尼古拉一世时期令人窒息的审查环境中，只有伟大的词典编纂者弗拉基米尔·达尔在1846年记载了他们的故事，但措辞含糊。然而，尼古拉一世去世四年后，米古尔斯基——已是一名仅剩几年寿命的老人——终于开始在他在伊尔库茨克的朴素小屋里写作回忆录。他以以下几句话开头："我亲爱的妻子在涅尔琴斯克死在我的怀中时，我决心要向世人讲述她的故事。我现在这样做，是热切地希望她的爱和忠诚……会成为波兰女性的榜样。"1863年，关于米古尔斯基的爱情、爱国主义和反抗的悲剧故事在属于哈布斯堡王朝的波兰城市利沃夫（俄国审查员管不到这里）出版，随后立即抓住了波兰同时代人的注意力。在俄国，在大改革时期较为宽松的审查环境中，西伯利亚民族志学者谢尔盖·马克西莫夫得以在1870年简要描述文岑蒂、阿尔宾娜和他们的孩子的命运。他总是想着阿尔宾娜的墓碑，“波兰奴役史上真正的女英雄之一的安息之地”[40]。西伯利亚的一个新形象是波兰的独立国地位的墓地，而阿尔宾娜在贝加尔湖以东遭遇的厄运巩固了这个新形象。

半个世纪后的1906年，列夫·托尔斯泰出版了一部关于米古尔斯基一家的生活的文学作品，米古尔斯基的故事才成为俄国文学中一段不朽的墓志铭。到那时，1905年革命已经令人们不再受审查制度的约束，托尔斯泰对专制政权的残忍性的强烈谴责，甚至以米古尔斯基在鄂木斯克见到性命堪忧的妻子时悲痛的呼喊作为标题，即《为什么》。托尔斯泰让俄罗斯帝国和欧洲各地都听到了文岑蒂、阿尔宾娜和他们的孩子的故事。当专制政权与在波兰和西部边疆地区的新一轮暴动展开斗争时，被埋在涅尔琴斯克多石土地上的一个波兰贵族女士和她死去的孩子的尸体会一直纠缠着这个政权。[41]

在被流放到乌拉尔斯克二十五年后，文岑蒂·米古尔斯基终于在1859年9月到达了他挚爱的波兰。四年后他在威尔诺去世时，波兰王国再次陷入战火当中。波兰人接过了米古尔斯基及其同胞在1830年举起的起义火炬，再次努力争取脱离圣彼得堡，但这次尝试也是无望而不幸的。[42]

并不是所有米古尔斯基在西伯利亚的同志都遭受了这种厄运。一些富有和受过教育的波兰流放者能够利用家人给他们的物质和外交支援来改善自己在流放地的境况。对于许多波兰贵族来说，和之前的十二月党人一样，在矿山的工作具有一种敷衍的性质，劳动职责可以通过贿赂来规避。波兰的回忆录作者们记载了在涅尔琴斯克的气派住宅和一座拥有大约 3000 册波兰语书籍的图书馆。和十二月党人一样，这些波兰人也建立了一个公社，这个公社负责订阅报纸、收发信件（这些波兰人受到了与十二月党人相同的约束）以及向流放群体中较贫穷的成员分发物品。[43]

但是，十二月党人和波兰流放者之间有着一些重要区别。如果说在西伯利亚流放的十二月党人体验着某种从尼古拉一世统治时期压迫性的等级制度中解脱出来的感觉，那么这些波兰人只是经历了一种猛烈的文化混乱。被流放到东西伯利亚定居点的波兰人一边享受着相对的自由，一边也面对着一种潜在的威胁。在官方允许的情况下，他们可以在几乎任何自己喜欢的地方定居，但是这种分散性增加了他们迷失在陌生的西伯利亚农民文化当中的可能性，特别是对于那些背井离乡的年轻单身汉来说。马克西莫夫注意到了这些波兰人与他们自己的“俄化”的斗争。在阿卡杜伊，维索茨基努力劝说他的同志不要“让波兰人和俄国人的血统混合”。为了和当地妇女结婚，这些波兰人不得不从天主教（他们的民族认同的宗教支柱）转向东正教（他们的征服者的宗教）。因此，与西伯利亚妇女结婚被视为一种“对祖国的背叛”。马克西莫夫指出，波兰流放者深切关注着“民族情感和爱国信念的保持，关注着这种保持的所有极端和奇怪表现，甚至包括最微末的细节”[44]。

这种对文化同化的抵制收效甚微。当起义者尤斯蒂尼安·鲁钦斯基在 1840 年到达涅尔琴斯克时，他遇到了许多在十一月起义后被流放的同胞。他们年轻，受过教育，大多没有什么直接的农业劳动经验，却奋力在西伯利亚严峻的气候中从事农耕：“这些可怜的人有着不同的教育背景、家庭传统和过去，和自己的家乡断绝了来往，他们现在面临着悲惨的命运，迷失了方向。一些人娶了当地女孩，成了永远的西伯利亚人；其他人则不得不为农民工作。只有少数人能够在逆境中勇敢地坚守，保持着他们最初的、未腐化的特质。”[45]

在西伯利亚各地，这些波兰人不断向当局请愿，表示他们是无辜的，并要求改善他们的生活条件。在自己位于伊尔库茨克城外的乌里克小村庄的有利位置，卢宁发现许多人的罪状从未得到证实：“不要只想着他们都是犯有革命罪行的人，甚至是煽动者……在我们的流放者当中，有许多人是被诱导着去参加暴动，置身于极大的危险中，然后被抛弃了。”其他那些人只不过是鲁莽的年轻人。一位波兰贵族被认定“醉酒时向沙皇的画像吐口水，窃取了一名哥萨克人的手枪，唱反叛歌曲，辱骂沙皇，张贴带有反叛性质的口号和诗歌”。他被判处在东西伯利亚服 15 年苦役。正如当局自己简要承认的，对一些人被指称的罪行的进一步调查显示出，“他们的过失并没有人们开始时认为的那么严重”。很多波兰人成功地让当局重新调查了自己的案件，随后他们之前的判决被推翻了。[46]

尼古拉一世多次下令宽恕政治流放者，或者将其刑罚从服苦役减为“流放到定居点”，或者允许他们回家。这种君主的施恩是一种沙皇传统，也是罗曼诺夫王朝的“权力展现场景”之一。正如尼古拉一世饶过了十二月党人的性命一样，为了纪念王朝生活中的重要事件，他也会宽赦那些表现良好、有所悔改的政治犯。这种宽恕是专制父权制度的一种表现；它让沙皇既可以表现权力和仁慈，也可以在没有质疑国家的整个结构的前提下矫正政府政策。1841 年，为了庆祝儿子亚历山大举行婚礼，尼古拉一世为在东西伯利亚的数十名流放者减刑，其中许多人是政治人物。然而，由于西伯利亚当局未能找到多名沙皇的仁慈的受益者，沙皇的专制式无限权力和仁慈无法妥善表现。[47]1851 年 2 月，在尼古拉一世即位二十五周年之际，他宽仁地下令让更多的人从服苦役转为释放到定居点。在尼古拉一世后来的统治时期，他又实施了几次释放。[48]然而，这种表现沙皇的宽宏大量的做法揭示出了一种专注于官僚式形式主义的体系。1855 年，沙皇下令，所有被流放到西伯利亚定居点十年以上且有家庭的波兰人可以返回家乡。被流放到托木斯克省的波兰起义者米奇斯瓦夫·维日科夫斯基起初不被允许返回华沙，因为陪他一起流放的妻子和孩子都已经去世，维祖科夫斯基现在是个鳏夫。在西西伯利亚总督古斯塔夫·加斯福尔德的亲自干预下，维祖科夫斯基才终于在一年后获准前往波兰。尽管被流放了数十年，并且受到文化同化潜移默化的影响，当 1856 年亚历山大二世在即位之际宣布对政治犯实行大赦时，只有 27 名波兰人选择留在西伯利亚。大多数想要离开的人，或者是因为他们的物质生活条件困窘，或者是因为他们的爱国热情尚未泯灭。[49]

然而，这位新统治者的大赦并没有惠及所有人。1833 年，15 岁的波兰贵族希拉里乌斯·韦伯被认定曾参加过一个叛乱团体，这个团体杀死了四名俄国士兵，包括一名军官。他的地位和头衔被剥夺，被判处终身服苦役。韦伯在涅尔琴斯克矿山待了 25 年，但他被排除在 1856 年的大赦之外，而这次大赦让十二月党人纷纷返乡。因为在 1841 年，韦伯试图伪造一份官方文件，这是一种威胁到国家对流放者的控制的严重罪行，于是他被鞭打了 16 下。他的档案上的这个污点意味着他在西伯利亚“道德改进不足，悔改的程度令人怀疑”。因此，他不符合大赦的条件。[50]

1858 年韦伯从苦役中解放出来，被释放到定居点，第二年他请求沙皇赦免自己。第三厅的负责人、副官长瓦西里·多尔戈鲁科夫富有同情心。他指出，自 1841 年以来，韦伯“表现得无可指摘”。他在那一年犯下的罪行只是“对自己的穷困和境况做出的冲动反应”。韦伯最初在波兰王国犯罪时年仅 15 岁，“年少无知”。近二十年来，他过着朴实、勤勉的生活，对这个地区的经济做出了贡献。他已经过了多年一无所有的日子，承受着坚忍、服从和悔恨，所以他已经补偿了自己的罪行，他和他的家人应该摆脱这种厄运了。但是只有波兰王国的总督米哈伊尔·戈尔恰科夫将军有权把韦伯的请求呈递给沙皇，但戈尔恰科夫并没有被说服。韦伯的“罪过太大了”，他在西伯利亚的表现“不足以让他得到 1856 年的政府声明授予的赦免”[51]。

一年后，韦伯再次请求赦免自己，这一次，只有有权势、具有自由主义思想的东西伯利亚总督尼古拉·穆拉维约夫伯爵（后来叫穆拉维约夫 – 阿穆尔斯基）一个人支持他。[52] 尽管穆拉维约夫 – 阿穆尔斯基曾参与镇压在 1830—1831 年起义的波兰人，但是他明显很喜欢韦伯。他指出，已经有许多罪犯得益于前几年的大赦，他们“与韦伯一样有罪，有些人像他一样在流放期间被控犯有更严重的罪行并被法院判刑”。然而，他们中的很多人只被判流放定居点，并没有像韦伯那样忍受多年“疲惫且无尽的”苦役。这位总督认为，韦伯“已经为自己的罪行赎罪，应该得到君主的怜悯”。韦伯和他的家人的处境“极为艰难，但是他广博和专业的知识以及他诚实、精力充沛、有创造力的工作对国家的企业……和当地人民非常有帮助”。自从两年前韦伯从刑罚定居点获释以来，他一直在积极推动发展阿穆尔河的航运。他甚至同美国人进行了商谈，探讨在阿穆尔河上运营私人汽船运输的可能性。即使如此，如果他要让这个项目取得成功，那么他需要重新获得原来的地位所拥有的权利，因为他不能作为一个流放定居者从事契约性生意。穆拉维约夫-阿穆尔斯基认为，韦伯应该得到机会去“利用自己的知识、技能和诚实劳动为他自己和公众谋福利”。戈尔恰科夫“因为尊重”像穆拉维约夫-阿穆尔斯基这样一个有身份的人，便很快改变了决定，向首都提交了一份请愿书。圣彼得堡当局恢复了韦伯原来的地位所拥有的权利，并允许他在西伯利亚的任何地方居住，以便“他为该地区谋取利益”。当政府不得不在惩罚和殖民利益之间选择时，政府选择了后者。然而，政府不允许韦伯返回波兰。[53]

对于那些确实得以返回波兰王国的人来说，回国是苦乐交加的事。在整个 19 世纪，返乡的流放者与他们此前被迫离开的社会之间出现了痛苦的脱节。走完了这段期盼已久、距离数千千米的旅程后，他们通常会发现，在一片已经继续向前、把他们遗留在后的土地上，他们陷入了困境、身无分文。1857 年，十一月起义的领导人彼得·维索茨基获准返回波兰。此后二十年，他在华沙附近的一个小农场勉强度日，最后在贫困中死去。[54] 西伯利亚的生活远离俄国欧洲部分和波兰王国的快速变迁。这些前流放者在回家时不仅身体变老，思想也变老了，他们会像逝去时代的代表一样在他们先前生活的城镇与乡村中缓步走动。当尤斯蒂尼安·鲁钦斯基在 1848 年获得沙皇许可回到俄国欧洲部分时，他发现：

> 十五年的流放生涯从来没有真正结束。流放的踪迹总会

保留下来。即使是那些判处我流放的人也不能将其抹去……我的家乡的生活在继续自然地进行下去。在十多年的放逐之后，流放又回来了。他在每个地方都能遇到熟悉的面孔，他在每个地方都受到热烈欢迎。但仅此而已：每个人都回到了自己的事情中，回到了自己的日常生活中。流放者仍然是流放者，因为曾经把他绑在自己国家的实际事务和商业事务上的金线已经断了……一种不确定的悲伤四处追逐着他。他的灵魂永远伤痕累累。[55]

数千名波兰回归者在自己曾为之牺牲的土地上经历着同样静悄悄的疏离悲剧。如果作为个人来说，许多人被遗忘了，但作为一个群体来说，1830年的起义者支配着欧洲的思想觉悟，刺激着波兰民族主义的浪漫主义思想，破坏着俄国专制政权的名声。

生活在欧洲西部的波兰流放者把他们的剑换成了笔，将鼓舞人心的波兰形象塑造成一个殉难的国家。亚当·密茨凯维奇在巴黎法兰西公学院的讲堂内猛烈抨击了俄国专制主义。他的戏剧《先人祭》（1823—1832年）和史诗《波兰民族和波兰朝圣之书》（1832年）很快被翻译成了英语和法语，并把波兰塑造成了“诸民族的基督”的形象：在18世纪70年代和90年代波兰被瓜分期间，被邻国钉在十字架上；在1830年，因为对自由的崇高期望而被碾轧。在他灼痛的民族苦难图景中，在西伯利亚的波兰流放者遭受的折磨位于中心舞台。自由已经被逐出波兰，但它会回来的：

最终，波兰说道：“任何来我这里的人都是自由、平等的，因为我就是**自由**。”

> 但是国王们听说后心中惧怕，说道：“我们把自由从世上逐走了；但是，它通过一个正直的民族而回来了，这个民族不顺从我们的偶像！来吧，让我们消灭这个民族……”
>
> 于是，他们迫害波兰民族，把它埋葬在坟墓里，国王们大喊：“我们已经杀死、掩埋了**自由**。”
>
> 但是……波兰民族并没有灭亡：它的身体躺在坟墓里，但它的灵魂已经从大地上下沉，也就是从公共生活中下沉，来到深渊，也就是来到在国内外遭受奴役的人民的个人生活中……
>
> 但是在第三天，这个灵魂将回到身体里，波兰民族将再次出现，并使所有的欧洲民族摆脱奴役。[56]

密茨凯维奇在巴黎的同胞弗里德里克·肖邦将这位诗人的一些诗句谱写成了令人无法忘怀的叙事曲，这样一来，人们在欧洲各地可以通过钢琴听到对俄国暴政的控诉。[57]

在这个关于民族殉难的新兴浪漫主义故事中，数千名被流放到西伯利亚的波兰人成了一个苦行、友爱、虔敬的社区。由于受到密茨凯维奇诗歌的启发，波兰爱国者相信被流放西伯利亚的同胞正在承担着整个民族的罪，因而正在获取整个民族的救赎。西伯利亚的荒野——对于19世纪30年代的波兰人来说，那里遥远得几乎难以想象——具有各各他的神圣：一个处决之地，也是一个属灵上重生的地方。[58]

尼古拉一世无情镇压十一月起义和波兰流放者随后在西伯利亚的命运的影响在国外被放大了，因为这种影响和在欧洲其他地方复兴的自由主义民族主义相一致。随着法国大革命引起的恐惧消退，自由主义者再次开始攻击旧制度——在拿破仑失败之后，维也纳会议在1815年恢复了这一制度。因为1830年巴黎七月革命（十二月党人在从赤塔跋涉至彼得罗夫斯克扎沃德的途中曾用香槟和干杯庆祝这一事件）、比利时1830年革命和《1832年改革法案》成就的英国选举权扩大，这些复兴的进步活动达到了顶峰。人民主权论和由宪法支撑的代议制政府——无论是通过像法国那样由国民投票产生的波拿巴还是通过英国和比利时那样的议会——今后将主导欧洲最西部。[59]

在1830年以后的这场自由主义民族主义复兴中，一个为了自由事业牺牲了自己最好的孩子的骑士民族的形象开始对当时的浪漫主义感情发挥几乎无法抗拒的吸引力。1831年，法国诗人卡齐米尔·弗朗索瓦·德拉维涅创作了标志性的诗歌《华沙舞曲》，卡罗尔·库尔宾斯基为其作曲，这首诗歌包括以下几句：

> 要么我们赢，要么我们准备好
> 用我们的尸体筑成一道屏障，
> 以拖慢
> 那个想要用铁链束缚这个世界的巨人。

如果波兰在18世纪70年代和90年代的瓜分经历已经在英国和法国引起了同情，那么波兰爱国者戴着镣铐被流放到西伯利亚荒野的景象则在自由主义者和共和主义者当中都激起了愤怒。在巴黎，法国共和主义者儒勒·米什莱写下了《北方民主传说》，描述了爱好自由的波兰与俄国专制主义的斗争（1863年，在波兰起义再次爆发期间，米什莱以《殉难的波兰》为名重新出版了这部作品）。在匈牙利，浪漫主义民族主义诗人米哈伊·弗洛斯马提和山陀尔·裴多菲曾为波兰的殉难写作颂诗。年轻的律师和反抗维也纳的匈牙利革命未来的领导人拉约什·科苏特宣称："波兰人的事业就是欧洲的事业，我可以大胆地肯定，谁不尊重波兰人……谁就不爱自己的祖国。"[60]

如果说波兰是诸民族之中一个正直的牺牲者，那么俄罗斯帝国则是一个不光彩的刽子手。欧洲人曾将叶卡捷琳娜大帝时期的俄国看作开明专制主义的前导、将亚历山大一世时期的俄国看作把各民族从拿破仑暴政中解放出来的崇高解放者，但是俄国的新形象却惊人地逆转了欧洲人之前对俄国专制政权的宽容印象。尼古拉一世流放十二月党人的举动表明，他在国内是一个报复心重的拥护君主政体者；他流放波兰起义者的举动让他的这个形象扩散至欧洲各地。这个专制政权现在看来不是一个保守主义平静壁垒，而是一个暴力反动的坚固堡垒。[61]

没有人比屈斯蒂纳侯爵更具影响力或者说更尖刻地提出这个观点。屈斯蒂纳是一个法国人，他于 1839 年到访过俄国，后写过一部旅行见闻录，该书成了一本国际畅销书。屈斯蒂纳对尼古拉一世统治时期的俄国的骇人控诉似乎是令人信服的，因为他本人是一名欧洲自由主义风潮的反对者。屈斯蒂纳来到俄国，以观察和赞美一个没有被侵袭欧洲旧制度的革命病菌毒害的国家的优点。然而，屈斯蒂纳怀旧的保守主义没有让他在俄国与波兰的战斗中站在俄国一边。屈斯蒂纳是一个虔诚的天主教徒，同情着战败的同一教派之人。19 世纪 30 年代在巴黎，他有很多朋友是波兰流放者，甚至在他前往圣彼得堡前，他就曾受密茨凯维奇的反俄诗句的影响。[62]

屈斯蒂纳把俄国专制制度描绘成一种企图粉碎一个绝对属于

欧洲的民族的东方专制主义。他写道，俄国把波兰的爱国子民驱逐到了亚洲大陆上被冰雪包裹的黑暗深处：

> 世界是否知道，此时此刻，亚洲的道路上再一次出现了被迫离开家、徒步走向坟墓的流放者，就像牛群离开牧场前往屠宰场？这种复苏归因于一场伪称的波兰阴谋，一群**年轻的疯子**的阴谋，如果他们成功了，他们就会是英雄；他们的努力是孤注一掷的，他们在我看来只是更加甘于奉献。我的心为流放者、他们的家庭和他们的国家流血。当世上这片角落——骑士精神曾在这里盛行——的压迫者让鞑靼地方全都住着古代欧洲的子孙中最高贵、最勇敢的人，结果会是什么样？[63]

屈斯蒂纳的游记的影响怎么说都不过分。1843 年首次在巴黎出版后，这本书在三年内四次印刷，在布鲁塞尔甚至印刷次数更多。英语、丹麦语和德语译本随后出现，缩略版的小册子出现在了欧洲其他国家（不用说，这本书在俄国被官方禁止）。这本书总共肯定卖了数十万册。虽然书中有不准确和言过其实之处，但是它成了在尼古拉一世在位期间由一名外国人写作的最有影响力的对俄罗斯帝国的描述。在克里米亚战争爆发前，这本书在损毁俄国专制政权的声名方面起了重要作用。[64]

当屈斯蒂纳见到尼古拉一世时，他幻想着自己可以在宫廷的壮丽场景中看出一种黑暗的现实：

> 当我仔细思考这个与世人皆不同的大人物时，我幻想着

> 他的头上有两副面孔，就像雅努斯一样，暴力、流放、压迫或者它们的同义词**西伯利亚**镌刻在了他没有向我们展示的那副面孔上。这个想法不断在我脑中萦绕，甚至是在我和他说话的时候。[65]

在随后的几十年里，这正是俄国专制政权越来越常用来面对欧洲的面孔。1848 年，尼古拉一世派他的军队镇压匈牙利革命。1863 年，他的继任者亚历山大二世用令欧洲大陆震惊的残酷镇压了波兰王国的第二次起义，又把数千名波兰人流放到乌拉尔山以东。在俄国欧洲部分各个城市的繁华文化之外，西伯利亚已经成为专制权力的幽冥地带。

7

刑罚堡

在著名的1848年，欧洲的“民族的春天”很快被政治反动的冻雾裹住了。忠于君主、国王和皇帝的军队撤退、重整，然后再次开始镇压革命。而在一年前，这些革命曾有可能扫除旧秩序。俄罗斯帝国基本未受这些撼动着欧洲许多地区的暴动干扰，这证明了尼古拉一世在压制国内反对力量时的残暴性。圣彼得堡十二月党人起义没有再次出现，连波兰王国也很平静。然而，为了防止自由主义和民族主义蔓延，并维护邻国哈布斯堡帝国的王朝权威，1849年6月，尼古拉一世派三十万大军镇压匈牙利革命。1849年12月22日，随着俄国的西部边境安定下来，沙皇公开地把注意力转向了粉碎国内的反对派。[1]

圣彼得堡彼得保罗要塞二十五年前曾关押过十二月党人的牢房，现在监禁着几十个学生、官员和作家。他们被认定参加了一个颠覆性讨论小组，这个小组每周在激进的年轻贵族米哈伊尔·彼得拉舍夫斯基家中开一次会。彼得拉舍夫斯基小组（Петрашевцы）的大多数成员反对农奴制度，受1848年的理想的鼓舞，并希望在国内进行改革。他们不是革命者，但欧洲的动荡促使俄国开始镇压所有形式的反对者。彼得拉舍夫斯基圈子引起了沙皇秘密警察第三厅的注意。这些人于1849年4月被逮捕，在之后那个漫长的夏季中，他们一直被单独关押在彼得保罗要塞里，在此期间，调查人员就他们的思想、他们参加的活动以及他们与国外的联系等问题进行了密集的审讯。9月，一个调查委员会认定其中的二十八人犯有煽动罪。但是，他们仍旧没有被判刑。因此，当这些囚犯的牢门在12月22日早上打开，他们被带入冰冷的黑暗中时，他们仍然不知道自己的命运。[2]

在俄国的北方首都，在12月这个时节，快到中午时天才会亮。这些人由武装警卫押送着，坐着密闭的马车穿过仍然昏暗的街道，只能透过结霜的窗户匆匆瞥见沿途的建筑。走过这段似乎没有止境的旅程后，马车终于停在了谢苗诺夫斯基广场，此处距离涅瓦大街不太远。马车门打开后，这些囚犯踏进了齐膝深的雪中。他们四周站着圣彼得堡团，士兵们围成了一个方阵。在方阵中间，一个粗糙的木楼梯通向一个挂着黑布的平台。这些人此前被关押在单人牢房中长达数月，但是终于重聚的喜悦很快被打断了，因为一个官员说马上就要执行他们的判决了。他领着这些囚犯——其中许多人本身就曾是圣彼得堡团的军官——穿过士兵的队列，走上了行刑台。接下来出现的一幕旨在向在旁观看行刑的士兵强调对沙皇不忠的代价。[3]

另一名官员命令这些人站成一排并摘下自己的帽子。他从这一排人面前走过，在宣读某个人的罪行和惩罚时，就在这个人前面停一下。他花了整整半个小时来履行自己的职责，“判决在响着、回响着，就像丧钟的鸣响一样：‘现场刑事法庭判处你被枪决。’”沙皇亲自用“批准”二字确认了每个判决。死亡的恐惧向他们袭来。每个人都拿到了一件长长的白色农民衬衫和睡帽，然后穿戴上。前三个囚犯（包括彼得拉舍夫斯基自己）被抓着手臂带离了那个平台，每个人都被绑在了立在地面上的一根杆子上。射击队走到距离被判处死刑者不到四米的地方，然后举起步枪。28 岁的作家，小说《穷人》（1846 年）的作者陀思妥耶夫斯基属于下一个三人组，他站在行刑台上看着这个戏剧性场景，心中满是“不可思议的恐怖”[4]。当射击队瞄准时，陀思妥耶夫斯基知道自己属于下一批要赴死的人，他内心的想法也许可以从他 1868 年的小说《白痴》里的一个场景当中体现出来。这是陀思妥耶夫斯基写过的最著名的段落之一：

> 那五分钟在他像是无穷尽的期限、数不清的财富……但是他说，彼时对他说来最难受的莫过于这样一个持续不断的念头：“如果不死该多好哇！如果能把生命追回来，——那将是无穷尽的永恒！而这个永恒将全都属于我！那时我会把每一分钟都变成一辈子，一丁点儿也不浪费，每一分钟都精打细算，决不让光阴虚度！”……这个念头终于变成一股强烈的怨愤，以致他只希望快些被枪决。[5]

然而，在谢苗诺夫斯基广场，枪声并未响起。在最后一刻，一名副官飞奔到广场，传达了尼古拉一世的赦免令。既恐惧又混乱的彼得拉舍夫斯基小组的成员得知，沙皇已经饶了他们的性命；等待他们的命运不是死在射击队的枪下，而是同普通罪犯一道被流放至西伯利亚各地的刑罚堡。尼古拉・格里戈里耶夫也是其中一个罪犯，他却没法体会到沙皇的宽宏大量。格里戈里耶夫在狱中就已经表现出精神疾病的迹象；苦难让他失去了理智，他再也没有恢复理智。陀思妥耶夫斯基得知自己被判处在鄂木斯克服四年苦役，其后终身服兵役。彼得拉舍夫斯基被判处服时长不定的苦役。随后，“未完成的”死刑按照惯常的形式执行。这些囚犯的衬衫被脱去，他们跪了下来，两个行刑者上前来，仪式性地在囚犯的头上把剑折断。囚犯们分到了囚服、肮脏的羊皮外套和毛毡靴。一辆农用大车在他们面前停了下来，彼得拉舍夫斯基戴上了脚镣，踏上了远赴西伯利亚的第一段路程。其他人会在接下来的日子里出发。[6]

这整场可怕的戏剧的导演正是尼古拉一世。假装执行死刑，是以最残酷的方式强调，这些罪犯之所以能够保住性命是得益于沙皇的怜悯。与十二月党人不同，彼得拉舍夫斯基小组不会享受到特别豁免。尼古拉一世的宽赦令非常具体：“托博尔斯克流放事务部确定他们的流放地点后，他们应该被当作完全意义上的罪犯来对待。他们今后的任何一次减刑都应取决于他们的表现和沙皇的怜悯，但绝不是取决于地方当局的决断。”[7]

那天回到彼得保罗要塞的牢房中后，陀思妥耶夫斯基给自己的哥哥米哈伊尔写了一封言辞激动的信。他表述了要去品味生命中的每一分钟的炽热雄心：“生命是礼物，生命是幸福，每一分钟都可能是一个幸运的时期！……现在，改变自己的生活，我会以一种新的方式重生。哥哥！我向你发誓，我不会失去希望，我会守护我的精神，我会让内心保持纯粹。我正重生为更好的人。这是我巨大的希望和我巨大的安慰！”但是，在西伯利亚流放的沉寂前景让陀思妥耶夫斯基感到气馁：“我真的再也不能拿起笔了吗？……我会把我写的所有东西都寄给你，如果我还能再写什么的话，上帝啊！……是的，如果不能写作，我会死！倒不如让我带着笔被囚禁上十五年！”[8]

12月24日午夜的钟声敲响时，陀思妥耶夫斯基戴上了脚镣。在另外两名彼得拉舍夫斯基小组成员的陪伴下，他坐着由宪兵守卫的雪橇，离开了圣彼得堡。“我们穿过乌拉尔山时，那是一个悲伤的时刻。”陀思妥耶夫斯基后来回忆。“马匹和雪橇陷在了雪堆里。当时有一场暴风雪。我们下了雪橇，那会儿是晚上，有人在把马匹和雪橇拉出来，我们站在一边等着。我们四周是积雪和大风雪。那里是欧洲的边境。前方是西伯利亚和我们未知的命运，而我们的整个过去都遗落在身后。这实在是令人沮丧，于是我流下了眼泪。”陀思妥耶夫斯基于1850年1月9日乘马车到达托博尔斯克。这一行人沿着陡峭的道路从较低的城镇走上了那个可俯瞰额尔齐斯河的高地，来到位于高地边缘的中央广场。在他们前往托博尔斯克中转监狱的路上，他们经过了乌格利奇铜钟，那口钟无声地提醒着君主的权力以及流放者在乌拉尔山以东被遗忘的命运。[9]

被关在托博尔斯克中转监狱期间，陀思妥耶夫斯基迎来了几名不速之客。在当地流放官员的安排下，三位十二月党人的妻子与这位年轻作家见了一面。陀思妥耶夫斯基写到了这次会面：

> 我们看到了这些自愿跟随丈夫来到西伯利亚的伟大牺牲者。她们放弃了一切，她们的社会地位、财富、人脉、亲戚，她们为崇高的道德责任牺牲了这一切，而道德责任可以说是有史以来最不受约束的责任。她们没有任何罪行，却在二十五年的时间里忍受了她们被判刑的丈夫所忍受的一切……她们为我们的新旅程祈福；为我们画十字架，并给我们每个人送上了福音书，这是监狱里唯一允许阅读的书籍。

在我四年的刑罚生涯中，这本书一直躺在我的枕头下面。[10]

新约《圣经》几乎就像护身符一样从一代西伯利亚政治流放者手上传到下一代手上，每本书的封皮中都藏着十卢布钞票。陀思妥耶夫斯基和他的难友于1850年1月20日离开托博尔斯克，在十一天后抵达鄂木斯克监狱。[11]

鄂木斯克的囚禁生涯会让陀思妥耶夫斯基改变很多。他和普通罪犯一起生活在木棚屋里，这段生活迫使他从根本上重新思考自己的道德和政治信念。在接下来的四年里，他潦草地写下了一些笔记，这些笔记将成为那本在整个19世纪最具影响力的关于西伯利亚流放制度的书籍的基础。作为一部文学作品，作为对一个大多数受过教育的俄国人完全不知道的可怕世界的简介，《死屋手记》（1861—1862年）都引起了轰动。这部作品以虚构的人物戈梁奇科夫的视角来写，这是一种为了顺利通过审查而使用的文学手段。这本书是半自传性的。同时代的人把它当作一部回忆录，而不是一部虚构作品。该书问世后，当时的一位评论家写道，它具有"一种惊人的影响。该书作者被视为一个堕入地狱的新但丁，但是这个地狱更加可怕，因为它不是存在于诗人的想象世界中，而是存在于现实世界中"。列夫·托尔斯泰这样评价《死屋手记》:"在所有现代文学中，包括普希金作品在内，我不知道哪本书胜过它。"[12]

在亚历山大二世及其继承者统治期间，一大批出版物为公众审视西伯利亚流放制度的肮脏现实提供了资料，《死屋手记》是其中之一。在接下来的几十年里，几乎每一份报告、每一篇独立的新闻报道、每一部监狱回忆录都对西伯利亚的监狱和刑罚堡发出了同样的严厉批评：它们没能改造苦役犯，也没能为他们在定居点的生活做好准备。[13]

陀思妥耶夫斯基在1850年进入西伯利亚刑罚系统，那时，西伯利亚刑罚系统的基础设施和行政机构正遭受着数十年资金短缺、疏于管理带来的痛苦。鄂木斯克的刑罚堡是一个典型的19世纪西伯利亚刑罚定居点。陀思妥耶夫斯基笔下的叙述者戈梁奇科夫描述了“一个大院子，长约二百步，宽约一百五十步，院子周围是不规则六角形的高高的立柱围墙，那些木柱（立柱）并排竖着深深插进土里，用板条横向牢牢地联结起来，上端削尖：这就是监狱外面的围墙”。在包围着一个内院的立柱围墙里面，“两边各有一长溜原木建造的平房”[14]。这些是罪犯住的营房。1854年2月，在陀思妥耶夫斯基获释一个星期后，他在给哥哥米哈伊尔的信中说，狭窄的住房条件迫使罪犯们陷入一种肮脏而亲密的关系，这和监狱制度本身一样都是一种惩罚：

> 我们紧挨着住在一起，所有人都在一个营房里。请想象一座破旧、衰败的木构建筑，它本应在很久以前就拆除了，现在不再适于使用。夏天，它无比闷热；冬天，它无比寒冷。所有的地板都烂了，覆盖着两三厘米厚的污物，人走在上面会摔倒。窄小的涂有油脂的窗户上覆着一层厚厚的霜，几乎在一天里的任何时候都无法在室内阅读。窗格上有两三厘米的冰。天花板在滴水，到处都有烟。我们像被装在桶里的鲱鱼一样。炉子里一下子放了六根木头，但没有产生任何热量（屋子里的冰几乎没有融化），只有难以忍受的烟雾，而这一切要延续整个冬天。犯人们常在营房里洗衣服，用水冲洗一切。室内甚至没

有地方转身。从日暮到黎明，我们都不能离开营房去大小便，因为营房被锁上了。为了解决我们夜间排便的问题，屋里放了一个木桶，所以屋里的臭气难以忍受。所有的罪犯都臭得像猪一样……我们睡在没有床褥的木板上，只允许有一个枕头。我们把羊皮外套盖在身上，脚总是露在外面。我们整夜发抖。屋里有大群跳蚤、虱子和蟑螂。[15]

几乎所有到访过西伯利亚刑罚营房的人都因监狱中令人窒息的通风条件和牢房中由木桶散发出的臭味而震惊。在接下来的几十年里几乎没有任何变化发生。美国人乔治·凯南这样描述他在19世纪80年代中期参观的一所监狱里的空气：

我请你们想象一下地窖里的空气，空气里的每个原子都已经数次通过人的肺部，而且因为含有碳酸而很沉闷；想象一下这种空气因人们长期没有洗澡而散发出的刺鼻、有些似氨的呼气而进一步恶化；想象一下这种空气带有潮湿、腐朽的木头的暗示意味和人类排泄物的暗示意味——这样你还是不足以想象出这种空气。[16]

这些邋遢且虱子遍地的营房和牢房里关押着各种各样的罪犯。为了窃取一点点钱而杀害了一家人的罪犯和误判案件的可怜受害者被关在一起。监狱里还关着很多轻罪犯，这些人逃离了原来的流放地，结果又被抓住了，随后被判处服苦役。到19世纪中期，西伯利亚的刑罚堡和监狱里还关押着越来越多受过教育的俄国人和波兰人，这些人因为自己参与的政治活动而被判服苦役。[17]

关满了罪犯的营房是一个充斥着各种活动的地方，而这些活动产生了极为刺耳的噪音。民族志学者和记者尼古拉·亚德林采夫曾是鄂木斯克监狱堡垒的一名罪犯，他回忆起了每个罪犯是如何做自己的事情的，那种对比时而非常滑稽时而非常令人反感：

> 牢房里的喧嚣混合了各种吵闹声、闲聊声、骚动声和笑声，简直不可想象。在一边，你可以听到锤子敲打声……有人正在锉平一些动物的骨头；这边，一片金属正在被削尖；那边，有人开始演奏一些疯狂的监狱曲调。某个地方响起镣铐的当啷声，那是因为一个流放者正走下走廊；不知道谁在用一根棍子敲打紧闭的门。这些声音有时融合，有时分散开，它们会以强烈的对比碰撞到一起。在一个牢房里，有人正在大声读《圣经》，而另一个罪犯则在一旁以最不堪的样子跳舞。一名小教派信徒的纯洁祷告可以与最恶毒的咒骂一起被听到；一名诚恳的穆斯林唱着出自《古兰经》的语句；一名犹太人在为他的《诗篇》哭泣；同时，流浪者无忧无虑的歌曲也可以被听到；有一刻，一个被带入刑罚堡的女人的嚎叫声刺穿了空气，其后是监狱守卫的诅咒声和示爱的喊叫声。突然，监狱里响起某个流放者吟唱的赞美诗，诗中充满了渴望和胜利，充满了满怀希望的祷告。所有这一切都包含在这座骚动的堡垒内的合唱中，它们汇成了一支狂野混乱的协奏曲。[18]

不是所有人都能像亚德林采夫那样欣赏营房的旋律。比起习惯于过集体生活的农民或士兵，有些人有着更成熟的隐私概念，对于这些人来说，监狱生活中令人窒息和无从避免的亲密性是难以忍受的。在《死屋手记》中，戈梁奇科夫回忆：“我无法想象，在我服苦役的漫长的十年里，连一次，连一分钟独处的机会也没有，那是多么可怕和痛苦啊？劳动时总有押送队监视，屋子里有二百名难友，至于独处，一次，一次也不曾有过！”陀思妥耶夫斯基后来向他的哥哥吐露，他在鄂木斯克堡的监禁生涯是“对我的灵魂持续不断的无情打击……周围是永恒的敌意和争吵，诅咒、哭泣、喧闹、咆哮……四年来都是如此”[19]！

波兰人希蒙·托卡热夫斯基是陀思妥耶夫斯基在鄂木斯克的一个狱友，他曾嘲笑过这个作家过于执迷于自己的贵族身份：“在我看来，堡垒里没有贵族气派和贵族身份；只有被剥夺了所有权利的人；只有苦役犯。”这个说法中带有些许讽刺。正式来说，伴随着苦役刑罚的公民权死亡抹掉了高等地位。然而，在实际中，受教育阶层的成员仍然明显不同于普通人。他们就像在自己的土地上的外国人，他们说话、走路和吃东西都不同于农民、工匠、商人、工人和士兵。戈梁奇科夫说：“尽管他们已经被褫夺了一切公权，与其余的犯人处于完全平等的地位——犯人们却从来不承认他们是自己的伙伴。这甚至不是出于有意识的偏见，而完全是下意识的真情流露。”[20]

被排除出那个通过礼貌、言谈和教育来表现纷繁的等级和地位序列的社会以后，大多数受过教育的俄国人并没有受到十二月党人曾享有的豁免。受过教育的俄国人不习惯艰辛的监狱生活，也缺乏适应刑罚堡生活的必要社交和动手技能，正如戈梁奇科夫在《死屋手记》中所说的：

> 平民百姓来到监狱，是进入自己熟悉的社会，也许还是一个更有文化的社会。当然，他失去的很多——家乡、家庭、一切，但环境还是原来的那个环境。一个有教养的人依法受到与平民百姓同样的惩处，他所失去的却往往比后者多得不可比拟。他不得不抑制自己所有的内心需求、所有的习惯；陷入他所不能满意的环境……对所有人都相同的依法惩处，对他来说却往往痛苦十倍。[21]

普通罪犯经常用怀疑甚至是明显带有敌意的态度看待受过教育的罪犯，但仍然在心理上和文化上习惯于尊重他们。关于西伯利亚刑罚定居点的回忆录还记载了普通犯人对受教育阶层表现出仁慈和慷慨的事例。一个农民流放者同情流放队伍中一个迷惘又笨拙的贵族，于是，在前往流放地的漫长旅途中，他令人难以理解并且无私地关照着这个贵族，而且拒绝收下任何报酬。尽管如此，在大多数时候，普通人和受教育阶层之间的鸿沟仍然是无法跨越的。对于受过教育的俄国人来说，这是一段痛苦的距离，因为很多人正是为了努力给民众带来自由才被流放的。[22]

西伯利亚的监狱和刑罚营地不是一个适合建立友谊的地方。被流放的革命者彼得·雅库博维奇发现：“每个人在看着其他人时，并不是把他视为不幸的同志，而是像一头狼在看着另一头狼，一个敌人在看着另一个敌人。罪犯其实对‘同志’这个词很有感情，但他们不是按我们的文化意义使用这个词：如果人们用同一个碗喝东西、吃饭，那他们就被称为‘同志’……［这］通常就是个机缘的问题。”支配着罪犯之间的关系的不是友谊和团结，而是胜人一筹的本领和口头争吵，于是营房里回响着不间断的争吵声。这些苦役犯拥有把话说得十分高明的智慧和能力。在《死屋手记》中，戈梁奇科夫回忆：“他们骂人骂得很俏皮，很有艺术性。”雅库博维奇认为在犯人的污言秽语和言语攻击中存在着“一种艺术竞争”[23]。

有些罪犯还会在玩世不恭方面相互攀比。有个在伊尔库茨克监狱的罪犯对一个政治犯说起了自己是如何和一个“同志”一起屠杀了一家人的：

> 究竟为什么这么做？——我忍不住问。
>
> 显然是为了钱。——我的对话者平静地笑了。
>
> 是的，但为什么把他们全都杀了，甚至还有孩子们？
>
> 我们做过很多这样的事。还有一次我们杀了两家人……
>
> 那上帝呢？——我问——你真的不怕吗？
>
> 什么上帝？……不管我们去哪里……在最偏远的地方，在连乌鸦都不会在那里衔着骨头、在动物不会去的地方，我们既没见过上帝，也没见过魔鬼。[24]

受过教育的观察者——从亚历山大·赫尔岑到安东·契诃夫——多次指出（并哀叹），俄国农村是一个我行我素的世界。那里的人对罪行、司法和惩罚的普遍理解常常与官方的法律文化严重冲突。对于同一种罪行，农民会残忍地施加惩罚，也有可能视而不见，这取决于受害者是本村村民还是一个外来者。对于女性、信仰其他宗教者和陌生人遭受到的残暴对待，农民常常放任不管。强奸、纵火和谋杀都是农民社区认可的报复方式。由于不了解帝国的法规，罪犯常常因为自己难以认为是罪行的行为被流放西伯利亚。[25]伊尔库茨克省亚历山德罗夫斯克刑罚酿酒厂的指挥官伊万·叶菲莫夫曾努力想让一个原本顺从的罪犯明白，“割破犹太人的喉咙”其实是一种罪行，但他失败了。这个人“仍然相信这只是一件无关紧要的事”。陀思妥耶夫斯基假托的叙述者戈梁奇科夫在看到许多罪犯对自己犯下的罪行无动于衷后意识到，他们完全孤立于俄罗斯帝国的法律之外：“其中的大多数人都决不会怪罪自己……囚犯知道而且毫不怀疑，自己的亲属、自己的底层民众的法庭会为他辩护，他也知道，他们永远不会判他有罪，多半还会彻底地为他辩解，只要他的罪行所针对的不是自家人、不是自己的弟兄、不是自己亲如一家的底层民众。”许多罪犯被关进监狱里，是因为他们想要报复那些他们认为曾无理地对待自己的人。[26]

监狱生活当中充斥着暴力。当囚犯之间的争吵引起了看守的注意时，争吵就会被制止。[27]然而，如果罪犯一直在喝酒，打斗总是会发生。戈梁奇科夫到达鄂木斯克后不久，遇到了可怕的卡津：“[他]力气惊人，在监狱里无人能及；他略高于中等身材，赫拉克勒斯般的体格，有一个丑陋而又大得不成比例的大脑袋……囚犯们在私下议论时说，他是涅尔琴斯克的逃犯，我也不知道是真是假，他不止一次被流放西伯利亚，不止一次逃跑，改名换姓，终于被关进我们监狱的单人囚室。”当卡津喝酒时，“起初他开始挑衅，嘲笑别人，他的嘲笑极其恶毒，是蓄意的，似乎早有预谋。最后他烂醉如泥，骇人地勃然大怒，抓起一把刀就向人们冲上去”。罪犯们没法凭一个人的力量保护自己，因此他们会集体和他对抗：

> 他牢房里的十来个人突然一拥而上，拳打脚踢。无法想象还有什么比这样的殴打更残忍的了：打他的胸膛、胸口、心窝儿、肚子；狠狠地揍了好久，直到他完全失去知觉、像个死人方才住手。对别人是不敢这样打的：这样打会打死人啊，但卡津例外。打了以后，把毫无知觉的他裹上短皮袄，抬到通铺上。“躺一躺就行了，我说的！”果然，第二天早晨他起来了，几乎安然无恙，他一声不吭，脸色阴沉地出去上工了。每当卡津酗酒的时候，监狱里就都知道了，对他来说，一定要挨一顿打这一天才算完。他自己也知道，不过还是酗酒。[28]

一旦某人被触怒或者至少是生气，冒犯之举便很容易以杀戮为结局。[29]鄂霍次克盐场是西伯利亚工作最繁重的惩罚场所之一，位于鄂霍次克海海岸，是地处最东北部的一个荒凉定居点。那里的苦役犯会在大盐池辛苦劳作，从海水中蒸馏出盐。盐场工作是专门留给那些在西伯利亚的监狱和要塞里犯有谋杀罪行的惯犯的。一个于19世纪20年代在那里工作的官员回忆，残忍在那里是近乎常见的，而且囚犯随时会冲动地攻击他人。罪犯伊万·梅加采夫是一个来自雅罗斯拉夫尔的商人，年龄44岁，身体精瘦、结实而且“非常强壮”。他因犯有谋杀罪而被处以鞭刑并被流放到涅尔琴斯克矿区服苦役，在那里他再次杀人。作为一名惯犯，他被送往鄂霍次克，后在那里又杀了一名狱友。梅加采夫杀人后，那位官员走进他的牢房，发现梅加采夫正在读《圣经》，因为在杀人之后“他总是喜欢读《圣经》”：

> 与梅加采夫谈话时，我劝他不要再杀人。除了指出他接下来要面对的惩罚，我努力让他用理性思考，强调罪行可以补偿，因为人在犯罪时可能很愚蠢，可能是出自人性的软弱，但是一旦一条性命被夺去，就再也不能归还了，什么补偿都没有用。人是上帝的创造物，属于上帝；这样的罪行无论是此时此地还是死后都不能被原谅。梅加采夫叹息着答复：“我自己对此也不高兴——你认为杀人很有趣吗？”“但是长久以来你一直在杀人！”“有时候，一个人会极为痛苦，以至于他可以做出邪恶的事，甚至无法看见光。你看到的一切都在你的眼前变成红色，被生者的血液浸泡。你非常痛苦，于是你会很乐意隐藏起来，但随后又有一些哭哭啼啼的白痴来烦扰你。你不记得自己是如何用你的脚镣砸碎他的头骨的，但后来你看到你已经把他杀了。突然之间，假象退去了，痛苦消散了，红色薄雾从你的眼前消失了。你对这个人感到抱歉，但已经于事无补了。”[30]

叶菲莫夫记得，在亚历山德罗夫斯克刑罚酿酒厂，1849年一个冬日的清晨，天还没亮，他就被人叫起来去看犯罪现场。一个年长的苦役犯在吃早饭时和另一个苦役犯起了冲突，便把后者刺死了。这两个人已经相识了很长时间，他们总是在监狱营房里一起吃饭。这天早上，其中一个人开始切面包和洋葱，而另一个人在耐心地等着轮到自己用餐刀，接下来，他便把刀刺入了同伴的胸膛：“这次谋杀是没有意义的，也没有预谋……在回答所有问题时，凶手只是说：‘我不记得是为了什么，我不知道我为什么这么做……’”此后不久的一天早上，看守走进了一个上了锁且有警卫的酿酒厂，却看到了“一具躺在血泊中的尸体，四周散落着一些铜币，还有几张沾有油污的纸牌”。受害者是一个名叫卡尔纽什卡的犹太铜匠，他晚上曾和另外两名负责看管酿酒厂酒精的苦役犯在一起赌博。他们一块儿打了几个小时纸牌，后来突然吵了起来，于是一个人抓起一把斧头，重重地砍向了卡尔纽什卡的脖子，“他的头差不多完全被砍掉了”。这几个袭击者那天晚上一直在计划着处理尸体，但是他们还没来得及掩藏起自己的行迹，尸体就被发现了。[31]

营房不仅仅是恶行和暴力的聚集地。它们在夜里上锁后，就会变成繁忙的商业活动场所，人们会坐在自己常坐的地方，开始做各种各样的活计。一些人用自己弄到的材料缝制靴子或做新衣服；一些人修理手表，雕刻装饰品。许多人表现出了非凡的艺术才能，能够制作“木鸟，用的是零碎东西和板条……任何有一定经济能力的商人都会毫不犹豫地买下这些木鸟，将其垂挂在自家客厅或走廊里”。一些人还会用干面包和动物骨头制作设计精巧、做工细致的儿童玩具。一有机会，这些罪犯钟表匠、木匠、裁缝和乐师就会在周边的城镇和村庄里做买卖。罪犯采泽克曾在多个西伯利亚监狱里待过，他是一个动物标本制作行家。他的作品装饰着金矿负责人和高级政府官员的考究书房；在采泽克去世后，这些作品才价值上涨。[32]

以这种方法，钱可以赚出来；或者，钱可以造出来。货币伪造者是西伯利亚刑罚堡和监狱中的手工技术精英。他们通常出自流浪者之流，专门伪造合同、文件和（最重要的是）货币。最有天赋和最有成就的人被训练成了镌版工、制图员和抄写员，而他们的技能为他们赢得了名人的地位。科热夫尼科夫就是这么一个人，他因为自己的手艺和对待当地农民自然的“慷慨”行为而享有名望，有时，他会送给农民一些伪造得非常高超的纸币，这些纸币的价值会让农民自己的收入相形见绌。刑罚堡在西伯利亚以制造假币而闻名。目不识丁的西伯利亚农民容易被这些狡猾的伪造者蒙骗。伪造、走私和盗窃的技巧都在西伯利亚的刑罚定居点教授，并由经验丰富的罪犯传授给新来的罪犯。一个流放者把那些地方形容为“犯罪学院”[33]。

不管是赚来的、伪造的还是偷来的，戈梁奇科夫在《死屋手记》中说，钱“在监狱里拥有惊人的意义和能量”。为了获取物品、贿赂警卫、同狱友进行交易、筹钱逃跑，这些钱是必需的。但是除了这些实用的功能，戈梁奇科夫明白，罪犯赚取、伪造和偷来的钱可以买到一些更有价值的东西：

> 可以肯定地说，在监狱里一个一文不名的囚犯，比多少有点钱的要痛苦十倍，尽管前者从公家那里也能得到一切应有的保障，按说他要钱又有什么用呢？——我们的管理人员就是这么说的……如果囚犯完全不可能拥有自己的钱，他们就会发疯，或者像苍蝇一样成批地死去（尽管他们在各方面都是有保障的），或者最后会铤而走险，干出闻所未闻的暴行，有些人士由于苦闷，有些人士但愿尽快被处死、被毁灭……要是一个囚犯几乎用血汗赚了一点钱，或决心为了搞到这点钱而使用非凡的巧计，往往还伴之以盗窃和欺骗，同

> 时却又轻率地、孩子般毫无意义地乱花钱……真的挥金如土的话，那么他是为了一种比钱更高一等的东西而挥金如土。对囚犯们来说，比钱更高的东西是什么呢？是自由，哪怕是关于自由的某种幻想。[34]

“自由”可以从市场（майдан，来自土耳其语中的 meydan，意思是“公共广场”）上买到，罪犯公社在每个刑罚定居点都运作着这样一个市场。市场上供应一系列有许可的和违禁的商品和服务。用于修补衣服的线、用于制作新靴子的皮革和毛毡、供新手工匠使用的工具、供伪造者使用的墨水，这些都可以通过市场管理员订购、买到。市场还处于蓬勃发展的酒类秘密贸易的中心。伏特加既是商品也是货币，罪犯们会从住在刑罚定居点附近的流放者那里购买伏特加，然后将其带进监狱和营地。贩卖私酒是一门需要巧妙的隐藏方法的艺术形式。为市场管理员工作的走私者会从刑罚堡或监狱外的藏匿点拿到伏特加。他们会把酒装进洗干净的牛肺和牛肠子里，将它们缠在自己的身上，藏在自己破旧的衣服里，然后他们展现出了“机灵和小偷的狡黠”，在警卫和哨兵的眼皮底下把走私货物带进监狱中。陀思妥耶夫斯基在鄂木斯克城堡的狱友托卡热夫斯基回忆：“在苦役犯的心中，成功地将伏特加从酒馆带到城堡的走私犯是真正的‘英雄’。”[35]

就像市场上供应的其他商品和服务一样，只要有钱，谁都可以买到伏特加，但价钱高得离谱。罪犯会把自己仅有的一点钱喝光，然后卖掉自己的食物；最后，他们会向市场管理员借贷，因此，市场管理员对他的狱友们发挥着巨大的经济权力。市场管理员和供应商是监狱里“仅有的资本家”。酒类的加价率高达 150%，过高的价格（因市场的垄断造成）耗尽了罪犯们微薄的钱财。[36]

伏特加和葡萄酒带来了一种自由的幻觉。罪犯会进行持续数天的饮酒狂欢，这让他们能获得片刻的失忆，于是他们会暂时忘却那种支配着日常生活的幽闭状态。当罪犯端起伏特加时，托卡热夫斯基见到了“放纵的狂欢和醉酒”。在监狱外面的工作任务给他们提供了喝酒的机会。有一次，当警卫带着苦役犯返回克拉斯诺亚尔斯克监狱时，一名醉酒的罪犯落在了后面，他在灌木丛中睡着了。他花了一天时间摆脱宿醉，然后才再次出现在监狱大门外。亚德林采夫记录，在某座刑罚堡，市场管理员是一个被流放的贵族，他把医院的一个病房变成了一个真正的酒馆，架子上放着葡萄酒、伏特加，皮革酒囊挂在酒吧窗口晾干。他置身“一堆瓶瓶罐罐之间，用老酒保般的手艺倒酒”。一个爱开玩笑的人用粉笔在墙上写上了“酒类企业和酒馆”[37]。

监狱和刑罚堡里不得已的闲散与悲惨让罪犯们不仅喝酒，还赌博。赌博用具包括纸牌和骨牌（但凯南记录，在流放途中的罪犯可能被剥夺了使用这两种用具的机会，他们用活昆虫替代）。纸牌游戏在监狱和刑罚堡里风靡一时。市场不仅仅是个杂货店，还是个赌场，市场管理员是牌戏中的大师。他会铺开一张有油污的毯子，根据需要拿出骰子、骨牌和纸牌，并管理赌款。玩家要加入赌局必须先支付费用，第一局 30 戈比，第二局 20 戈比，第三局 1 戈比，之后就可以免费玩了。纸牌的来源有两种，一是先购买，然后偷偷带进监狱，二是由罪犯自己精心制作，在装饰纸牌时，他们会致敬影响着他们的生活的力量。红心和方片图案的红色纸牌有时会用纸牌制作者自己的血染色，“这表明了这些人准备去赌博的决心”！市场管理员会得到赢取金额的 5% 到 10%。

这些钱随后会流回（至少在理论上）公共资金中，所以罪犯公社在牌戏中有直接的经济利益。非官方的规则还规定，在比赛结束时，三分之一的赢取金额将返还给输钱的人。这类做法限制了赌场中的残酷经济要素，为的是防止囚犯们陷入完全贫困的境地。这也使得他们来日能继续参与赌博。然而，这种安抚情绪的努力无法解决罪犯们不顾一切地赌上所有东西的行为，无论是他们拥有的东西，还是他们有可能获取的东西。[38]

戈梁奇科夫回忆："所有的牌局都是赌钱的。每个赌徒都在自己面前倒出一堆铜币——这是他衣袋里的全部所有，只有输光了钱或赢了难友们很多钱后，他才会从蹲着的地方站起来。"放哨是一种必要的预防措施，因为如果看守抓到有人赌博，他们会没收纸牌和赌款。一天晚上，一名工作认真的托博尔斯克监狱看守收到密报，有个监狱营房正在赌博。他想偷偷进入这个营房，然而他失败了，因为很多人躺在营房的地板上睡觉。由于这个守卫和哨兵是摸黑溜进营房，所以他们踩到了在睡觉的罪犯，这些罪犯的怒吼提醒了玩牌者有危险。纸牌消失了，闯入者不得不远离愤怒的罪犯。[39]

内政部官员瓦西里·弗拉索夫在 1870 年报告，罪犯的"赌博热情，让他们在失去了钱财后，最后又失去了他们的衣服和食物"。他无情地评述："没有食物和衣服，输钱的人会一直躲在木板床下或炉子后面，直到得到新的衣服，在他的债务偿清前，他会一直仰仗同志们的救济品生活。"他推测，这种救济品是主动提供的，因为输钱之人的狱友"把他看成坏手气的受害者，这种厄运也可能会落在他们自己身上"[40]。当参与赌博的罪犯被要求偿还债务时，他们有原则的不顾一切给在 19 世纪末穿越西伯利亚的英国人类学家查尔斯·亨利·霍斯留下了深刻的印象：

> 如果他们没有钱和秘密的食物储备，而且存在着拥有它们的独特地下方法，那么借给他们修靴子的皇冠牌工具会被用作赌注，接着是他们的衣服，最后甚至是他们下个月的口粮配给。如果赌徒输掉了所有这些东西，那么他会把最后一项看作荣誉债，并且会成功地以一种新颖的方式来偿还它。事实上，这反映了一种荣誉感的标准，甚至连蒙特卡洛也不能超过这种标准。输钱的人将被关进牢房里，在他同意的情况下每隔两天让他挨次饿，第三天才进食，这样累积起他欠下的口粮配给。[41]

赌光或喝光了自己所有的钱的人被称为“无权的囚犯”（жиган），他们是监狱里的不幸者，他们的贫困让他们尤为脆弱、易受压榨。他们被迫做最卑微、最令人作呕的工作，如倾倒装满粪便的木桶、打扫脏污的营房、给赢钱的赌徒当仆役。在玩纸牌游戏期间，赌钱的人会给无权的囚犯一点儿钱，让他们在外面放哨。在-30℃的黑夜中，他们要在走廊上瑟瑟发抖地一气儿站上六七个小时，聆听外面发出的每一个有危险的声音。1897 年，记者弗拉斯·多罗舍维奇在萨哈林岛上的一个监狱医院里遇到了这样一个囚犯，这个犯人“患有奔马痨”。“他失去了一切，包括他的面包配给。几个月来，除了萨哈林的卑贱之人勉强才吃的稀糊，他一直没吃过其他东西。在医院里，他开始拿药品做赌注。在谈到赌博时，这个筋疲力尽、奄奄一息的人无精打采的眼睛才会闪烁出生命的光芒。”[42]

纸牌游戏的兴衰变迁与囚犯当中流行的宿命论相一致。在一个暴力和危险事件不可避免的世界里，这些纸牌为罪犯们提供了逃离总是纠缠着他们的赤贫的途径和可能性（至少是这种幻觉）。打牌就是挑战命运，甚至是迎难而上地去努力——就像罪犯会大喊的那样——“打败魔鬼”！对于雅库博维奇来说，赌博和酒精为他那极度粗糙的生活增添了一丝色彩：“没有纸牌和伏特加，甚至可能是没有桦树条，没有刺激性的东西，生活对这些人而言就不是生活。”[43]

陀思妥耶夫斯基的讲述人戈梁奇科夫在罪犯非理性和自我毁灭的行为——通过饮酒、赌博或打架——中，看到了一种对人格的短暂坚持、一种对卑下的囚禁生活的轻微反抗：

> 一名囚犯几年来温顺安静……突然却仿佛有鬼附身似的胡闹起来，纵酒作乐，无事生非，有时甚至干脆以身试法：或公然冒犯长官，或杀人，或强奸，如此等等……但这个似乎最不可能出事的犯人的这种突然爆发，——其全部原因也许就是个人的一种苦闷的、狂躁的发泄，一种想表现自己以及自己的被凌辱的个性的欲望，这欲望是蓦然出现的，达到了愤怒、癫狂、茫然、爆发和痉挛的程度……要饮酒作乐，那就饮酒作乐，要冒险，那就不顾一切地去冒险，哪怕去杀人呢。于是一发不可收拾；况且这个人喝醉了，要拦也拦不住！[44]

这种展现个体自主权的人类冲动——即使通过非理性的自我毁灭行为——通过陀思妥耶夫斯基后期的许多作品得到了回应，

即从《地下室手记》(1864年)到《群魔》(1871年)。

监狱和刑罚堡无疑是残酷且混乱的，但它们并不是没有法纪的。囚犯们通过一个由传统和惯例组成的复杂系统来自我管理，这套系统由公社（община）监督。乔治·凯南把罪犯的公社描述成“罪犯世界的政治团体；罪犯公社在流放者生活中的作用，就相当于农民公社在农民生活中的作用”[45]。罪犯公社是罪犯协会的稳定和扩大版本，罪犯协会是前往西伯利亚的流放队伍中的罪犯自治组织，而罪犯公社在所有的刑罚定居点按相似的方针运转。罪犯公社的主要功能是使其成员免受当局伤害，并集中资源以获得各种利益。每个公社通常至多有大约一百名成员，他们来自某个营房或监狱侧翼；在较大的刑罚堡和定居点中，可能有几个公社。每个公社都会选举一个社长（староста），负责管理公共储备金中的钱款、与监狱当局谈判。监狱看守会通过社长的任命，以后便直接与他打交道。看守在和罪犯打交道时要基于基本的合作精神，所以，只有在其他公社成员同意的情况下，看守才能让社长卸职。公社同样会在囚犯间分配任务；直接向公共储备金交钱，囚犯就可以免除这些劳动。公社有义务向较穷困的成员提供借贷，这些成员必须努力工作以偿还债务。到达刑罚堡或者监狱的某个囚犯如果不名一文，就会被分到最繁重和最不合意的任务。公社的规则是在监狱内锻造了数十年的习俗的集合。对于民族志学者谢尔盖·马克西莫夫来说，它们已经“在空气中混合，由同一个监狱传递给每一代新来的罪犯”[46]。

在公社与当局的斗争中，公社并非没有力量。在伊尔库茨克盐场，公社合谋让一个特别不受欢迎、厉行纪律且（最重要的是）

不贪污腐败的下级军官被解职。一个流浪者被收买了，于是他假装醉酒，在监狱里摇晃着走来走去。如预期的那样，这个流浪者被抓了起来，因为饮酒问题被抽打，这时监狱负责人想要知道谁向这个人供应了伏特加。这个狡猾的流浪者事先同意，自己每被桦树条打一下，就可以拿到两戈比，于是他指认那个下级军官是监狱里的重要酒类供应商。他的说法起先遭到了怀疑，随着桦树条一下接一下地打下去——总共超过两百下——这个流浪者一直坚持自己的说法。后来，监督人要求查看这名下级军官的包，然后便在包里看到了一瓶伏特加，其实那是另一个囚犯刚刚放进去的。最后，流浪者得到了四银卢布，而公社摆脱了那个工作过度热情的下级军官烦人的警惕性，因为那个下级军官被撤职了。[47]

在公社眼中，唯一的真正罪行是背叛。凯南说："只要流放者的行为不危害他所属的罪犯公社的利益，他可以说谎，可以抢劫，如果他愿意，也可以杀人。但如果他不服从这个组织，或者向监狱当局泄露其秘密（哪怕是在鞭子的强迫下），他就可以把自己当作已经死了。"告密者和间谍尤其令人憎恶，因为他们的背叛威胁着公社生活的组织机构。他们的小报告可能会暴露走私者将货物带进监狱的路线，可能会挫败计划好的逃跑行动。鄂木斯克堡有两个经验丰富的流浪者，他们一直计划着逃跑，然而就在他们预定的离开日期几天前，他们的脚镣被收紧了，警卫加强了。这两个人用了几个月的时间来调查是谁向监狱当局通风报信的。他们开始怀疑同牢房的狱友。一连两个晚上，他们都会挪开遮住牢房一面墙壁的木板，往墙内挖一个浅墓穴。第三天晚上，他们在那个狱友睡觉时摁住了他，塞住他的嘴，把他推到墓穴里，然后活埋了他。第二天早晨，当牢房门在点名时间打开时，警卫无法找到那个犯人的踪影，便推测他一定是在夜里逃跑了。整个监狱都知道那个泄密者发生了什么，但没有人上报这一罪行。[48]

惩罚有时会集体执行，照农民公社最传统的做法进行。[49]成群的囚犯会实行被他们称为“把某人蒙在黑暗中”的惩罚。他们会在作恶者的头上套一个头罩，然后野蛮地殴打他。报复可能在任何时刻实施。在鄂木斯克堡，一名在监狱工作的工匠犯了一个严重的错误，他向当局报告，男罪犯挖了一条直通女罪犯住处的隧道，以便他们去探访自己的爱人。于是狱方发现了这个隧道，随后将其封闭。后来，愤怒的罪犯在屋顶上抓住了这个工匠，把他从四楼推了下去。这个工匠很幸运，从那个被亚德林采夫称为“临时性的塔尔珀伊亚岩石*”的地方摔下去后，他活了下来。严重违反公社守则的人会被带到多达一百名成员参加的“集会”面前。他们会被大声训斥、羞辱，如果他们被公社中更有资历、更权威的人士定罪，那么他们会遭受持久的暴力殴打。有时，一群罪犯会愤怒地摇晃、踩踏告密者，“直到他的内脏被震碎、骨头被打断”。如果这个人没有当场死亡，那么他会被扔在营房的长凳上，任他蒙受痛苦和凄惨的境况。公社审判的受害者不敢抱怨，甚至不敢去医院处理伤口。亚德林采夫讽刺地指出：“监狱城堡的惩罚手段独出心裁。”[50]

那些向当局寻求庇护的人一定会遭到追踪、谋杀，哪怕他已经转到了另一个监狱。塔拉刑罚堡的一名告密者在专门警卫的监护下单独监禁了一年时间，直到他揭发的那些人离开那座刑罚堡

---

* 俯瞰古罗马广场的一处陡峭悬崖，杀人者、叛徒、作伪证者和犯盗窃罪的奴隶会在这里被扔下去摔死。

他才出来。然而，当他终于露面时，他还是被一群他从未见过的新来的罪犯刺死了。流浪者会把告密者的名字和特征描述带到西伯利亚的各个刑罚定居点，罪犯们仍然会实施报复，有时会在过错已经过去了一代人的时间之后实施报复。[51]

这样残酷的惩罚是为了保证公社准则得到遵守，在这种情况下，这些惩罚具有一定的合理性。如果一个囚犯在狱中犯了罪，但还没被发现，他不会担心自己被狱友背叛；反过来，如果他的确被认定为犯罪者，他不会背叛自己的同伙。有时，公社的社长宁愿自己代表整个公社承受肉刑，也不愿暴露在狱中犯罪的公社成员。他背上的伤痕稳固了他的职位和他在狱友当中原有的地位。[52]

但是，这些社长对公社的忠诚并不是无可指摘的。社长会赌输掉公社共有资金，还会厚颜无耻地偷盗公共财物。如果严重违反公社的集体道德准则，不受欢迎的社长会被罢免。然而，总的来说，罪犯公社几乎不关注私有财产的神圣性。在营房和监狱牢房中，私有财产的神圣性这个概念并不流行。[53]

开始时，囚犯会把自己设法带到流放地的少数个人物品藏在墙上的小洞里，或将它们装进带小挂锁的盒子里。但是，藏匿和上锁无法难住那些坚决果敢、经验丰富的盗贼。偷窃既普遍又无耻，几乎被看作在监狱内流通货物的一种合法方式，而不是一种违反道德规范的行为。监狱的新来者尤其容易遭受偷窃。他们会受到一群狱友的热烈欢迎，这些狱友会详细地向他们解释监狱的规则，同时偷偷拿走他们的帽子、围巾或其他财物，然后把它们扔进人群里。新来的人会到处搜寻自己的东西，但终归是徒劳无功；他们的物品最终会在当地市场上出售。[54]

罪犯会竭尽所能地隐藏他们的任何钱财。他们会把钱粘在书页上，缝在内衣里，塞进靴子的鞋跟里（他们会专门把鞋跟挖空，以用于藏钱）；他们会把钱用带子缠绕在膝盖上。其他的罪犯知道所有这些伎俩，他们通常会密切关注彼此，观察某个人在使用哪种方法。如果他们发现某个狱友有钱，便会立刻偷走这笔钱，把藏钱的用具也一道偷走。偷窃和藏匿的技巧并行发展。有些罪犯能在狱友的眼皮底下偷东西，而其他行家能把东西藏在别人永远找不到的地方。一位当时的人回忆："他们会把它们藏在地板下、烟囱里，埋在院子里。"一位来自邻近城镇的承包商引起了一个西伯利亚刑罚堡罪犯们的反感。当他来这里拜访刑罚堡监督人时，他把马拴在了院子里。跟监督人会面结束后，这个承包商发现自己的马失踪了。骚动随后出现，一名高级官员被叫了来。一番搜查下来，马没能找到，最终这名官员要求罪犯们说出那匹马在哪里，并承诺不会对他们采取任何惩罚。罪犯将官员带到澡堂，拉开了地上的一些木板，让那匹马跑到院子里。[55]

苦役刑满后，西伯利亚的罪犯走出了监狱，但他们并没有准备好开启农业劳动生活。不过，他们在走私、偷窃和伪造技艺方面接受过严格的训练，他们会把这些技能带到一些不幸的地方，也就是他们作为定居流放者被分配到的地方。

陀思妥耶夫斯基于1854年2月从鄂木斯克刑罚堡获释，当时他年仅34岁。他的刑罚已经减为在塞米巴拉金斯克的西伯利亚陆军第七营服役。[56]他熬过了四年的苦役，但是苦役经历给他留下了终身的创伤，且对于他的写作和思想发展来说至关重要。那些与他一同囚禁的人为他描写盗贼和杀人者提供了令人信服的心理学研究，这些盗贼和杀人者出现在了他那些伟大的后西伯利亚小说中，即《罪与罚》（1866年）、《白痴》（1868年）、《群魔》（1871年）和《卡拉马佐夫兄弟》（1880年）。这位作家在西伯利亚对人类灵魂的黑暗冲动进行的观察，汇成了一种对犯罪、责任和道德的无尽痴迷。[57]

围绕着农民阶层的性质和俄国发展的形式展开的辩论支配着19世纪中叶的俄国知识生活。浪漫派保守主义者（如被称为斯拉夫派的阿列克谢·霍米亚科夫和伊万·阿克萨科夫）认为，知识分子应该拒绝接受自彼得大帝以来俄国现代化进程中的西方化。相反，他们应该拥护农民阶层所遵守的真正的东正教价值观，恢复彼得大帝改革前俄国有机的统一。斯拉夫派声称，俄国农民阶层具有公社生活方式、平静的存在方式、自然的谦恭，是唯一真正的基督教徒，没有被西方自私的个人主义和物质主义污染。民粹主义者（如亚历山大·赫尔岑和尼古拉·车尔尼雪夫斯基）遵循的是早期自由主义西方派的传统。他们认为农民阶层基本上是理性的，是自由的拥护者，是集体主义精神的承载者，这些体现在了农村公社中，而农村公社预示着俄国将迎来明朗的社会主义未来。[58]

然而，保守主义者和激进分子都将自己的意识形态雄心添加到他们只草率地看作农奴、家庭仆人和士兵的人群的价值观和心理上。陀思妥耶夫斯基后来抨击了支持这两种意识形态的思考方式的抽象思维：

> 普通百姓的问题和我们对他们的看法，也就是我们现在对他们的理解，是我们最重要的问题，我们的整个未来倚仗着这个问题；有人或许会说这是目前最实际的问题。然而，普通百

> 姓对于我们所有人来说仍然是一个理论，他们仍然是我们面前的一个谜。我们这些爱普通百姓的人在看着他们时就像在看一个理论，似乎我们没有一个人照他们本来的样子去爱他们，而只是照他们在我们每个人想象中的样子去爱他们。如果俄国人民最终不是像我们想象的那样，那么尽管我们爱他们，但是我们可能都会毫不后悔地立刻放弃他们。我说的是我们所有人，甚至包括斯拉夫派，他们也许是第一批放弃普通百姓的人。[59]

相比之下，在鄂木斯克监狱城堡度过的四年给了陀思妥耶夫斯基近距离观察普通百姓的极佳机会，而且他为自己获得的见解感到自豪。“我在那里的时间没有白费，”获释一个星期后，他在给哥哥的信中写道，“如果说我没有发现俄国，那么我至少切实了解了它的人民，只有少数人能像我这样了解他们。”[60]同罪犯紧挨着生活在一个不是按照沙俄社会的等级制度组织起来的世界里，陀思妥耶夫斯基几乎没有看到什么可以去爱的、什么可以去欣赏的。他在那里既没看到斯拉夫派想象中的无私、谦恭的基督教徒，也没看到民粹主义者想象中的理性的集体主义者。相反，他看到了“性情粗暴、充满敌意和满怀怨恨的”人，他们容易沾染各种恶习，从酗酒到暴力，不一而足。对于一个相信所有人天性善良的年轻理想主义者来说，最令人震惊的是罪犯们完全缺乏悔悟。戈梁奇科夫在《死屋手记》中回忆：

> 我在这些人之中没有看到一点悔罪的迹象、一点对自己罪行的沉痛的反思，而且其中很大的一部分人都真心实意地认为自己完全无罪……当然，在很大程度上，其原因在于虚荣心、

> 恶劣的榜样、硬充好汉、错误的羞耻感……然而这么多年来，毕竟可以从他们的心情中发现、捕捉、察觉哪怕一点儿线索，来证明他们内心的忧伤和痛苦啊。可是没有，绝对没有。[61]

知识分子企图按照自己的看法重塑农民阶层，但刑罚堡的犯人似乎揭露出，这个计划带有自我欺骗的性质。斯拉夫派和民粹主义者都在以自己的方式努力弥合受教育阶层与“无知之人”之间的“鸿沟”，弥合在1851年被赫尔岑斥为“两个俄国”之间的“鸿沟”。[62]在鄂木斯克，陀思妥耶夫斯基亲身体验了充斥着这道“鸿沟”的缺乏理解和敌意。即使他的狱友“不理解我们的罪行”，他在1854年给哥哥的信中说：

> 普通罪犯对于绅士阶层的仇恨是没有止境的，这就是为什么他们对我们这些贵族怀有敌意，并且对我们的痛苦幸灾乐祸。如果有机会，他们会把我们生吞活剥。你无法想象我们是多么易受攻击，我们不得不在几年的时间里与这班人一起生活、吃喝、睡觉，甚至去抱怨我们受到的各种欺侮都是不可能的。“你们是贵族，是用来把我们啄死的铁喙。你们过去是老爷，你们过去折磨过人民，但现在你们是最最低等的人。你们已经成了我们中的一员。”这就是四年来他们层出不穷的说辞的主题。这一百五十个敌人不厌其烦地恐吓我们……我们双方无法理解彼此，所以我们［贵族］不得不忍受所有的报复和迫害。[63]

不过，陀思妥耶夫斯基在信中向哥哥描绘的画面并不总是严酷的。这些罪犯或许是粗俗的，但是尽管他们的生活悲惨、残酷，一些人身上却有着人性闪光点。“我在那帮强盗中度过了四年苦役生活，其间我确实还是看到了一些真正的人。”他写道。“不管你信不信，他们当中有一些深沉、强大、高尚的品格，在这样粗糙的外表下发现这些金块是多么令人振奋。”[64]

在陀思妥耶夫斯基离开流放地之后的数年里，他继续重新想象了自己在刑罚堡黑暗、恐怖的世界中的遭际。在他的后西伯利亚小说中，他指出了在流放生活中可以找到的道德复活机会。小说《罪与罚》中的非正统派主角拉斯柯尔尼科夫最终成功摆脱了自己的虚无主义坚定信念和狂热的功利主义，找到了爱和精神救赎，甚至获得了西伯利亚苦役犯的接受。[65]在小说《卡拉马佐夫兄弟》中，在审判放荡的贵族德米特里·卡拉马佐夫的弑父罪时，他觉察到自己犯有曾希望父亲死去的道德罪过，即便他在这起谋杀案中是无辜的。他希望能在西伯利亚矿山中服苦役，将其作为实现道德净化的机会：

> 最近两个月我觉得自己换了一个人，一个新人在我身上诞生了。他一直给禁闭在我的躯壳里边，要不是这次晴天霹雳，恐怕永无出头之日。真可怕！我不在乎到矿上去挥二十年铁锤砸矿石，——对此，我一点儿也不怕，现在我只怕那个新人离开我！在那边的地下矿层，也能从身边某个同样的苦役犯或杀人犯身上发现一颗还有人味的心并且跟他结交，因为即使在那边，也能活下去，也能爱，也能痛苦！可以设法使这名苦役犯身上冻僵的心复苏，可以连续多年悉心照料他，最终从罪恶的深渊中重铸一颗深知什么是苦难的崇高灵

魂，再造一名天使，复活一位英雄！[66]

作者在鄂木斯克刑罚堡的苦难经历或许让他抛弃了对普通百姓的理想化预想，但这段经历最终重新确认了对他们的精神情感和他们对救赎的渴望的确信，或者是使这种确信成为必需。[67] 在陀思妥耶夫斯基 1876 年的《作家日记》的一篇文章中，他描述了他能够看出罪犯的基本人性的“奇迹”时刻。当营房里的罪犯正忙着又一次殴打醉酒和凶暴的卡津时，陀思妥耶夫斯基躺在自己的铺位上，想要躲开这场蓄意伤害，然后他陷入了沉思。他想起了自己儿时的一段故事，9 岁时的一天，他惊恐地从一个他以为有狼出没的森林中逃出来，跑到了自家庄园的一片田地里。在那里，他父亲的一个农奴——名叫马雷的农民——同情他，并尽力安慰他：

他安静地伸出一根粗短、沾着泥土且有着黑色指甲的手指，然后把手指轻轻地放在我颤抖的嘴唇上。

“好了，好了。”他对我笑着，带有一种明朗的、近乎母性的微笑。“上帝啊，多么可怕的忙乱。亲爱的，亲爱的，亲爱的！”

[……] 所以当我从铺位上爬下来并环顾四周时，我记得我突然觉得自己可以用完全不同的方式来看待这些不幸的人，而且突然间，像是发生了某种奇迹，以前我心中的仇恨和愤怒都消失了。这个不光彩的农民饱受凌辱，头发被剃掉，脸上打着烙印，喝得醉醺醺，咆哮着嘶哑、带着醉意的歌——为什么他也可能是当年的那个马雷；毕竟，我不能窥视他的内心。[68]

正如陀思妥耶夫斯基在1873年所写的，这种转变标志着这位作家开始从彼得拉舍夫斯基小组的乌托邦式社会主义转向一种新的政治哲学，这种哲学现在更接近斯拉夫派的思想。随着陀思妥耶夫斯基的宗教和民族主义信念加强，他开始重新设想，不是一小部分人，而是他在鄂木斯克的**所有**同伴都是有着强烈道德责任感且渴望宽恕的人："我认为或许他们所有人都蒙受着长久的内心痛苦，这种痛苦使他们得到了净化，使他们强大。我看见他们在忏悔之前进行祈祷……在他们的心中，他们没有一个人认为自己是无罪的！"在他看来，正是罪犯适应性强的信念——这种信念甚至在监狱要塞的残忍环境中幸存了下来——提供了修复受教育阶层和普通百姓之间那道互相恐惧、互相敌视的裂痕的基础；所有人都会成为在精神上平等的人。[69]

陀思妥耶夫斯基在接触鄂木斯克刑罚堡的普通百姓后产生的这段救赎性记忆，成为他随后的弥赛亚式民族主义的试金石：这位作家称颂自己"与人民的直接接触，因共同的不幸而出现的兄弟般的团结，以及明白我们自己已经成为和他们一样的人、和他们平等的人，甚至是把自己当作他们当中最低级别的人的意识"。他回忆，他已经能够"找到普通百姓的根，发现俄国的灵魂，并认识到普通百姓的精神"[70]。

陀思妥耶夫斯最终于1859年返回圣彼得堡，后加入了一个被称为"根基派"（почвенничество）的作家团体，该团体认为，在东正教中新的兄弟情谊将使俄国能够回应它作为各民族领袖的伟大精神感召。对于陀思妥耶夫斯基来说，西伯利亚远不仅是一段记忆，更是一块富有想象力的画布，他可以在上面探索个人和集体救赎的可能性，探索俄国的独特国家命运的前景。[71]

8

“以自由的名义！”

在1831年镇压了波兰十一月起义后，尼古拉一世下令在华沙市中心兴建一座设防的大规模建筑。这座矗立在维斯瓦河畔的威严大建筑物是用来加强沙皇在此的军事势力的，也是用来标志俄国对这座不驯顺的城市的帝国主义控制的。这座城堡常年驻守着五千名士兵和重型大炮，这些大炮的火力可覆盖华沙的大部分区域。城堡里修建了数百个牢房。其中最臭名昭著的是第十室，在19世纪，那里曾关押过许多著名的波兰起义者和革命者。整栋建筑被称为“华沙的巴士底狱”。

1863年，波兰人开始了又一次注定失败的争取独立运动，这一次，这座城堡为尼古拉一世的继承人亚历山大二世派上了用场。这次起义后来被称为“一月起义”，起义的直接原因是亚历山大二世在19世纪60年代初实施的大改革，改革在西部边疆地区和波兰王国激起了希望，人们渴望拥有更多自治权和自由。然而，圣彼得堡拒绝支持这种让步，这引起了政治上的不满。波兰民族主义示威游行演变成了暴乱。针对此种情况，沙皇在波兰王国的总督卡尔·兰贝特将军于1861年10月发布戒严令，逮捕了起主要作用的民族主义者。再加上长期以来的经济怨愤，政治不满转变成了动乱，动乱又转变成了彻底的起义。这场运动由抗议征兵触发，开始时是一场在华沙的起义，后来迅速向北、向东蔓延，进入西部边疆地区，并演变成一场从 1863 年延续到 1865 年的长时间起义。[1]

这些区域的民族和宗教成分十分复杂，起义者包括德意志人、犹太人，还有自称为乌克兰人或白俄罗斯人的人。不过，大部分人是波兰人。他们来自各个社会阶层，多数人来自较贫困的贵族阶层和城市知识分子阶层，而其他人出自手工业阶层或农民阶层。即使是那些来自其他欧洲国家的共和主义者也和波兰人并肩作战，前者在 1848 年革命和朱塞佩·加里波第在 19 世纪 50 年代领导的意大利运动中变得激进。这场起义和起义余波都是国际性事件。[2]

与在 1830 年起义的同胞相比，1863 年的起义者在军事方面更为疲弱，但在政治方面组织得更好。起义者在广阔的地域内分散地发动了许多地方性的起义，他们以这种方式同忠于专制政权的军队展开了一场漫长而痛苦的游击战争。这次起义成了一场内战，各个阶层和民族群体或是同起义者结盟，或是同俄国结盟。和在 1830 年时的情况一样，起义者敌不过强大的帝国陆军，在战斗最激烈时，帝国陆军投入了约 17 万兵力。经过 630 次交火，起义者最终败下阵来，他们的队伍因人员伤亡和人员被俘而耗尽。政府军又花了 16 个月才彻底粉碎起义，铲除起义者广泛的地下政府网络。在沙皇的反暴动战役中，华沙城堡声名狼藉。它是军事行动的发射台，也是关押数千名被捕起义者的巨大监狱。起义的领导者罗马乌尔德·特劳古特于 1863 年在城堡外面被绞死。

沙皇在波兰王国和西部边疆地区的报复行动是迅速而严酷的。军事法庭判处了数百人死刑。不仅是武装起义者，政治家、记者、天主教神父以及学生激进分子也被拖入政府的法网中。约 3.5 万人被放逐到帝国的各个地方。这次镇压是为了劝波兰人放弃所有支持独立的公开表示形式：一个 15 岁的女孩因哼唱波兰爱国歌曲且在起义失败后穿黑色丧服而被当局抓捕。[3]

就像在 19 世纪 30 年代一样，大多数被指控武装参与起义的人都被现场军事法庭行政流放或特别司法流放了。1.8 万到 2.4 万人被放逐到乌拉尔山以东。约 3500 名起义者被控犯有最严重的“国家罪行”，被判处在矿山终身服苦役，或者在涅尔琴斯克的要塞或工厂服较短的刑期。那些罪行较轻且蒙受沙皇宽赦的人则被剥夺了公民权，被流放到西西伯利亚或东西伯利亚的定居点，而发往西西伯利亚还是东西伯利亚，要取决于他们被控罪行的严重程度。西部边疆地区曾经享受的制度性特权和相对的自治权被撤回了，波兰王国解体，它们都转而由圣彼得堡直接统治。反抗俄罗斯帝国的波兰起义再次失败。[4]

和前辈一样，被流放的第二代波兰起义者在西伯利亚奋力维持着自己对爱国主义和共和主义原则的忠诚。流放生涯摧毁了很多人的身体和精神，但更多的人竭尽所能地继续与俄国为敌。一些人在请愿书和信件中质疑自己的审判的公正性，努力想让自己摆脱监禁；一些人大胆地逃逸；还有一些人发起了武装反抗。

对于波兰起义者及其盟友来说，这些针对西伯利亚当局的抵抗行为是政治行为，是他们与俄国的斗争的延续。但是，它们也是民族主义者和共和主义者与欧洲的君主国和帝国之间更广阔的斗争的一种延伸。这些波兰人用自己爱国、博爱的价值观念与专制政权的父权权威相斗。在请愿书、自杀遗书和西伯利亚军事法庭的证词中，波兰人说着一套与权利、公正、自由与暴政有关的话语。逃脱和获释的人把关于这些波兰人的反抗、英雄主义和苦难的故事传递了出去，让这些故事在俄罗斯帝国内外回荡着。对于许多有同情心的欧洲同时代人来说，起义者对抗西伯利亚狱卒的斗争是波兰民族自身的斗争。

如今，华沙城堡内的第十室是波兰独立博物馆的一部分。其中一个走廊里挂着浪漫主义艺术家亚历山大·索哈切夫斯基的大幅油画。这幅画描绘了一支由数十名起义者组成的流放队伍，既有男人，也有女人，队伍在休息点休整，四周是荒凉的雪地。人们身穿囚服，戴着镣铐，头发被剃去半边，很多人因疲惫和绝望而瘫倒在地。有些人痛苦地祈祷，有些人愁苦地哭泣。在画的中心，分隔彼尔姆省和托博尔斯克省的界标赫然耸立在这群波兰人的上方。在界标那一侧，西伯利亚在招手示意。索哈切夫斯基是1863年的起义者之一，他们在一月起义之后被流放到西伯利亚。在涅尔琴斯克服了二十年苦役后，他绘制了油画《告别欧洲》。如今，这幅描绘波兰流放者的苦难的画作挂在曾用作展示俄国帝国力量的堡垒里，这真是一个历史造就的讽刺。[5]

俄国在起义之后开展的大规模报复给西伯利亚流放制度造成了严重后果。当局无法应对突然拥入西伯利亚城镇、村庄、矿山、要塞和工厂的波兰苦役犯。即使到了19世纪60年代，流放者前往西伯利亚的行程已经实现半工业化，这些波兰人的旅程仍然是痛苦的。为了更快速、更顺畅、更有序地向东运送罪犯，政府先是利用航道，后来利用铁路。从1862年开始，火车开始将罪犯从莫斯科和其他中转点经过弗拉基米尔运送到下诺夫哥罗德。有些列车经过了改装，用于运送罪犯，这类列车由三等车厢装配成，车厢的窗户带有窗台，就像尼古拉·亚罗申科在他1888年的油画

《生活无处不在》中描绘的那样。火车过于拥挤，因此罪犯不仅坐在长凳上，还坐在长凳下面和过道上。密封的门和通风不良的环境让人们非常受罪。前往下诺夫哥罗德的 440 千米路程走了一天一夜。在别处，流放者运送系统的基础设施状态很差：休息站老旧且即将倾颓，一个官员报告："再多的修理和改造也不会让它们适于在冬天使用。"在前往秋明的途中就有这样一个休息站，它的天花板甚至塌了下来。[6]

除了运送罪犯的基础设施存在种种缺陷，西伯利亚当局本身也无力顾及大量新来的流放者。托木斯克省省长格尔曼·劳尔赫特于 1864 年 7 月写信给他在圣彼得堡的上级，表明这里的监狱要塞只能容纳 400 名囚犯，但"这个要塞的罪犯人数很少少于 600 人，平均的罪犯人数为 700 至 750 人"。一套腐败、无能且"需要彻底修整"的行政机构混乱地管理着该监狱。[7]

由于无法容纳这些波兰人，西伯利亚官员按照由来已久的方法，匆忙地将他们转移到更往东、更偏远的地区。1864 年 4 月，西西伯利亚总督亚历山大·迪古卡耶夫给圣彼得堡写信，称"由于缺乏必要的设施"，请求将所有被判处在他负责的要塞服苦役的政治犯都送往东西伯利亚的工业企业工作。但是，在更往东的地区，当地当局也在奋力应对大量拥入的流放者。东西伯利亚总督米哈伊尔·科尔萨科夫命令将一整连步枪兵"和几名可靠且没有波兰背景的军官"从阿穆尔河流域转移到涅尔琴斯克。1864 年 10 月，他指示涅尔琴斯克矿区负责人希洛夫把新流放者分散到各个矿山。400 人已经在夏天抵达涅尔琴斯克，以后几个月预计还会再来 800 到 1000 人，那里的当局回应，为他们寻找生产性的工作是"不可能的"。希洛夫坚持认为："尽管行政机构尽了力，但

［监狱建筑］还是不可能在短时间内建成。”新建筑工程只能在春季动工，在此之前，流放者要被安置在前往涅尔琴斯克途中的城镇里，即克拉斯诺亚尔斯克、伊尔库茨克和赤塔。过度拥挤成了地方性的问题。俄国的报复本能超出了政府的惩罚能力。[8]

早在 1864 年 8 月，流放当局就开始警惕，成千上万名“国家罪犯”进入西伯利亚可能会出现难以管束的问题。1863 至 1867 年间，约 4000 名波兰人被流放到托博尔斯克省的定居点，4400 名波兰人被送往叶尼塞省。对人数如此之多的流放者实施甚至是最基本的监视和控制也是极其困难的。内政大臣彼得·瓦卢耶夫急于把波兰流放者的人数降到更可控的水平，于是他写信给西伯利亚所有的省长，要求他们起草出可以从流放地提早获释、返回故乡完成刑期的人员的名单。1866 年 5 月，沙皇发布了一系列措施，给因为参加一月起义而获罪的罪犯减刑。被判终身服苦役的波兰人被改判 10 年刑期；被判处在矿山、刑罚堡和工厂服 6 年以下苦役的人被释放到定居点，有些人则被释放回乡。两年后颁布的进一步的赦免令，释放了所有“没有被指控谋杀和武装抢劫，没有犯严重政治罪”的苦役犯，并准备让一些人返回俄国欧洲部分和波兰。[9] 种种赦免行为与其说是与沙皇的宽宏大量有关，不如说是与收容大量政治流放者这个实际问题有关。

在一月起义之后被放逐到西伯利亚的波兰人中，绝大多数人（约 80%）被流放到定居点。另一小部分人享有专属贵族的待遇，被“流放到当地居住”，可以住在城镇里。[10] 为避免这些波兰流放者给更广阔的西伯利亚社会造成影响，政府于 1866 年 1 月颁布了一项法令，禁止他们从事教学、制药、印刷、摄影、医学和葡萄酒销售等工作，禁止他们住在有邮政和电报办事处的建筑里，禁止他们担任任何政府职务。简而言之，他们不得从事几乎所有与他们以往的教育和工作经历相符的生产性劳动。许多人规避或者直接无视这些限制，但其他人却只能耕种土地。同19世纪30年代和40年代的前辈一样，19世纪60年代的波兰起义者努力地把自己培养成农学家。但是他们缺乏在亚北极地区气候条件下在农耕方面做出成果的知识、毅力和魄力。即使他们拥有这些必需的特质，那里也极缺可耕地。为了勉强维持生计，很多人当起了农场工人，受西伯利亚农民阶层支配。到19世纪60年代末，在坎斯克地区定居的近960名波兰人中，只有约150人做商人和工匠；其他人依靠当地居民的施舍或者政府发放的少量救济品（为避免他们饿死）度日。[11] 民族志学者谢尔盖·马克西莫夫见证了他们的绝望：

> 政治流放者相信，他的生命已经不可逆转地荒废了，因此，他对周围的事物十分冷漠，或者是易怒、不安和紧张。如果说在他心中仍保存着回国的希望，那么这种一直支撑着他的希望会妨碍他工作，妨碍他安心生活：西伯利亚对他来说就是一个邮政驿站，是生命中的一个短暂的中途停留地……但是随着岁月流逝，随着岁月消磨着他们的希望和力量，这些人变得日渐消沉；无所事事的状态加重了他们的暴躁。不满情绪愈演愈烈，最终变成了怨恨。[12]

因为1866年5月的大赦，毛雷齐·苏利斯罗斯基由原先的苦役刑罚被改判为“流放到定居点”，随后他从伊尔库茨克省巴拉甘斯克地区给自己的哥哥写信：

> 伊尔库茨克省有大约1500名流放定居者。对于人数如此之多的人群来说，找工作是一件难事。对于那些可以收到亲戚寄来的钱款的人来说，生活没什么问题，但是那些收不到接济款也没有什么谋生手段的人往往会为农民工作，但这是一种怎样的工作呢？他的早餐是浓茶，晚餐则为一些菜汤和一片面包。你可以用这些食物来果腹，但有什么能遮蔽你的身体、满足你的灵魂需要呢？只有眼泪、失望、苦难和破衣烂衫！这就是定居点的生活场景！在我看来，这比苦役还要糟糕。[13]

为避免陷入这种命运，波兰流放者及其家属不停地请求沙皇当局宽大处理。而那些目不识丁的农民和商人悄无声息地困在西伯利亚流放地，因为他们的家人无力为他们频繁地向政府游说。与之相比，这些波兰人中的大多数人都是受过教育的，而且很多人来自那些熟悉请愿和施恩艺术的家庭。他们的抗辩，再加上亲人的上诉，突出了他们被判处的刑罚的不公正性。流放者或者声称他们的刑罚过重，或者声称他们没有犯罪。他们进一步指出了他们在西伯利亚的可怕困境，还指出了他们的妻子和孩子（他们随流放队伍出发时，不得不把妻儿抛下）的贫苦。[14]基辅贵族伊万·东布罗夫斯基是名遭流放的起义者，他于1865年7月从伊尔库茨克省的伊尔别村向当局申诉。东布罗夫斯基声称自己此前“被一群暴动分子抓住，后被强迫留在他们那里”，他一找到机会就逃离了这群人，并全面、坦白地向当局声明，自己并非自愿地参加了这场暴动。他曾经希望在1863年得到赦免，“但新出台的法律并没有考虑我真诚的悔恨”。东布罗夫斯基被流放到东西伯利亚的定居点，“且丧失了所有的权利和财产”。他大胆地“跪倒在陛下的脚下，以求缓和我的厄运，还有我四个可怜的孩子和我的妻子的痛苦，她被留在了家中，也没有什么谋生手段”。

两年之后，1867 年 10 月，东布罗夫斯基的四个孩子向东西伯利亚总督科尔萨科夫请愿，详述了他们的父亲为沙皇效力的经历。东布罗夫斯基曾在 1847 年和 1848 年在帝国陆军中作战，镇压过匈牙利革命，且头部受过伤，这些伤可以解释“造成他的不幸的那些疯狂行动”。他们写道，他的身体很差，因而他无法从事农耕，只能依赖家人微薄的救济度日。因为一无所有，他无力支付为留在伊尔库茨克省而要给地方当局的贿赂，于是他在 1867 年 2 月被转移到往东北方向几百千米远的雅库茨克省，“任何一个以往生活在我们的气候条件中的人到那样一个地方去都会慢慢地死去。什么样的苦役可以与这般残酷的命运相比呢？”他们声称，他们的父亲应该因为 1866 年 5 月的大赦而减刑，但却因“毫无根据的诽谤和指控”而走向厄运。请愿书的结尾如下：

> 阁下，请大度地原谅我们大胆的请愿！但我们只是孩子，为我们可怜的父亲蒙受的不公待遇而感到痛苦，他被剥夺了一切，被迫和自己的骨肉分离，因为他无法工作以养活自己而被判有罪，……我们只能推断法庭不公。对于我们的父亲和我们来说，您的意志就是法律；您的话就是关乎生死的判决。请行行好！请想想他曾为沙皇服役，想想他神志不清的可怜病症，再想想我们这么年幼，因为我们这些孩子当中最大的也只有 7 岁！请顾念我们这些孤立无助的孩子，把我们的父亲从雅库茨克省调回伊尔库茨克吧，让他和他的表亲政

> 治流放者卡罗尔·德罗戈米雷茨基一起生活，他会照顾我们的父亲的。

每个年幼的孩子都用稚嫩的笔迹在请愿书上签上了名字：卡米拉、尤缅、伊万和奥诺拉塔。东布罗夫斯基家似乎是发起了请愿联合行动，两个月后，他的妹妹文岑蒂娜也写信给总督，坚决表示自己的哥哥是无辜的。她请求不要让哥哥待在雅库茨克省“异常恶劣的气候”里，那里“是个不毛之地，那里的人们从一个帐篷搬到另一个帐篷，他没有任何慰藉，身体又不好，所以会慢慢地死去”。文岑蒂娜称，她寄希望于总督的“人性”以及我们最仁慈的君主的“宽宏大量”[15]。

东布罗夫斯基的亲属在给东布罗夫斯基的私人信件（这些信不幸被伊尔库茨克当局截获了）中表达了他们对俄国政府的真实想法。“你不会相信我们对伊尔库茨克当局的行为感到多么痛苦和愤怒。”其中一封信写道。“他们简直不是人，而是无情的野兽！他们没有任何解释和正当理由地让你去跟野蛮人生活在一起！”[16]

一定程度上是因为这些信件的内容，东西伯利亚当局没有为东布罗夫斯基和他的家人的上诉所动。东布罗夫斯基被转移到雅库茨克省，不是因为他贫穷且不会农耕，而是因为他“不可靠”。他所声称的身体欠佳没有得到证实，他与家人往来的信件是“他的道德情操的精确标尺”，是“他对政府怀有敌意”的证据。他基辅哥哥的信件里充斥着“对基辅现场法庭不雅和辱骂性的言论”；他们夸口说法律不是为波兰人存在的，他们还给出了如何贿赂当局的建议。但是在 1870 年 6 月，请愿活动终于取得了成功，在东布罗夫斯基第一次请愿过去七年后，他终于获准迁移到俄国中部的奔萨省。[17]

突然放逐这么多起义者，给流放制度带来了行政方面的混乱。内政大臣彼得·瓦卢耶夫向省长们抱怨，在没有做好妥当的文书工作的情况下，许多波兰人就被流放了，这种情形造成了流放者身份和刑罚方面的错乱。或许明显可以看出，瓦卢耶夫忧虑的并不是罪犯服了错误的刑罚这种可能出现的不公正现象。其实他焦虑的是，很多出自波兰下层社会的流放者正在利用文书记录方面的行政混乱。他们声称自己实际上来自特权阶层，所以他们有权获得更好的配给、乘坐随流放队伍一同行进的马车，所有这些都增加了国库的负担。托博尔斯克流放事务部不断请求圣彼得堡澄清途经托博尔斯克中转监狱的流放者的身份和判决。

1865 年初，自称是意大利人的流放者卢多维科·佩雷沃斯蒂抵达了托博尔斯克。他宣称华沙当局因政治罪行流放了他，但他不知道他的目的地是哪里。流放事务部向华沙询问关于他的更多信息，但是两个月后，流放事务部只收到了一份证明，证实佩雷沃斯蒂确实是意大利人，来自巴勒莫，于 1864 年 8 月 14 日被流放。然而，他的目的地却是一个谜。来自维捷布斯克的贵族米哈乌·布瓦热维奇在前往西伯利亚的途中被发现身上带着另一位起义者的文件。布瓦热维奇实际的目的地不是西伯利亚，而是彼尔姆省的一个小村庄。4 月，托博尔斯克省省长亚历山大·德斯波特－泽诺维奇写信给华沙总督，抱怨这些混乱带来的后果：没有携带必要的文件便抵达那里的流放者必须被留在当地监狱里，同时要接受调查，这种事态“大大增加了被关在中转站的罪犯人数，解决他们的食宿问题十分困难，也给国家财政带来了极大的负担”。有些政治流放者“经常被扣押超过一年的时间，这让他们受到了不该受的惩罚，而且有害于他们的道德和健康”。截至1865年春，托木斯克省滞留着280名阶层和判决信息不明的波兰人。[18]

行政方面的混乱为灵敏、勇敢、机智的人提供了机会。雅罗斯瓦夫·东布罗夫斯基是名24岁的激进共和主义者，他的经历如同出自19世纪的浪漫主义小说。他是一个贫穷的日托米尔贵族之子，曾在圣彼得堡的尼古拉总参谋部军事学院学习，之后于19世纪50年代在高加索地区和沙皇军队共同作战。返回首都后，他卷入了共和主义者密谋团体（在改革时代新发展起的多元主义氛围中，这种团体非常活跃）。1862年2月，他前往华沙，置身于起义准备活动的中心。他在那里遇见并爱上了年轻的波兰贵族女士佩拉吉娅·兹格利琴斯卡，他们二人订婚了。但东布罗夫斯基的密谋活动没有躲过当局的关注：他和几名同伴在1862年8月被捕，然后被关在华沙城堡。在起义开始之后，东布罗夫斯基和兹格利琴斯卡于1864年3月24日在狱中结婚。不久之后，佩拉吉娅·东布罗夫斯卡也被认定参加过暴动，被判处流放阿尔达托夫镇（位于下诺夫哥罗德省，在莫斯科以东400千米处）。[19]10月，军事法庭判处东布罗夫斯基由射击队枪决，后被费奥多尔·贝格减刑。费奥多尔·贝格是在即将消亡的波兰王国的最后一位沙皇总督。1864年12月2日，东布罗夫斯基已经在前往涅尔琴斯克的路上，政府在官方报纸《俄国老兵》上披露了其罪行的细节：“因为东布罗夫斯基在圣彼得堡建立了一个旨在于俄国西部边疆地区筹备叛乱的秘密团体，与在波兰王国的叛乱组织的成员勾结，而且参与了这个叛乱组织的筹备工作，所以他被剥夺了地位、贵族身份以及1853—1856年战争的纪念章……并被判处在矿山服15年苦役；他所有的财产……都被国家没收。”东布罗夫斯基曾抱有减轻刑罚、流放到妻子所在地阿尔达托夫的希望。“命运经常垂青我们，”他给妻子东布罗夫斯卡写信说，“所以它不会在未来抛弃我们。保持你的勇气和信念，因为只有失去希望的人才是不幸福的。”[20]

东布罗夫斯基于1864年11月11日随由波兰流放者组成的流放队伍抵达莫斯科。由于押送军官和士兵人数不足，这些波兰人被关押在当地的军营中。一名监狱官员后来向上级解释：“虽然他收到的指示是给他们点名，但这不可能办到，因为警卫手中并没有所有罪犯的名单，而且营房里拥挤的条件意味着，被叫到名字的人没法跟其他人区分开，所以点名没有任何用处。”12月2日上午，99名罪犯（警卫报告，他们已经把这些人数了“两三遍”）被带到澡堂，另外31人（包括东布罗夫斯基）则留在营房里。当天晚上警卫换班时，东布罗夫斯基——身上还穿着他从华沙穿过来的军装——走到军营的前门处，警卫将他当成了一名军官，他便直接走出了军营，走向了自由。当《俄国老兵》的读者正在阅读东布罗夫斯基对抗国家的可憎罪行时，这名波兰军官已经开始了逃亡之旅。[21]

国防大臣德米特里·米柳京听说东布罗夫斯基逃跑后大怒，并且质疑为什么如此重要和危险的罪犯没有被安排进在这几周里从莫斯科前往东西伯利亚的其他流放队伍。对东布罗夫斯基的一番搜寻只是截获了一封未署名的信件，这封信标注的日期是12月8日，收件人是在阿尔达托夫的佩拉吉娅·东布罗夫斯卡，信中说：“按照您丈夫的要求，我荣幸地通知您，他已经在本月初成功地逃离了折磨他的人的魔爪，现在已经身在国外。”[22]但这封信是个幌子。东布罗夫斯基确实计划逃往国外，但他不会丢下妻子。

1865 年 6 月，窘迫的下诺夫哥罗德省省长阿列克谢·奥金佐夫将军写信给内政大臣瓦卢耶夫，报告东布罗夫斯卡在 5 月 19 日已经从“警方的监督”中消失了。大规模的搜索没能找出这名逃犯的下落，但显示出了她的逃跑方式。在她失踪前的一个星期，“一个 25 岁上下的高大男子”从圣彼得堡来到了阿尔达托夫，“他长着长长的鹰钩鼻，留着金色长发，蓄着西班牙式胡子，身穿一件深色长礼服……只带着一个手提箱和一把雨伞，抽着昂贵的雪茄”，他的出现“很可能是要提醒东布罗夫斯卡马上就要开始逃跑”。这两个人在阿尔达托夫郊区的一个修道院里会合，然后一起乘坐火车前往莫斯科。这个神秘人物其实是东布罗夫斯基的朋友弗拉基米尔·奥泽罗夫，他是个来自圣彼得堡的军官和密谋者。8 月，奥金佐夫将军把他个人收到的一封信件呈递给了首都，这封信不可能平息其上级的愤怒：

> 我的妻子离开阿尔达托夫的举动很可能招致了一场调查。我根据经验便可以清楚地知道这样的调查意味着什么。我发现调查委员会从来没有真正地发现什么线索，但却经常且唯利是图地构陷无辜之人。有鉴于此，为了免去所有人的嫌疑和不快，我现在写信向您说明逃跑事件。事实上，我说错了，因为这并不是一场逃跑，而是一起绑架。不仅我妻子的亲属对我的打算一无所知，我妻子本人在最后一刻之前也一无所知。我没有想办法去预先提醒她，因为我担心我的计划可能会被知悉、破坏。

东布罗夫斯基最后说：“尊敬的先生，请允许我说出自己的期待，尽管这次奇异行动对您作为这个地区的省长来说可能非常不愉快，但作为一个人，您可以这样安慰自己，您的这个小小的不愉快会成为已经承受了很多苦难之人的幸福源泉。”这封信的落款是“雅罗斯瓦夫·东布罗夫斯基，6月15日，斯德哥尔摩”[23]。

东布罗夫斯基还向帝国的广大群众发出了一个信息。波兰起义在俄国社会中释放了一种恐惧情绪，而这个社会现在无法容忍任何对俄国在波兰的行动的批评。1863年4月，当局关闭了由费奥多尔·陀思妥耶夫斯基和他的哥哥米哈伊尔主编的《时代》杂志。起因是该杂志发表了一篇被认为过于同情波兰起义者的文章，作者是斯拉夫派人士尼古拉·斯特拉霍夫。在这样的气氛之下，自由主义观点在“波兰问题”上几乎完全噤声，只敢就反暴动提出最拐弯抹角的批评。总体来说，保守派新闻机构的评论更滔滔不绝。极其保守的米哈伊尔·卡特科夫在保守主义日报《莫斯科新闻》上不断发表反波兰的文章，这些文章影响很大，许多观察者认为，卡特科夫正在刺激俄国政府更加严厉地约束波兰。[24]

东布罗夫斯基从斯德哥尔摩给卡特科夫写了一封轻蔑的公开信，谴责他在俄国新闻界中煽动反波兰的情绪：

> 你有一段时间确实成功地唤醒了俄国人的野蛮本能和狂热，但你的谎言和欺骗不会长久地取胜。我们的数百位流放者已经向俄国最阴暗的角落传播了对我们的努力和我们的人民的理解。他们在所有地方的出现，都雄辩地抗议了官方和受雇的造谣者散布的谎言，唤醒了俄国人灵魂中的人性本能。

这封信发表在波兰期刊《祖国》和亚历山大·赫尔岑在伦敦

出版的自由主义刊物《钟声》上，《钟声》在俄国很多地方可以看到。赫尔岑的杂志在整个冲突过程中坚定地支持波兰，提出波兰的斗争也是俄国民主主义者和社会主义者反对专制制度的斗争。然而，在反波兰狂热情绪的支配下，成批的俄国读者不再订阅《钟声》；1863 年，该杂志的发行量从 2500 份下降到 500 份。[25]

随着欧洲的集体良知再次被波兰的命运刺痛，俄国在波兰王国和西部边疆地区的镇压活动的影响逐渐扩散到欧洲各地。致力于波兰事业的团体在伦敦享受了一段短暂但活跃的发展时期，而且英国议会讨论了英国政府对这次暴动的外交反应（但从未讨论过军事回应）。英国新闻界谴责了俄国的行动，并表示自己与波兰起义者团结一致。《泰晤士报》斥责了“野蛮和残忍的行动，认为这些行动是对文明政府的羞辱，令这些行动所在的时代蒙羞”[26]。

热情的共和主义者东布罗夫斯基将他的革命经验和军事技能带回了西欧。他和妻子从斯德哥尔摩去了法国，尽管他在那里受沙皇政府爪牙烦扰，但还是积极参与了波兰革命的秘密活动。1871 年内战在巴黎爆发之际，东布罗夫斯基（Dąbrowski）以 Dombrowski 为化名，在公社担任军事指挥。在和起义者一同在这场注定失败的战斗中奋战两个月之后，东布罗夫斯基将军于 1871 年 5 月 23 日倒在了战场上。他的兄弟泰奥菲尔后来解释了东布罗夫斯基的动机：“我们加入巴黎革命，是因为我们在这场革命中看到了一场社会革命，一旦这场社会革命成功，它便可以推翻欧洲现有的秩序。波兰会在这当中失去什么？什么都不会。波兰可以赢得什么？是的，可以赢得一切。”[27]

像亚历山大二世残酷镇压波兰起义一样，约 4500 名东布罗夫斯基的战败同志被从巴黎流放到了法国在南太平洋的刑罚殖民地——新喀里多尼亚。东布罗夫斯基拼命守卫巴黎，这番英雄行为让他的名字在巴黎街头巷尾成为共和主义的落败的同义词。20世纪30年代，国际纵队支持了西班牙共和国同法西斯主义的斗争，其中一支队伍的主力是波兰人，这支部队骄傲地命名为“东布罗夫斯基营”[28]。

波兰起义以及起义者流放西伯利亚是欧洲共和主义历史上的中心事件。波兰人反抗圣彼得堡的斗争得到了欧洲各地的支持。受1848年革命鼓舞的意大利和法国共和主义者前往波兰，与这些起义者并肩作战。意大利将军弗朗切斯科·努洛领导了日后被称为“加里波第团”的意大利志愿者军队。法国军官弗朗索瓦·罗切布鲁恩率领着一支法国志愿军队伍，为纪念在克里米亚战争中作战的法国轻步兵，这支部队被命名为“死亡轻步兵”。他们在波兰战败后，其中30人也戴上了脚镣，被送往西伯利亚。这些人在1863年7月开始了这段行程一万千米的旅程。他们在途中的配给逐次递减，从托博尔斯克至托木斯克这段路是每天7戈比，在前往克拉斯诺亚尔斯克的这段路上缩减为每天6戈比，从克拉斯诺亚尔斯克至伊尔库茨克这段路缩减为每天3.5戈比，最后，从伊尔库茨克至赤塔这段路缩减至令人挨饿的每天2.5戈比；而在东西伯利亚，400克黑面包的售价高达4戈比。[29]

法国、意大利和瑞士共和主义者走了8个月后终于到达了在涅尔琴斯克矿区边缘的彼得罗夫斯克扎沃德，此时他们疾病缠身。当地医生让这30人都住进了医院。其中两个人显示出肺结核的早期症状；一个人患有结核病和性病；朱塞佩·克莱里奇的右侧腹有一处大溃疡，那是由枪伤引发的，当时医生曾从伤口处取出了一枚子弹和一片肋骨碎片。然而，这处溃疡没有任何愈合的迹象，肋骨周围都是坏疽。[30]

加里波第团的成员把自己看作骄傲的共和主义者系谱的组成部分，这是一个可以追溯到美国革命和法国革命的系谱。在西伯利亚，他们看到了一些曾参与过反对专制政权的早期起义的人物，如 65 岁的十二月党人伊万・戈尔巴乔夫斯基，他在 1856 年亚历山大二世大赦后选择留在涅尔琴斯克。这位老人与他的共和主义同道者友好相处，并建议他们以恬淡寡欲的态度忍受自己的命运："不要愤怒和怨恨，用清醒的头脑来降伏残酷的命运。放弃执念，精神和谐，专注学术工作，对于忘记你们的脚镣的重量、不被脚镣留下特征来说，这些是最好的也是仅有的方法，这样，当脚镣最终被摘除时，你们仍旧年轻！"[31]

这些加里波第团成员恢复体力后，便立马成小组地被分散到涅尔琴斯克各个矿山。来自贝加莫的显赫贵族家庭的年轻人路易吉・卡罗利和法国人埃米尔・安德烈奥利被发往了距离中国边境仅十几千米的卡代矿山。安德烈奥利描述了他的同伴们的心理状态：

> 不管我们身体的病痛和我们的困窘有多么严重，它们都比不上内心的折磨，这种折磨缓慢但确实在压迫着西伯利亚苦役犯的心灵。悲哀的是一个人几乎不愿意让自己专注于某个具有挑战性的工作或者精神劳动，而这种工作或劳动可以让他不去想自己过去拥有的一切、自己遥远的故乡、自己的亲人，不去想自己曾经钟爱的一切。[32]

加里波第团成员努力通过学习语言和当地历史来振奋精神，

但这是一项非常艰难的活动。当卡罗利开始执迷于对意大利和家人的想念时，他使劲让自己保持忙碌。卡罗利先是被即将实施大赦的传言支撑着，但这一传言终究没有实现，他最终陷于沮丧，而且他的健康状况开始迅速恶化。在卡代待了 9 个月后，卡罗利于 1865 年 6 月 8 日去世，他的同志们埋葬了他。被流放的共和主义者的葬礼是展示加里波第团成员之间的兄弟情谊和共同的理想主义的舞台，因此，卡罗利的同志在他的坟墓上竖起了一个十字架，上面刻着“敬献波兰流放者意大利人路易吉·卡罗利”。波兰浪漫主义画家和起义老兵阿图尔·格罗特盖把这一幕永远地定格了下来。[33]

涅尔琴斯克成了欧洲共和主义者最偏远的墓地，成了那些从事政治斗争（这些斗争经常让他们从欧洲大陆上的一个战场、一场革命转向另一个战场、另一场革命）的人的荒凉终点站。43 岁的贵族、轻骑兵中校安德烈·克拉索夫斯基是其中的一个浪漫主义起义者，他也是卡罗利 1864 年在外贝加尔的难友。克拉索夫斯基生于 1822 年；他的父亲是阿法纳西·克拉索夫斯基，是 1806—1812 年的俄土战争和拿破仑战争中的著名将领、老兵。作为一个俄化波兰人和东正教徒，克拉索夫斯基的父亲甚至曾经是帝国陆军镇压 1830 年十一月起义时的一名指挥官。安德烈·克拉索夫斯基曾在圣彼得堡军事预备学校接受良好的精英教育，这是为了在禁卫军中飞黄腾达所进行的传统准备。他从小是跟俄国贵族阶层中最高等级的人一起长大的，并且在年轻时和亚历山大二世有私人交情。他通晓英语、法语、德语、瑞典语、意大利语和波兰语，年轻时曾广泛游历欧洲。在国外时，他接触到了令受过教育的欧洲青年痴迷的共和主义和自由主义观念，甚至还在伦敦见到了亚历山大·赫尔岑。克拉索夫斯基曾在克里米亚战争中英勇战斗，此战结束后，他身上多处受伤，获得了一枚勇敢勋章。后来他定居基辅，结了婚，有两个孩子。克拉索夫斯基对乌克兰农民阶层的生活很感兴趣，包括他们的民俗、歌曲和风俗。1860年春，在游历意大利半岛时，他遇到了加里波第，加入了这个意大利人的志愿军，先是在西西里战役中为志愿军匿名作战，后来随志愿军进军那不勒斯。[34]

克拉索夫斯基在当年晚些时候回到基辅，之后参与了在亚历山大二世统治初期蓬勃发展的改革派学生团体。在农奴获得解放后，乌克兰农村地区爆发了农民骚动，在此期间，克拉索夫斯基于1862年6月遭到告发、逮捕，因为他在传播一份自己给俄国士兵写的传单。他呼吁士兵们不要遵照命令去攻击暴动的农民：“你们正在被命令不要成为自己所属的人民的朋友和救助者，这些人包括你们的父亲、兄弟、姐妹和母亲。你们的军官正在命令你们为了那些劫掠可怜农民的官僚和地主的利益而杀死他们、向他们射击。”[35]克拉索夫斯基被指控“意图煽动下等阶层人员叛乱”。他使用“煽动性的口号以及被禁用的、无耻的、诽谤性的文字谴责政府平息农民叛乱的做法”。军事法庭在1862年10月给克拉索夫斯基定罪。他被剥夺了地位、在克里米亚战争中获得的勋章以及他的所有财产，并被判处枪决。他这样评论法庭判决：“我全心全意地感谢你。死亡现在是对我的祝福！”[36]

亚历山大二世将克拉索夫斯基的刑罚改为被褫夺公民权，以及在涅尔琴斯克矿区服12年苦役。1862年10月26日上午7点，克拉索夫斯基从基辅城堡走出，被带到矗立在城堡前方空地上的行刑台处。行刑者把克拉索夫斯基绑到了桩子上，然后宣读了他的判决，象征性地在这名罪犯的头上折断了一把剑。几天后，克拉索夫斯基随流放队伍向东行进，与共和主义同道者同行。一年后，1863 年 11 月，他终于到了伊尔库茨克。他一直希望在城里与妻子团聚，因为妻子也随他前往流放地。然而，他听说妻子在途中死于斑疹伤寒。在环境脏乱、疾病肆虐的休息站经历了十五个月的痛苦折磨后，克拉索夫斯基终于在 1864 年 2 月到达了彼得罗夫斯克扎沃德，这时的他患有结核病。[37] 他抵达时“处于某种极端的身体和精神状态，在这种状态下，一个人可以做任何事”，1864 年 3 月，他在一封写给监狱负责人哥萨克中尉拉兹吉利格耶夫的信中这么说。妻子的离世是一个“沉重的打击”，他写道：

> 我得知了我亲爱的妻子的死讯。我曾经幸福地同她生活了十四年。我曾热切地期盼着她的到来，将她的到来视作我凄凉处境中唯一的安慰。无论这个无法挽回的损失有多么难以承受，更艰难的是想到我那三个无人照管的孩子在最需要母亲的年纪失去了母亲。他们现在住在陌生人的家中，那些陌生人可能会对他们漠不关心，而且永远不可能替代他们的母亲……

在彼得罗夫斯克扎沃德的营房（“那里的条件会让最强壮、最健康的人也身体受损”）里待了一个月后，克拉索夫斯基的健康状况恶化了，他住进了医院，负责医治他的医生“不会为我的性命担保，更不用说我的健康了，如果我再次被关进监狱的话……”克拉索夫斯基继续不知所措、挑衅性地谴责沙皇俄国对他的待遇：

> 在19世纪，一个理性、有经验的政府的目标，不可能是在罪犯已经受到惩罚之后，再对他们进行无情的报复。因此，它不可能系统性地、一步步地毁灭一个体弱多病、无权无势的老人，而且是在它已经把他驱逐到世界的边缘，一个连马志尼和加里波第都无法在这里制造任何麻烦的地方之后！它不能毁灭一个温顺、无条件地戴着当局的镣铐、没有任何造成破坏的机会的人。不能！我相信它会考虑被它定罪的这个政治犯的病痛；考虑他年轻力壮时曾为国效力二十多年；它会记住他身体不好的原因，以及他在与俄国及沙皇（为了沙皇，他毫不吝惜自己的生命与鲜血）的敌人作战时留下的五处伤口！[38]

鉴于他“因为伤病而身体虚弱”，克拉索夫斯基请求在余下的苦役刑期里住在监狱外面。克拉索夫斯基的请求遭到了拒绝，但他被从彼得罗夫斯克扎沃德转移到了环境更为健康的亚历山德罗夫斯克监狱，苦役刑期从十二年减为八年。后来，1867年9月，他获准在“严格的监督下”住在监狱外的一所私人住宅里。[39]

对于久病和绝望的克拉索夫斯基来说，这样的让步来得太晚了。他一直在等着致命的寒冷退去，1868年5月20日，他最后一次奋力争取自由，骑上马出发了。他伪装成士兵，随身带着伪造的文件，计划前往与中国交界的地方，然后从那里去印度。然而，克拉索夫斯基从来没有奢望过自己会成功。他在离开之前留下了遗嘱。遗嘱以共和主义者的三重追求——“以自由、平等、博爱的名义，阿门！”——开头，结尾处是决绝的决心：“我已经决定，如果遇到不幸，我会结束自己的性命，我不会让自己活着自首。我的死亡几乎是必然的事。”[40]

确实，这个体弱的逃犯并没有跑多远。察觉到他逃跑后，当局派出搜查队去追捕他，但两个星期后，他们才在距离亚历山德罗夫斯克仅仅十七千米的地方发现他正在腐烂的尸体。此前，克拉索夫斯基冲着自己的头部开了一枪。他身上有一张用血书写的纸条："我已经动身去中国了。我的机会非常渺茫。我失去了所有用来指引方向的珍贵物品。死亡比把我自己活着交给敌人要好。安·克。"他那匹饥肠辘辘的马被拴在旁边的树上。人们在搜索周围的林地时发现了克拉索夫斯基的大衣，大衣衬里里面缝了一张地图和一个通行证。[41]

像克拉索夫斯基这样的个人悲剧在西伯利亚各地的刑罚定居点屡见不鲜，在这里，这些波兰人的命运要比十二月党人的命运严酷得多。克拉索夫斯基对自己在西伯利亚的囚禁条件表示怀疑和愤怒，他的很多同胞也有这样的感受。但并不是所有人都像他那样身心严重受挫，以至于自杀成了他们唯一的依靠。雅罗斯瓦夫·东布罗夫斯基的足智多谋实属罕见，但他对政府的反抗却并不罕见。19 世纪 60 年代的许多波兰流放者都是出自贵族阶层的军官。他们的爱国主义在反抗圣彼得堡的起义中得到了强化，他们被流放西伯利亚让很多人对俄国抓捕者心生怨恨。大多数人由共同的语言波兰语、共同的宗教信仰天主教和共同的政治思想共和主义联系在一起，这些特征让他们有别于绝大多数西伯利亚流放者。这种团结的纽带有助于保持他们的思想信念和反叛精神，使得这些波兰人不易屈服。

一些官员开始担心新拥入的波兰起义者可能会给东西伯利亚造成混乱。伊尔库茨克省省长康斯坦丁·舍拉什尼科夫担心，监狱的设备不足意味着这些政治流放者无法被妥当监禁和监督。[42]然而，真正给流放行政人员构成挑战的是这些波兰人的团结、个人尊严以及对警卫和看守的权威的蔑视。这些被流放的革命者沉浸于欧洲共和主义的爱国传统中，他们非常清楚自己的天赋权利，这些权利不能被剥夺，也不能被否认，哪怕是沙皇专制政权也不能。托博尔斯克省省长德斯波特-泽诺维奇在刚进入东西伯利亚的政治犯身上看到了这些品质：

> 我了解东西伯利亚行政管理机构中的那些人，而且我了解他们是如何对待被流放的波兰人的。士兵们一再粗暴地对待那些具有强烈人格尊严感的人，那些人若被激怒是不足为奇的。因此，我不能保证流放者不会做出某种示威。虽然他们犯有政治罪，但他们大多数时候是非常有教养的，而且任何人的忍耐都是有限的。[43]

德斯波特-泽诺维奇其实是一个敏锐的观察者。

这些波兰人因对自身尊严的觉悟而变得刚强，他们抗议自己遭受的待遇，坚称国家对他们的权力是有限制的。1865 年 12 月，赤塔地区的波兰人因抗议监狱环境而发生骚乱，士兵挥舞着刺刀才将他们制服。1866 年 7 月，一批被判处在涅尔琴斯克服苦役的波兰人拒绝在某个星期天离开牢房去工作（一个人声称，他只会挂在刺刀上离开牢房）。至少有 67 名囚犯签署了一份表达不满的请愿书。他们坚持的不是写在俄国的刑事法规中的权利，而是所有人类的基本权利。此前，当局突然告诉他们，他们需要在宗教节日和星期天工作，“这明显侵犯了我们的道德权利”。他们主张，这个指示“断然否认了所有构成每个人的尊严的一般人权和基督教权利，否认了那些因政治信念而被流放到这里服苦役的人。我们无法相信，俄国政府，作为一个欧洲的、信奉基督教的政府，会批准这样的指示”。这些囚犯指出，不仅是天主教会，东正教会也遵循十诫。“病人和体弱之人在没有足够的食物、新鲜的空气和自由的情况下被束缚着。难道这不是在残忍地颠覆所有痛苦无助的人所享有的权利吗？”这些波兰人还援引了亚历山大二世在1864年的法律改革：“现在一系列改革正在开启可以让每个人都不受虐待的公开司法程序，我们却在未经任何司法程序的情况下忍受着饥饿和镣铐……”涅尔琴斯克矿区负责人沃龙佐夫发现：“在这些囚犯的请愿书中，他们只是雄辩地解释了他们为什么拒不服从他们应得的惩罚（这是法律认定的），此外再无其他内容。”针对这些抗议，他把那些人关进了牢房里，剥夺了他们的肉类配给。[44]

此后不久，由于“致死的空气”，波兰流放者拒绝在涅尔琴斯克矿区新任负责人阿道夫·克诺布洛赫领导下的一个矿山工作，克诺布洛赫采取了极其强硬的立场。克诺布洛赫亲自到访了这个矿山，下令撤走罪犯的茶炊、书籍、小提琴以及其他娱乐用品。他让人给这些囚犯戴上脚镣，把他们关在牢房里，每天只给他们供应面包和水：“我向他们许诺过，他们自己会求着我让他们回到矿井。”克诺布洛赫得意地说，结果证明，他惩戒性的措施是“一个巨大的成功”：有些囚犯“眼里噙着泪水，请求宽恕，他们解释说，他们此前是害怕在又深又窄且满是令人窒息的烟雾的矿井中失去仅余的健康”。结果皆大欢喜，这些波兰人变得较为顺从，此事将成为“他们的一个教训”[45]。

不过，暴动在酝酿当中。1866 年 2 月，被流放的俄国革命者尼古拉·谢尔诺–索洛维约夫抵达叶尼塞省的坎斯克，他是赫尔岑和车尔尼雪夫斯基的同事以及俄国革命党“土地与自由党”的共同创立者。他呼吁在东西伯利亚的所有波兰人“以真理和自由的名义”起义，反对一个共同的敌人。谢尔诺–索洛维约夫将俄国革命运动的社会主义宣传活动与波兰起义者的共和主义口号结合在了一起：“波兰人！你们为了自己的祖国被流放到西伯利亚！你们是自由的牺牲者！你们被同样压迫着俄国人民的沙皇剥夺了一切！你们被打败，只是因为俄国人民不明白、不知道你们为何而战。团结起来，与俄国人民一起为祖国和自由而起义吧！”[46]

四个月后，这些波兰人确实发动了起义，但不是在涅尔琴斯克的矿山，而是在贝加尔湖岸边。由于当局无法把这些波兰人都安置在涅尔琴斯克矿区，于是把他们以工作小组的形式分散到外贝加尔各地。数百人被分配到有几十名成员的小组中，他们要沿着贝加尔湖南缘修建一条道路，每个小组只有几名士兵看守。在那里，他们吃不饱饭，受风吹雨打，还要经常遭受警卫的侮辱。[47]1866 年 6 月 25 日晚，这些波兰人对自己的境况的不满爆发成了公开的暴动。一群流放者在波兰军官纳尔齐斯·采林斯基和古斯塔夫·沙拉莫维奇的领导下，成功制服了警卫，夺取了他们的武器，然后往中国边界方向走去，孤注一掷地争取自由。随着起义人群向南转移且其他波兰人加入他们，这场地方性的暴动逐渐发展。共有约 300 名流放者加入逃跑阵营。伊尔库茨克当局下令部署 2 支哥萨克骑兵部队和 3 支步兵军队去镇压叛乱。这些波兰人疲惫不堪，营养不良，只配有少数盗来的武器，他们显然不是前来镇压他们的沙皇军队的对手。这一次，他们又在人数、武器数量方面处于劣势，而且他们因为如下问题出现了分歧：是跟俄国军队负隅顽抗，还是仅仅选择逃跑。6 月 28 日，在贝加尔湖畔的米希哈村附近爆发了一场短暂但决定性的小规模战斗。起义者或投降或逃进了森林里；7 人被杀。在随后的几个星期里，当局追踪并逮捕了其余波兰人，将他们囚禁在伊尔库茨克。[48]

一个专门设立的军事法庭对他们进行了审判。近 700 人被控参与叛乱，几乎半数人被判犯有“武装叛乱”罪，有“动乱、暴力和谋杀”行为。7 名头目被判处枪决，197 人被判处终身服苦役，另有 122 人的刑期被延长。利奥波德·伊利亚舍维奇是其中一个被判处死刑的人，他对着历史法庭而不是面前的军事法庭，嘲讽了他所受的审判：

> 我将被整个俄国、整个欧洲评判。迟早，人民会对我们的行为给出他们的裁定，被你们定罪的人的鲜血会沾到你们的手上和你们的孩子的手上。历史将铭记，我们被永远留在了这里，而且我们努力争取过自由。你们真的会为这番努力而给我定罪吗？[49]

我们可能会夸大波兰流放者的思想凝聚力，可能会觉察出在由他们的监禁条件而触动的自然爆发背后的密谋和筹划。但是，这些波兰人的抗议和暴动不能被仅仅说成是担心待遇的表示。最初的不满，是对食物、住宿和工作条件的地方性不满，但当人们用被滥用的权力、被拒绝给予的权利这样的措辞来表达不满时，这些控诉获得了政治意味。因为自然权利和人格尊严是流放制度中的政治问题。抗议和逃跑都挑战了君主对那些因君主恩典才能继续存活之人发挥的无限权力。此外，这些波兰人是政治犯，而不是普通罪犯，因而他们对当局的反抗具有政治意义。有同情心的同时代人把这场发生在贝加尔湖畔的叛乱看作争取波兰主权、从俄国统治中独立出来的斗争的延续。赫尔岑的杂志《钟声》大声宣告：“彻底剿灭民族是难以实现的，即使是用世界上所有的残忍力量……他们一次又一次地摧毁波兰……但波兰依然挺立……她从西伯利亚站起来了！她没有希望，走投无路，但她宁可选择死亡，也不选择被奴役！”[50]

这些起义者的声音穿越了西伯利亚边界，来到了分散在欧洲各地的波兰爱国者和共和主义者群体当中。年轻的波兰画家亚历山大·索哈切夫斯基是不幸的路易吉·卡罗利在东西伯利亚的同伴之一。索哈切夫斯基曾在华沙美术学院求学，后因参加叛乱被判处服 20 年苦役。与他的许多同胞不同，索哈切夫斯基并没有享受到沙皇的宽赦，在最终于 1883 年移民到慕尼黑之前，他服满了全部刑期。回到欧洲后，他把自己的才华投入工作当中，创造了一系列叙事诗风格的浪漫主义画作（包括《告别欧洲》)，这些作品将他在西伯利亚的同志的困境永恒地记录了下来。在其中一幅画中，逃亡流放者蜷缩在雪地里，乌鸦在他们头上盘旋；在另一幅画中，一个衰弱的苦役犯瘫倒在手推车上。[51]

有些西伯利亚的共和主义流放者不是用调色板，而是用笔讲述他们的故事。法国人安德烈奥利是和意大利人卡罗利一起被放逐到涅尔琴斯克的，但他在1866年得到赦免，并被允许返回法国。回国后，他谴责沙皇的大赦是一种玩世不恭的姿态，旨在讨好对于俄国对波兰的处置感到恐惧的欧洲国家。他的《囚禁日志》，即他在西伯利亚记录的日记，发表在有影响力的共和主义刊物《现代革命》上。安德烈奥利认为，俄国释放他是一个巨大的错误："如果一个国家拥有像在西伯利亚那样的监狱，那么这些监狱需要被世人遗忘；任何人都不应获准离开。俄国……应该意识到，一旦我们自由了，我们就会开口说话。"[52]

安德烈奥利详细介绍了休息站和监狱的恶臭、俄国把政治犯和普通罪犯混杂在一起的随意做法、妇女和儿童的困境、官员的腐败无能以及罪犯所受的残酷鞭打。他宣称，西伯利亚是一个"邪恶的国度"，一个"腐化、堕落的垃圾坑"。安德烈奥利没有批评普通百姓，他们"被无知蒙蔽，而且可能很快就会受到我们当初的待遇"。他把他的怒火直指亚历山大二世本人。作为对屈斯蒂纳侯爵于 1839 年对尼古拉一世的"亚洲专制主义"的控诉的呼应，安德烈奥利写道："你让我横穿了你的帝国的广阔土地。我在那里看到了你的臣民的凄惨处境、你的官员的腐败堕落、你的专制主义酿成的可怕结果。"[53]

安德烈奥利认为沙皇终将恶有恶报。他把自己在卡代矿山的囚禁经历告诉了激进的社会主义记者尼古拉·车尔尼雪夫斯基，描述了自己在西伯利亚和那些"在那片帝国监狱警卫的土地上争取自由的人"的相识。他曾聆听过"对独立的感悟、对暴政的抗议、对沙皇的憎恶"。安德烈奥利认为，虽然被流放西伯利亚的人为数不多，但是这些沙皇政权的反抗者总有一天会得到足够的力量去打败专制政权。他回应了珀西·比希·雪莱写于 1818 年的诗歌《奥西曼迭斯》：

> 无情的沙皇，现在在你眼中只是地面上的黑点的事物，明

> 天可能会变成可怕的飓风，把你今日的虚荣的来源全都刮走。你引以为傲的军队会倒戈相向……你的军队不会阻止革命。你和你的奉承者、宫廷艺伎都将像风中的稻草一样消失；你的宫殿和你的宝座将和那些曾经伟大的帝国一起沦为尘土。[54]

被流放的 1863 年起义者的绘画和回忆录使得他们的同志的牺牲和反抗深深地烙入了欧洲的政治想象当中。这些波兰人把西伯利亚政治化了。他们把西伯利亚不仅塑造成了一个流放和惩罚之地，还塑造成了一个反抗和斗争的舞台。在随后的几十年里，来自帝国各地的新一代激进主义者将加入这场战斗。

9

库库什金将军的军队

如果从高空俯瞰19世纪西伯利亚的泰加林，我们总是可以看到一些人，他们背着沉重的包袱，或独自一人，或几个人一道，踉踉跄跄地向西前行。那些“驼背的人”（农民对他们的称呼）是从流放队伍、矿山、监狱和刑罚定居点里逃出来的罪犯，他们正朝着俄国欧洲部分的方向穿越森林。这些逃犯响应着迁徙的布谷鸟在春日的啼叫，利用转暖的天气、解冻的河道和茂盛的植被（可为他们提供掩护和食物），动身出发了。他们就是后来被称为“库库什金将军的军队”* 中的步兵。[1]

逃犯的人数在讲述着一个发人深省的故事。西伯利亚的罪犯被遗弃、监禁在贫穷肮脏的环境中，且没有什么可以失去的，于是他们从各大监狱、工厂、定居点和矿山出逃。1838至1846年间，当局在西伯利亚逮捕了将近14000名男性逃犯和3500名女性逃犯（这些数字很可能只是在逃人数的一半）。[2]19世纪下半叶，随着总的流放人数增加，逃跑次数也增加了。一份关于1877年东西伯利亚流放情况的政府报告写道，在伊尔库茨克省接受调查的3个地区，2万多名罪犯当中的一半已经逃跑，他们“不知所

---

* 库库什金根据 кукушка（布谷鸟）音译。——编者注

踪”[3]。到1898年，被分配到叶尼塞省的流放者的25%、被分配到伊尔库茨克省的流放者的40%、被分配到东西伯利亚滨海边疆省的流放者的70%下落不明。专门设立的苦役劳动场所也出现了类似的大量逃亡现象。这些数字表明，到19世纪的最后25年，分散在西伯利亚的30万流放者当中有三分之一的人在逃亡，民族志学者尼古拉·亚德林采夫将这种现象称为“从东西伯利亚到乌拉尔山的永动机”[4]。

沙皇政府迁移到西伯利亚的不是勤劳的殖民者，而是一群群贫困、绝望的流放者。最好的情况下，他们作为乞丐在西伯利亚游荡，最坏的情况下，他们作为小贼和凶暴的匪徒在西伯利亚游荡；他们的受害者是西伯利亚当地人，既包括土著居民，也包括从俄国移民过来的农民。监禁条件让逃犯们变得十分粗暴，他们对西伯利亚真正的殖民者实行了盗窃、纵火、绑架、暴力抢劫、强奸和谋杀等行为。为了寻求强大的力量和保护，他们有时会组成武装团伙，这些团伙不仅可以恐吓孤零零的村庄，还可以恐吓整个城镇。流放制度将西伯利亚变成了俄国的“狂野的东部”。

有些被称为“流浪者”（бродяга）的流放者一生过着逃跑、被抓获、蹲监狱、再逃跑的生活。流浪者绝大多数是男性，他们在俄国过着半游牧的生活，依靠慈善活动和犯罪行为维持生活。和大多数前工业社会一样，俄罗斯帝国有着丰富的移民传统和一大群移动人口，包括逃亡农民、哥萨克人、小贩、吉卜赛人、流动猎人、朝圣者、四处游历的小教派信徒、行商，以及在泰加林、草原和冻原的游牧部落。这些移动人群在俄国于16、17世纪在西伯利亚的扩张中发挥了重要作用。1823年，国家将在俄国欧洲部分流浪定为犯罪行为，这是导致在随后几十年里西伯利亚流放人数骤然增加的一个重要因素。1827至1846年间，近5万名流浪者构成了所有流放人数的30%。在这一时期，俄国大多数被认定为流浪者的人都是逃跑的士兵或农奴，这两个群体都给尼古拉一世所珍视的有序社会构成了直接挑战。农奴制的废除合法化了未经批准的人员流动，此后，在俄国欧洲部分因流浪而被逮捕的人数便减少了。然而，在西伯利亚，流放制度给了流浪生活富于希望的新生。[5]

当局基本没有区分那些因绝望而逃跑的不幸流放者和那些把逃跑、在西伯利亚游荡当作职业的流浪者。实际上，流浪者在流放人群中是一个单独的团体。一个流浪者会吹嘘，刑罚堡是他的“父亲”，泰加林是他的“母亲”，他的一生都在二者之间奔走。作为罪犯中的“贵族”，流浪者对监狱要塞的规则和狱中的普通囚犯“乌合之众”有一种扬扬得意的冷淡和显而易见的蔑视。因为流浪者多次逃脱，而且愿意忍受被抓获后遭到的殴打，所以他们享有某种权威和地位。[6]

那些从外贝加尔逃跑的人必须经过雅布洛诺夫山脉、贝加尔湖沿岸，然后抵达伊尔库茨克省。他们出发时一般有10人、20人，有时是40人；沿途的工厂和矿山的逃犯不断扩充着他们的队伍。他们绕开了城镇和乡村，尽可能地紧靠西伯利亚大驿道行走，因为它自己对泰加林地带的密林、沼泽地和河流来说就是避难所。一旦他们离开了贝加尔湖地区，越来越大的逃犯队伍带来了更好的乞讨机会，但也带来了更大的被捕风险。即使在夏天，食物也很难找到，逃犯被饿死的情况并非罕见。还有些人在蹚过由于融雪而暴涨的河流时被淹死，或者完全陷进沼泽地中。许多人遭受着斑疹伤寒的折磨。他们沿西伯利亚的道路艰难行进的样子是常见的景象，而且他们的头发有时还是剃去半边的样子，他们身上穿着囚服，很多人根本没有费劲去掩饰自己的身份。[7]

经过伊尔库茨克省后，这些“驼背的人”将穿越叶尼塞省、绕过克拉斯诺亚尔斯克的边缘，然后前往托木斯克。他们踏上西西伯利亚的土地（在那里，被捕的风险更大）后，大规模的流浪者队伍开始分散成规模较小的队伍。到达托木斯克省后，有些人将北上前往阿钦斯克；另一些人则向托博尔斯克行进。根本上，几乎所有逃犯都在努力逃避抓捕和饥饿，直至走出西伯利亚。他们的目标是到达俄国欧洲部分，或者是隐瞒自己的身份，通过让自己被当作流浪者而受到相对轻的惩罚，从而改善命运。如果他们在穿越乌拉尔山之前被捕且没有被识破身份，那么他们会被判处挨鞭打、在西西伯利亚服四年苦役，这比起很多人原先的刑罚已经好太多了。到 1842 年，初次逃跑的处罚是被鞭打十二下，第二次逃跑被鞭打十六下，第三次逃跑被鞭打二十四下，这些现有的惩罚措施已经不足以构成威慑。圣彼得堡下令，被抓捕的苦役犯要受五十下鞭刑。即使如此，如果被捕的逃犯已经成功逃到俄国欧洲部分并且能够不被查出身份，他们只会被判处在西伯利亚的流放定居点待五年。这样一来，就出现了一个逃跑和重被捕获的恶性循环，还有一个不断诱使着被捕的流浪者再次逃跑的刺激因素。向被捕的库库什金将军的士兵实施的残忍鞭打，被当作了为了改善命运而值得付出的代价。[8]

许多流放者都有多次逃跑经历。卡利纳·科列涅茨被判处二十年苦役刑期，受过九十下鞭打。第一次逃跑被捕后，他被鞭打二十下，刑期增加十年。第二次逃跑后他再次被抓获，被鞭打四十下，他三十年的刑期又增加了十五年。他的第三次逃跑再次失败，他又被鞭打六十下，被判终身服苦役。后来他又实施了第四次逃跑，这一次，他成功假装自己是另一个苦役犯，从而“赢得了”几十下鞭打，并且“只”被判了二十年苦役刑期。他当时刚刚 28 岁。[9]

安德烈·卡列林因土匪行为和武装抢劫被判鞭打五十下以及二十年苦役刑期，他在 1872 年 7 月从一支前往西伯利亚的流放队伍中逃脱了。六个月后，他在雅罗斯拉夫尔被抓获，当时他随身带着伪造的文件和左轮手枪。在案件审理期间，他被关在乌法监狱里。他在监狱墙壁下方挖了条地道，从而再次成功逃跑，但不久后又被抓获了。这次他被判处了八十下鞭打并增加了十五年刑期。卡列林“吹嘘自己会再次逃跑”，当局则认为这是“完全可能的”。雅罗斯拉夫尔方面曾不安地询问过，他是否到达了他在东西伯利亚外贝加尔的目的地，这几次询问揭露出，他曾试图锉断运送他的罪犯船只的窗栏潜逃，但这个逃亡计划被挫败了。流放事务部无法确定卡列林的踪迹，只能确告雅罗斯拉夫尔省省长，这个可怕的犯罪分子曾于 1874 年 6 月 28 日通过了秋明。[10]

从西伯利亚的流放定居点和村庄逃跑，通常只需要下定决心收拾好自己的背包，然后出发赶路。实际上，西伯利亚农民迫切地想要摆脱照顾那些分配到村里且通常又惨又穷的流放者的负担，因此会帮助他们逃脱。他们会给想逃跑的人提供给养，不告诉当局他们不在当地。1828 年春天，伊尔库茨克省、叶尼塞省和托博尔斯克省的官员发现，沿着西伯利亚大驿道向西行进的流放者人数突然大幅增加。在两个星期的时间里，两千多名逃亡定居者离开了他们的村庄，成群地上路。托木斯克省省长彼得·弗罗洛夫少将报告，那些流放者想返回他们在俄国欧洲部分的家乡。[11]

审问过这些逃犯后，人们发现“事件的主要起因”是一个托木斯克地区的流放定居者，名为扬克里·什科尔尼克，他谣传俄国和土耳其签署了一项协议，规定整个西伯利亚地区将会由土耳其控制。俄国政府不希望失去西伯利亚的人口，因此准许所有人，包括流放者，移居俄国。调查显示，什科尔尼克只是告诉过一个抄写员和一个农民，说在他到访托木斯克时，他在报纸上看到了这项新的政府法令。这名“恶毒的说谎者”被移交给了法庭，要面对严厉判罚。但是到 8 月，69 名逃跑的流放者和流浪者已经被捕。这些准备返乡的人显然没有努力去遮掩自己，而且忍着没有犯下在逃跑时常见的罪行。直到秋天霜冻时，人员的大批流动才停止。到那时，536 名流放者已被重新抓获，其中 90 人已经抵达“托木斯克省的边界”。对于定居者突然普遍想要通过漫长艰辛的旅程返回俄国的现象，当局热衷于将其归罪于什科尔尼克，却没有归罪于定居者恶劣的生活环境。[12]

逃离刑罚殖民地的难度通常不比逃离流放定居点和村庄的难度高。19 世纪 80 年代，伊尔库茨克盐场虽然是一个长期、完善的刑罚劳动场所，但它却没有监狱建筑。盐场的 75 名苦役犯被安置在工厂附近的小屋和私人出租房间里。逃跑活动的规模很大，因而西伯利亚工厂的官员在计算为了供养苦役犯而需要的给养时，会把逃跑也考虑进去。他们会向新来的罪犯宣告，衣服“只会发放给想要留下的人，要逃跑的人不会拿到任何衣服”！在其他监狱，工厂和矿山官员会假装不知道他们本可以阻止的逃跑活动，这样他们就可以为了私利继续申请这些囚犯的生活津贴。就像在果戈理的名作中一样，这些监狱官员会积累“死魂灵”，“死魂灵”

会为他们带来稳定的收入，但几乎不会造成什么麻烦。[13]

从有武装警卫的休息站、监狱、刑罚酿酒厂、要塞和工厂逃跑，有时需要更多的才智。流放者会挖隧道，锉断监狱栏杆，伪装成访客或士兵，在监狱建筑的屋顶上打洞，在屋外厕所或澡堂里挖通道。在托博尔斯克两所监狱中较老的那一所，监狱警卫在洗衣房的墙壁下发现了一条隧道。这条隧道长约二十米，距离监狱外面的地面只有三米，里面已经有一盏灯和一些衣物。[14]

想要控制从警卫眼皮底下逃跑的囚犯人数，是无法实现的。1872 年，内政部向押送兵发出指示，他们可以向任何在无人陪同的情况下便离开监狱或休息站建筑去屋外厕所的罪犯开枪："警卫必须把每个这样无人陪同的罪犯看成有逃跑的意图。"当年晚些时候，一名警卫向一名罪犯开了枪，后来才发现，那名罪犯只是要拿床单去澡堂清洗。这一枪没有打中目标，但其他被怀疑想要逃跑的人就没有这么幸运了。1873 年 7 月，一名罪犯在弗拉基米尔中转监狱被开枪打死，因为一名警卫认为他正在用一块石头武装自己。几个月后，在雅库茨克省的波克罗夫斯克，另一名罪犯在跑向监狱门口迎接妻子时被警卫开枪打死。一名军官的军刀刺向了又一个罪犯，当时那名罪犯正按照医生的指示在监狱院子里锻炼身体，以便减轻坏血病的症状。有些士兵不是那么热心于职责，他们会与罪犯进行交易，允许罪犯逃跑，在他们把罪犯抓回来后，再跟罪犯分摊抓捕奖赏。[15]

即使没有警卫的协助或纵容，几乎也没有什么可以阻止那些极其坚决且机智的罪犯逃跑。民族志学者谢尔盖·马克西莫夫记录过经验丰富的流浪者图马诺夫的故事，他在托博尔斯克刑罚堡上演了一场令人赞叹的逃跑。军事法庭因为他在流放时所犯的罪行判他受夹道鞭笞刑罚，在等着受刑时，图马诺夫对他的难友说："不管用什么办法，我必须逃跑。"他可以算是个魔术师，会为囚犯进行表演，这些表演非常成功，所以警卫和看守也听说了他的演出，甚至会带家人一起来观看。在准备下一场监狱表演时，图马诺夫在监狱院子里排练了如何叠人塔。警卫饶有兴致地在旁边看着，丝毫没有起疑。在某个宗教节日来临之际，监狱里传言图马诺夫打算办一场非同寻常、前所未有的表演；所有监狱人员都出席了：罪犯、警卫、看守，甚至还有监狱长和一些受邀而来的客人。

图马诺夫弄了一个滑稽的淡黄色胡子，他先表演了一些常见的把戏，然后转向激动人心的高潮部分——叠人塔。杂技演员各自就位，图马诺夫爬上这座由人搭建的金字塔，手持一根平衡杆。这座人塔开始在院子四周移动，图马诺夫在人塔最顶端摇晃着，甚至比监狱院子的木栅栏还要高。这一演出令观众十分兴奋，现场掌声雷动。实际上，图马诺夫还藏着一个把戏。随着人塔缓缓向院子边缘移动，他突然从他所站的高处跳下，消失在栅栏另一侧。等到看守和警卫明白过来，跑过院子来到门口，然后开始在监狱周围展开搜寻时，图马诺夫已经逃走了。搜寻队走遍了附近的森林、沟壑和灌木丛，但完全没有发现这个逃亡杂技演员的踪迹。搜寻者只在木栅栏上找到了图马诺夫的淡黄色胡子。托博尔斯克省省长得知这件事后勃然大怒，威胁要让监狱长在"死期"前一直戴着这个胡子。[16]

逃避惩罚是刺激罪犯逃跑的强大动力。雅罗斯拉夫尔的一名被流放的士兵创下了令人印象深刻的逃跑纪录。他被判处了不少于十七项不同的刑罚，但他从来没有受过一次刑。每一次，他都成功地在执行判决之前逃走，然后换上一个新身份。他扮成卫生兵逃离了托木斯克刑罚堡；被关在卡因斯克时，他通过挖地道逃跑；他曾躲进厕所的粪桶里，成功地逃出了鄂木斯克监狱。[17]

还有一些人仅仅是因为自己无法适应村庄和刑罚定居点的单调生活而逃跑。许多人把罪犯孤注一掷且通常是注定失败的逃跑举动看作向往自由，或者至少是暂时逃离监狱和村庄内的生活负担的表现。逃进泰加林的都是强壮、果决的人，但是逃跑的意愿并不总是随着年龄增加而衰退。安东·契诃夫在萨哈林岛遇到了年长的流放者阿尔图霍夫，他常常以下列方式逃跑："他会带上一大块面包，锁上他的小屋，在走到距离驻地不到五百米的地方时，他会坐在山上，凝视着泰加林、海洋和天空；这样坐了三天左右之后，他会回到家里，带上给养，又重新回到山上……过去，他们经常鞭打他，但现在他们只是对他的'逃跑行为'报之一笑。"[18] 乔治·凯南遇见过另一个年长的流浪者，他定居在卡拉金矿地区的一个监狱外。他请求监狱长在夏天把他关起来，因为即使知道自己无法在野外生存，他也无法抵制逃跑的诱惑。凯南发现：

> 这位筋疲力尽、身体衰弱的年老罪犯在听到布谷鸟的啼叫后，总是禁不住与这种啼叫有关的野性、自由、冒险生活的诱惑，这种无能为力的事有些可悲。他知道自己年老体衰；他知道自己已经不能再穿越森林、游过湍急的河流、靠吃树根过活、席地而睡，就像他曾经做过的那样；但是当布谷鸟啼叫时，他又一次感受到了青春活力，又一次憧憬着只有在人迹罕至的森林中才有的独立、自由生活，他暗自思忖，如果没有强力阻止，他"一定会去那里"。为了不让自己屈服

> 于诱惑的声音，尤里西斯把自己绑了起来，同样，为了不让自己听见、听从布谷鸟的啼叫，这个可怜的老犯人要把自己关进监狱里。[19]

有些逃犯只是极其渴望回到家人身边。在几年的时间里，有一名罪犯从涅尔琴斯克逃跑了三次，但是每次的逃跑范围都超不过五千千米开外的彼尔姆省。每次被捕后，他都会遭受鞭刑，被送回矿山，苦役刑期延长。然而第四次，他成功到达了雅罗斯拉夫尔附近他出生的村庄，并成功说服妻子跟随他去西伯利亚。这对夫妇主动来到了地方当局处；丈夫承认自己是逃犯，妻子则宣称自己想跟丈夫回涅尔琴斯克。十一个月后，这名罪犯得到了新的判决：鞭打六十下和非常长的苦役刑期。他再次被向东逐去，但是在经过八年的斗争后，这一次他终于有妻儿相伴。[20]

有位涅尔琴斯克官员说过，来自高加索地区的穆斯林流放者会为了呼吸“家乡山间的空气”而选择逃跑，然后再返回西伯利亚。看看家乡的愿望可以让流放者发狂，亚德林采夫发现：

> 有朝一日回到家乡的热切愿望成了一个流放者的生活目标，这种愿望一刻都不曾远离，无论他遭受着怎样的审判和痛苦。在流放定居点忍饥挨饿时，他向往着家乡；在逃跑途中，他饥肠辘辘地躺在灌木丛下时，这种愿望鼓励着他；被抓获后，他在漫漫长夜中躺在木板床铺上，酝酿着新的逃跑计划，此时他用家的念想安慰着自己……离开家乡是流放者忍受精神折磨的来源，也是他不断逃跑的原因。[21]

即使是那些在定居点待了四十年的定居流放者，也会在迟暮之年突然不惜一切地奋力争取在死前再看一眼自己的家乡。[22]

逃跑也给了逃犯一次“试试自己的运气”的机会。大量朝圣者、商人和旅客在西伯利亚各地活动，这为想完全遮掩自己的监狱过往的逃亡流放者提供了各种伪装。[23]在托博尔斯克，一个逃亡的流放者把自己伪装成一个“圣愚”，即被他人认为有智慧、有远见的宗教人士。他留着长发，这样就可以遮掩起会泄露身份的烙印，他还特别不讲究个人卫生，这样就可以阻止该镇居民过于靠近自己。他一直享受着市民的接济，直到一些眼尖的当地人注意到他脸上已变得模糊的烙印，最终揭发了他。另有一名逃犯把自己伪装成一名土耳其海军军官。他在托博尔斯克借了一大笔钱，接下来又去安享着托木斯克富裕居民的殷勤接待，直至最后在克拉斯诺亚尔斯克身份暴露。19 世纪 50 年代，两位流放者像在果戈理的小说中一样，伪装成政府巡视员，他们带着伪造的文件出行，令地方官员深感恐惧。[24]

如果逃犯既没有文件，也没有能让自己伪装成非流放者的必要表演技能，那么在他们被捕或自首时，他们会声称自己是某个他们所知道的刑罚轻于自己的流放者。来自矿山和工厂的逃亡苦役犯会声称自己之前是被流放到定居点的，那些被判处永久定居的人则会声称自己是刑期五年的行政流放者。来自东西伯利亚的逃犯会声称自己之前是被流放到西西伯利亚的。逃犯利用了国家记录方面普遍存在的混乱，完全可以指望着在自己的案件调查期间在监狱或刑罚定居点滞留数月，这段时间足以让他们再次逃跑。[25]

被抓获的流浪者的最后一道救生索是拒绝透露自己的身份。很多人会起“伊万・无人知晓”或“伊万・我不记得”之类的绰号。

费奥多尔·陀思妥耶夫斯基的《死屋手记》中有个角色名为沙普金，这名罪犯高兴地回忆起与一名县警察局长交涉的经历，当时这名警官想要确认他和几名同伴的身份。当有人要他出示证件时，沙普金回答说自己没有任何证件；他和他的同伴们都是“在库库什金将军家服役”：

> 县警察局长便直接来问我：“你是什么人？”……我说的和大伙儿说的都一样：“我什么都不记得了，大人，全都忘记了。”
>
> ……又问另一个人：“你是谁？”
>
> “撒腿就跑，大人。”
>
> “你的名字叫撒腿就跑？”
>
> “这就是我的名字，大人。”
>
> “嘿，好吧，你是撒腿就跑，你呢？”这自然是在问第三个人了。
>
> “而我跟着他，大人。”
>
> “我是问你叫什么名字？”
>
> “就这么叫呀：而我跟着他，大人。”
>
> “混蛋，是谁给你起了这么个名字？”
>
> “是一些好人起的，大人。当然啦，世上是有好人的，大人。”
>
> “这些好人都是谁呀？”
>
> “我想不大起来了，大人，您大人大量，就饶了我吧。”[26]

流浪者会深思熟虑、无所顾忌地去妨碍当局确定他们的身份，他们的方法是采用假名。“伊万·我不记得”人数激增，他们出现在西伯利亚的每个流放定居点和刑罚殖民地。亚德林采夫在一个监狱要塞里碰到了不少于四十个这样的人。卡拉刑罚定居点的监狱医生弗拉基米尔·科科索夫发现监狱里有几百个叫“伊万·我不记得”或者其变体的流浪者。[27]

至19世纪中期，在西伯利亚被捕的流浪者的人数让国家无力依法惩罚他们所有人。监狱和苦役场所里充满了正在服刑但身份不明的流浪者。国家无力处置他们，这使得刑罚变得非常宽仁，而这种情况只会增加逃跑的动机，司法大臣维克多·帕宁恼怒地说：

> 监狱里的流浪者人数增长得太快，我们很快就不能容纳更多流浪者了。西西伯利亚的监狱要塞已经人满为患。结果，流浪者……知道，由于他们人数太多，刑罚营没有容纳他们的地方了，他们最多被桦树条鞭打并被流放到定居点。[28]

西伯利亚当局与这种捏造、借用或盗用身份的混乱现象斗争了几十年，但以失败告终，于是1895年，当局决定把所有拒绝表露身份的流浪者放逐到萨哈林岛上的定居点，当时，萨哈林岛在西伯利亚流放者当中有着令人生畏的声名。萨哈林岛的威胁确实是个有用的备忘录，一份报告讽刺地说道：“从那时起，他们的人数开始减少，很多人开始想起自己的名字。”[29]

政府也在努力与非法买卖身份的行为斗争，设法让罪犯们在外表上保持特色，这样就能使他们更难逃跑，抓捕他们时更加容易。从1824年起，所有在流放队伍中的男性和非贵族苦役犯都要在出发前被剃去一半头发，而且不能穿自己的衣服（但官员经常抱怨，这些规定总是被无视）。[30]

同时，打烙印是将罪犯的身份刻在他们的身体上。在苦役犯被放逐前，国家会在公开仪式上撕破他们的鼻孔，直到 1817 年，这种处罚方式才因为其残忍性遭到禁止。17 世纪，行刑者会用滚烫的烙铁灼烧罪犯的皮肤；但在彼得大帝在位时期，这种做法改为用墨水打烙印，而不是用高温。烙印是苦役犯的耻辱和放逐状态的标志，是表明其身份的一种手段。打烙印的工具由铁模具构成，模具上带有组成字母形状的针。它们刺入皮肤，接着，火药被揉入伤口，从而留下了一道永久的痕迹。随着时间推移，烙印的形态发生了变化，但最初的烙印是由字母“B–O–P”（发音为“V–O–R”）组成，代表俄语中的“小偷”，刻在犯人的前额和两颊上。1845 年，新的刑法典下令将这些字母替换为“K–A–T”，代表“苦役犯”。正如一位当时的法学家所说，烙印“不是真正意义上的惩罚，而是一种预防性措施”。它们用来防止流放者混入普通百姓当中，使得侦查、捕获和惩罚逃犯更容易。1840 年，国务会议责令西伯利亚各省省长给所有逃跑的流放者打上适当的烙印，烙印因省而异，这样有利于辨识逃犯的来源地，或至少是逃犯最近被捕获的地方。[31]

与此同时，官员越来越担心这些烙印不够持久耐用，随着时间流逝，烙印在逐渐消退。1842 年，内政部要求帝国医药委员会研制一种新染料，“使罪犯难以甚至不可能去除自己的烙印”。医药委员会考虑了各种替代染料，在罪犯和狗的身上进行了试验，但因为成本问题而放弃了大多数染料。医药委员会曾一度决定放弃使用火药，改用混有亚麻籽或大麻籽油的荷兰烟灰。经过两年的试验后，医药委员会未能取得显著改善的结果：“无论用哪种方法在罪犯皮肤上打烙印，如果这些烙印没有深入皮肤里，那么通过让皮肤溃烂，这些烙印都可能去除，因此，鉴于我们现在的科学发展水平，并没有一种东西能永久地在罪犯身上留下烙印。”[32]

他们是对的。逃亡的流放者非常想弄掉让自己与众不同的烙印，用罪犯的话来说，他们是“被打上烙印的马”。烙印极有可能显示出他们原来所处的状态，使他们无法伪装成无罪的朝圣者，甚至不能伪装成不是苦役犯的定居者。有些人会使用极端的手段：他们会用有毒植物、硫酸、斑蝥、发泡硬膏、硝酸银和烙铁来毁去烙印。或者，他们会切开烙印，让伤口溃烂几个月，从而使腐烂的肉清除所有的染料痕迹。有些人甚至在自己身上注射梅毒。但是，这些痛苦的自残并不总是能够遮掩他们的身份，因为被逮捕的逃犯是因为他们的疤痕被判刑，就像因为烙印一样。有些人有多个烙印，这证明了他们对自由的无限热情。亚德林采夫遇到过一个年迈的流浪者，他的身体就是一份关于不断逃跑、被抓的真实文件：“他的背上有鞭刑和夹道鞭笞刑罚的痕迹，他的臀部有桦树条和鞭子鞭打的疤痕。他的背上、手上和脸上都有烙印。他像耙子一样瘦，拄着拐杖走路，皮肤泛黄，脸颊凹陷。”[33]

实际上，打烙印、鞭打、戴镣铐和增加严苛的刑罚几乎并没有阻止得了大批逃亡流放者。虽然1822年的《流放者章程》规定监督流放定居者是托博尔斯克流放事务部的责任，但实际上该事务部的令状根本没有下达到西伯利亚偏远省份的各个村庄。当地法务官员人员短缺且负担着过重的行政责任，为了检查自己所辖的地区，他们必须走上五百至一千千米。某位官员曾经抗议：“他们根本不可能直接监督这些流放者。”事实上，国家甚至不能妥善地保护自己的政府机关。1873年，伊希姆地区的农业行政大楼发生盗窃事件；合同文件、印章和钱财遭窃。守卫大楼的一名退役士兵和一名流放定居者在睡梦中被人用棍棒打死。[34]

许多逃犯最终被抓到了，但在此之前，他们已经犯下了种种罪行，并牵制了国家的很多兵力。有一起谋杀事件极其引人注目或者说恐怖，当局因此决定定期搜查西伯利亚的城镇，他们抓住的流浪者数目惊人。在 1866 年鄂木斯克的一起谋杀事件后，政府在一个星期内逮捕了一百八十名流浪者。托木斯克省省长在 1875 年的某天上午在他的省府里进行了一次这样的围捕，抓获了不少于八百名流浪者。[35]

托木斯克省是个从东西伯利亚向西逃走的通道。多达三千名流浪者会在托木斯克省的村庄过冬，等到春季再重新上路。由于托木斯克城地处中心位置，且该城警察部门办事不力，因而亚德林采夫说，在 19 世纪 60 年代的一段时间，它是“流放者的一个中间休息地带，像个巨大的客栈，而城里的后街则如同巨大的市集”[36]。到 19 世纪 90 年代，为流浪者设立的半官方避难所在西伯利亚城镇开办了起来。这些避难所由私人捐助者建设，至少是得到了当局的默许，它们在努力缓解着大批流浪者给城镇居民带来的压力。一份官方报告描述了商人什克若耶夫是如何在叶尼塞省坎斯克的郊区设立了一个这样的避难所的，在 19 世纪 90 年代，这个城镇“充满了流浪者”。避难所里面的条件完全是一番困苦的景象：一百多人挤在两个小房间里，他们懒洋洋地躺在木板床和地面上，这样一来，甚至清点他们的人数都是不可能的。其中一半人“完全赤裸”，另一半人“衣衫褴褛”。小屋里回响着“呻吟声、不停的咳嗽声、喷嚏声和急切的说话声”，而且“里面的气味非常难闻”。大多数人把自己的救济品和衣服都换了酒喝光了，他们“把极度贫困和道德崩溃的综合影响展现到了超乎想象的程度”[37]。

这样的避难所之所以能被容许存在，部分是因为当局根本没有必要的监狱设施来关押所有这些过剩的流动人口。西西伯利亚总督尼古拉·卡兹纳科夫在1874年承认：“流浪者人数太多，让他们全都处于看守下是不可能的，当局不得不正式命令各个地区“停止迫害流浪者”。弗拉基米尔·索洛古布伯爵是19世纪70年代监狱改革委员会的主席，他承认政府确实无能为力：“少数不逃跑的流放者是那些没有逃跑意愿的流放者。”[38]

国家在控制流放者方面的主要盟友是冬天。冬天就像赫然耸立在西伯利亚大陆上的巨大的刻耳柏洛斯（冥府守门狗），它是逃犯向西行进的最大障碍。如果说布谷鸟在春天的啼叫预示着流放者季节性的大规模逃跑的开始，那么第一次秋日霜降就标志着逃跑突然而且经常是致命的停止。那些没能成功在城镇和乡村用假身份安顿下来的人通常会选择回到安全的监狱要塞。有经验的流浪者会出现在门口，宣称自己是“伊万·我不记得”，然后接受鞭打，这是躲避冬天的代价。然而，并不是所有人都健步如飞，还有不少人在泰加林里迷路了。西伯利亚令人无法视物的冬日暴风雪（пурга）——大风雪和呼啸的狂风，还伴有骤然下降的温度——可能会在几分钟之内倏地到来，且有着致命的后果。有群逃犯在巴尔瑙尔附近遇到了暴风雪：有些人跑在前头，并成功在一个村庄避难；但他们的六个同伴迷路了，最后被冻死。每年春天，冬雪消融后，散布在林中的冰冷的流浪者尸体就显露了出来。逃离外贝加尔的逃犯群体有时会试着利用贝加尔湖湖面上的厚厚冰层，以免绕着河岸线转上数千千米。然而如果他们在贝加尔湖冰面上行走，在遇到冬日暴风雪时是无处躲避的，这些人有时会抱在一起被冻死。[39]

有些西伯利亚官员若无其事地看待从流放村庄和刑罚定居点出逃的数千名逃犯。一名官员跟英国记者埃德蒙·诺布尔说："西伯利亚是一座巨大的监狱。罪犯待在哪个牢房里并不太重要。要紧的事——而且这件事我们做得相当成功——是防止罪犯越过西伯利亚的围墙。"西西伯利亚的另一名高级官员宣称："让他们逃跑吧！无论如何，他们都不可能翻过乌拉尔山。"这样的自信被错付了。[40]

1827 至 1846 年间，在被流放到西伯利亚的 15.5 万人当中，18500 人曾从西伯利亚逃跑且在逃到俄国欧洲部分后才再一次被抓获。每年到达俄国欧洲部分的逃犯人数为 400 到 1400 人之间。在 19 世纪，公路、水路和铁路打通了西伯利亚更偏远的地方。西伯利亚的农民殖民者供养着成群向西行进的寄生流浪者。与此同时，警方正在逮捕越来越多越过乌拉尔山，到达俄国城镇的西伯利亚流浪者。俄国欧洲部分和高加索地区的各个省长在抱怨自己辖区内存在大量流放者，这些人正从西伯利亚返乡，"对该省的安宁和安全构成了威胁"[41]。1877 年的一份政府对流放制度的调查提出，有人认为西伯利亚流放制度清除了俄国欧洲部分的罪犯，这种看法是"完全错误的"。这份报告坦言："今日俄国欧洲部分的流浪者问题的主要原因是流放制度。"流浪者对国家财政造成了沉重负担，财政部门不得不为放逐同一个流放者出两三次钱。到 1878 年，在 2.8 万名被放逐到西伯利亚的流放者——每人需花费约 300 卢布——当中，有 1000 人是被送回他们原来的流放地的逃犯。[42]

逃离流放定居点和苦役场所的流浪者和逃犯不愿接受国家在其西伯利亚刑罚殖民规划中为他们指派的角色。然而，逃亡流放者的真正破坏力量，在于他们向西伯利亚的实际殖民者——西伯利亚农民——实施乞讨、偷窃和暴力犯罪而造成的困扰。每一个乞讨救济品、盗走牲畜、偷取农场里的工具的贫穷而绝望的流浪者，都是在耗损西伯利亚的发展所仰仗的殖民者的资源。

有些流浪者并不作恶，甚至常常沦为西伯利亚农民的欺压对象。这些衣衫褴褛、食不果腹的人乞求村民的施舍，作为流动工人在农场工作。他们不受任何法律保护，易受不讲道德的农民剥削。农场主经常欺骗他们，如果他们提出反对意见，农场主就威胁要向当局告发他们。有些人甚至会为了不给流浪者发工钱就把他们杀死。[43]

然而，数千名西伯利亚流浪者实施了犯罪行为，而且往往是非常暴力的犯罪行为。[44] 事实上，到 19 世纪下半叶，抢劫、谋杀和强奸现象在西伯利亚横行。尽管愤怒的农民只上报了实际发生的罪行的少部分，但是这些数据却描绘出了一幅各个地区遭受侵袭的图景。1876 年，托博尔斯克省和托木斯克省有大约 2850 起上报的犯罪行为，其中 56%是抢劫罪行，8%是谋杀罪行。在此前的五年里，这两个省共抓捕了 8000 名流浪者。西西伯利亚总督尼古拉·卡兹纳科夫在 1877 年说道："少有哪个位于返回俄国的道路上的村庄免于被窃，少有哪个城镇免遭最可怕的暴行，少有哪条道路没有散布着尸体。" 1899 年 6 月，伊尔库茨克省谢拉古尔村的一户人家被灭门；3 个月后，在同一个村庄，一个被流放的定居者为了抢夺两姐妹省下的一小笔钱而割破了她们的喉咙。有时，犯罪的动机不是钱，而是伏特加。1872 年，两个流放者杀死了托木斯克省的一个酒保，因为他拒不让他们赊账。[45]

农民有时能成功保护自己的家庭不受暴力袭击。切尔克斯人詹杰米若夫是个著名的强盗，他因抢劫邮政马车已经在监狱里关过四年。出狱后他又犯下了一连串武装抢劫和谋杀案，最后遭到逮捕，被判处流放雅库茨克地区。然而他逃跑了。1898 年 12 月 28 日晚上，他和两名同伙试图抢劫富裕的流放定居者伊兹布什金的家。他们偷偷潜入屋里，开枪打死了一个工人，然后刺伤了伊兹布什金并袭击了他的妻子。但是伊兹布什金 13 岁的儿子冲过去保护自己的母亲，用步枪和霰弹猎枪向袭击者开枪，杀死了詹杰米若夫和他的一个同伙。另一个行凶者空手而逃。[46]

西伯利亚新闻界充斥着盗窃和骇人的谋杀故事，在这些案件中，如果行凶者落网，人们就会发现他们差不多都是被流放的罪犯。伊尔库茨克的周报《西伯利亚》报道，在 1875 年的头六个月里，叶尼塞省有六个教堂被盗，一名教堂司事被杀。1875 年 6 月在托博尔斯克，退休地方官员布尔杜科夫和他 20 岁的受监护人被勒死在床上。《西伯利亚》声称，在 1877 年的头六个月里，托木斯克城有不少于二十八起谋杀和武装抢劫案件以及“无数起盗窃案，日夜均有发生”。现在“甚至在傍晚上街都很危险：有时，夜间猎手会骑着马在街上转悠，他们带着钩子和套索，可以把居民的毛皮大衣和帽子钩走。这还不算什么！抢劫行为不仅发生在街道上，匪徒也不仅是按照常规方式通过门窗进入居民家中，甚至还通过挖隧道从地下进入！”伊尔库茨克省的巴拉甘斯克小镇总人口不超过五千人，但在 1887 年却发生了六十七起谋杀案。西伯利亚的农村警力人员不足、训练不到位且腐败盛行，因此无法遏制犯罪浪潮。无数谋杀案成为悬案。[47]

然而，无论西伯利亚城镇的警力如何不足，他们至少还是提供了些许保护。在广阔的西伯利亚荒野，没有任何防御手段可以用来对抗精心筹备、残忍无情的致命攻击。1845 年 6 月，四名流浪者在叶尼塞斯克附近的森林中追踪并谋杀了一整支金矿勘探队伍，以抢劫这个考察队的领导者——商人瓦西里·叶林。在某个伊万·无人知晓的领导下，这些逃亡的流放者用假身份加入了这个勘探队，然后他们等待机会，一直等到勘探队分散成几支更小的搜寻队伍。在叶林、他的三名管事和他们的八名雇员进入林中人迹罕至之处时，这些流放者堵截住了他们。由于一名同伴的出卖，其中三名流放者试图沿着叶尼塞河而下，以逃离犯罪现场。地方治安官以及一群武装的哥萨克人和农民实施了追捕，他们沿河向下游追了逃犯五天五夜，其间不时地发生交火，那位无人知晓的大腿被枪打伤了。最后，罪犯的船被炮火打穿，由于睡眠不足，他们疲惫不堪，于是缴械投降。他们被送到克拉斯诺亚尔斯克刑罚堡，每个人都被判处受夹道鞭笞刑罚（由一千名士兵行刑）三至五次，被打烙印，而且要终身服苦役。[48]

商队——西伯利亚商业的生命线——在沿着西伯利亚的荒凉道路穿过密林时，极其容易受到袭击。1875 年 8 月，在叶尼塞省的米努辛斯克附近，人们在路旁发现了两个为当地贵族送酒的农民的尸体，他们的头骨被打穿了。有组织的强盗会在路上伏击整支的商队，抢夺他们的钱财，一名记者报道："他们会动用最可怕的酷刑，用上斧子柄、针、钉子、火和刀子。"在一起案件中，他们用马车车轮压碎了儿童和婴儿的头部，屠杀了成年人。这样的拦路强盗在伊尔库茨克和托木斯克之间的西伯利亚大驿道上十分活跃，因此，1886 年，为增加击退强盗的机会，马车夫开始全副武装并且多人集体出行。几个最危险的路段不得不由哥萨克骑兵巡逻守护。[49]

一些流浪者大胆而残酷的行为让他们成为当时的传奇，这些故事鼓舞着其他数千名准备逃跑的流放者。民族志学者马克西莫夫描述过一个这样的罪犯，这个名叫科列涅夫的人既是个“积习难改的杀人者”，也是“追随他的流放者效仿的榜样”。他的故事在西伯利亚的刑罚堡和监狱中十分出名，而且被人铭记，甚至在他死后还被称颂。斯韦特洛夫原是由流放者转换而成的流浪者，以体力好闻名，现在他成了一个令托木斯克省畏惧的强盗团伙的头目。据说斯韦特洛夫在处置劫掠品时十分慷慨大方，还会把它们分发给路过的流浪者。索哈特是曾经在贝加尔湖上袭击商船的海盗船的船长；在色楞格河河口处的一个岛上举办一年一度的切尔托夫金斯克市集时，他实施了一次大规模抢劫。19 世纪末，著名强盗头目的名字仍然出现在西伯利亚的民间传说中。[50]

俄罗斯帝国的农民文化是非常暴力的；那些违反支配着村庄生活的公社法规的人可能会遭到羞辱和残酷殴打。即使如此，在西伯利亚的犯罪行为也因其野蛮性而十分突出。民族志学者亚德林采夫解释，大多数谋杀案和武装抢劫案都是由苦役犯犯下的：“苦役当然积聚起了会继续作案的杀人者，但是我们的苦役劳动场所也引出了人们的残酷、愤懑和野蛮。苦役犯遭受着身体折磨、苦难和虐待，自然失去了所有文雅、符合人性的情感。”西伯利亚的许多杀人者确实十分暴虐。1873 年 10 月 5 日，一名伊尔库茨克商人的寡妇、她的女儿、她们的看门人和一名布里亚特仆人均被杀死，他们的尸体被扔进了安加拉河。凶手还袭击了她们年轻的厨师，他们强奸、折磨、勒杀她，最后把她留在那里等死。不可思议的是，她活了下来，而且能指认出行凶者——三个流放定居者和三个流浪者。在审判期间，他们对几名受害者满不在乎，后来他们被处以绞刑。同年，一名年轻的女仆从克拉斯诺亚尔斯克的女子高中失踪了。在她失踪后不久，人们发现了一些可怕的人类遗骸：先是一个残缺不全的头部，然后是被一条狗拖着的一节断臂，最后是受害者的躯干（已被严重损毁，乳房被切掉，生殖器被野蛮地残害）。嫌疑人是一个学校看门人和一个当地政府部门的职员，他们都和这个女孩在同一时间失踪。当他们二人最终被捕并且定罪时，调查显示出他们都是用假身份生活的逃犯。[51]

针对妇女和儿童的性侵害很普遍。流浪者会在农场持刀绑架妇女；很多妇女遭到轮奸，后被杀死。亚德林采夫写道，有两个流浪者就谁应该占有一个被他们绑架来的妇女产生了分歧，便把她丢弃在了森林里。这名妇女被发现时“身体赤裸，被用她的辫子绑在树上；她的整个身体已遭蚊子和马蝇吞食，她的皮肉已经肿胀；她口吐白沫，没有意识，勉强算是活着”。1894 年，伊尔库茨克遭一群匪徒烦扰，他们会在暮色中乘坐马拉雪橇进入城镇，用套索抓住无辜的路人，将其带到城外，劫掠他们。这帮行凶者曾带走一个年轻的女孩，把她强奸后，将她浑身赤裸地丢弃在城外的雪地里。伊尔库茨克部署了更强大的巡逻队，但无法逮捕这些罪犯，因为他们似乎总是比当局抢先一步。后来，当局对一所离省长宅邸不远的空置房子实施了突袭，一群流放者在此处被捕，此后流浪者发起的攻击才停止。[52]

鉴于这种罪案频发的现象，西伯利亚成为俄国的“狂野的东部”的代名词是不足为奇的。“叶尼塞斯克及其周边地区发生了次数空前的谋杀、盗窃和武装抢劫事件。”广受欢迎的《圣彼得堡新闻》的一位通讯记者于1871年向震惊的首都读者报道。“日落后，城中没有人敢冒险出门。那里就像19世纪40年代的布哈尔或车臣。”[53]这样的评论不仅仅是新闻工作者的夸张说法。1900年发表的一份官方报告谴责了政府的双重标准和不讲道义——政府把罪犯放逐到西伯利亚，随后又对他们在那里造成的严重破坏视而不见：

> 流放者犯下的罪行不同寻常，这么说是因为他们令人震惊的狡猾、令人毛骨悚然的残忍和在惩罚面前的无所畏惧……几乎所有这些罪行，如果它们是在俄国欧洲部分犯下的，便会引起全国性的轰动，而且读者大众会谈论很长一段时间，但在西伯利亚，它们在众多类似“事件”中被人忽视了，完全没有被注意到……未得雪耻的受害者遗体不会也无法令任何人不安：这些只不过是西伯利亚流放制度结出的恶果，而且地方当局对此也是无能为力。[54]

随着流浪者人数在19世纪下半叶不断增加，他们对西伯利亚农民阶层提出的要求也不断增加。乞讨和偷窃，更不用说更暴力的罪行，损坏了向过路的流浪者提供避难所、食物和救济品的固有传统。农民的善举似乎越来越不是出于怜悯和慷慨，而是出于担心：一旦凶恶的流浪者不能得其所愿，便会实施盗窃或纵火。卡兹纳科夫总督在1877年说：“曾经有一段时期，当地人会同情流放者，称他们为‘不幸的人’。如今，那段时期已经过去了……”受惊的西西伯利亚居民“害怕纵火和报复行为，便会在晚上为怨愤的流浪者留下食物，并在面对无法无天的报复，甚至是动用私刑的暴民时，想方设法地保护自己”[55]。

政府无法独自应对那些在西伯利亚四处作案的流浪者，便在事实上长期无视流放者被杀的现象，甚至试图让农民进行那些有时类似于不激烈内战的活动。早在1813年，西伯利亚总督伊万·佩斯捷利就向圣彼得堡施压：对于处理四处劫掠的逃亡流放者问题的当地人，他请求圣彼得堡确保他们不会受到制裁。政府的回应是一项规定：农民、土著部落、部队和其他追捕逃亡流放者的个人“如果生命陷于危险，就应像对待重要的国家罪犯一样对待逃亡流放者。那些协助国家的人应该放心，如果他们用极端手段对付逃跑的流放者，他们不会受到责难”[56]。这项规定无异于一张杀戮许可证和一份自由捕猎西伯利亚流浪者的宣言。

农民和土著民族有时确实会向流浪者宣战。盗窃牲畜和农具的行为会让农民家庭陷入彻底的贫困，在这样一个世界中，报复十分残忍。被抓的盗贼要遭受残暴且常常是致死的公开殴打。一群农民抓到一个偷马的罪犯后，把七根木针插入了罪犯的脚后跟，然后由着他爬进森林里。几年后，这个人的腿上仍有疤痕，之前那些针从疤痕处伸出了他的小腿。[57]1879年，几个布里亚特人在伊尔库茨克郊外的某个村庄里捕获了两个流浪者，在一个农场院子里脱去了流浪者的衣服，然后用皮鞭把他们打到奄奄一息。随后，他们把这两个伤痕累累的人扔到他们自己的马车上，驱着他们的马朝伊尔库茨克方向跑去。其中一人在快到城镇时终于恢复意识，发现已经死去的同伴躺在自己身边。在马林斯克地区，农民抓住了一个偷盗他们的马匹的流放者，随后把玻璃碴儿塞进他的眼睛里，讥讽地说他再也找不到去他们的村子的路了。1884年，伊希姆城外科医生对仅仅在自己所在的地区内被农民杀死的逃亡流放者，进行了不少于两百次验尸。[58]

流浪者用自己的复仇行动实施了报复，其中，纵火是一种他们偏爱的武器。在 1879 年 10 月的两个大风天，在托博尔斯克郊区的同一座村庄，村里的房屋被放了火。村民的警惕性阻止了可能会吞噬整个定居点的大火。1898 年，另一个涉嫌帮助当局追捕在附近的逃亡流放者的村庄遭到纵火报复。六十四个农庄被完全烧毁。[59]

当局不仅对谋杀流浪者的现象视而不见，还正式为每个被抓获的逃犯——无论是死是活——支付三卢布的赏金。西伯利亚农民和本地人在追捕这样的人类猎物时几乎没有丝毫内疚，追逐赏金的活动发展成一个家庭式工业。根据一个流行说法，“一只松鼠的皮毛值五戈比，但你会因为一个‘驼背的人’拿到五十戈比”。西伯利亚有一些地区“因屠杀流浪者闻名”。在伊尔库茨克省的上连斯克地区，每年都会发现大约六十名逃亡流放者的尸体，其中大多数人是被农民杀死的。有些农民赢得了英勇无畏的赏金猎人的名声。一个名叫比特科夫的人沿着安加拉河做他的营生，专门从岸边向乘坐筏子顺流而下的流浪者开枪。杀死流浪者的农民当中有达到 60 岁的，甚至 90 岁的。据说有一名农民向当局送去了一百名被捕的流浪者，其中有一半在送去时已经死亡。东西伯利亚的吉利亚克人和布里亚特人是尤为有技能、冷酷无情的赏金猎人，他们专门跟踪、攻击和杀死西伯利亚道路上有组织的流浪者团伙。被流放的十二月党人德米特里·扎瓦利申说道，如果农民阶层没有以这种方式除去这么多流放者，西伯利亚将永远无法应对所有这些人。[60]

然而，到了 19 世纪 70 年代，西伯利亚已经不堪重负。西西伯利亚总督卡兹纳科夫指出，1877 年，有流放者的地区的犯罪率比没有流放者的地区高出五倍："流放者因为艰难困苦的环境、休戚相关的利益而联合在了一起，他们实际上已经建立了一个覆盖西伯利亚各地的联盟，这个联盟秘密对抗着普通百姓。"[61] 其他人也采用了相同的比喻。《西伯利亚公报》悲叹：

> 西伯利亚城镇一直被从帝国各地送过来的各种人渣妨碍着……任何一个不熟悉我们西伯利亚生活方式的人晚上走在鄂木斯克的路上，都可能会认为鄂木斯克是一个面临袭击威胁的城镇。整个晚上，城中都有武装哨兵在街上巡视，都有军人和民兵……在每个角落，你都会听到"来人是谁？"这样的盘问。这就像戒严状态一样，仿佛这座城市被一支看不见的敌军包围着。[62]

在民族志学者亚德林采夫看来，西伯利亚就像一个"战场"。国家在西伯利亚的刑罚政策和殖民政策存在着破坏性的矛盾，这些矛盾在农民与流浪者之间越来越暴虐无情的斗争中显露了出来："我们看到了两个明显不同的人物，他们各自都带有一种历史意义：一个是刑罚殖民制度的代表，他从自己的流放地逃了出来；另一个是农民，他是公民秩序的代表，举着步枪站在自己的农庄前，捍卫自己的家园、财产、家人和安定生活。"[63] 几乎所有的观察者，包括国家官员和记者等类似的人物，都得出了同样的结论：流放者在西伯利亚的存在是对这片大陆上的自由百姓的沉重负担，也阻碍了这片大陆的经济发展。

10

萨哈林岛

> 我亲爱的妻子！我写信是要告诉你，感谢上帝，我们已经安全到达了萨哈林！这里的气候不可思议，对于各种植物的生长来说，这里的土壤是首屈一指的！黑色的土地一眼望不到边！每个罪犯的妻子一到达这里，这个罪犯就能免费得到建立农庄所需要的一切：两匹马、六头牛、六只鸭子和公鸡；一座建好的小屋、一辆马车、一柄犁、一柄耙等东西，一个成功的农场所需要的一切都有了。所以，一收到这封信，你就应该不计较价钱地卖掉你所有的东西，立刻请求当局把你逮捕起来，然后来到这里！[1]

这是萨哈林的一个罪犯在19、20世纪之交写给妻子的信。就像无数其他信件一样，这封信是在运输船的牢房里写成的，在亚丁港邮寄，而信的作者要过几个月才能到达萨哈林岸边。许多妇女就这样被自己的丈夫算计了。萨哈林岛上流行着一句刻薄的谚语："聪明的人被带到那里，愚蠢的人自己走到那里。"[2]然而，无论那些试图诱使自己毫无戒心的妻子跟随他们到萨哈林的罪犯是如何不顾一切和玩世不恭，大多数人基本上并不知道真正等待着自己的是什么。事实上，萨哈林岛与这封信的作者刻意描摹的迷人田园生活截然相反。在这座岛上，妇女和儿童看到的不是设备齐全的农庄，而是一个充斥着贫困、暴力和性剥削的黑暗世界。萨哈林岛不适合供养家庭，它吞噬着家庭。

流放家庭在西伯利亚具有巨大的象征意义和现实意义。这两种意义都具体表现着沙皇政治制度中的道德原则，并且充当着俄国的帝国力量的前哨。俄国专制政权的家长式统治风格，使得联系着俄国所有家庭的夫妻关系和亲子关系神圣化了。父亲和丈夫不仅仅是养家糊口的人；他们是有权威的人，担负着保护和供养他们的妻子和孩子的道德责任。[3]

现实的考虑强调了这种对婚姻的神圣性的尊重。不驯顺的流放者生产效率低下，消耗着西伯利亚农民阶层的资源，而他们正是依赖着这些农民获取救济品，或者从他们那里盗窃财物。通过16世纪后期最早的西伯利亚流放档案可以看出，国家将妇女视为“边疆驯化者”。国家需要她们来安抚她们的丈夫、抚养子女，并且在形成一批稳定和勤勉的殖民者方面发挥中心作用。人们认为，妻子的家庭作用和父亲身份的清醒责任，可以将任性的罪犯转变成勤劳的自耕农和遵守法规的沙皇臣民。[4]

刑罚改造的观念从18世纪后期开始盛行，它们挑战了把犯罪行为看作不可磨灭的罪这一陈旧的宗教观念。到亚历山大二世在位时，罪犯的改过自新被宣称为流放制度的核心和“人道”目标。在大改革前夕，内政大臣谢尔盖·兰斯科伊解释说，国家为罪犯提供了改过和重新融入公民社会所需的一切手段。苦役犯有机会转变为流放定居者，而且在特定的年数后，有机会转变为国家农民。他“因此会再次成为社会的一员”[5]。

再一次开始强调罪犯的改过自新，也是为了服务于国家更广泛的殖民计划。苦役犯被送到西伯利亚各地的各个工业场所工作、开采自然资源是一回事。但是，这片大陆的成熟殖民化需要的不仅仅是纪律严明和勤劳能干的苦役犯，还要求建立经济效益良好且稳定的社区，这样的社区将促进商业、工业和文化的发展。政府官员并非不知道将流放犯人转变为适应力强且遵纪守法的定居者有多么困难。所以，他们把理想主义和实用主义结合在一起，用家庭解决这个问题。[6]

在尼古拉一世和亚历山大二世统治期间，流放制度行政机构中的高级官员一再赞扬婚姻和子女抚育在西伯利亚流放者当中的改造力量。兰斯科伊十分激动：

> 在种种改造苦役犯的物质和道德手段中，婚姻是最重要的。的确，减轻劳动负担、获准住在刑罚堡外面、得到建立家庭所需的物资，都对罪犯的道德改造有重大作用。然而，它们自身无法带来婚姻可以带来的那种有益转变。被判处服苦役的人被剥夺了所有把一个人跟生活联系在一起、令他的生活吸引人的要素。通过婚姻，他找到了和世界之间的一个新的、重获活力的纽带。他从自己的妻子身上看到或至少是希望看到这么一个人：她的关心和爱会减轻自己生活的困难，并与自己分享生活的快乐……开始家庭生活并且拥有一个家庭后，罪犯会安定下来，不再逃跑或者犯其他罪行，因为他害怕失去通过自己的劳动积累下来的财产，以及家庭生活的安逸……婚姻生活是苦役犯的物质富足和道德改造最安全的保证。[7]

流放家庭处于沙皇俄国在西伯利亚的殖民计划的核心，官员将其作为改造罪犯的工具、勤勉的担保和对抗骚乱的壁垒。

妇女或许是被称扬为流放者改造和物质繁荣的代理人，但是她们人数很少，每年流放到西伯利亚的妇女只占流放总人数的约五分之一。在 1827 至 1846 年的 20 年间，2.55 万名女性被流放到西伯利亚，而男性有 13.4 万名。在某些地区，女性人数更少。1828 年，叶尼塞省有 7000 名男性流放者，却只有 372 名女性流放者。在西伯利亚的许多刑罚工厂和酿酒厂里，妇女也是苦役犯中的一小部分人。1829 年，涅尔琴斯克矿山有 1400 名男性，但只有 72 名女性。[8]

这种男女比例失调现象在整个 19 世纪下半叶继续存在。妇女更常见的身份是作为罪犯的配偶而不是作为罪犯前往西伯利亚。在 1882 至 1898 年间，进入西伯利亚的超过 14.8 万名流放者（不包括苦役犯）中，只有 5%是妇女。随着新开通的内河道路、海上道路和铁路线简化并加快了流放旅程，前去陪同苦役犯的家属增多了。1882 至 1898 年间，共有 22.9 万人通过流放事务部进入西伯利亚：65%是男性，10%是妇女，25%是儿童。[9]

流放当局长期以来一直在担心，流放者当中的妇女短缺问题可能成为西伯利亚暴力犯罪的一个来源。1833 年，内政部报告指出，在男性人数比女性多七倍的情况下，一个流放者经常会“引诱另一个人的妻子，或者因为她的劝说而去杀害她的丈夫”。流放者还会杀害那些不同意和他结婚的女孩。这份报告列出了几起激情犯罪：流放者叶列梅耶夫谋杀了流放定居者克拉斯诺申科娃，因为她拒绝嫁给他；流放定居者奥西波夫因为同样的原因用一把小斧砍向了农村妇女哈尔捷耶娃。[10]

政府对暴力和不稳定状态的回应是鼓励流放者建立家庭，但却发现极难说服西伯利亚农民将他们的女儿嫁给流放者。1831 年，西伯利亚当局设立了一个一万五千卢布的基金。如果一个西伯利亚农民或商人让自己的女儿或姐妹与一个流放者订婚，那么他可以获得这个基金给出的一百五十卢布。这个基金共可以资助一百段婚姻。然而，这种国家的慷慨之举基本上并没有促使更多的西伯利亚人为流放者送上新娘。不到一年，叶尼塞省省长报告，他的辖区内只有十一段这样的婚姻。[11]

如果流放者很难在西伯利亚本地找到妻子，那么国家也在努力说服罪犯在俄国欧洲部分的配偶跟随丈夫穿过乌拉尔山。在亚历山大一世和尼古拉一世统治期间，跟随丈夫前往西伯利亚的妇女仍然为数很少。1835 年初，仅有不到三千名妇女和男孩跟随她们的丈夫或父亲前往西伯利亚，而流放总人口数是近十万人。[12]

为了让更多的女性踏上东去的艰苦旅程，国家不得不采取强制手段。1822 年的《流放者章程》规定，被社区行政流放到西伯利亚的农民和商人的妻子必须随丈夫同去，无论她们是否愿意。1828 年，政府扩大了这项规定的适用范围，被法院判决流放西伯利亚的所有国家农民的妻子也包括在内。四年后，政府规定，被放逐到西伯利亚的男性农奴的妻子必须跟随自己的丈夫同去，无论她们自己是不是农奴。[13]

面对着流放制度中盛行的行政混乱，有些妇女实际上无法陪同她们的丈夫，因为国家甚至不知道她们的丈夫身在何处。伊万·恰萨克是一个被判处在涅尔琴斯克服二十年苦役的波兰人，几年来，他的妻子不断写信向当局询问丈夫的身体状况和下落。几番询问只是显示出，恰萨克最后一次登记在册，是在 1868 年 1 月 5 日离开托博尔斯克前往托木斯克，之后便消失了。二十五年后，弗朗西斯卡·恰萨克仍在设法弄清楚她的丈夫怎么样了。[14]

正如十二月党人的妻子所发现的，一旦妇女跟随丈夫到了西伯利亚，国家便不允许她们返回俄国欧洲部分。《流放者章程》规定，自愿陪同丈夫的妇女只有在丈夫死亡的情况下，或者是因为丈夫在流放期间犯下更多罪行而婚姻被解除时，才可以返回家乡。换句话说，当本身没犯任何罪的妇女跟随丈夫到西伯利亚后，她们被剥夺了法律保护和法律权利，和她们丈夫一同处于公民权死亡的状态。[15]

这些法律在原则上维护了婚姻的神圣性，但一些更为平凡的缘由也起到了作用。1842 年，内政部向圣彼得堡参政院致信，要求明确示意，在西伯利亚的流放者妻子是否可以获准暂时返回俄国欧洲部分料理家事，如家人死亡、遗产继承等事务。这项提案是要给予这些妇女因事而论的离开机会。然而，国家参政院拒绝对法律进行任何改动，只是给出一个解释：允许妇女哪怕回去很短的一段时间，“不仅会损害家庭关系”，还可能带来“有害的后果”。返乡者可能会“散布关于西伯利亚生活的虚假消息，从而阻碍未来的移民迁移到那里”[16]。

许多妇女没有被告知，陪同丈夫的这个决定具有不可撤回的性质，直到到达西伯利亚后她们才知道。1873 年，亚历桑德拉·乌斯片斯卡亚自愿跟随自己的丈夫——一个政治流放犯——去往涅尔琴斯克。当她和孩子到达后，她被告知，如果要看望自己的丈夫，那么她将失去所有的公民权利，而且只要她的丈夫活着，她就不能返回俄国欧洲部分。乌斯片斯卡亚不敢走出这样一步，但她被允许留在镇上，这样，在她等待丈夫被释放到定居点期间，她可以离丈夫近一些。她找了份助产士的工作来养活自己和孩子。两年后，1875 年 11 月，她的丈夫因为身体不好和精神抑郁而试图自杀。狂乱的亚历桑德拉·乌斯片斯卡亚请求当局允许她“在监狱看守和警卫的严密监督下”探视他。没有人告诉她，如果这样做了，哪怕是在这种极端情况下，她也会丧失公民权利和返乡的可能性。后来，当她请求离开东西伯利亚去拜访在圣彼得堡的母亲时，这个请求被拒绝了。在经过广泛游说后，她从沙皇本人那里获得了返回俄国欧洲部分的特许。这一次，宽仁立即就可以得到，但这项旨在阻止妇女们从西伯利亚返回的严厉法律仍然有效。[17]

沙皇当局把所有前去陪同被流放的丈夫的妇女称为“志愿者”。如果说这个词确实适用于十二月党人的妻子，那么它几乎无法反映出那些出自较低阶层的大多数妇女被迫前去陪同丈夫的残酷现实。选择留在自己村子里的妇女往往面临着难挨的贫困和来自社区的社会排斥，因为社区无意帮扶没有父亲的家庭。1885 年 5 月，在诺夫哥罗德省，一个被流放到西伯利亚服八年苦役的农民的妻子向莫斯科总督请愿，由于当局不准她跟随丈夫前往西伯利亚，所以她请求总督干预此事。自 1883 年 11 月丈夫被捕后，玛丽亚·帕夫洛娃一直在独自照顾他们的五个孩子，其中年龄最大的 11 岁，最小的 1 岁。因为她无法工作，她不得不卖掉家中的小农场，现在“她没有任何人帮助，生活在可怕的贫困中”。帕夫洛娃说，她为丈夫感到难过，并认为“这是摆脱我的灾难性处境的唯一出路，我决定无论丈夫被送往何处，我都会跟随他，我会写信给诺夫哥罗德行政部门，请求他们逮捕我和我的孩子，并把我们与我的丈夫一起送到莫斯科中转监狱”。然而，由于一些不可知晓的原因，诺夫哥罗德当局拒绝了她的请求，并“把我和我的孩子独自抛在一个未知的城市里，蒙受着残酷的命运……现在对于我来说，逮捕是一个把我从无望的贫穷中拯救出来的救赎举措”，她绝望地写道，并请求总督“救救我的孩子”。档案文件并未记载她的命运。[18]

谣言、欺骗和天真也起了作用。追随丈夫前去流放地的无辜妇女通常不知道西伯利亚有什么在等待着她们。1889 年，外贝加尔地区的一群贫穷的苦役犯妻子把地区行政长官围住了，向他乞求救济品并声称她们要饿死了。这位官员询问她们为什么跟随丈夫来到西伯利亚；她们已经知道国家不会供养她们，而且在她们的丈夫被监禁期间，她们也无法从丈夫那里获得帮助。这些妇女借用了一个俄国农民祈祷时常用的形象来回应，称自己只是“暗黑一族”，她们此前被告知，在途中、在流放地，她们的吃穿都由国家负责，并且她们的丈夫可以与家人一起住在监狱外面。她们容易受骗是可以理解的。行政长官指出，许多丈夫当然希望妻子能够追随自己，所以在他们动身前往西伯利亚前，他们给了妻子上述保证。这些妇女不愿意相信那些指出不存在这样的给养的沙皇官员，因为“她们总是怀疑官员严肃的话语背后藏着隐秘的目的”[19]。妇女们经常成为丈夫的表里不一、当局和自己毫无指望的希望的受害者。

在西伯利亚，没有哪个地方比萨哈林岛更能生动地说明流放家庭的命运。岛上刑罚殖民地的起源，是因为西伯利亚其他地方的苦役系统在 19 世纪中叶缓慢崩溃。1863 年之后被流放的波兰暴动分子突然拥入，当局为应付这种局面而做出了临时和摇摆的尝试，这些行动暴露了流放系统勉强运转的基础设施和迫切的改革需要。涅尔琴斯克矿山和散布在这片大陆上的各种刑罚工厂和要塞根本无法容纳一波又一波被驱逐出俄国欧洲部分的罪犯。在1866和1876年之间，每年抵达西伯利亚的流放者从11000人增加到20500人，几乎翻了一倍。[20]1877年，西伯利亚有近12000名苦役犯，却只有大约5000个工作岗位；7000人无所事事，其中西伯利亚的监狱和要塞只能容纳4600人，这意味着2400人正被挤在俄国欧洲部分的普通监狱里。过度拥挤的问题非常尖锐，并开始害死罪犯。1875年，被判处在西伯利亚服苦役的744人被当局遣送走之前，有168人死在了在威尔诺（维尔纽斯）监狱中。即使是在西伯利亚，当局也越来越难以为他们监管的罪犯找到合适的劳动。1877年的一份政府调查报告表述得很直率：

> 艰苦的劳动是不可能的。因为许多监狱位置偏远且现场设施不合格，即使是常规的车间也难以运作……苦役犯的活动几乎只限于在厨房、院子和小块园地的零星事务。在为数众多的罪犯中，实际上只有不多于五分之一的人能够被派去工作。[21]

此外，随着1861年农奴解放，自由劳动力拥入西伯利亚，这有助于实现涅尔琴斯克行政官员长期筹划的计划：用更有劳动效率的自由劳动取代无效率的苦役劳动。农奴制过去是农民移徙的一个主要障碍，在农奴制废除后的几十年里，成千上万人逃离了在家乡的贫困状态，去乌拉尔山以东寻找新生活。随着拥入流放系统的人数在19世纪70年代持续激增，当局越来越担心供养闲散、不事生产的苦役犯要花费的高涨成本。[22]

其他令人担心的重要因素是逃亡流放者的人数，以及成群地在西伯利亚游荡的贫困且有时很暴力的罪犯。当局努力调和着惩罚的需求和殖民的需求。一方面，苦役劳动场所应设在远离居民区的偏远地带，以便尽量减少逃跑的可能性以及苦役犯与自由百姓之间的接触；但另一方面，一旦罪犯服完自己的苦役刑期，这样的地方不适合他们定居。西伯利亚当地的高级官员太过焦躁了，所以他们其实并没有减少被送到他们辖区内的流放者，特别是苦役犯的人数。正是出于一种源于绝望的乐观，当局把萨哈林岛看作流放系统的至少某些明显缺点的解决方案。[23]

萨哈林岛处于北太平洋上，位于西伯利亚东部海岸，隔涅韦尔斯科伊海峡与大陆相望，海峡最窄处仅几千米。这个岛长948千米，宽25至170千米，总面积近77000平方千米，略大于爱尔兰。它的北部覆盖着泰加林和冻原；南部由茂密的森林和延绵的山脉组成。在岛的各个地区，气候各不相同；温度比同纬度的内陆城市（比如伊尔库茨克）更宜人，但是气温还是在夏天潮湿的20℃和冬天极冷的-20℃之间浮动。[24]

西伯利亚当局在19世纪50年代认定萨哈林是一个有价值的煤矿产地，但随着涅尔琴斯克的矿山开始枯竭，萨拉林作为一个刑罚殖民地的吸引力在19世纪60年代急剧增加。在19世纪60年代，最开始的几百名罪犯被运送到岛上。在19世纪中叶，萨哈林岛的主权被俄国和日本分割；俄国人控制该岛的北部，日本人控制该岛的南部。经过多次谈判，两国于1875年签署了一项条约，俄国获得对整个萨哈林岛的主权。[25]

萨哈林岛是个完美的隔离场所：一个被几千米宽的危险水域与大陆分开的岛屿。1867 年，内政部委托实施了一项针对帝国刑罚制度状况的重大调查，并责成调查人员起草一系列改革措施。该调查凸显了东西伯利亚流放制度的危险状态，谨慎地认可了在萨哈林岛建立刑罚殖民地的前景——倘若那里能有效地组织苦役劳动。在中央政府权衡这项调查的结论时，1869 年，又有 240 名苦役犯被送到了萨哈林。[26]

同样，从该岛首次被提议为一个苦役劳动场所开始，人们对它的适用性确实有所保留。首先，最初引起西伯利亚管理人员注意的矿山其实储量非常有限，它们只会用到被放逐到那里的几千名流放者中的几百人。第二，该岛的气候和土壤肥力让人严重怀疑这里的农业发展前景。但是内政部和流放行政部门无视岛上官员提供的可用气象数据和警告（他们曾警示这里没有发展农业经济的前景）。在一些关于岛上具有农业潜力的过于乐观的报道——这些报道与那些渴望引诱妻子随自己流放的罪犯所写的空想愿景相呼应——的鼓舞下，政府终于在 1875 年决定：加紧在萨哈林岛建立一个重要的刑罚殖民地。[27]

前往萨哈林岛的罪犯或者随流放队伍经涅尔琴斯克矿区到达港口城市符拉迪沃斯托克（海参崴），然后再跨海到达该岛，或者用更常见的方法，被关在蒸汽船的牢房中从黑海的敖德萨港沿着亚洲海岸航行到萨哈林岛。这些船会驶离黑海，在君士坦丁堡抛锚，然后经过苏伊士运河、塞得港、亚丁、科伦坡、新加坡、长崎和符拉迪沃斯托克。这次航行历时两三个月。政府用于这一用途的两艘船“圣彼得堡”号和“下诺夫哥罗德”号各可运载 600 名囚犯，每年航行 2 次。对于被关在极度潮湿的船舱牢房里且戴着镣铐的囚犯来说，这是一趟惩罚性的旅程。[28]

随着到达岛上的罪犯人数从最初的少数人迅速增加到 19 世纪 80 年代中期的每年几百人，再到 80 年代末的每年 1000 多人，这个刑罚殖民地开始形成。1890 年，岛上有大约 6000 名苦役犯和 4000 名定居流放者，到 1897 年全国范围的人口普查时，流放人口总数已膨胀到 22000 人。在岛上的约 4000 名妇女中，大约三分之二是女性罪犯，其余的是自由的妇女（追随丈夫的妻子或流放者的农民后代）。在接下来的两年里，另有 5000 名男性和 300 名女性被流放到萨哈林。[29]

萨哈林为政府提供了一块白板：一个享受已经积累了一个世纪的管理大规模西伯利亚刑罚殖民地的经验的机会。它也是政府最后一个可以用来表明惩罚可以让流放者改过自新、转变为拥有小地产的农业殖民者的机会。这个自夸的转变的关键是萨哈林的妇女。她们也将悲剧性地标志着这个转变的失败。

安东·契诃夫在 1890 年 6 月从伊尔库茨克写给他的哥哥亚历山大的信中说道：

> 西伯利亚是一个广阔而寒冷的地区，这趟旅程似乎没有尽头。途中几乎看不到新奇或有趣的东西，但我体验和感慨良多。我曾与泛滥的河水搏斗，与寒冷、令人难以置信的沼泽地、饥饿和睡眠不足搏斗……这是你在莫斯科花 100 万卢布也买不到的经历。你应该来西伯利亚！让法庭把你流放到这里。[30]

在 30 岁时，而且在知道自己已经患有结核病的情况下，安东·契诃夫开始进行一次为期 11 周的严酷旅行——跨越西伯利亚前往位于萨哈林的刑罚殖民地。他不是流放制度的支持者，而是决心记下岛上的情况，然后让俄国读者大众注意到这些情况。在去往萨哈林的途中，他向他的编辑阿列克谢·苏沃林写出严厉谴责：

> 从我已经读过和正在阅读的书中可以清楚地看出，我们已经让**数百万**人在监狱中堕落，堕落到没有意志的境地，我们用近乎野蛮的漠不关心对待他们。我们迫使他们在寒冷的天气中戴着镣铐前行数万千米，让他们染上梅毒，诱使他们道德败坏，大量增加罪犯人口，并把种种罪责都推给了红鼻子的监狱管理人。所有欧洲人现在都知道，罪责不在于监狱管理人，而是我们所有人，但我们仍然认为这不关我们的事，我们并不关心。[31]

契诃夫花了 3 个月多一点的时间在岛上辛勤工作。他起得很早，每天都会去采访萨哈林的苦役犯和定居流放者。他在岛上记录的大量笔记后来成为于 1893—1894 年在自由主义月刊《俄国思想》上连载的半游记半社会学研究的基础，这些文章大获好评。《萨哈林岛》将有助于扭转公众对西伯利亚流放制度的看法。[32]

契诃夫发现，只有约 5%的萨哈林妇女能阅读，更不用说写字了。因此，她们的故事通常会由男性讲述，如果这些故事有人讲述的话。官方报告指出，这些妇女是性剥削和性暴力的受害者，但它们很少记录这些妇女的请愿和上诉声音。关于萨哈林岛上的妇女和儿童生活最形象的叙述，来自观察过和偶尔采访过他们的人。在契诃夫的记述之后，又涌现出了众多记者、政府巡视员、医生和外国旅行者的出版物，所有这些都植根于岛上妇女和儿童遭受的厄运的悲惨细节。一些人，如记者弗拉斯·多罗舍维奇，采用了专栏作家的耸人听闻风格，但甚至是他也对自己作品的事实基础感到自豪。[33] 多数作者——政府官员、医生和契诃夫本人——都争取让自己的报道保持公平。这些人中的大多数都是，或者至少是成为公开宣称的流放制度反对者。他们认为，妇女和儿童的堕落以及家庭的被毁是专制政权不可能抗辩的东西。西伯利亚罪犯的困境可能无法触动在莫斯科和圣彼得堡的许多人的良知；无辜的妇女和儿童变得残酷无情却会触动他们。

被判处在萨哈林服苦役的女性罪犯中，大多数人被法庭认定为激情犯罪。“我来这里是因为我的丈夫”或“我来这里是因为我的婆婆”，契诃夫听到她们这么说。农村女性对厌女症很熟悉。有些已婚妇女多年来忍受着丈夫的暴力殴打，有时她们会突然爆发，抓起一把刀或一包毒药。有些人会杀死无力抚养的新生儿。还有些人作为盗贼、造假者和纵火犯被流放。对于一些极度贫穷的妇女来说，卖淫是一个通向更广阔的犯罪地狱的大门，而且是污点的一个来源，这种耻辱使得她们易受各种指控，就像列夫·托尔斯泰《复活》（1899年）的女主角卡秋莎一样。然而，到19世纪末，因为“非法性交”而被起诉的妇女人数急剧下降。[34]

契诃夫注意到，每当一个女人到达萨哈林后，她的“人格尊严……女性身份和谦虚品格……在任何情况下都不会被顾及；这似乎意味着，所有这一切都被她的耻辱排挤出去了，或者说在她沿着监狱和休息站跋涉到西伯利亚的途中，她失去了它们”。甚至是那些追随丈夫的无辜妇女也没有免于这一命运。妇女本应在流放途中与男人分开行进，但这项规定继续被无视，她们常常整晚与一群冷酷无情的罪犯关在一起。流放者的妻子有时会被流放队伍中的罪犯强奸，或者被自己的丈夫送出去，以换取金钱、伏特加或人身保护。犯罪学者和内政部官员德米特里·德里尔曾在1896年访问萨哈林岛，他直言不讳地说：妇女，无论是罪犯还是那些自愿追随丈夫的人，“通常在流放队伍中都彻底堕落了，并以妓女的身份到达刑罚营”[35]。

在妇女怀孕时或带着新生儿时，她们尤其脆弱。1837年，国家参政院规定，怀孕或处于哺乳期的妇女不能被流放，但是，就像许多来自首都的指令一样，西伯利亚当局照例忽视了这项规定。事实上，因为流放路途漫长，而且妇女承受着与流放队伍中的男性发生性关系的压力，许多妇女在途中怀孕。尼古拉耶夫娜是名女性罪犯，她在1870年随一群苦役犯乘坐蒸汽船沿着阿穆尔河航行，当时她临近产期，便请求留在布拉戈维申斯克，直到孩子出生。然而，当局对她的请求不予理会，在蒸汽船起航四小时后，她开始分娩。她获准在甲板上生产，用来避开旁人视线和恶劣天气的，仅仅是几件囚服。但孩子出生不到一小时便夭折了。[36]

妇女们经常带着几个年幼的孩子一道去追随她们的丈夫。1885年，一群陪同苦役犯的家属正等待着离开基辅，然后经由敖德萨前往萨哈林。这些家属包括拉夫连季·什沃仁的妻子，她有一个9岁的儿子和三个女儿，分别是7岁、5岁和1岁；奥西普·丘马克的妻子，她有四个女儿，分别是13岁、11岁、9岁和5岁。他们的名字甚至也没有被记录下来。[37]

美国探险家乔治·凯南注意到像10岁那么小的女孩不得不每天步行30千米，因为马车上没有够她们坐的地方。仅在1875年一年，在前往西伯利亚的途中，就有1030名儿童在莫斯科、下诺夫哥罗德、喀山和彼尔姆的中转监狱以及更远的地方的休息站死亡。两年后，又有400名儿童在旅途中死去了。民族志学者和记者尼古拉·亚德林采夫估计，事实上，由于医疗设施不充足，半数儿童在去往父母的流放地的途中死亡。[38]

除了饥饿、寒冷和缺乏足够的医疗护理，这些孩子还面对着与他们一同挤在休息站、火车车厢和船舱里的罪犯的可怕欲望。内政部高级官员瓦西里·弗拉索夫在1873年报告，当局没能让儿童与流放队伍中的罪犯分开，这使得这些孩子接触到了“狂欢作乐和非法行为”。被流放的妇女会抱怨，流放队伍中的男性罪犯“正在侵害她们的孩子”。弗拉索夫发现，“一些男性罪犯非常不道德、玩世不恭，他们会在光天化日之下在孩子面前做出色情行为”，这“不仅损害了孩子的道德，还过早地唤醒了他们自己的性欲”。与契诃夫一起乘蒸汽船由阿穆尔河前往萨哈林岛的，“有一名戴着脚镣的罪犯，他杀害了自己的妻子。他的女儿，一个失去了母亲的6岁小女孩，跟在他身边……紧握住他的脚镣。晚上，这个小女孩和罪犯、士兵杂乱地睡在一起”。有许多关于小女孩在阿穆尔河上的蒸汽船上被强奸的报道。[39]

流放官员发现，流放队伍中的孩子的艰难处境尤其令人不安。一个“已经对很多事变得漠不关心”的冷酷休息站官员对民族志学者谢尔盖·马克西莫夫说：“这些可怜的孩子！……冬天时简直没法看着他们：他们被冻僵了，无精打采，身体不适，还咳嗽着，很多人长了溃疡，他们身上起了皮疹……”出卖自己的妇女会被谴责为堕落的妓女，而那些被迫见证或参与性行为的儿童却没法这么轻易地被忽视。受教育阶层对俄国城市中的雏妓有着矛盾情绪，然而，官员对流放者当中的儿童性剥削现象也带有同情和厌恶的混合情绪。[40] 弗拉索夫至少带着气度去评价这些孩子，“责备这些环境的牺牲品是不可能的”。但他仍然震惊于他们“对待士兵和水手的轻率举止，这些举止超过了在大城市街头拉客的妓女”。在一个流放队伍中，一个苦役犯 12 岁和 14 岁的女儿已经感染了梅毒。民族志学者瓦西里·谢苗夫斯基在 1878 年随五百名流放者和家属前往勒拿金矿；其中有个 11 岁的男孩，他喝酒、打牌，对妇女感兴趣；还有一个 12 岁的女孩“被这群罪犯视为共同财产”[41]。

当女性流放者终于到达萨哈林时，她们被当成了寻常的妓女；营地行政部门甚至组织出卖她们的身体。弗拉索夫在 1871 年访问过萨哈林后报告，当局已经把监狱里关押女性罪犯的地方变成了一个妓院。尽管他的报告受官方语言风格限制，但仍充斥着愤慨。只有那些在岛上犯了罪或“不值得男人青睐”的女性才得以在厨房工作；其余女性“被用来满足需要”，并让自己喝得烂醉。[42]

萨哈林岛流放女性的卖淫行为形成了一个将在随后几年中持续存在的模式。萨哈林的主任医师列昂尼德·帕杜布斯基医生注意到，一到达该岛，女性苦役犯就会被要求她们提供性服务的看守和士兵“追逐和骚扰”。如果这些妇女对“地方当局的性本能”有丝毫反抗，她们就会付出沉重的代价。她们每周会被拖到医院进行作为妓女的医疗检查，或者警卫会指控她们犯了一些“子虚乌有的罪行”。随后，他们会让她们去跟一个定居者一起住在某个偏僻的村庄里，这相当于“判决她们蒙受最不受约束的卖淫行为，因为这些村庄通常有两到五名妇女，却有五十至六十名单身男性”。帕杜布斯基对于这种“嘲弄法律规定的目标的行为”感到十分愤怒。他甚至遇到过这样一些案件：一对夫妻因为同样的罪行一同判处在萨哈林服苦役，他们却在同一年的不同时间到达，仅仅是因为这个妇女先被送给了另一个定居者。[43]

在办事员和看守都得到了自己想要的女性罪犯后，其余女性罪犯都会被带到卡尔扎科夫斯克驻地的定居点，契诃夫在那里看到了类似于牲畜市场的交易。地区长官和当地行政部门的官员决定着哪些定居流放者和农民“可以得到一个女人”。那些被选出来的人在约定的日子来到监狱，届时他们可以查看新来的女人：“每个人都选得……非常认真，‘用人性的态度’对待这些朴素、年长和囚徒般的人；他们端详着，想要从她们的脸上推测出，她们哪个人是合格的家庭主妇。”定居者认为这些妇女“不完全是一个人、一个家庭主妇，也不是一个像家畜那么低等的生物，而是介于两者之间”[44]。

当局故意绕开了那些旨在维护流放者当中的性规范和传统道德的法律。契诃夫明白，被定罪的妇女以农业劳工的身份被分配给了萨哈林岛上的定居流放者，“但这只是一个避开禁止不道德行为和通奸行为的法律的幌子”，因为她们实际上是非法的妻子。[45]岛上的医生尼古拉·洛巴斯评论：“萨哈林岛上的女人成了一个完全意义上的物品，一个可以传递、分配、接纳和出借的物品。”妇女的确在一系列由当局安排的肮脏交易中从一个流放者手中传给下一个流放者，有时是为了当局的个人利益。纳塔利娅·里涅瓦娅是少数几个识字的女性罪犯之一，她曾写下一封抗议她的待遇的请愿书：

> 抵达萨哈林岛后，我被送到了波列前斯科耶定居点，在那里我和定居者帕维尔·福明住在一起，我和他同住了两个月多一点的时间。我怀上了他的孩子，想和他结婚……但是，定居点的管理员来了我们的住处，由于某种原因，他不喜欢我们家的样子。他带我离开了帕维尔·福明，想把我交给另一个定居者。

洛巴斯亲眼看到了可怕的场景：一个带着两个孩子的女人跪着乞求一名官员，请求他不要让她和一个流放者住在一起，而那两个受惊的孩子紧紧抓着她，边哭边颤抖。她的请求和泪水没有用，这个女人不得不顺从。事实上，萨哈林的妇女成了囚犯的囚犯。[46]

出自这些商业和行政算计的大多数伴侣关系都是对婚姻的肮脏模仿。许多男女嫌弃自己的同居者，跟对方一直是陌生人。即使在同一屋檐下生活了许多年，他们也不知道对方的年龄、他们来自俄国的哪个地方以及他们的父称。妇女在没有正式婚姻关系的情况下经过了很多男人的手。一个女人和一个定居者一起生活了三年，给他生了两个孩子。当这个男人决定搬到符拉迪沃斯托克时，他只是把她交给了另一个男人："我有一个女人。如果你愿意，你可以留下她。"[47]

一些妇女逃离了那些虐待且剥削她们，她们却不得不与其同居的定居者。在当局看来，她们这是在拒绝当局为带来妇女的福祉和道德改善所付出的努力，因此当局不赞同她们的这种做法。她们不可避免地会被逮捕，随后通常会被单独监禁一段时间，然后被送到更偏远的定居点。在四到六个月的时间里，大多数妇女的意志会因为跟自己被指定的定居者一起生活而被摧毁。即使她们起初是不情愿的妓女，但很多人最终成了冷酷的专业妓女。一些定居者会快速花掉女性流放者带到萨哈林岛的钱或物品，然后逼迫她去卖淫，而且经常是用拳头逼迫。[48]

卖淫为某些同定居者一起生活的妇女提供了某种讨价还价的筹码。如果她们的同伴不允许她们在家接客，那么她们便会离开他们，“但这种情况并不是经常发生，因为同居者共享她的收入”。成立于 1879 年的总监狱管理局局长亚历山大·萨洛蒙也发现，萨哈林岛的有些妇女已经开始非常独立地经营自己的业务。在亚历山德罗夫斯克驻地，有一个这样的妇女，她的名字早已被人遗忘，只是被人称为“五戈比”，这是根据她接待一个顾客的费用而叫起来的名字。另一个在卢科夫斯克的女人已经 70 多岁了，她只收三戈比。[49]

男人也从事卖淫，但当时的各种消息来源都对这个话题缄默不语。萨洛蒙发现，被他称为“鸡奸”的现象很普遍。在研究萨哈林的植物时，植物学家安德烈·克拉斯诺夫说，妇女的缺失以及监狱里的过度拥挤，形成了一种在俄国各个刑罚堡很常见的“腐败根源”。克拉斯诺夫把同性恋东方化为某种从根本上“不同的”、非俄国的东西，指责岛上的土著人民促成了一种“性心理变态，很多流放者感染了这种变态”。萨哈林岛本身创造了“性反常的条件，人们正是因为这种性反常从俄国被流放的”。贫穷、赌债和始终存在的暴力威胁驱使着一些男人出卖自己。多罗舍维奇曾提及萨哈林岛上的无耻之徒（хам）：“不可能比这更堕落了。хам是罪犯用来指称另一个男人的情人的行话。无耻之徒是毫无良知的男人……这些无耻之徒在罪犯当中做了极堕落的行为。”在亚历山德罗夫斯克医院里，洛巴斯治疗着因为这种“鸡奸行为”感染了梅毒的年轻男孩。[50]

然而，爱情有时也在道德败坏和野蛮残酷的环境中滋生。亚德林采夫回忆起了一个“唐璜”，他的头发涂着油脂、梳向后面，他手里拿着花，在监狱走廊里追求女性罪犯。萨哈林的一些罪犯变得非常依恋他们的伴侣，他们会寻衅以延长自己的监禁时间，以免自己被释放回大陆而与她们分离。[51]

流放者妻子的际遇比女性罪犯好不了多少，有时甚至更糟。许多“志愿者”来到岛上时已经极度贫困或者财物已经被盗，却发现岛上没有地方可以挣钱，没有地方可以乞求救济品，除了和丈夫共享的微薄监狱配给之外便一无所有。契诃夫描述了这些妇女的慌张和恐惧：

> 一名自由的妇女刚到达岛上那会儿，脸上带着完全麻木的表情。这座岛以及苦役犯周边的条件令她震惊。她会绝望地说，在她赶往丈夫身边时，她没有自欺欺人，也预想了最坏的情形，但是现实其实比所有的预想都可怕……她日日夜夜地哭泣，为逝者唱哀歌，为被抛弃的亲人祈祷，好像他们死去了。而她的丈夫承认自己对她十分愧疚，忧郁地坐在那里，但突然间，他清醒过来，开始打她，辱骂她，指责她为什么到这儿来。[52]

萨洛蒙于 1898 年到访过萨哈林，画了一幅关于分散在岛上的流放定居点的凄凉画作。大多数定居者的住所都“盖得很糟糕”，屋内缺少“日常用具，也没有家务井井有条的任何表象”。它们是国家想象中有操守的家庭生活和家的可怜仿制品，它们“不那么像农家小屋，更像是小牢房”[53]。契诃夫严词抨击了这些家庭所处的植物人般的悲惨境遇：“在同一个地方，角落里有几个儿童和两三个摇篮，还有几只母鸡、几条狗，在小屋外的路上，有垃圾、污水坑，没有可以做的事情、可以吃的东西，你会对谈话和争吵感到厌烦——这一切是多么单调乏味、多么肮脏，这是怎样萧条的景象！”除了贫穷，每个流放者的小屋里还有一种令人痛苦的漂泊之感：

> 没有祖父祖母，没有从祖上传下的圣像或家具：因此，家庭缺乏过去，缺乏传统……好像这家人不是生活在自己家里，而是生活在营房里，或者好像他们是刚刚到达这里，还来不及安定下来；在冬天的傍晚，听不到猫叫声，听不到蟋蟀叫声……重要的是，这不是他们的故土。[54]

因缺乏小屋，有些人不得不住在萨哈林杜尔驻地的“已婚营房”里。住在这种早就该拆除的不堪建筑内，他们的生活境况更凄凉。在一个牢房里，契诃夫看到了六对夫妇，包括六位自由的妇女和十六个孩子。他沉思地说：“从这些粗陋的住处及其条件（在那里，十五六岁的少女不得不和苦役犯并排睡在一起）来看，读者可以判断出那些自愿随丈夫和父亲进入刑罚状态的妇女和儿童在这里面对着怎样的蔑视和无礼，他们在这里是多么不受重视，他们先前对于农业殖民地的概念考虑得是多么少。”[55]

因为在极度苦难的条件下挣扎，不仅是那些被指派给定居者的女性罪犯，甚至是那些忠诚的、身份自由的妻子，也通过卖淫来供养自己的家庭。有个流放定居者的农庄因为他的辛勤劳作而惹人注意，他告诉萨洛蒙，他不会去抱怨，“因为‘感谢上帝’，他还没有落到要出卖妻子的地步”[56]！

有些女性罪犯被认为有吸引力，能够在岛上找到富有或有影响力的赞助人，比起那些要做刷子、洗床单和擦地板的女性罪犯以及自愿跟随丈夫到萨哈林的妇女，她们过得好多了。有些妇女承诺提供性服务、家务劳动乃至伴侣关系，这让她们成了官员的姘头，这样她们就可以避免萨哈林岛上最糟糕的事发生在自己身上。1870年秋，几名女苦役犯被运送到萨哈林的科尔萨科夫驻地。帕夫卢申中尉为自己挑了一个自称阿库琳娜·科热涅茨卡娅的女人。当官员查询她被判去的定居点的类别时，发现她实际上是叶连娜·克鲁扎诺夫斯卡娅，而不是阿库琳娜·科热涅茨卡娅，她们二人交换了身份。克鲁扎诺夫斯卡娅不是被判处定居，而是服苦役，但当她的欺骗行为被揭发出来时，传闻她已赢得了帕夫卢申的支持。在当局收到将这些妇女（包括克鲁扎诺夫斯卡娅）分配到刑罚工厂的指示时，帕夫卢申安排她在科尔萨科夫驻地的医院工作，但她其实仍旧只是他的姘头。[57]

弗拉索夫认为，“正派、典范性的妇女”一定会“对那些罪犯妓女心生嫉妒”，而且她们心中一定会“觉得疑惑，罪行是不是给了一个女性过着舒适生活的权利和特权地位”。多罗舍维奇曾问过一位在萨哈林岛上陪同丈夫的饱受苦难的自由妇女，如果没有孩子需要照顾，她会做什么，她毫不犹豫地回答：“我会去卖淫……我会让某个人收留我。当我们随流放队伍走在路上时，我们不得不防范那些罪犯！但看看那些女孩现在过着怎样的生活！……我甚至不想看，我非常嫉妒！”[58]

有些流放者弄到妇女，主要是为了把她们卖给自己的难友。他们不仅会让自己的同居者，还会让身份自由的已婚妇女和女儿去卖淫。这些妇女有时候不需要任何提示。契诃夫描述了自由身份的女人的“心是如何随着时间流逝而变得冷酷的，而且她得出结论，在萨哈林岛上，如果有着敏感的情感，你永远不会有足够的食物，她会去‘用我的身体’赚取五戈比或十戈比小钱——其中某个人是这么说的”。一些夫妇也会在女儿 12 岁时开始出卖她们。“有一个好看的妻子和一个女儿的人可以在这里过上体面的生活，”一个流放者向德里尔解释，“而且不需要为家畜而费心。”[59]

萨哈林的指挥官 A・I・吉尼尔对刑罚殖民地的早期发展充满信心，确信未来最终在于流放者的孩子们：

> 对妻子和孩子的关心可以培养出勤劳和节俭。因为惩罚可能会将他们与家人分开或损害他们的农场，所以他们会仔细权衡自己的行动，控制自己的不良冲动……一旦这些苦役犯的孩子长大，他们构成了与政府拥有相同价值观念的人群的一部分，并且比很多刺刀都能更有效地保持公众平静。[60]

对岛上的孩子寄予这种宏伟目标简直是痴心妄想。这些孩子不是在政府的价值观念下社会化的，而是在苦役犯的堕落影响下社会化的。

1901 年 12 月，萨哈林岛上的流放定居者伊巴蒂・瓦西里耶夫向法院提出控诉，要求一名年轻的自由妇女赔偿损失。在指定的那一天，原告和被告到法院参与案件审理。当瓦西里耶夫被传唤到地方法官面前时，他从集结起来的请愿人群中走了出来，他是一个高大、壮实、长着红发的40岁男子。一个瘦弱的小女孩也走向前来，她脸色苍白，眼神不安。她就是被告，13岁的瓦西丽萨·伊柳金娜。瓦西里耶夫先前和伊柳金娜的父母达成了一项协议，他给他们一头母牛，来换取他们的女儿。然而，伊柳金娜只和瓦西里耶夫住了一段很短的时间，便带着自己搬来时瓦西里耶夫送给她的礼物回到了父母身边。几天之后，伊柳金娜搬去和另一个定居者普洛特尼科夫住在一起。伊柳金娜声称她已经“赚得了”礼物，并解释说：“我的家人需要开始播种，但伊巴蒂一点儿燕麦也没有，所以我转而向普洛特尼科夫要20卢布。”[61]

许多父母都忙于贩卖自己的子女。弗拉索夫注意到，到达萨哈林岛的母亲已经因为前往该岛的旅程而变得非常堕落，她们愿意出卖自己的孩子来换取“一夸脱酒”。当英国探险家查尔斯·亨利·霍斯于1903年来到萨哈林岛时，他对“父亲用女儿做交易”时的轻松淡然感到震惊，他还声称“岛上没有一个9岁以上的女孩是处女”，这很可能是有些夸张。不过确实有8岁那么小的女孩与成年男子同居的情况。德里尔在亚历山德罗夫斯克驻地的医院里发现一个9岁女孩的“生殖器上已经有梅毒症状”[62]。

流放定居点为流放地的儿童提供了一种有问题的教育。契诃夫在某个村子的定居者小屋里看到了一个独自在家的小男孩，他同这个孩子谈了起来：

> 你父亲的父名叫什么？
>
> 我不知道。
>
> 你不知道，这是什么意思？你和你的父亲生活在一起，

你却不知道他的名字？真不害臊！

他不是我的亲生父亲。

他不是你的亲生父亲，这是什么意思？

他和我妈住在一起。

你的母亲是已婚还是个寡妇？

寡妇。她是因为她的丈夫来到这里。

因为她的丈夫，这是什么意思？

她杀了他。

你记得你的父亲吗？

不，我不记得。我是个私生子。妈妈……在卡拉的时候生下了我。[63]

霍斯亲眼看到孩子们四周有着“公然的恶行和毫无廉耻的卖淫场面。非法同居这种‘游戏’在男女混合制学校中非常时髦”。孩子们会扮演“流浪者”，表演纵火和处私刑的场景：“我会是和你住在一起的女人，我们会一起去定居点。”一个年龄很小的女孩胡说着。“我会割破你的喉咙。”一个男孩威胁道。[64]

无论国家喜欢的设想是怎样的，萨哈林岛上的人们会把孩子们称作“正在成长的新一代苦役犯”。当然，被贫困、绝望的流放者抚养的孩子的问题并不局限于萨哈林岛。事实上，那些负责客观地评估流放制度的官员一直都明白，流放制度对罪犯的孩子具有破坏性影响。19世纪80年代，流放革命者弗拉基米尔·柯罗连科写作的关于西伯利亚流放的短篇故事拥有十分广泛的读者群体，其中讲到了被自己的流放父母引入犯罪之途的孩子们的故事。然而，在萨哈林岛，儿童的堕落问题尤其严峻。萨哈林的孩子在盗窃、掩饰和暴力方面的密谋才华超越了他们的年龄，他们的存在拆穿了关于流放制度的改造特性的官方说法，拆穿了所谓的专制政权声称的家长式统治。[65]

到访萨哈林岛的人对定居者及其家人的生活条件普遍感到震惊。一位护士在一封私人信件中表达了对岛上的性堕落水平的厌恶："上帝！上帝！你无法想象这里发生了什么：彻底的淫乱！我看护着15岁、17岁、19岁的女孩，她们从12岁就开始有性行为，现在她们离不开伏特加、污言秽语……要是在圣彼得堡的人知道这里的苦役是什么样就好了！"[66]然而，到19世纪末，圣彼得堡当局已经很清楚岛上家庭的生活境况。

随着这个刑罚殖民地开始成形，官方对于萨哈林的热情逐渐消失。总监狱管理局局长米哈伊尔·加尔金-弗拉斯科依在1881年到访过该岛，他当时认为有理由乐观看待流放定居者的前景。亚历山德罗夫斯克驻地的定居者屋舍"以其干净和整洁闻名"，岛上的农业似乎正蓬勃发展，他视察过的学校和医院都秩序井然。加尔金－弗拉斯科依看了他想要看的，而且他绝不是唯一一个对萨哈林岛流放者的严峻处境视而不见的高级官员。当契诃夫在九年后访问该岛时，他出席了阿穆尔河沿岸总督辖区总督安德烈·科尔夫举行的正式晚宴。这个整个东西伯利亚最高级的官员向人们发表了简短的讲话，他宣称："在萨哈林，我确信那些'不幸的人'生活得比在俄国甚至欧洲的任何地方都好。"契诃夫用"饥饿、女性流放者当中盛行的卖淫和残酷的肉刑"来化解科尔夫哄骗性的称颂。[67]

俄国没能建立一个可以自我维持的刑罚殖民地，萨哈林岛的流放人口中极低的生育率证明了这一点，这里的生育率甚至不及俄国欧洲部分的一半。对于萨哈林岛上的母亲来说，孩子常常只不过是“又一张需要吃饭的嘴”。契诃夫观察到：“每个新生儿的诞生都不会得到家庭成员的热切欢迎。他们不会在摇篮边哼唱摇篮曲，而只会说出不祥的悲叹。父母会说，没有什么食物可以喂养孩子，孩子在萨哈林岛上永远学不到任何有价值的东西，‘如果仁慈的上帝尽快把他们带走，那是再好不过的事情’。”[68]

流放人口数量只是因为一年一度新拥入的罪犯而增加。流放者的苦役刑期期满之后会被释放到定居点，此时他们资源不足，身处恶劣、不适于居住的气候条件中。定居者要开发原始的泰加林、建立可持续运作的农庄，这样的任务远比服苦役困难得多。萨哈林岛的“非自愿殖民者”孤单、贫穷、欠国家债务、配备的工具粗制滥造，他们辛苦地劳作却没有什么成果，最后陷入了极度的贫困当中。多罗舍维奇运用一名记者对精炼的词语的掌控力，编出了一句警句：“苦役结束时，即苦役开始时。”[69]

如果萨哈林岛上的罪犯像流放定居者一样承受住了种种苦难，像在西伯利亚的其他地方一样，他们就能跻身西伯利亚农民之列。政府起先决定，这些改过自新的流放者可以返回大陆，居住在东西伯利亚的城市外面。如非必要，流放定居者一天也不想多待在萨哈林岛上。一个人宣称：“上帝不允许我们被留在萨哈林岛上！即使他们活埋我，我也不想留下来！”另一人则抱有“至少死在大陆上”的志向。为了止住流放者离开的大潮，政府在 1880 年撤回了允许返回大陆的权利，迫使他们在岛上从事农业活动，直到他们还清了自己欠下的国家补贴。从 1894 年起，当这种限制被取消后，返回俄国的人数每年都在猛增，从 1894 年的 220 人到 1898 年的 2000 人。仅在 1899 年，萨哈林岛上就有 760 个农场被遗弃了，总监狱管理局承认这是一场定居者和农民的“大规模迁移”[70]。

契诃夫在 1890 年 10 月离开了萨哈林，“带着许多不愉快的回忆……现在我能够细细回顾它，萨哈林岛对于我来说就像一座地狱”。契诃夫记述萨哈林之行的文字的出版引发了一场严峻的社会丑闻，政府因而成立了一个秘密委员会，讨论刑罚殖民地的未来并对该岛的情况发起一系列调查。[71] 随着道德败坏、性剥削和家庭腐化的证据不断涌现出来，西伯利亚管理者放弃了萨哈林岛用来改造罪犯或用来安置一批稳定的人口的说辞。帕杜布斯基医生详细记述了岛上妇女和儿童的情况，这番介绍经总监狱管理局和关爱苦役犯家庭协会的讨论后，于 1899 年 5 月转交给了司法大臣尼古拉·穆拉维约夫。一个侍女甚至把一份帕杜布斯基医生的报告送到了在圣彼得堡的尼古拉二世手中。当这位医生的调查结果于世纪之交在著名的法律报纸《法》和官方的《监狱导报》上发表时，这些调查结果也进入了公共视野。萨哈林岛的家庭根本不是繁荣、勤勉的流放定居者社区的基石，而是成了刑罚殖民地的贫困和道德沦丧的一个象征。在某种意义上，萨哈林岛上的肮脏戏剧的真正反派人物甚至不是那些让妻女从事性交易的冷眼罪犯，而是沙皇当局，他们没有妥善管理好自己所负责的流放者。萨哈林岛使沙皇专制政权非常难堪，而且用奇异的方式讽刺了国家企图在西伯利亚将刑罚计划和殖民计划结合为一个整体的抱负。[72]

然而，惯性仍在圣彼得堡占支配地位。许多官员坚持认为，这个问题是一个管理和资金方面的问题，而不是惩罚与殖民工作之间的根本性冲突。萨洛蒙在 1898 年访问该岛时试图发出积极的论调，但他不得不去消除关于该刑罚殖民地即将关闭的传言。他向萨哈林岛上的官员保证，一个自 1879 年以来已经投入了超过两千万卢布的项目，不会简单地就被放弃了。岛上的缺点“需要通过辛勤的工作来解决”，但是萨洛蒙承认，情势给人们留下了“不良的印象”[73]。

回到圣彼得堡以后，萨洛蒙退休了，现在可以更自由地说出自己的想法，于是他开始严词抨击萨哈林岛存在着家庭腐化和堕落的不堪现实。监狱是破坏性的，“不仅是对道德上易受影响的人来说是这样”，对于那些原来的罪行“是纯粹常规性质的”的人来说也是如此，比如违反军纪的人。岛上仅有的真正的行当是赌博、伏特加和卖淫。他总结道：“在萨哈林岛刑罚殖民地，压根谈不上改造。”[74]

政府在萨哈林岛注定失败的实验最终结束了，结束的原因不是圣彼得堡方面改变了心意，而是因为日本海军力量的优势地位。日本在 19 世纪下半叶吞并了阿穆尔河流域，这使得俄罗斯帝国不得不直面已经实现工业化的日本日渐增加的威力。在世纪之交，随着联结赤塔和符拉迪沃斯托克的中东铁路的建设，紧张局势到了紧急关头。日本人担心俄国的这个新项目会威胁他们自己在朝鲜半岛和中国东北地区的规划。这两个对手之间的外交关系崩溃了，1904 年 1 月，日本人对位于辽东半岛旅顺港的俄国海军基地发动了毁灭性的攻击。[75] 日俄战争期间，日军在 1905 年 5 月在对马海战中摧毁了俄国舰队，随后，日军占领了萨哈林岛南部。他们消灭了驻扎在萨哈林岛上的士兵的微弱抵抗力量，并且向散漫的罪犯定居者承诺，如果他们与入侵者作战，他们就会被赦免。那年夏天，在南部的日本部队和在北部的俄国当局一起看管着一场从刑罚殖民地到俄国大陆的混乱、野蛮的转移。大约 7600 名男人、妇女和儿童被粗鲁地抛弃在萨哈林岛对面的德卡斯特里海湾的海岸。然后，他们不得不穿过 60 千米几乎不可穿行的泰加林到达最近的马林斯克定居点。第二年，他们被关押在营房里，最后被分散到了外贝加尔地区。1906 年 7 月 1 日，俄国政府终于废除了萨哈林岛上的刑罚殖民地。[76]

没有什么比散布在萨哈林岛荒凉墓地里的坟墓更能雄辩地控诉萨哈林岛刑罚殖民地的失败了。位于南部海岸的科尔萨科夫驻地的墓地挨着一个当风、没有树木且俯瞰着定居点的山丘。当多罗舍维奇在 1897 年来到萨哈林时，他无意中在墓地里遇到了一场为一个流放定居者举行的简易葬礼。这个人曾见证过萨哈林岛生活的极端凄苦。出于嫉妒，他杀死了与自己一起生活的女人，然后用一种岛上常见的有毒植物结束了自己的生命。在他自杀几天之后，有人在泰加林中发现了他的尸体。十几名苦役犯推着载有简易棺木的木车上到墓地。一个看守跟着他们，他腰间别着一把左轮手枪。在坟墓边，他们把棺木放到地上，开始挖重黏土地面。当棺木埋好后，他们在这个小土堆上插上了一个用两根未上漆的棍子匆忙做成的十字架。墓上没有题词。“其中几个人在胸前画了十字，几个人没有画。”伴随着监狱看守的厉声命令，他们转身离去。

在一个仍然十分虔诚的社会中，墓地中的大多数坟墓上甚至没有基督教徒的坟墓最基本的象征。在坟墓上安插的十字架被拔出来了或者被折断了，仅剩一根可怜的木棍立在泥土中。多罗舍维奇发现自己站在一个个坟墓之间，但这些坟墓却只不过是光秃秃的土堆。一个流放者解释："定居者收集起了［这些十字架］用作柴火……他们太懒了，不愿走进泰加林里，所以他们把十字架从这里拖了出来。"一个和周围环境不太和谐、被精心照看的坟墓上有个木十字架，现在这个十字架的中心有一个洞，那里原来刻着一个圣像。有人把这个雕像从十字架上挖了出来，流放者说："为了几个用来打纸牌的戈比。"

墓地里还有一个年轻妇女的坟墓，她是一名来自圣彼得堡的教师，名叫娜乌莫娃。她放弃了在首都的生活，来到了萨哈林岛，在这里建立了岛上第一家孤儿院。这位理想主义的年轻女子"无法忍受萨哈林岛上的硬心肠、精神腐化、对邻人遭遇的漠不关心。她也无法忍受她与萨哈林岛官员的抗争，他们对她的'事业'充满敌意；她更不能忍受刑罚殖民地的气氛，所以开枪自杀了"。标志着娜乌莫娃的坟墓的十字架也被拔了起来，而陪同多罗舍维奇的流放者也没能找到她确切的安葬地方，尽管她被埋葬了还不到两年。阿穆尔河沿岸总督辖区总督曾送去一个"非常漂亮的铁花冠，还带有一个刻有美丽铭文的青铜匾"，以代替被盗的十字架。然而，地方官员决定将其挂在警察局里，因为他们担心它也会被人从墓地里偷走。[77]

萨哈林岛的墓地是死者的特殊集会。墓地里埋葬着来自帝国各地的男人、妇女和儿童的尸体，这些人仅仅由犯罪和惩罚、贫穷和苦难结合在一起。科尔萨科夫驻地的山坡甚至在迫切等待着流放者。山坡上遍布空墓穴，它们是预先挖好的，随时等着下一波热病肆虐医院。一旦这些墓穴被填上，它们就会像其他坟墓一样很快被人遗忘。死者从邻人和离开该岛的家人的记忆中消失了。流放者从未用一个真正社区的纪念性仪式来神圣化这些墓地。对于许多流放者而言，在他们的苍凉生活的阴影中，死亡没那么重要。如同国家对萨哈林刑罚殖民地的计划一样，这些坟墓也了无踪迹地没于地下。

11

鞭打

1890年，一位名叫普罗霍罗夫的逃亡苦役犯在试图越过萨哈林岛和大陆之间的涅韦尔斯科伊海峡时被抓获了。一年前，他在哈巴罗夫斯克（伯力）附近谋杀了一个哥萨克人和他的两个孙女，因而被判处受九十下鞭打，但因为记录方面的错误，他当年逃过了这个惩罚。安东·契诃夫在广受欢迎的月刊《俄国思想》中向读者描述了随后的鞭打场面：

> 最后，普罗霍罗夫被绑了起来。行刑者拿起带有三个分叉的鞭子，然后毫不匆忙地将鞭子捋平。
>
> “准备——受住！”他并不是很大声地说道，然后他打出了第一下，他当时没有摆动自己的胳膊，就好像只是在测量他的长度。
>
> “一下！”监刑者用类似教堂司事的声音说道。
>
> 一开始，普罗霍罗夫默不作声，甚至脸上的表情也没有变化；但是现在一阵剧痛传至全身，他发出了声音——不是大声喊叫，而是尖声长叫。
>
> “两下！”监刑者喊道。
>
> 行刑者站在侧边，用一种可以让鞭子落到全身的方式鞭

打。每鞭打五下，他就慢慢地走到另一边，让自己休息半分钟。普罗霍罗夫的头发粘到了眉毛上，脖子肿了起来；经过五或十下鞭打后，仍带有之前的鞭打留下的鞭痕的身体已经变成深红色和深蓝色；每一下鞭打，皮肤都会裂开。

“阁下！”在尖叫和哭泣声中，我们听到这样的喊声。“阁下！请仁慈，阁下！”

后来，经过二十下或三十下鞭打后，普罗霍罗夫似乎发出了一种仪式性的哀叹，好像喝醉了，或者确切地说好像他已经神志不清：

“我是一个多么可怜的不幸之人，我已经到了最底层，我，我就是这个样子……只是我为什么要受到这样的惩罚？”

现在普罗霍罗夫奇怪地伸出脖子，发出干呕声……他没有说出一个字，只是吼叫着、喘着气；看来好像自从惩罚开始以来，已经过去了整整一世，但监刑者只是喊着：“四十二！四十三！”……

终于打到了九十下。他们迅速解开普罗霍罗夫的手脚，扶他站起来。他身上被打到的地方因为青肿而呈深蓝、深红色，而且正在流血。他的牙齿在打战，脸上又黄又湿，眼神迷离。给他喝药时，他抽搐地咬着玻璃杯……他们打湿了他的头，然后把他带到了医务室。

“那是因为谋杀罪——还有部分特别的原因是逃跑。”在我们回家时，他们向我解释道。[1]

肉刑巩固着刑罚定居点的权力和威信体系，官员们实施肉刑，是为了使罪犯顺从、服从。不过，像西伯利亚流放制度的许多其他方面一样，这种暴力行径不利于国家的殖民计划。鞭打和殴打不是训导和改造的有效手段，而是野蛮的惩罚武器。肉刑使得已经十分暴力的罪犯变得更加残忍，甚至赋予了少数失去人性的人地位和权力。在成功逃跑或完成了自己的苦役刑期后，那些背后伤痕累累的人常常残暴地对待他们在西伯利亚城镇和村庄中遇到的无辜民众。到了 19 世纪中期，西伯利亚的高级官员和受过教育的观察者对肉刑的作用表示了沉重的担忧。

肉刑也成了公众激烈讨论的话题。1863 年，殴打在俄罗斯帝国的其他地方已被大大减少，但它仍然是当局在西伯利亚的一种惩罚手段，直至 1917 年流放制度崩溃。在带有可疑动机的不可靠之人的掌控下，鞭子、镣铐和牢房不像是训导工具，而更像是俄语词语“произвол”（专制独裁）的意味。这个词表示不受法律和司法约束的专制权力，从 19 世纪中叶以来，流放者、观察者等人在批评流放官员的非法权力时越来越频繁地使用这个词语。对许多旁观者来说，西伯利亚流放者遭受的惩罚是俄国的残酷和落后的可耻象征，凸显了沙皇俄国的专横。[2]

西伯利亚监狱和刑罚定居点的警卫和看守在面对罪犯时配备着一系列武器。最具震慑力的是皮鞭，这是一种生牛皮鞭子，被一个铜环连到编结而成的皮质鞭子（近一米长）上，皮质鞭子又被安在长长的木柄上。当熟练的行刑者用力挥舞皮鞭时，每一下抽打都能揭掉受刑者的一层皮，所以皮鞭会把他们的后背撕裂。而且，皮鞭经常是致命的。沙皇当局认为，皮鞭的众多优点之一，就是在罪犯背部留下很深且永久性的疤痕。皮鞭不仅仅是一种有效和必要的惩罚工具，如果一名苦役犯逃走并被重新抓获，皮鞭伤痕也便于确定其逃犯身份。[3]

排在疼痛等级第二位的，是鞭子（lash）。鞭子有一个木手柄，连着一管约25厘米长的生牛皮，牛皮条套在一个金属环里，伸出来的部分是两条长长的编结起来的生牛皮鞭梢，越往末梢越细。这是一种可怕的工具，有经验的行刑者用它鞭打两三下，就可使罪犯失去知觉。最后是桦树条，由细细的软树条制成。每根桦树条长1米，为了确保打在受刑者身上足够疼，桦树条既不能太鲜嫩，也不能太干。因此，它们通常储存在潮湿的地方，10或15根捆成一把，每根桦树条都能用上10次，用完10次后就不能用了。[4]

鞭打和殴打是缝合起流放制度的权威和控制力这块织物的碎布，但是它们自己开始磨损得越来越厉害。早在19世纪20年代，现代化主义者提出，俄罗斯帝国不应该被其他欧洲国家的刑罚改革落下，在此压力之下，尼古拉一世的政府面临着进退两难的境地。一方面，国家看到了人们越来越关注殴打的野蛮性；另一方面又害怕废除殴打会剥夺当局必要的惩罚和威慑手段。尼古拉一世的政府想要保持鞭刑的震慑作用，但越来越厌恶因鞭刑而死的人数，于是政府在1830年悄悄把鞭打次数的上限定为50下。参政院在1832年规定，医生应该在最严厉的鞭笞现场坐镇，以防止出现意外的死亡。他们的任务是，当发现罪犯被打得奄奄一息时，他们立刻进行干预并叫停行刑。但这样的打断只是给罪犯换取了暂缓处罚，而不是缓刑。罪犯被带到了医院，获准进行康复治疗；罪犯背上的伤口得到了愈合的时间。之后他会被带出来继续挨鞭子。医生经常同情罪犯，而且是肉刑的反对者，他们会就为什么不能进行鞭打或者至少为什么要减少鞭打次数编造医学理由。[5]

鞭刑的致命性残忍引发了越来越严重的不安，1845年的刑法典废除了俄国欧洲部分的鞭刑。然而，面对着越来越多的流放者以及由他们带来的愈演愈烈的混乱，西伯利亚官员认为，对惯犯的惩罚不能放松。他们声称，鞭子对于那些怙恶不悛的罪犯来说太仁慈了，而“桦树条吓不到罪犯……一家之主、村里的长者和家中的父亲都经常使用这种工具。人们会在挨罚时哭泣，但在受完罚后，便会嘲笑桦树条。[桦树条] 既无法处罚罪行严重、积习难改的犯罪分子，也不能为其他人带来震慑”。鉴于俄国社会广泛使用肉刑，西伯利亚当局认为，对初犯免除鞭刑是一回事，但彻底让他免于鞭刑将“危及国家安全”。如果鞭刑要在 1845 年的刑法典中被废除，那么当局需要保留某种同样可怕的惩罚措施，即夹道鞭笞，在实施这种惩罚时，罪犯要在两列士兵之间跑过，每个士兵都手拿桦树条，在罪犯跑过时便抽打他一下。[6]

最终，当然是流放当局掌握着死刑。自从 1753 年伊丽莎白女皇在形式上废除死刑以来，死刑仍然在权宜之时会被军事法庭使用。即便如此，在 1828 年十二月党人伊万・苏希诺夫被指称的叛乱之后，涅尔琴斯克矿区的负责人要求获得对威胁着警卫和官员的暴力苦役犯实施死刑的更广泛权力。[7]1833 年，尼古拉一世规定，如果苦役犯原来的刑期已达十年或以上且他们在流放时犯下了更为严重的罪行，那么西伯利亚的总督可以将他们处死。正式地说，这样的罪犯之所以活着，只是因为宽宏大量的君主把他们从绞刑架上救了下来。因此在判处他们死刑时，沙皇只是撤销了原先的宽赦。[8]

在理论上，西伯利亚的警卫、监督人和官员所掌握的惩罚武器既是一个严肃的司法工具，也是训导流放者的必要手段。在实践中，这套武器很少公正地根据法律执行。正如契诃夫在萨哈林观察到的那样，下令鞭打罪犯的权力也代表着一个人在营地管理机构中的地位：

> 一名罪犯通常会被用桦树条抽打三十至一百下。这并不取决于罪行，而取决于是谁下达的惩罚命令，是地区总督还是监狱总督；前者有权命令鞭打一百下，后者最多三十下。监狱总督总是谨慎地判定鞭打三十下，当他在某些时候暂行总督职责时，他会立即将其通常的配额提高到一百下，好像这一百下鞭打是他的新权威不可或缺的象征。[9]

营地看守可以因为非常轻微的违规现象自行下令鞭打罪犯。萨哈林岛上的医生尼古拉·洛巴斯亲眼看见过警卫“用顺手拿到的任何东西”殴打犯人，而且他“不无惊奇地发现，事实上，肉刑有助于腐化没有受过良好教育且愚昧无知的人，比如大多数萨哈林岛监狱看守”[10]。契诃夫发现，苦役犯会遭到三十至一百下桦树条鞭打，如果他们“没有完成日常的劳动任务（例如，如果一个鞋匠没有按要求缝完三双女鞋，他们就会鞭打他）、醉酒、粗鲁、不服从……如果二三十名工人没有完成一项任务，他们就会鞭打所有这二三十人”。甚至连抱怨监狱条件、滥用权力和不公正的殴打也是有风险的。鞭子和桦树条也会用来让那些令人生厌的罪犯闭嘴，正如萨哈林岛上的一位官员吹嘘的：

> 罪犯们，特别是那些戴着镣铐的罪犯，喜欢提交各种荒谬的请愿书。我被指派到这里后，在我第一次在监狱巡视时，

> 大约五十封请愿书交到了我手中。我收下了它们，但向那些请愿者宣布，那些提交了不值得关注的请愿书的人会被鞭打。只有两份请愿书值得考虑，其余的都是垃圾。我下令鞭打四十七个人。从那以后，下一次有二十五份请愿书递过来，之后每次都在越来越少，现在他们再也没有给我送上任何请愿书。我给了他们一个教训。[11]

在流放地的惩罚，往往是在调查流放者的罪行期间便开始实施，而不是在调查之后实施。萨哈林岛的指挥官承认，调查常常在没有足够根据的情况下开始，过程既松懈又笨拙，而且犯人会在没有正当理由的情况下被拘留。如果某个定居流放者在岛上被谋杀，就会有一个嫌疑人被关进牢房里，戴上镣铐，每隔三天才能吃上一顿热饭，并被告知将遭受一百下桦树条鞭打。他将“一直这样，待在黑暗中，半饥半饱，惊惧不安，直到他认罪”[12]。

营地监督人经常充当着小暴君，其中有些人就像他们看管的罪犯一样残忍。鄂木斯克刑罚堡的负责人是臭名昭著的克里夫佐夫少校，他向两百人发挥着近乎无限的权力。[13]费奥多尔·陀思妥耶夫斯基在鄂木斯克的同伴波兰人希蒙·托卡热夫斯基描述了克里夫佐夫随意使用肉刑的情况：

> 靠右侧睡觉就足以让一个人被判处挨“枝条”［桦树条］。是的，这不是一个笑话，这是千真万确的！［克里夫佐夫］经常在晚上闯入营房，所有在木板床上靠右侧睡的人都被鞭打了。他说基督总是靠左侧睡，以证明这一惩罚的正当性；因此每个人都需要遵照他的榜样。[14]

克里夫佐夫也喜欢为难个别囚犯。托卡热夫斯基的同志阿洛伊齐·米列茨基是1846年第一个抵达鄂木斯克的波兰政治犯，因为参与阴谋活动，被判处由五百名士兵夹道鞭笞，并服十年苦役，在同志们到来之前，米列茨基在这个要塞待了一整年。在这段时期，克里夫佐夫夺走了他的一切，还曾用桦树条鞭打了他一百下。克里夫佐夫随后将米列茨基分配到营房中最低的岗位，即负责搬运便桶、打理粪坑的遭欺压的囚犯（парашник）。有时候，米列茨基被要求顺着一根绳子下到粪坑里。由于他所从事的工作，他失去了嗅觉。[15]尽管托卡热夫斯基对鄂木斯克的普通罪犯深感蔑视，但他觉得他们被克里夫佐夫这样的人管制也是一种莫大的讽刺：

> 一个聪明、报复心重的伪君子，一个行为卑劣至极的人，一个堕落的人，一个赌徒和一个醉汉——总而言之，他是邪恶的化身……他的任务是在道德和习惯方面纠正那些除了满足自己的动物本能没有其他任何想法的人。[16]

对鞭子和桦树条喜闻乐见的不仅是营地警卫。契诃夫曾在萨哈林岛遇到过一个医疗助理，他醉心于鞭打场景："我喜欢看他们受罚，"他兴奋地说，"……我喜欢这种场景！他们是恶棍、流氓……他们应该被绞死！"有位年长的监狱总督会对挨鞭子的罪犯说："看在上帝的分上，你为什么大喊大叫？这没什么，没什么，受着吧！痛打他，痛打他！使劲打他！"[17]

在监督人可以免责的环境中，施虐的冲动不仅会伸向罪犯，甚至还会伸向本身没有任何过错的家属。卡拉金矿的监督人杰米多夫揭发了一名苦役犯犯下的谋杀罪行。为了强迫嫌疑人完全供认，杰米多夫命令行刑者先是折磨他的妻子——自愿随丈夫流放的自由妇女，然后是他的女儿。这个11岁的女孩被吊了起来，行刑者用桦树条从头到脚地打她；当这个孩子乞求喝点东西时，他们只给了她咸鱼。如果不是行刑者最后拒绝再殴打这个女孩，酷刑还会持续下去。回忆录中充斥此类残暴的故事，它们在流放系统的黑暗角落中非常盛行。[18]

如果说权威和暴政在西伯利亚几乎难以分辨，那么实施公开的惩罚却有一定的逻辑。刑罚定居点的频繁逃跑、谋杀和骚乱都是当局对他们的罪犯监管不力的证据。内政部官员瓦西里·弗拉索夫认为，残酷的事件往往是警卫和监督人自己的脆弱感造成的。由于人员和装备不足，当局有时会公开展示残酷的惩罚，以使罪犯守规矩。19世纪60年代，萨哈林岛杜尔驻地定居点的负责人尼古拉耶夫是一名前农奴，后升至少校。尼古拉耶夫是惩罚领域的创新者。罪犯们原本在木板上滚动木桶来运煤，但他发现了木桶的其他用法。他会强迫犯下某种罪行的罪犯自己进入木桶中，然后让他们滚至岸边：“让他们用力滚上大概一个小时，在知道自己身在何处前，他们会像羔羊一样温顺！”[19]

在这些暴力的对抗中，罪犯并不总是处于下风。蓄意谋杀官员的举动似乎随处都可能爆发。1882年，萨哈林岛季莫夫斯克监狱的看守安东·杰尔宾与在面包房里工作的苦役犯伊万·库德里亚舍夫吵了起来。库德里亚舍夫辱骂了杰尔宾，于是杰尔宾走向前，打了这名罪犯的脸。随后，库德里亚舍夫扑向杰尔宾，抓住他的衣领，大声喊道：“你不能这样对我！”他把这名官员摔到地上，抓起一把小刀，开始不断地刺向他的胸口、腹部和大腿。听到杰尔宾的哭喊声后，警卫赶到了现场，正好看到库德里亚舍夫站在杰尔宾身旁，手里拿着小刀。他宣称："我准备好了！"面包房里的另外4名苦役犯并没有设法去救杰尔宾，几分钟后，他就因伤死去了。库德里亚舍夫被收押，以待受审，他"平静，清醒，头脑非常清楚"。军事法庭认定他犯有谋杀罪，后对他处以绞刑。[20]

在决定着鞭打的严重程度的诸多因素中，没有什么比行刑者本人的工作热情更加重要。在涉及鞭打时，行刑者拥有巨大的自由裁量权；在许多情况下，他对受刑的流放者有着生死大权。和流放制度的很多其他方面一样，国家用来规范罪犯所受惩罚的法律，经历了一系列以贿赂和腐败为基础的非正式算计和惯例。惩罚和宽赦也可以出售。

行刑者其实难以招募到。国家倾向于让自由劳动者承担这项工作，但志愿从事这项工作的人非常少，政府不得不征募本身就要受鞭打刑罚的流放者或苦役犯做这份工作。一项交易达成了：如果流放者同意担任行刑者，那么他自己的惩罚可以免除。有些人没有被强迫，而是确实喜欢这项工作。行刑者每年可以获得两三百卢布，这是一笔相对大方的收入，而且他们的生活津贴是苦役犯的两倍。然而，他们真正的收入来源是他们收取的贿赂，为了让他们在鞭打时手下留情，罪犯会塞钱给他们。罪犯公社的主要职能之一就是与行刑者达成此类交易。出自公共基金的钱财可以买来仁慈而不是残忍的鞭打，公社通常会为此留出30%的收入。一般来说，公社会让行刑者所有的要求得到满足：如果他需要一件新外套或一双新靴子，他们会给他准备好；如果他想要喝酒，他想要多少伏特加就会得到多少。然而，其他苦役犯对他持续的厌恶抵消了这项工作的这些额外收入。[21]

然而，达成的交易仍然需要行刑者做出一种微妙的平衡处理。一方面，他需要满足他和个别罪犯达成的条款（这些条款以公社的监督为支撑）。如果没有这么做，那么行刑者自己极易受到狱友的报复。另一方面，行刑者永远不会真的轻饶受刑者；如果他那么做了，他自己的后背就会因此而付出代价。民族志学者和记者尼古拉·亚德林采夫听说，叶尼塞斯克城的一个行刑者总是算计错误，所以遭受了“可怕的折磨，因为有非常强健的体格，他才活了下来”。警察局长曾要求实施一次特别严厉的惩罚，但这个行刑者想要不惜一切代价地使罪犯满意，因此鞭打时下手较轻。结果，在鞭打完罪犯之后，这个可怜的人自己也不得不受到同样的惩罚。他遭到了痛打，一度被关进监狱里，狱中的罪犯把他灌醉了，所以他欠他们的债又多了一重。当他再次被叫去鞭打罪犯时，他认为自己有义务宽厚地回报他们，所以他自己再一次遭受了处罚。其他的罪犯对这个行刑者的慷慨感到惊讶，长久地记着“他们的英雄和恩人”[22]。

大多数行刑者本人曾经遭受过残酷的鞭打，所以他们对自己手下的受害者几乎没有什么同情心。许多人从他们的工作中获得了野蛮的乐趣。科姆列夫就是个这样的行刑者，他在萨哈林岛上接受了残酷的学徒培训。他原本因为武装抢劫被判服 20 年苦役，于 1877 年被发现试图逃离该岛，因而被判处鞭打 96 下，苦役刑期延长 20 年。在监狱等待判决时，他应征充当萨哈林岛负担过重的“名人”行刑者捷尔斯基的助手。然而，科姆列夫在 1889 年再次试图逃跑，被抓到后，他要再被鞭打 45 下，在现有的 40 年刑期上再加 15 年，捷尔斯基负责鞭打他，他说道："躺下，我的徒弟，我来告诉你怎么下手鞭打。"科姆列夫后来告诉记者弗拉斯·多罗舍维奇："从那以后我的身体一直在溃烂。"多罗舍维奇证实，他的身体看起来好像被烙铁烫过。"看着非常吓人。他身上的一些地方覆盖着白色的疤痕；另一些地方覆盖着很红的鞭痕。"科姆列夫向多罗舍维奇展示，如果遭到挤压，"这些鞭痕会破裂，流出白色的脓液"。

一次，罪犯为减轻鞭打而向捷尔斯基行贿时，捷尔斯基被抓住了，他被判处用桦树条鞭打 200 下，这次轮到科姆列夫展示自己的学习成果了："'你教过我如何使用鞭子，现在我来告诉你用桦树条可以做什么。'……比起科姆列夫对捷尔斯基所做的，捷尔斯基对科姆列夫所做的可说是微不足道。"参加科姆列夫实施的刑罚的医生将其描述为一种"升级版的酷刑"。当被问及他为什么如此残忍时，科姆列夫会回答："难道他们没有打过我吗？我一生都在挨打！"[23]

残酷的鞭打不仅仅给那些挥舞着鞭子和桦树条的人留下了持久的印象。当卡拉监狱的医生弗拉基米尔·科科索夫不得不出席自己参加的第一次鞭打时，那种血腥场面给他带来了心理创伤。那名罪犯非常害怕，啜泣不已，他跪在地上乞求怜悯，当鞭子第一次打在他的背上时，"他发出了一种非人的、疯狂的叫声"。到酷刑结束时，这个罪犯的"脉搏断断续续，十分微弱，几乎摸不到……他的眼睛在眼眶里转动，眼神空洞，眼睛睁得大大的，淌着眼泪……他的胸部起伏不定，他感到十分恶心，开始呕吐"。科科索夫要想办法让这具"可怜、非常可怜、饱受折磨、无生气的尸体”复活。整个晚上，他坐在那个受鞭打之人的床边，“耻辱和无力的灼热泪水模糊了我的眼睛”[24]。与科科索夫一起工作的年长医疗助理阿列克谢·莫罗佐夫目睹了许多次鞭打，这让他变成了一个沮丧且不安的精神受伤之人。他向科科索夫倾诉了自己对夹道鞭笞刑罚的深深厌恶：

> 他们带来了一个人，把他的衣服脱光，绑住他的双手……他的脸色非常苍白，面如土灰，只有嘴巴大张着，呼吸着空气；他像发烧一样在颤抖着……“注——意！开——始！”然后他们开始了；“绿街”活跃起来，桦树条在空中呼啸着，些许血肉从他背上飞溅出来！他喊叫着……这是怎样的喊叫！……好像他的背部全被烧掉了……他的整个后背血肉模糊；血不停地淌下，但他们还在打他！他们还在打他！[25]

大多数的罪犯明显十分畏惧桦树条、鞭子和夹道鞭笞。有些人会孤注一掷地装疯来逃避它们。然而，在大多数情况下，他们很快就被拆穿了，或者是他们自己意识到自己的表演不能让当局信服。在医院待了两三天后，他们会“突然无缘无故地恢复理智，安静下来，面色阴沉地请求出院”。但在某些情况下，疯狂状态并不是装出来的。在《死屋手记》中，陀思妥耶夫斯基描述了一个在鄂木斯克医院里的胡言乱语的可怜人，此人此前刚被判处用桦树条抽打两千下。想到如此残酷的毒打，他越来越恐惧，这让他失去了理智。[26]其他人则采取了更加铤而走险的手段来避免惩罚。在判决前夕，有些人会故意刺伤难友，仅仅是为了再引起一场诉讼，从而推迟鞭子抽打在他们背上的时间。在医院的囚犯会小心留意着在鞭打间隙入院恢复的人，以防他们突然掏出刀子。

然而，有些人似乎已经对鞭打无动于衷。[27]这些流放者的忍耐力以及面对警卫和看守的鞭打时的从容，让他们在整个刑罚定居点都拥有一种可怕的权威。19 世纪 50 年代初，亚历山德罗夫斯克刑罚酿酒厂的负责人伊万·叶菲莫夫遇到了一名这样的罪犯，此人名叫伊万·卡拉楚片科。卡拉楚片科是个老练的罪犯，长着“一头红发，一张令人不快的有雀斑的脸和一个非常畸形的头”。他三次被抓住企图逃跑，地方法院判处他受五十下鞭刑。他被带到了监狱酿酒厂前的广场上，这样集合起来的苦役犯就能够看到判决执行场面。警官开始宣读判决书，当读到“因三次逃跑，对苦役犯卡拉楚片科实施五十下鞭刑”时，这个罪犯扑向警官，夺过判决书往嘴里塞。现场的士兵差点用刺刀刺向他，但成功脱身出来的警官大声喊道：“用你们的枪托！”打斗随之出现，在打斗中，卡拉楚片科成功撕毁了判决书，打到了行刑者的鼻子，几乎弄残了一个士兵，最后才被绑在了地上。在现场的一些罪犯的帮助下，卡拉楚片科才被制住受鞭打。行刑者走上前，不仅是执行处罚，而且还为自己刚受的伤进行了报复。然而，从第一下到最后一下这五十下鞭打，尽管有心报复的行刑者已经竭尽全力，但卡拉楚片科没有喊一声疼。在行刑期间，他咒骂了每个人，保证会把他们全都宰了。叶菲莫夫担心，一旦卡拉楚片科被松绑，他可能立刻就会杀人，因此下令给他穿上一件约束衣，然后把他转移到监狱医院。这个罪犯轻蔑地转向行刑者，嘲笑他尽管已尽了最大的努力，但还是没法让自己喊疼：“如果哪天我抓到了你，你会大声尖叫，你会死！”在受了一顿会让大多数人因疼痛而不省人事的鞭打后，卡拉楚片科却在没有人搀扶的情况下走到了医院。

后来他被转移到伊尔库茨克盐场，在那里，因为另一起严重罪行，他被判处在一千人组成的夹道鞭笞队列中跑三遍。他一声不吭地忍受了大约一千八百下鞭打，然后倒下了。他被放在一辆马车上，躺在马车上从队伍中穿过，以完成剩下的惩罚。[28]

多次逃跑的流浪者身上带有被捕后的鞭打累积而成的狰狞疤痕，它们就像代表荣誉和声名的徽章。一些罪犯受过许多次鞭打，所以他们的肩胛骨在他们从未愈合过的皮肤上一直很明显，就像打磨过的象牙。有些人能忍受特别残酷的鞭打，这种力量让他们近乎被神圣化，这些人在尼古拉时代被称为“伊万”——苦役犯中的“贵族”。“伊万”拥有令人生畏的事迹，而且在面对国家施以的痛苦惩罚时，他们仍然能够表现出蔑视和不屈，这些令他们与众不同，记者弗拉斯·多罗舍维奇解释：

> 他们忍受了不少于两千下鞭子的抽打，便成了“伊万”；桦树条的抽打根本不算。这种鞭打赋予了他们牺牲者的光环，给他们带来了尊重。当局贬损他们，也害怕他们。他们会毫不犹豫地把刀插入你的腹中，无论何人冒犯了他们，他们都会用自己的手铐去猛砸这个人的头。[29]

流放革命者列夫·杰伊奇回忆起了“伊万”的力量和他们对罪犯公社的权威：“所有成员都应在组织中拥有平等的权利；但事实上，那些顽固的罪犯、经验丰富的流氓和流浪者是占优势的群体，正是‘伊万’坚决地按照其余的人正当的利益实施管理。正是**他们的**意愿被当作整个组织的意愿。”只有在鞭刑废除之后，“伊万”超乎常人的适应力的外壳才开始磨损，他们在罪犯中的地位也才降低了。[30]

尽管鞭打和镣铐非常可骇，但它们从未有效遏制大大小小的各种罪行。亚德林采夫等观察者确信，鞭打只是切断了让罪犯与更广阔的社会联系起来的最后几丝人性："一个忍受过鞭子和桦树条抽打的人，一个站上过行刑台的人……不再害怕任何东西。更重要的是，他对于他人遭遇的苦难变得残酷、冷血。"亚德林采夫相信，肉刑"在预防犯罪方面是毫无用处的，在推动改过自新方面更是如此。相反，它反复灌输着野蛮性"[31]。

有些官员用大局观念关注着流放者在西伯利亚的发展中的作用，对于他们来说，国家的种种原始惩罚方式似乎只会破坏国家的殖民计划。这些官员主张，有暴力倾向的累犯应该被处死，而那些犯有逃跑等轻罪的人应该受仁慈的惩罚，以纠正他们，而不是使他们畏惧。[32]政府里的一些高级官员怀疑流放者能获得的改造成效。内政大臣彼得·瓦卢耶夫反驳道，只有鞭打可以管制那些不听道德劝说的罪犯。[33]

在抽打和鞭打的作用下，国家正在促成一种残酷性，在苦役犯释放到定居点后，这种残酷性会出现在整个西伯利亚。但这也给国家的刑罚殖民计划构成了一个更加微妙和间接的威胁：在俄国欧洲部分的受教育阶层当中，人们对国家的惩罚措施越来越感到不安。

在 19 世纪的大部分时间里，官员认为肉刑能够有效地遏制其他流放者犯罪。然而，在众多狱友面前鞭打犯法者的做法具有的教育意义值得怀疑，但却常让他们同情那个在行刑者的垫头木上流血、呜咽的人。1880年，圣彼得堡下令，这种恐怖的事要在室内、其他人看不见的地方进行。[34]然而，在当时，西伯利亚没有什么地方是其他人看不见的。那些在流放系统里工作的人和参观流放系统的人都亲眼看见过野蛮的鞭打场面，并且不断与距离西伯利亚监狱的围墙数千千米的震惊读者分享他们的所见所闻。在19世纪60年代的大改革之后，人们对罪犯的态度出现了转变，只有依据这种更宽广的转变，我们才能理解这些关于西伯利亚流放者所受惩罚的描述造成的影响。19世纪初，与欧洲其他地方一样，俄国的罪犯被认为是宗教意义上有罪的，甚至是邪恶的。但在受过教育的俄国人当中，关于犯罪行为的现代精神病学解释逐渐取代了这种有宗教意义的观点。到19世纪80年代，俄国犯罪学家在巴黎、布鲁塞尔和伦敦参加国际会议，讨论最新的犯罪学理论。严肃的新闻媒体传播了他们的研究成果的摘要，使得这些研究成果广为人知。在俄国各大城市，一大批持自由主义和进步观点的人——《俄国思想》《祖国纪事》《欧洲导报》和《俄国财富》等报刊的读者——都同情俄国罪犯的困境，认为社会改革是解决帝国境内的犯罪问题的关键。在现代刑罚体系中，犯法者的行为会被认真监督、组织和规范，人们将这样的体系赞颂为进步和启蒙的制度。随着这些现代刑罚意识的出现，鞭打流放者的举动看上去像是一种回到了更早的野蛮时代的倒退，很多人现在把这个时代与“蒙古统治下的”漫长岁月联系在一起。[35]

萨哈林岛的洛巴斯医生明确表示，自己想让俄国欧洲部分的读者看到萨哈林岛的惩罚有多么恐怖。“希望读者原谅我，”他于1898年在一篇文章——发表在俄罗斯帝国最具影响力的医学杂志《医生》上，且在美国发表——中写道，“如果我强行把读者带入一个充满哭泣和磨牙声的地方，一个有着所有刑讯室的外观的地方，如果我强迫他看他不想看到的场景。”[36] 这类文章强调，鞭子和桦树条不是司法和训诫的工具，而是利用苦役犯和流放者的无权状态的暴政的武器。

同样牵动着同时代人的还有西伯利亚监狱和刑罚堡中的惩罚牢房，犯有严重暴力罪行的流放者受过鞭打后会被锁进那里。它们是一个个昏暗、狭窄的地牢，里面没有家具；在一位参观者眼中，它们看起来像“石洞”一样，很多这样的牢房没有日光。[37]

罪犯们长时间监禁在这些地牢中，烂在狱中。小教派信徒叶戈尔·罗日科夫因流浪被捕，于 1872 年被流放到了在卡拉的金矿。在那里，他拒不从事分配给他的任何劳动任务，并宣称他受到了不公正的惩罚。在两年的时间里，警卫用残酷的鞭打回应他的顽固，铐住他的手脚，把他单独监禁起来，日常饮食只有面包和水。六个月后，刚到卡拉监狱的医生科科索夫被叫到罗日科夫的惩罚牢房里去照看他：

> 看守打开了门……我们立刻闻到了正在腐烂的身体的臭气。一片漆黑中，什么都看不见。室内有人在喘息和抽鼻子的声音。那里的恶臭简直令人无法忍受。有人拿来一个油脂蜡烛，我走进了牢房。这个房间长两米，宽一米……没有窗户，只有门上有一个小小的玻璃窥视孔。在地板上，挨着木板床的地方，有一个装满粪便的木桶；地板又湿又黏。在木板床上，喘息着、抽着鼻子的，是一个半死的人……

科科索夫在牢房阴沉、昏暗的环境中无法为这个罪犯检查身体，于是他令人把罗日科夫抬到走廊里有光线的地方：

> 他的手脚因坏血病而肿胀，没法正常套入镣铐的铁圈中；铁圈嵌入了他肿胀的身体里。他的手脚发青，覆着脏灰色的腐烂物。虱子爬满脚镣，爬在了溃疡上。铁匠努力开着镣铐。在撬开铆钉时，凿子掉落了下来，插进了罪犯身上；血流了出来。肮脏、破烂的衬衫和裤子是他全部的衣物；他的双脚裸露着。有人把他用来充当枕头和毯子的帽子和大衣拿出了牢房，上面沾着粪便……罗日科夫就像一具正在腐烂的尸体。

科科索夫因罗日科夫的境况而震惊，于是给他的上级写了一份愤怒的报告，把自己看到的情形斥责为“最无法无天的酷刑”[38]。

在随后的两个月里，罗日科夫在监狱医务室里接受科科索夫的治疗，他开始“恢复人样”。令人惊讶的是，他仍然不屈服。他向医生解释了自己激进的、与宗教相关的人类自由观念，这种人类自由不能容忍高压国家施加的干涉：“我的身体和思想都是自由的；我照自己高兴的方式生活，做自己喜欢的事……你是一个受雇为人干活的人，你不能照自己高兴的方式做事，而是照别人给你的命令做事……我知道当他们在鞭打别人时，你几乎要哭出来，但你仍然参与其中！我不会跟这种事有分毫关系！”在科科索夫提出抗议后，监狱当局不愿意将罗日科夫送回惩罚牢房，并且不再费心去对付他。在一次隆重的访问期间，监狱当局把他藏了起来，以防他表现出某种不服从的态度。1874年，他被释放到了赤塔的定居点，1885年，他在穷困潦倒中死去，当地村里的孩子们都很崇拜他。[39]

比单独监禁更糟的是被锁在一个牢房里，且被拴在墙上。少数犯有最严重的罪行——纵火、暴力抢劫和谋杀——的苦役犯会被处以鞭刑，然后被拴在墙上，最久可达十年。19 世纪 40 年代后期，当局重新启用了十二月党人此前在彼得罗夫斯克扎沃德的监狱，以关押这样的犯人。这些不幸的人被连在脚镣上的铁链拴在墙上。这座监狱有足够的空间，能容纳六十名这样的囚犯，“如果他们表现出悔改的迹象”，可以让他们关在一起，“如果他们屡教不改且有暴力倾向”，可以让他们被单独监禁。当局相信，被拴在墙上的罪犯会“充分感受到他们的惩罚，因此不会再次犯罪来危害社会”[40]。

彼得罗夫斯克扎沃德把大约二十名这样的累犯关在独立但相邻的牢房中，用铁链把他们拴在墙上。这些罪犯被十分慷慨地拴在了长约两米的铁链上，长度足以让他们躺在地上，将头伸出牢房的门口、探到走廊上。因为许多牢房和走廊挨着，因此狱友们能够一同娱乐。一个人讲故事，其他人听着；接着第二个人开始讲，然后是第三个人，每人都轮一遍。然而，这是一种饱受折磨的生活方式。许多人会拿起小刀等尖锐的物品，设法割破自己的喉咙。由于配给缩减了，随着时间流逝，拴在墙上的罪犯的身体和思想都变得衰弱。他们的肌肉因为无法活动而萎缩；他们的脸色变得苍白；他们的内脏肿胀，他们患上了胃疼的毛病；移动——在铁链允许的范围内——让他们感到恶心。到 1851 年，有十五名罪犯被拴在彼得罗夫斯克扎沃德监狱的墙上长达十年。在西伯利亚的其他地方，还有几十个这样的罪犯。[41]

在伊格林斯克的刑罚酿酒厂，按照伊万·叶菲莫夫的命令，四个人因为在流放期间所犯的罪行而被拴在墙上。其中一个人有一定文化，所以叶菲莫夫借给他一些书，让他大声读给其他人听。当他来巡视这个牢房，询问他们是否喜欢这样的读书体验时，“他们感谢我给了他们书籍，感谢读书体验，而且说他们不再像以前那样无聊了”。民族志学者谢尔盖·马克西莫夫惊讶于某些以这样的方式被关押的人的创造性：“许多人学会了缝纫，把自己变成了鞋匠或雕工。”被锁在这些牢房中的罪犯设法通过管道和裂缝来与他人交流。有些人甚至会用一种用来把东西送到牢房窗口的绳索来供应物品。[42]

还有一些累犯不是被拴在墙上，而是被拴在独轮手推车上，他们一直拖着车四处走动了五年或十年的时间，这种惩罚既是一种道德折磨，也能阻止他们逃跑。每当一个监狱负责人走到一个拴在独轮车上的罪犯身边时，这个罪犯会“用痛苦的祷告和真诚的眼泪乞求解开锁链：‘我受够了！它让我反胃！只要不让我再看到它，我宁愿付出任何代价！’”[43]费奥多尔·希罗科洛博夫是萨哈林岛上最臭名昭著的罪犯之一，犯有一连串武装抢劫和谋杀罪行，曾多次逃跑。他从东西伯利亚被放逐到了萨哈林岛，在岛上又进行了一次失败的逃跑，后被拴到独轮车上五年。在他的自传中，他描述了自己拴在“手推车妻子”上的生活：

> 我拖着手推车达五年零四个月……当我拖着手推车出去干活时，它让我怒火中烧。我像没法说话的野兽一样……忍受着它……我已经没有人样了，这种状态把我变成了一种滑稽可笑、会劳动的动产。我看着我的手推车妻子，带着苦涩、荒谬和耻辱的感受……一种人类的耻辱感。像我这样道德败坏的人似乎不太可能会感到人类的耻辱感……但我的灵魂却

因这种惩罚而震怒。[44]

希罗科洛博夫的感受自19世纪60年代很有共鸣，那时，受过教育的波兰人抵达了西伯利亚的监狱和刑罚定居点，开创并推广了个人主权和自然权利的观念。在1892年考察萨哈林岛以后，地理学家和植物学家安德烈·克拉斯诺夫写道，所有罪犯“都因为他们意识到自己没有权利……自己是贱民、被社会遗弃的人而痛苦”[45]。当然，流放制度的批评者极为看重罪犯自己对不可剥夺的权利和尊严的感悟，很少有人像希罗科洛博夫一样详细记录下自己对所受惩罚的内心反应。即使这些作者只不过是把自己注意到的东西表达出来，他们的描述却让人们越来越反感西伯利亚流放者遭遇的残酷惩罚。

但是最大的丑闻还在后头。1892年，西伯利亚流放史上最黑暗的事件之一——“奥诺尔事件”——开始走进公众的视线。阿林比·汉诺夫是萨哈林岛雷科沃监狱里一个不识字的监督人，他负责监督建造一条穿过密林和沼泽的新路，这条路将把萨哈林岛中部偏远的奥诺尔定居点和该岛的南部联结起来。他手下的五百名罪犯分到了极为艰苦的任务：拔除灌木，砍伐树木并将其连根拔起，建筑堤坝和搬运泥土。冬天，他们在萨哈林森林刺骨的严寒中冻得瑟瑟发抖；夏天，成群的蚊虫不停叮咬他们裸露在外的皮肤。正如多罗舍维奇后来评论的那样，“驱使人们像那样工作需要超自然的力量。监狱当局在高级监督人汉诺夫身上……看到了这种超自然的力量”。汉诺夫原是一个在卡拉金矿服刑的苦役犯，后被转移到了萨哈林岛，他是一个品格值得怀疑的人。[46]

1892 年 2 月至 12 月，226 人逃离了施工现场，另有 70 人神秘地死亡。1892 年，洛巴斯医生被分配到蒂莫夫斯克地区医院，他抵达萨哈林岛时，关于奥诺尔定居点极端残忍的传言正在流放者当中传播：

> 监督施工的看守，特别是高级监督人汉诺夫，正在把罪犯们饿死，用不发放面包配给的方式惩罚他们，用超负荷的工作把他们累到筋疲力尽，让他们遭受最可怕的鞭打和折磨，这些做法经常造成罪犯死亡。据说这些苦役犯会饿得去偷同伴的面包。情况变得十分危急，罪犯在睡觉前会先把自己的面包埋在地下，然后躺在上面，这种做法也没有多大用处，因为他饥饿的同伴会在他的身下挖坑道，然后成功偷走藏起来的面包。饥饿会驱使苦役犯谋杀自己的同伴，吃他们的肉……为了逃避奥诺尔定居点的工作，这些人会砍断自己的手脚，他们会供认自己并没有犯下的谋杀案，为的是能被囚禁起来……还听说，在这个定居点附近，弃尸的腐臭味弥漫在空气当中。[47]

洛巴斯调查了在奥诺尔定居点死亡的 70 名苦役犯中的一些人的验尸报告，发现许多报告都是捏造的。医生们没有看过死者的尸体就确定了死因，甚至有些情形明显是暴力致死的情况，他们也没有实施验尸。洛巴斯发现，这些医生的结论是“疏忽对待非常重要的法医问题”的证据，甚至是“蓄意隐瞒和遮掩事件的真实状况”的证据。汉诺夫自己的报告是一连串不幸的事件：5 月 27 日，奥尔基-阿加-马梅德-可西里被他的几名同伴谋杀；第二天，苦役犯奥布坚科夫被一棵倒下的树砸死；两天之后，苦役犯沙里布科夫在晚饭后突然死亡；6月29日，奥尔基·侯赛因·基扎克不知被何人殴打致死；7月1日，安东·凯纳茨基死于疲惫和癫痫；同一天，米津·特罗菲姆死于肺炎；7月7日，阿韦里扬·别雷死于痢疾；7月11日，尼基塔·茹拉夫廖夫死于心脏病；7月30日，阿里·梅沙迪·艾哈迈德因为吃了毒蘑菇，死于食物中毒。列表还很长。洛巴斯因为自己所发现的情况而感到震怒：

> 在奥诺尔定居点，几乎每天都有苦役犯死亡，其中许多人过早地死去了，在大多数情况下，他们的死亡是极为可疑的。然而当局对此置若罔闻。在收到监督人送来的关于苦役犯死亡的报告时，官员只是匆忙地给医生写了一个指示，要求医生确定死亡原因，**如果必要**，就对某个离奇死亡的苦役犯进行尸体解剖……总而言之，监狱当局和医生坐在距离这些可怕的人类戏剧现场数百千米远的办公室内，只是写上几封信、一些官方的答复。医务助理和监督人非常了解官员的态度，只管照他们的态度行事，与此同时，苦役犯却为繁重的工作痛苦呻吟，食不果腹，因疲惫和鞭打而死。[48]

多罗舍维奇采访了一些“奥诺尔事件”中的食人者。其中一个人叫帕维尔·科洛科索夫，他曾和另一名饥饿的苦役犯一起逃离修路现场，后者在逃跑途中死了。科洛科索夫后来被捕，身上带着一包半熟的人肉。他承认自己把肉剁成了小块，然后把肉烧焦了，以便于保存，但否认自己既杀了自己的逃犯同伙，又吃了他的肉，其他苦役犯不相信且嘲笑了他的话。他声称自己只是在假装嗜食同类，这样就可以被监禁起来，不用再返回奥诺尔施工现场了。这些震惊的苦役犯必须克制着不以私刑处死他，他们强迫科洛科索夫在他们面前吃人肉。其他被怀疑嗜食同类的罪犯遭受了残酷的鞭打，有时鞭打甚至是致命的。苦役犯后来通过歌曲使奥诺尔定居点的恐怖被后人铭记：

> 当我们从秋明出发的时候，
> 我们吃鹅，
> 但当我们来到了奥诺尔，
> 我们吞咽的是人！[49]

尽管有一系列官方调查，但汉诺夫仍然因证据不足而继续任职。然而，有关奥诺尔定居点残暴境况的故事开始传了出去。1893 年夏天，克拉斯诺夫从萨哈林岛返回，开始在受欢迎的杂志《本周图书》上写关于“奥诺尔事件”的文章。契诃夫也在他的小说《萨哈林岛》中提到了这个事件。西伯利亚新闻界开始刊登这个故事。洛巴斯的熟人撰写的两篇文章于 1893 年秋天出现在了报纸《符拉迪沃斯托克》上，到了 1894 年 2 月，《伦敦晚旗报》和《纽约时报》也报道了这个故事。[50]《纽约时报》的文章《俄国恐怖事件：罪犯模仿嗜食同类的杀人行径且急于求死》说道：

> 调查委员会关于萨哈林岛奥诺尔罪犯站点的调查，揭露出了多起无情鞭打的事例以及手指和手臂被刀砍下的事例。饥饿引起的嗜食同类是常见事件。经常有人实施谋杀，然后

嗜食同类，他们仅仅是带着一种招致处决、结束凄惨生活的想法……1892 年，一连串带着残尸的护送队伍从奥诺尔前往官员们的驻地雷科夫斯科耶。未经任何调查，这些尸体被立即埋葬。雷科夫斯科耶的两名医生都从未去过奥诺尔。[51]

“奥诺尔事件”不仅暴露出了某一个人的暴虐，而且暴露出了萨哈林刑罚殖民地管理机构中整个官僚体系的无能、冷漠和腐败。这是对整个流放制度的严厉控诉，这样的恐怖事件竟在萨哈林岛管理人员的眼皮底下发生。

鞭子、铁链和单独监禁支撑着西伯利亚刑罚殖民地和监狱的权威和权力，它们是一个虚弱的国家的拙钝工具。野蛮和恐怖不是惩戒和正义的代用品。由于无法改造流放者，国家依靠野蛮的惩罚来约束他们。在一个腐败且报复心重的官员和行刑者享有极大酌处权的世界里，法律与专制之间的界限虽说不上看不见，但一直模糊不清。对囚犯他们自己来说，有选择性的执法显得很随意、无法预测。在旁观者看来，这些惩罚激起了反感。

到 19 世纪末，肉刑越来越被看作前现代历史的可耻残余，它引起了那些见多识广、坚定自信的受过教育的公众更加强烈的谴责。对很多人来说，手持鞭子、居高临下地站在趴在地上的流放者旁边的残暴行刑者的形象很快成了专制政权的一个象征。

12

"失败者要倒霉了！"

1864 年 5 月的一天上午，一名戴眼镜、穿着俄国知识分子偏爱的深色大衣的男子在圣彼得堡梅特那亚广场准备被褫夺公民权。他就是激进杂志《现代人》的编辑尼古拉·车尔尼雪夫斯基，他的罪名是"阴谋颠覆现有制度"。当他跪在一两千名观众面前时，一把剑在他头顶折断了，他的判决被大声宣读了出来。他会"被剥夺其原有身份的所有权利，在矿山中服 14 年苦役，随后在西伯利亚永久定居"[1]。在许多方面，当局非常准确地评估了这位温文尔雅的记者通过他源源不断的刊物带来的危险。他的观念在智识领域对沙皇制度的思想基础发起了猛烈抨击，并激发了连续几代激进分子，他们将在未来的半个世纪里赢得与国家的斗争。《怎么办？》是车尔尼雪夫斯基在彼得保罗要塞等待审判时写作的小说，是激励一代激进分子的号角。对包括年轻的弗拉基米尔·列宁在内的许多人来说，这部小说勾画的乌托邦式革命世界似乎闪耀着一个可行的——而且急于立即实现的——未来，这个未来被世俗主义、平等、和谐、理性支配着。车尔尼雪夫斯基的改革要求与 19 世纪 60 年代和 70 年代"悔恨的贵族"相一致，后者感到对贫困和受压迫的农民阶层有巨大的道德责任。对于即将到来的革命，负罪感将成为一种心理激励要素。[2]

梅特那亚广场上的围观者并不是为了指责而聚于此处，而是出于同情。这个说话温和的知识分子所受判决之严厉，在受过教育的俄国人当中产生了强烈反应。然而，车尔尼雪夫斯基只是19世纪60年代数百名遭遇政府镇压的年轻激进分子中最著名的。许多人不过是传播和讨论了在改革时代风靡的科学和政治观念。小官吏之妻瓦尔瓦拉·亚历山德罗芙斯卡娅便是这样一个被当局拘留的激进分子。她在圣彼得堡单独关押了两年，然后在1869年被认定为“一个致力于改变俄国现有制度的非法组织的成员，试图传播犯罪作品”。亚历山德罗芙斯卡娅被剥夺了与其地位相当的所有权利，终身流放东西伯利亚。在接下来的几年里，又有数百人被放逐到西伯利亚。[3]

亚历山大二世统治时期的俄国革命运动是一系列变换的党派、思想倾向和个人，受车尔尼雪夫斯基、米哈伊尔·巴枯宁、彼得·拉夫罗夫、彼得·特卡乔夫和尼古拉·米哈伊洛夫斯基等激进思想家的作品的鼓舞。他们支持的主义——唯物主义、功利主义、达尔文主义、社会主义、无政府主义以及后来的马克思主义——在19世纪下半叶在他们的追随者当中获得了绝对真理的光环，激发着一代激进分子参与政治行动。然而，革命者就如何最好地追求他们的目标产生了分歧。有些人提议在农民阶层当中展开激烈的讨论和宣传，这种渐进的方式可以把人民从政治沉睡状态中唤醒，从而推翻政府。其他那些在政治和心理上较为急躁的人则支持暴力活动和行动的宣传作用。他们天真地认为，暗杀沙皇会导致专制政权崩溃。无论是哪种革命策略，后解放时代的颠覆性观念都发挥着近乎实质性的力量。[4]

19世纪60年代和70年代的激进分子接过了十二月党人于

1825年在参政院广场首次举起的改革和革命火炬。虽然许多早年的起义者在西伯利亚的农场里悄无声息地死去了，但是到了19世纪60年代的改革时代，随着审查制度放宽，他们那场失败的起义的故事以及他们在西伯利亚的经历通过大量公开出版的回忆录开始走进年轻一代的思想觉悟中。尼古拉·涅克拉索夫的诗歌《俄罗斯妇女》歌颂了十二月党人妻子的自我牺牲精神，该诗在1874年“疯狂的夏天”的前一年发表。1874年的活动是革命运动史上的一个转折点。成千上万名学生参加了“走向人民的运动”，他们离开了大教室，涌向农村。他们想要和农民一起生活，施展他们新获得的工匠和手艺人技能，从而赢得农民的信任，方便向他们传播社会主义学说。但是，他们失望了。这些积极分子被不理解且心生怀疑的村民谴责，遭到了逮捕，并在一系列重大政治审判中被起诉。在1877年秋季的“193人审判”中，大多数被告被富有同情心的陪审员定为无罪，但在审判前的数年监禁时间基本上没有让他们平静下来。被释放的索菲娅·佩罗夫斯卡娅和安德烈·热利亚博夫重新开始领导新的革命团体“人民意志党”，并且策划了在1881年成功暗杀亚历山大二世的活动。[5]

在19世纪后期，国家官员将革命的世俗意识形态视为瘟疫。主要的保守派政治家康斯坦丁·波别多诺斯采夫是神圣宗教会议检察官——类似于宗教大臣的职位，也是亚历山大三世和尼古拉二世的导师，他把在俄国青年当中不断上升的革命影响力比作一种“道德流行病”。如果在官方眼中，社会主义、无政府主义和虚无主义是危险的流行病，西伯利亚就是一个政治隔离地带。[6]

像十二月党人一样，车尔尼雪夫斯基坐上马车，在武装警卫的押送下快速踏上了流放路途，而且不是走寻常的路线。当局似乎畏惧车尔尼雪夫斯基的影响力。1866 年，波兰人拒绝在涅尔琴斯克矿区的阿卡杜伊矿山工作，沙皇秘密警察第三厅便开始调查车尔尼雪夫斯基是否策划了这起不服从事件（他并没有）。当局最终于 1871 年将他释放到定居点，考虑到他在激进运动中的知名度，当局不愿让他在任何一个较大的西伯利亚城镇定居：“他的罪行的重要性和他在其追随者当中拥有的权威意味着，政府需要采取特别的措施来杜绝车尔尼雪夫斯基逃跑、在社会上传播有害的影响。”因此，当局将他送到了雅库茨克地区的维柳伊斯克监狱要塞，在涅尔琴斯克以北约两千三百千米处。这样一来，当局只不过是成功地将车尔尼雪夫斯基抬升到了类似于世俗圣徒的地位。[7] 秘密警察甚至拦截下了国外崇拜者写给他的信。其中一封于 1881 年 3 月 1 日在纽约投递，信件说道：

> 亲爱的先生：
>
> 请问您能将您的亲笔签名赠予一个新世界的女儿吗？……亲爱的牺牲者，我希望不久之后，您的君主会发慈悲，给予您可以再次呼吸到空气的自由，那是人类的礼物。[8]

然而，当那封信在纽约盖上邮戳时，信中提及的沙皇死了，他的腿在圣彼得堡叶卡捷琳娜运河边被一个革命者的炸弹炸掉了。

刺杀亚历山大二世的行动是人民意志党开展的坚决、无情的暴力活动的顶峰。1878 至 1881 年，革命者杀死了两名省长，并对沙皇进行了六次（失败的）暗杀，其中最引人注目的是 1880 年 2 月在冬宫的爆炸案，十一名士兵死亡，五十六人受伤。针对这场“狩猎沙皇活动”，亚历山大二世的政府颁布了一系列临时增设的法律，这些法律旨在大力增加警察和省长的行政权力，对涉嫌参与或者甚至仅仅是同情革命运动的人进行监视、扣押、监禁和流放。这些全面的权力使得当局能够绕开公开的法庭和陪审团，因法庭和陪审团在这场对抗恐怖行为的战争中越来越显得是靠不住的盟友。

然而，政府仍在努力与对恐怖主义者的目标（但并不是他们的方法）的普遍同情做斗争。1878 年 1 月 24 日，薇拉·扎苏利奇进入极为保守的圣彼得堡总督费奥多尔·特列波夫的办公室，向他开枪并造成其重伤。扎苏利奇在公开法庭中受审，她对自己的行为供认不讳，但她提出，她的暗杀行动是在正义地回应特列波夫的一个命令：一个年轻的革命者在彼得保罗要塞见到这位总督时拒绝摘下帽子，于是特列波夫下令残酷地鞭打他。令政府惊愕的是，1878 年 3 月 31 日，陪审团认定扎苏利奇无罪。沙皇和他的顾问确信法庭现在正在暗中坑害他们，便于 1878 年 5 月 9 日推行了一项新法，剥夺了被指控袭击政府官员的人由陪审团审判的权利。以后，这类被告将由军事法庭秘密审判。使用紧急警察部队来拘留嫌疑人和使用军事法庭来定罪的做法非常不受欢迎。然而，这些措施似乎收到了预期的效果：人民意志党的活动被秘密警察严重破坏，而且他们的财政陷入混乱。但到了 1881 年 3 月 1 日，这些恐怖主义者杀死了他们的目标。[9]

在这起暗杀活动之后，第三厅的继任组织政治侦探局现在配备上了电报、卡片目录以及广泛的间谍和告密者网络，开始追踪和摧毁人民意志党。革命运动因为逮捕和渗透活动处于瘫痪状态，在一代人的时间里被彻底打垮了，而且在 20 世纪初之前，没有再

15.《生活无处不在》，尼古拉·亚罗申科描绘了流放者及其家人在封闭的列车中等着被运送到西伯利亚，1888 年

16. 流放者试图从流放队伍中逃跑，19 世纪 80 年代

17. 一名被锁在独轮手推车上的罪犯——这是对惯犯实行的最可怕的惩罚方式之一，19 世纪 90 年代

18. 在额尔齐斯河的一艘监禁驳船上的罪犯，19 世纪 80 年代

19. 在一艘监禁蒸汽船上的罪犯，19 世纪 80 年代

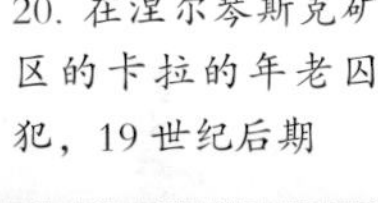
20. 在涅尔琴斯克矿区的卡拉的年老囚犯，19 世纪后期

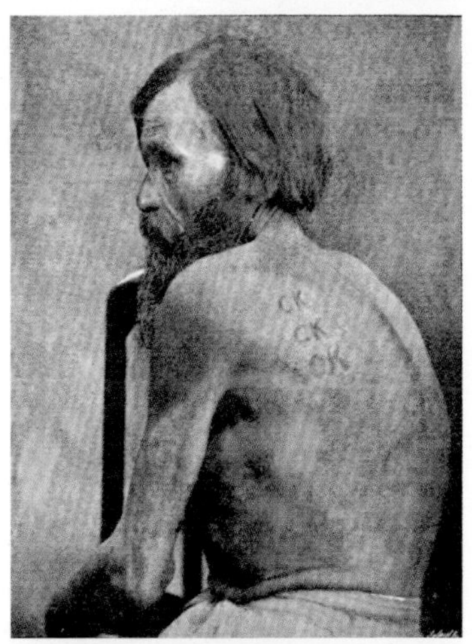

21. 带有“CK”烙印的罪犯，这是西伯利亚苦役犯的缩写，19 世纪后期
22. 卡拉的行刑者，19 世纪后期
23. 肉刑造成的伤疤，19 世纪后期

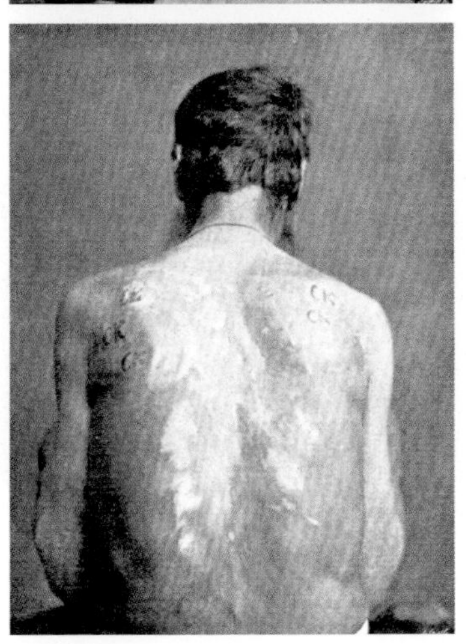

24. 托博尔斯克中央苦役监狱，19 世纪 80 年代

25. 经过敖德萨前往西伯利亚的流放者，20 世纪初

26. 雅罗斯瓦夫·东布罗夫斯基

27. 在西伯利亚的一个政治流放者，19 世纪后期

28. 伊丽莎白·科瓦尔斯卡娅

29. 流放者为了掩藏身份会努力抹去面部烙印，19 世纪后期

30. 流浪者、逃亡流放者穿过泰加林，19 世纪后期

用子弹和炸弹来挑战专制政权。作为一种行动宣传形式，这次暗杀是个凄惨的失败。它并没有激起预言过的革命。相反，农民阶层转而攻击他们认定的革命赞助人，开始袭击帝国境内的犹太人，他们指责那些犹太人应为此次暗杀行动负责。在部分城镇，混合了暴力抢劫、杀人和强奸的大屠杀夺走了数十人的生命，严重破坏了犹太人的生意。[10]

然而，即使人民意志党失败了，它也在争取感情和思想的斗争中取得了重大胜利。在“狩猎沙皇活动”期间，政治信念和政治行动之间的界限变得模糊了，国家对所有异议——无论是实际的还是想象中的——的迫害都达到了偏执的程度。作为对此次暗杀的回应，1881 年 8 月 14 日，亚历山大三世政府颁布了《关于维护政治制度和社会安宁的措施的法规》。这部法案原是设定为临时立法，但它实际上在 1917 年之前一直有效，列宁将其描述为“俄国事实上的宪法”[11]。这部法律事实上赋予了政府判处任何疑似参与煽动性活动的人在西伯利亚行政流放三至五年（1888 年后延长至八年）的权力。美国人乔治·凯南解释了这部新法律授予的种种权力：

> 通过行政程序流放意味着，将某个令人讨厌的人从帝国的一个地方放逐到另一个地方，却不用遵守大多数文明国家在剥夺权利和限制自由之前先要履行的任何法律手续。这个令人讨厌的人可能没有犯下任何罪行……但是，如果地方当局认为他在某个地方的存在是“有害于公共秩序”或“与公共安宁不相容”的话，他可能会在没有逮捕令的情况下就直接被捕，可能会被关押两周至两年，之后可能会被强行转

> 移到帝国境内的任何其他地方，在那里被警察监视一到十年……他没有权利要求举行审判，甚至是举行听证会。他不能向法院申请人身保护令。他也不能通过媒体来求助于自己的同胞。他与外界的联系突然间断了，有时甚至他自己的亲戚也不知道他出了什么事。他完全没有任何自卫的手段。[12]

这项紧急立法实际上暂停了法律准则，在公众对一个受爱戴的君主被暗杀的反感平息下去很久之后，这项法律仍然存在。在接下来的二十年里，国家未能区分危险的激进分子和温和的改革者。敏锐的观察者，甚至是那些对革命运动基本毫不同情的观察者，全都在谴责这部法律。在这部法律的批评者眼中，它不仅仅是从根本上背弃了1864年法律改革带来的开放性和合法性文化，而且还为革命者充当了新兵招募军官。政治流放者——那些被军事法庭认定有罪的人和那些被行政流放的人——在公众的想象中经历了一次道德转型：从危险且误入歧途的狂热分子转变为了有同情心的牺牲者。这个转型的舞台便是西伯利亚。[13]

1881至1904年间，国家因“政治上不可靠”而流放了四千一百人，因在工厂闹事流放了一千九百人。这些数字与1898年在西伯利亚的约三十万流放者相比可说是小巫见大巫。然而，这些数字远没有那些被拖入法网的人的影响力和地位那么重要。许多人（就算不是大多数）受过教育，有些人出身名门。基辅的某个军事法庭因为玛丽亚·科瓦列夫斯卡娅参加革命活动判处她在西伯利亚服十四年苦役。她是一位著名的俄国贵族的女儿、一位俄国顶尖的经济学家的妹妹。贵族的儿女、学生、记者、商人乃至国家官员都因为只不过是拥有颠覆性书籍而被流放。1881年12月20日，贵族瓦连京·雅科文科因为“不可靠”而被行政流放，起因是当局在搜查他的财产时发现了一些记有代码的笔记和被认为参加革命活动的人的讲话稿。一年后，另一个年轻的激进分子因为在亚历山大二世被暗杀之后为其写了一段无礼的墓志铭而被判处在东西伯利亚流放定居。有个人被行政流放到西伯利亚，因为他“被怀疑意图从事非法活动”。记者米哈伊尔·博罗金于 1881 年被流放到雅库茨克地区，因为他持有一份“包含危险和有害内容”的手稿——这是一篇有关维亚特卡省经济状况的文章的备份，博罗金已将该文章投稿至进步杂志《祖国纪事》。到达东西伯利亚某个最荒凉的地段三四个月后，他发现自己的文章已被圣彼得堡审查委员会消除了嫌疑，发表在了俄国传阅极为广泛的杂志上。[14]

19 世纪 70 年代和 80 年代的政治流放者不愿像十二月党人那样被从政治舞台上逐走，不满足于在自己的流放社区这个狭小的范围内践行他们的思想。新一代流放者效仿 19 世纪 60 年代的波兰人，决心与当局展开政治斗争。虽然许多（就算不是大多数）革命者从未被审判过，但他们开始把西伯利亚的休息站、监狱和城镇转变为一个巨大的公共法庭。

其中的一种斗争形式是逃跑。但对政治犯来说，逃跑绝对不仅仅关乎追求个人自由。对于那些因煽动行为而被流放到西伯利亚的人来说，逃跑是有组织的政治抵抗行为，由集体策划、筹备。涅尔琴斯克矿区的卡拉刑罚定居点的一位前囚犯回忆说，罪犯的牢房设置得像“远征军营房”，里面的人分配了不同的任务，给将要逃跑的人准备各类物品：缝制合适的衣服、烤面包、腌制鱼和肉类等。在西伯利亚城镇和乡村服流放刑期的政治流放者中有很多同情者，如果革命者成功逃离了监狱，他们可以利用这些广阔的同情者网络。（一群藏在伊尔库茨克省巴尔古津城一所房子里的逃跑流放者被抓获了，因为他们庆祝沙皇被暗杀的吵闹声音引起了当局的注意。）到 19 世纪 90 年代，专门协助国家罪犯逃到国外的流放者在西伯利亚形成了众多秘密网络。[15]

当局同样也将“国家罪犯”的逃跑视为政治抵抗行为。1878 年 11 月，包括有影响力的革命者伊万・杰博戈里－莫克里耶维奇在内的一群政治人物随流放队伍离开伊尔库茨克，前往外贝加尔地区，他们在途中成功地与普通罪犯交换了名字。内政大臣列夫・马科夫认为这一消息十分重要，足以引起沙皇的注意。当另一群人从阿钦斯克附近的克柳奇休息站逃跑时，亚历山大二世亲自斥责了这个“不可原谅的错误”，要求“那些有罪的人被严厉惩戒”。当玛丽亚・科瓦列夫斯卡娅在伊尔库茨克监狱待了三年后要被送回卡拉时，内政大臣坚持认为，转移她的任务不能交给普通士兵，而是要交给特别挑选出来的下级军官。西伯利亚当局也为悬赏抓捕政治犯拿出了更多的钱。抓到一个普通罪犯，一个西伯利亚农民可以拿到 3 卢布，但抓到一个政治犯，可以拿到 50 卢布，正如一名官员报告的，这笔钱“不仅让农民，也让他们的妻子”开始追捕此类逃犯。[16]

在西伯利亚，沙皇政权最无法安抚的敌人之一，是一个身材矮小、深色头发、脸色苍白的年轻女性，名叫伊丽莎白・科瓦尔斯卡娅。科瓦尔斯卡娅于 1850 年出生于哈尔科夫省（位于今天的乌克兰），是一个地主和他的农奴的私生女。在她的童年时代，父亲仍然有权出卖她的母亲，这使她深切厌恶沙皇俄国。19 世纪 70 年代，科瓦尔斯卡娅成为地下革命组织的积极成员，参与颠覆性书籍的传播以及哈尔科夫、圣彼得堡和基辅工人阶层当中的运动，最终于1880年10月在基辅被捕。第二年6月，一个基辅军事法庭判处科瓦尔斯卡娅终身服苦役，从那时起，她便成了西伯利亚当局的眼中钉。[17]

据说，在1881年9月随流放队伍前往卡拉的途中，她是“克拉斯诺亚尔斯克的几起骚乱事件的主要煽动者”，在那里，她“惹怒了她的警卫”并“咒骂流放指挥官”。她带领政治犯同伴绝食，在他们的队伍被分成几个小规模团体、在重装警卫的押送下被带到伊尔库茨克之前，这场绝食运动为他们争取到了些许让步。抵达伊尔库茨克监狱后，科瓦尔斯卡娅把注意力转向逃跑。1882年2月16日，她与革命同伴索菲娅·博戈莫列茨一道直接走出了监狱。这两个女人让两个假人躺在床上，骗过了晚上值班的看守，随后科瓦尔斯卡娅假装成女看守，带着博戈莫列茨走出了监狱大门。搜捕随之而来，十天后，这两个女人和一名共犯在伊尔库茨克的一所房子里被逮捕。科瓦尔斯卡娅在1882年早春被送到了卡拉的女子监狱。[18]

科瓦尔斯卡娅领导了多次绝食活动，以抗议那里恶劣的条件。她难以管束而且给其他罪犯树立了坏榜样，于是在1884年被送回伊尔库茨克，她在那里再次实施了逃跑。她在被子下放了一堆东西，让警卫误以为她在睡觉，在一名看守明显的默许下，她弄到了一套警卫制服。1884年9月2日清晨，看管着伊尔库茨克监狱入口的几名警卫打开了大门，让五名罪犯在一名看守的陪同下出去干活。当他们意识到那名陪同的看守正是科瓦尔斯卡娅时已经太晚了。这个逃犯“在逃跑后消失得无影无踪，尽管当局对镇上和周围的流放定居点进行了彻底的搜查”。因此伊尔库茨克行政官员推断，这次逃跑肯定“提前做好了充分的准备”[19]。

这一次，科瓦尔斯卡娅在外躲藏了一个半月，由伊尔库茨克的一个具有同情心的医生庇护。然而，她的运气最终用完了，一个退役士兵发现了她的下落，把她交给了当局。他得到了两百卢布大额奖赏。回到伊尔库茨克监狱后，科瓦尔斯卡娅被单独监禁。但她仍然没有屈服。几个月后，她参加了另一场绝食活动，抗议监狱里的条件，而且她认为自己的死会迫使当局让步，于是她试图上吊自杀。由于一个看守及时出现，她才没有被勒死。伊尔库茨克地方法院因科瓦尔斯卡娅“在十三年半的时间里的多起罪行”而判处鞭打她九十下。但是，伊尔库茨克省省长谢尔盖·诺索维奇下令取消这一惩罚，因为他担心公众对于一个身体不好的矮小妇女遭受鞭打的看法，毕竟她的过错只不过是非暴力的、有些狂热的对抗。他认为，一般来说，“妇女免受肉刑，科瓦尔斯卡娅确实无法承受这种惩罚”。他决定判处她在卡拉金矿终身服苦役，而且是作为一个普通罪犯，而不是政治流放者。科瓦尔斯卡娅拒绝出席自己的判决宣读仪式。这名女罪犯在六名宪兵的押送下，于 1884 年 4 月 14 日朝着涅尔琴斯克卡拉刑罚定居点的方向，走过了贝加尔湖的冰面。[20]

在亚历山大二世于 1881 年遇刺后，所有那些未经正式指控便被行政流放到西伯利亚的人被迫发誓效忠于新沙皇亚历山大三世。许多人拒绝了。1879 年 5 月，小说家和革命者弗拉基米尔·柯罗连科由于“政治上极其不可靠、危害公共安宁”而被行政流放到俄国欧洲部分的维亚特卡城。1881 年 6 月，当局要求柯罗连科宣誓“成为新君主的忠实臣民”，但他拒绝了。内政大臣尼古拉·伊格纳季耶夫决定：“因为柯罗连科表现出的敌对态度和他早先的有害活动，有必要将他流放到东西伯利亚定居，并置于警察的密切监督下。”柯罗连科在当年 11 月抵达莫斯科以东八千多千米的雅库茨克。他自己没有任何钱，只有每个月可怜的六卢布津贴。[21]

有些人的遭遇更惨。乔治・凯南在 1888 年认识了伊万和亚历山德拉・切尔尼亚夫斯基夫妇，他们在十年前被行政流放到西伯利亚。1881 年，在他们的孩子在托博尔斯克省出生后不久，当局要求他们向新沙皇宣誓效忠。他们拒绝了，由于再次暴露出了他们的叛逆天性，他们被送到了更往东的地方，先是送到了克拉斯诺亚尔斯克，再次拒绝宣誓后，被送到了伊尔库茨克。那时，冬天已经来临，他们坐着无篷马车穿过了几百千米寒冷的泰加林。亚历山德拉在旅途中努力给她的婴孩保暖，然而当她在到达伊尔库茨克之前的最后一个休息站打开包在孩子身上的衣物时，发现孩子已经冻死了。亚历山德拉非常震惊，一边哭泣，一边给死去的婴孩唱摇篮曲。凯南向惊恐的美国和欧洲读者讲述了他们的故事：“在伊尔库茨克中转监狱的庭院里，气温 –30℃，切尔尼亚夫斯基站了半小时，等待他们这群人被正式接收，他的妻子在旁边神志不清地胡言乱语，他的怀里则抱着死去的孩子。”[22]

拒绝宣誓效忠新沙皇，也立下了一个绝对不向当局请求宽恕的模式。谢尔盖・德卡雷尔是内政部高级官员，于 1888 年被派往西伯利亚调查“国家罪犯”的情况，他向这些罪犯提供了一些建议。他建议，尤其是对于那些有家属的人来说，他们表达委屈的最好方式是“以真诚的忏悔之心来求助于君主的宽赦”。他记录道，流放者的回应十分明确：“不，我们不会允许这种宽赦：我们已经为此遭受了巨大的惩罚！政府或许能把我们从它认为对我们有害的环境中强行拉走，但是它不能强迫我们放弃我们的信念。”革命者非常明白，行使宽赦就是行使君主的权力。接受沙皇的宽赦，就是服从沙皇赐予宽赦的权利。当政治犯索菲娅·舍赫特尔得知1883年5月15日的沙皇大赦把她从苦役中解放出来时，她写信给当局：“我认为没有人有权惩罚我或向我表示宽恕，我把这两种做法都看作高压行为，因此我声明，我拒绝这种宽恕之举……我将服满整个刑期。”由于这一反抗行为，当局将她送到了雅库茨克寒冷荒芜的定居点。[23]

政治犯的行政流放刑期有时会在没有任何解释的情况下突然延长。1887年，叶戈尔·斯涅夫被行政流放到叶尼塞省乌祖尔村三年，他在那里忙于农耕。然而，在刑期结束时，他没有获释，而是“在没有得到任何警示或解释的情况下”，根据东西伯利亚总督阿列克谢·伊格纳季耶夫的命令被转移到另一个地区。他写信给内政大臣德米特里·托尔斯托伊，要求解释刑期突然延长的问题：“我知道自己没有犯过可能招致这种惩罚的罪行，而且，我没有在农民中间传播任何颠覆性观念……如果说我跟他们有联系，那只是因为我们有共同的经济利益。”斯涅夫抗议说，他已经在自己的农场投入了大量精力和资源，而在新流放地，从事农业是根本不可能的。他提出，国家补贴完全不够用，他现在正“遭受着严重困难”。但是总督办公室拒绝撤销延长斯涅夫行政流放期限的命令，甚至拒绝对此给出任何解释。斯涅夫的罪行、他的行政流放期限延长三年的原因以及他被转移到叶尼塞省另一个地区的做法在当局的内部信函中写得清清楚楚。1889年9月，斯涅夫向内政大臣送去了一份请愿书，“尖锐批判了政府对待政治犯的方式，并表达了自己对他们的同情”[24]。

尽管刑期会在没有解释的情况下延长，但一些被流放的激进分子，如半个世纪前的十二月党人，却矛盾地在西伯利亚找到了比在故乡更大的自由。国家监管相对薄弱，专业技术长期缺乏，负担过重、人手不足的地方行政机构相对纵容，所有这些都有利于在西伯利亚创造出一种比在俄国城镇更加宽容的气氛。“在这里，没有人会害怕说出自己的想法。”契诃夫在 1890 年 6 月给家人的一封信中写道。“没有人会逮捕你，没有地方可流放你，因此你可以想怎么自由就怎么自由。”[25] 许多人因为在俄国欧洲部分的政治和公民激进主义而被流放，但他们却在西伯利亚发现了追求他们的经济、出版和教育关注点的新机会。

行政流放者——其中有些人因为“政治上不可靠”而被放逐——甚至在西伯利亚官僚机构中找到了会计、官员和巡视员的工作。很多人开始研究学术，继续从事由 19 世纪 20 年代和 30 年代的政治流放者开启的调查西伯利亚的地理和地质的传统。这些政治人物的民主理想让很多人开始研究西伯利亚的土著民族。有些人组织了探险活动，探索外贝加尔地区和极北地区的偏远地带，他们的研究结果有利于西伯利亚行政机构更好地理解和管理自己的辖区。一群政治流放者在 19 世纪 90 年代展开的民族志研究，帮助雅库茨克省省长弗拉基米尔・斯科雷皮岑起草了旨在解决土著雅库特人贫困问题而进行的土地改革。[26]

一些政治流放者继续从事作家和记者的工作。地方新闻界比大都市新闻界受到的审查员的审查少，并且因为对西伯利亚行政、社会和经济问题的坦率评论赢得了良好声誉。政治流放者在《东方导报》和《西伯利亚公报》等报刊的编辑委员会中占主要地位。[27]

尽管官方禁止流放者从事教学工作，但他们在推动西伯利亚教育发展中起到了关键作用（经常是在幕后）。他们在西伯利亚商人和官员的家中担任教师，在多个西伯利亚城市帮助建立了图书馆、博物馆和读书俱乐部。他们还致力于在自己所在的地区开办中小学，写作了大量与当地人的教育需求有关的文章，甚至倡导用西伯利亚土著民族的母语进行教学。[28]

尽管有这些施展行动主义的温和机会，西伯利亚行政流放者的生活仍然充斥着一连串琐碎的官方干涉、日常的侮辱和毫无意义的限制。在许多情况下，流放者没有官方准许不得离开村庄，且必须定期到警察局报到；他们的信件要经西伯利亚当局的手。像先前的波兰人一样，他们被剥夺了从事他们自己的职业的权利。年轻的医学生尼冯特·多尔戈波罗夫于 1880 年被从哈尔科夫流放到托博尔斯克省秋卡林斯克，因为他抗议了当局对一场学生示威活动的残酷驱散。在西伯利亚，他非正式地在当地农民中行医，还因为这么做遭到了当地警察总长的斥责。一个秋天，秋卡林斯克市市长的母亲意外被子弹打中大腿，当地医生说自己没有必要的专门知识，拒绝取出子弹。他建议市长去找“有专门技能的外科医生”多尔戈波罗夫。尽管有些担心此事的后果，但多尔戈波罗夫还是成功做手术取出了子弹。他迅速遭到逮捕，被监禁在秋卡林斯克地区监狱，他在那里感染了斑疹伤寒。尽管那些把食物和鲜花带到狱中的市民对他表示同情，尽管这个罪犯病情严重，但当地警察总长还是把他送到了伊希姆城。令人惊奇的是，多尔戈波罗夫最终在医院康复了。这件事甚至出现在了 1884 年 1 月的《泰晤士报》上。[29]

政治犯愤怒地认为自己所受的惩罚不公正，于是做出了一系列轻微的反抗。他们拒绝离开牢房参加点名，拒绝与普通罪犯一起乘坐驳船，拒绝在监狱官员出现时摘下自己的帽子。一位在巴拉甘斯克的政治流放者破坏了挂在地方行政大楼中的沙皇肖像，这让他被关在了该城的监狱中。[30] 当局经常会注意到，对一个罪犯的惩罚常常会引起其同志的抗议。当局陷入了报复和战况升级的循环当中，他们只能通过强力在循环中取胜。但是，在一个地方和国家新闻界繁荣发展（但仍接受审查）的时代，对于一个想要巩固其道德权威的政府来说，这样的策略自身带有风险。

德卡雷尔注意到政治犯非常团结。他观察到：“只要他们中的某个人听说有一个行政流放者到来了，即使这个流放者是一个完全陌生的人，其他人也会冲过去欢迎这个人并带其参观。如果一个人将受惩罚，他们经常会提前发现，然后主动拿钱和东西给他，帮助他转送信件等。”1884 年 12 月，二十三名行政流放者经过托博尔斯克省亚卢托罗夫斯克，他们违反了流放指挥官的命令，离开警卫去向住在镇上的政治流放者致意。当士兵用步枪托迫使流放者回到队伍中时，一名流放者试图夺过一名士兵的步枪，另一名流放者则上前扯下了流放指挥官的肩章。因为这些反抗行为，这两名流放者分别被判处两个月和三个月监禁。[31]

这种团结意识使得当局管束和控制政治犯的任务更具挑战性。这也意味着，对个人的虐待可能会迅速激发罪犯集体对抗官员。1888 年，二十名在托博尔斯克省苏尔古特城受警察监控的行政流放者写信给省长弗拉基米尔·特里尼茨基，要求一旦他们生病，应直接获准前往托博尔斯克城接受治疗，而不必每次都请求他的特别许可。特里尼茨基拒绝了。后来，他们当中的伊万诺夫病得很重，但他最终被准许转移到托博尔斯克城时，却在途中死了，这件事使局势达到了空前紧张的状态。愤怒的流放者谴责了“当局鲁莽、无法无天、不公正和不道德的态度”，并写信给特里尼茨基：“我们的耐心已经耗尽，我们曾认为你可能尚存一丝正派，但这一微弱希望现在消失了。你对我们患病同志的嘲弄以及你总体的态度，让我们不再把你看作托博尔斯克省省长，而是一个**怪物**！因此，我们今后拒绝听从你的任何命令。”[32]

革命者和官员都明白，在一个讲究服从和权威等级的文化中，辱骂沙皇的直接代表就是辱骂沙皇专制政权本身。特里尼茨基抓捕了这些人（他们大喊“自由万岁！”和“打倒政府！”），在托博尔斯克监狱里关押了两个月后，罪魁被流放到西伯利亚东北部的雅库茨克省，“流放到不利于逃跑的地区，生活在不太易受革命宣传的影响的人当中”。其余人则被分散到托博尔斯克省的偏远乡村中。这些惩罚是不需要进一步审判的行政措施，因为这类审判“会给政治流放者提供抗议和抱怨其处境的平台”[33]。

在与当局对抗时，政治流放者会刻意引起公众的注意，即那些他们知道会同情他们的困境（但并不总是同情他们的事业）的人。如果一位官员坚持严格执行管理流放者和苦役犯的法律，那么政治犯就会“在西伯利亚新闻界向他宣战”。德卡雷尔愤慨地说道：

> 仔细阅读《东方评论》或《西伯利亚公报》的任何版面，就足以了解某位官员对待流放者是否严厉。众所周知，大多数报纸记者……都是行政流放者。此外，报纸有广泛的读者群，所以即使是高级地方官员也会顾及报纸上的内容。我听

到人们在说：“你在报纸上看过他们做的某某事了吗？”[34]

有的时候，官员们会因流放者而害怕，担心罪犯逃跑对他们的事业和工作的影响。[35]

被判处服苦役的革命者集中在西伯利亚监狱的稳定群体中，这些人更加难以管理。1880 年，内政部规定所有在欧洲监狱服苦役的政治犯应转移到西伯利亚。对于政治罪犯而言，苦役判决事实上已经成为在西伯利亚某座监狱的监禁。大多数人被送到涅尔琴斯克，男人被送到下卡拉监狱，妇女则沿着卡拉河到达河口处的乌斯季－卡拉监狱。卡拉作为苦役场所的重要性自 19 世纪 60 年代以来一直在下降，但在 19 世纪 80 年代，它在东西伯利亚监禁国家罪犯方面处于中心位置。1882 年初，东西伯利亚有 430 名政治流放者；因重罪被判处服苦役的 123 人都关在卡拉。[36] 地方当局努力地应付着那些积极与官员对抗的罪犯，正如一则报告反映的：

> 除极少数例外，政治苦役犯并不认为自己是罪犯。他们不仅不表示懊悔，相反，他们寻求一切机会来表现自己的优越性。结果，他们在与当局打交道时粗鲁又无礼；他们从来没有要求得到任何东西，但总是一再地坚持要让他们的要求立即得到满足。如果没有满足，他们就宣布“抗议”。他们总是没有合理理由地违反监狱纪律，只是为了表达他们对当局的蔑视……即使连官员提出的最基本的指示也会引发不受约束的不服从和混乱场面，当然，这些煽动者总是能在整个

> 监狱中寻获彻底的支持和团结，这使得任何个人骚乱都会立即变成监狱范围的动乱。[37]

有些监狱官员选择过一种平静的生活，实施不与政治犯为敌的政策，答应他们的大部分要求，给他们相当多的自由和特权。下卡拉监狱具有自由主义思想的监狱负责人弗拉基米尔·科诺维奇执行的就是一种相对宽松的管理模式，那里的罪犯不用戴镣铐，不必参加工作，可以穿自己的衣服，甚至能住在监狱以外的私人小屋里。在一封被拦截的信件中，关在卡拉的政治犯加夫里尔·贝洛茨维托夫描述了当时的情况："苦役并不像在俄国的人想象的那么糟……我们都住在一个监狱里……里面没有看守，这本身就为我们省却了很多烦恼。"罪犯收到了来自俄国的各种期刊，甚至有时间发行他们自己的杂志《卡拉》，并组织与灵魂世界的神秘学交流——当时这种活动在受过教育的俄国人当中非常流行。[38]

另一位政治犯解释说，科诺维奇希望通过让步来从政治犯那里赢得不会逃跑的保证，但他们没有给出这种承诺；他们宣称，他们的原则是"不与当局达成任何形式的允诺"。事实上，这些政治犯把逃跑看作一种完全合法的革命斗争形式。卡拉的政治流放者决心不当有特权的罪犯，而是当国家不可安抚的敌人，科诺维奇的自由主义管理模式正是建立在这个基础之上。1882 年 4 月，8 名"国家罪犯"从一个监狱附属建筑的屋顶逃出了监狱。伊波利特·梅什金是这次越狱的组织者之一，他之前因为在俄国农村进行革命宣传活动而被捕，并在"193 人审判"中被判处服 10 年苦役。[39] 当局在几周内成功追踪、捕获了所有 8 名罪犯，但发现这些逃犯身上带着左轮手枪、子弹和匕首，人们认为监狱管理制度的松懈让这些东西可以弄到。在被捕之前，梅什金和一位同志已经跑到了符拉迪沃斯托克。[40]

因为这起逃跑事件，科诺维奇被解职，监狱里出现了一场镇压活动。监管制度得到了加强：罪犯再次戴上了脚镣，他们的牢房遭到了搜查，他们的阅读材料被没收，他们与亲人的通信受到了严格限制。但是直到 1882 年 5 月，动乱爆发点才出现。因为当时有传言说当局正准备给他们剃头，这些罪犯便把自己封锁在牢房里。国家以武力回应。约 800 名哥萨克步兵进入监狱，将罪犯从牢房中带了出来，给他们戴上锁链，并将其赶出监狱。当局决定，在他们重新设计下卡拉监狱的布局（为了使集体抗议变得更加困难）时，暂时把这群反叛的政治犯分散到关押普通罪犯的各个卡拉监狱。[41]

作为对这次镇压——被政治犯称为“5 月 11 日大屠杀”——的回应，关在卡拉几所监狱中的 113 名政治犯中的 73 人宣布绝食。在这些人绝食一周之后，梅什金在 7 月 19 日写信给当局，列举了罪犯们受到的种种不公待遇。比如说，当局发现一名狱友的母亲在偷偷从监狱里送出违禁信件，便把她强制遣送回俄国，再比如囚犯被剃头，还有来自监狱当局的“众多琐碎刁难和侮辱”。梅什金强调了已婚男士们是如何被禁止和自己的妻子见面的，而这些妻子是在得到政府高官的许可后千里迢迢地来到了西伯利亚的。罪犯被带到了离家人、朋友数千千米远的地方，被剥夺了与父母兄弟姐妹通信的权利。梅什金认为，这种约束不是“执行法律”的表现，而是“地方当局的专制”的表现。然而，最后一根稻草是囚犯齐普洛夫遭鞭打一事，齐普洛夫虽被认定为一个普通罪犯，但他却因为从卡拉偷偷送出政治犯的信件而受到惩罚。梅什金抗议："现在我们没有人能觉得自己可以免受这样侮辱性的惩罚，这种惩罚会激怒道德尚且完整之人的灵魂。"绝食会一直持续下去，直到当局书面保证"政治犯不会遭到绞刑吏的惩罚"。否则，梅什金向当局保证，卡拉的政治犯"宁愿饿死"。但梅什金是在虚张声势。卡拉的政治犯没准备好为他们的事业牺牲。当局把这些罪犯分成几小群，每天把食物送到牢房里，把它们一整晚地放在那里，以引诱他们进食。这个策略奏效了，这些罪犯一个个地放弃了绝食。[42]

这场绝食活动的直接目标是迫使监狱当局恢复早先那种更加宽容的监狱管理模式，但这个目标没有实现。这场"饥饿暴动"的次要目标是在东西伯利亚各地煽动不满情绪、在整个俄国引发愤慨，这个目标一度成功了；乌斯季-卡拉监狱里的女犯人也加入了这些骚乱，骚乱甚至波及那些"密谋逃跑、停止工作的普通罪犯"[43]。

为了镇压这些有可能演变成有组织的暴乱的骚乱，当局把目光对准了那几个领导绝食活动的头目。有些人被转移到伊尔库茨克以外七十千米处的亚历山德罗夫斯克中央苦役监狱，有八个人被送回了圣彼得堡，这证明了西伯利亚当局自己无法对付坚决的革命者。梅什金是被送回首都的人之一，先是被送到彼得保罗要塞潮湿的牢房里，后被带送到什利谢利堡监狱。1884 年 12 月，梅什金与一名看守发生暴力冲突，后被军事法庭判处死刑。他在 1885 年 2 月 7 日被射击队枪决。[44]

六个星期后，剩下的男性政治犯被送回了下卡拉监狱，他们发现当局已经将原先的大营房分成了供三到五人居住的小牢房，而之前是二十到二十五个人住在一起。尽管看守无法阻止罪犯通过敲击木墙、冲着木墙呼喊来相互沟通，但他们满意地注意到，“把罪犯分成较小的群体，明显削弱了那种他们集中关在大牢房里时发展出的叛逆精神”[45]。

卡拉监狱里发生的骚乱表明，这些罪犯决心不仅捍卫他们的尊严，还要捍卫一系列不是由国家赋予的而是全人类共有的权利。但是，肉刑可能会给他们的这种决心造成一种毁灭性的心理打击。许多（但不是大多数）受到鞭打的罪犯会屈服，痉挛着乞求怜悯。因此，桦树条和鞭子有可能在心理上摧毁挑衅性的尊严，很多政治犯在监禁期间一直维持着这种尊严，且常常为此付出沉重的代价。这一次，卡拉官员向政治犯保证，他们全都不会遭受肉刑。这种缓和局面维持了 7 年。[46]

当被流放的革命者和基辅大学讲师伊万·别洛孔斯基于 1880 年前往东西伯利亚时，他体验了国家可使用的各种运送手段：流放队伍和休息站、水上驳船和铁路。在过去的 20 年里，将流放者运送到西伯利亚已经成了一项吸引着越来越多的人力和资源的大型事业。现在，将流放者遣送至西伯利亚的过程反映着俄罗斯帝国工业化的进程。19 世纪下半叶，前现代和现代的交通运输手段都用于运送人数日益增加的流放者。[47]

1867 年，当局开始沿着伏尔加河和卡马河把罪犯从下诺夫哥罗德运往彼尔姆。两艘驳船负责这段路途。较小的那一艘名为“法布里坎特”号，可以运送 322 名罪犯；较大的那艘名为“萨拉普尔”号，可运送 475 名罪犯，由 28 名士兵护送。夏天，两艘船各航行 25 趟，每年夏天把大约 9000 名罪犯送到彼尔姆。驳船的过度拥挤是一个问题，随着流放者人数激增，过度拥挤的问题变得难以忍受。别洛孔斯基在1880年乘坐“法布里坎特”号，他是船上的42名政治流放者之一，当时船上共有500多名罪犯。甲板下面的环境十分恶劣：“船舱内非常憋闷，尤其是在驳船航行时，人们只能通过开着的窗户通风。”[48]

19世纪60年代，平均每年有11200名流放者及其家人进入西伯利亚；19世纪70年代，这个数字达到16600，在10年的时间里，年均增长率为48%。1876年，28500多名流放者经过莫斯科；15000人由火车运往下诺夫哥罗德，另有11500人经其他路线前往西伯利亚。1867年，在秋明与托木斯克之间运营罪犯驳船的承包商共运送了5000名流放者和他们的家人；到1876年，运载的人数增长了一倍多。驳船共运送了10500人：8000名流放者，2600名*陪同丈夫和父亲的妇女和儿童。[49]

罪犯前往流放地的旅程或许已经提速了，但仍然十分艰苦，有些时候是致命的。包括政治流放者在内的囚犯从莫斯科出发时已经是营养不良、身体虚弱，有时只配备着干面包和腐坏的鱼。自愿跟随丈夫和父亲去流放地的妇女和儿童在途中一直是被关起来的，这种做法违反了圣彼得堡方面多次申明的规定。路况太糟，因而坐在没有弹簧的车上是一种折磨。[50]

陆路和水路的严酷折磨损害了流放者及其家人的健康，他们中的很多人在过度拥挤、冷风阵阵和供热条件差的中转监狱和休息站里病倒了。波兰革命者瓦茨瓦夫·谢罗谢夫斯基于1879年前往雅库茨克，其中一个地方给他留下了深刻的印象：

---

* 原文如此，疑数据有误。——编者注

> 晚上，当牢房被锁上，屋内留下几个供我们晚上大小便的木桶之后，空气里就弥漫着臭味，就好像一个被掘开的坟墓发出的气味……无数昆虫和咬人很疼的蟑螂会爬到在睡觉的人身上。人们没法躲开这些虫子：臭虫、跳蚤、虱子和壁虱。它们常从天花板上掉下来，爬过每一个缝隙，集中到我们衣服的褶皱里。如果把它们弄死，那里会再次出现同样数量的虫子。差不多每个罪犯的前胸后背上都有恶心的水疱和虫子咬痕。虫子通过衣服，尤其是床单（在分发出去时，这些床单通常很旧，而且没洗干净）将斑疹伤寒病和皮肤病从一个流放队伍传给另一个。[51]

在 19 世纪 80 年代和 90 年代，数百名罪犯在前往西伯利亚的途中死于结核病、肺炎、斑疹伤寒和一系列其他小病。[52]

路途当中的身体疲惫、强制性公社主义、邋遢和尊严受损，引起了政治流放者的震惊和愤怒，其中许多人出身帝国的特权阶级。因此，流放队伍成了政治流放者与其警卫产生冲突的场所。一个在 1883 年抵达克拉斯诺亚尔斯克的流放队伍要求监狱当局做出以下让步：他们必须获准全都留在同一个群体里；他们的牢房无论什么时候都不能锁上；他们必须获准带自己的衣服、床单和物品；他们必须获准一起吃饭；在转运时，他们必须被一同送走，就像他们从托木斯克出发时一样。叶尼塞省省长威胁要用武力逼他们进入牢房，他们这才屈服并进入了监狱。[53]

1888 年 6 月，二十二名行政流放者通过铁路到达秋明中转监狱。当他们得知自己将和普通罪犯一起乘坐马车及步行前往鄂木斯克后，他们拒绝继续前进，并要求安排马匹或轮船运送自己。

其中一个流放者后来解释说，由于长期单独监禁且没有健康的体魄，他们疲惫不堪，所以他们非常害怕如此漫长又累人的旅程。“此外，我们听说了政治流放者在流放队伍中经历的恐怖遭遇，包括押送兵殴打政治犯、企图强奸妇女的事。”当局并没有让步，而政治犯拒绝离开牢房并威胁要采取自卫手段，于是监狱里出现了一种紧张的僵局。政治犯们被一个接一个地拖进院子里，他们再次聚在一起，大声辱骂看守，并试图冲回监狱建筑里。然而，流放者敌不过人数多于他们的武装士兵。他们最终顺从了，步行继续上路。[54]

当局不认同这次相对轻微的反抗。流放者坚称他们的行为是“不服从行为，而不是抵抗行为”，但当局对此说法漠不关心，在亚历山大三世敦促实施“严惩”后，当局下达了严厉的判决。这群人的领导者被剥夺了与其地位相当的权利，被判处服八年苦役，另有两个人被判处流放到叶尼塞省的定居点，其余人则要在狱中监禁长达一年的时间。他们在没有任何司法程序的情况下被行政流放到西伯利亚，现在，他们最初的判决改为了时间更长的流放，甚至改为服苦役。行政流放者的反抗行为遭受了更严厉的判决，此后形成了一种更激烈的对抗和更严格的惩罚相结合的模式。[55]

在这种冲突不断升级的循环中，1889 年是决定性的一年。流放者和看守之间的两次暴力决战将在俄国的政治权力争夺中产生深远的影响。每次决战都严重损害了沙皇政权的道德和政治权威，培育了正迅速成为革命运动的心理动机的愤怒和仇恨。

19 世纪 80 年代和 90 年代，除了作为政治流放者的一个目的地，雅库茨克城也成为流放者前往冰天雪地、荒无人烟的维柳伊斯克、上扬斯克和科雷马几个北极圈定居点的中转站。[56]为了转移走在1888至1889年的冬天集聚在雅库茨克的流放者，代理省长帕维尔·奥斯塔什金命令地方当局在低于-20℃的气温中送走流放者。奥斯塔什金进一步限制了在武装警卫的押送下一道行进的队伍的规模。一个队伍不得超过四名流放者。他还大大减少了流放者在向北行进时被准许携带的行李和物资的重量。[57]

这种新的流放者运送制度基本没有考虑流放者的利益。第一批在这种制度下踏上行程的是大约三十名行政流放者，其中包括十几名妇女和儿童。1889年3月22日，流放者直截了当地拒绝前进，并递交了一份请愿书，坚持让省长撤销让他们在这样致命的气温下继续旅程的命令。随后，他们把自己关在一个大木屋里，在这所雅库茨克流放定居者的住宅里等待着省长的答复。他们的抗议被置若罔闻，因为雅库茨克当局怀疑这些流放者之所以想要在春天到来前一直留在雅库茨克，就是为了逃跑。[58]

他们无视了奥斯塔什金的投降指示，于是这位省长命令哥萨克小分队包围建筑物并将流放者强行拖入院内。在随后的打斗中，流放者努力用棍子和匕首来自卫，其中一人拿出一把左轮手枪，冲着士兵开火，这些士兵便逃跑了。当省长接管现场后，双方的进一步交火达到白热化状态：集合起来的士兵对着这个建筑连续开了几分钟的枪，直到革命者投降。根据某些估计，枪支一共齐发了几百次。等到流放者投降、刺鼻的烟雾从房子里散去后，人们发现六名流放者、一名警官和一名士兵的尸体躺在地上；包括奥斯塔什金在内的其他几个人受伤。[59]

后来，流放者坚持说，他们开枪只是为了保护自己不受士兵的暴力袭击。同时，国家声称，这起事件是一场反对雅库茨克省省长的合法权威的有预谋叛乱。国家把幸存的流放者移交给一个军事法庭，这个法庭裁定所有签署请愿书的人都犯有“武装叛乱”罪。6月，三名被指称的头目被判处死刑，十四人被判终身服苦役，其余人则被判服十五年苦役。1889年8月7日，列夫·科甘-伯恩斯坦、阿尔贝特·高斯曼和尼古拉·佐托夫在雅库茨克监狱的院子里被绞死。[60]在行刑前那个漫长的夜晚，每个人都给自己的家人和同志写了告别信。佐托夫给父母写了信：

> 我精神很好，甚至是很振奋，但我的身体和神经非常疲劳。在过去的两天里，我的神经所受的压力是难以忍受的。有那么多强烈的情感！好吧，我最亲爱的人，我的家人，我爱的人，我最后一次拥抱你们所有人。想着我的事业的正义性，我的心中带着一股力量，我可以从容赴死。我只担心那些至亲的人，这些人将要被我抛下。我的痛苦只持续几个小时，我的痛苦是什么？而他们需要怎样的力量去忍耐！……警卫刚刚进来了。他们带来了罪犯的衣服，我已经换上了。我穿着帆布衬衫坐在这里，我觉得非常冷。不要认为我的手因为恐惧而颤抖。再见了，再见了，我亲爱的人儿们！[61]

流放者既绝望又被包围着，且没有用来自卫的武器，他们无法对抗俄国的武装力量。然而，1889年3月22日在雅库茨克发生的战斗，是在俄国和国际新闻媒体上发起的争取公众同情的更广阔战争的组成部分。“雅库茨克惨剧”在俄国内外引起了公愤。革命者明白这场争取民意的更广阔战争的本质，而且他们在巧妙地追求这个目标。即使面对绞刑架，佐托夫也充分利用了雅库茨克事件能产生的力量。他在最后一封写给在俄国的同志的信中称：

> 这是我的遗嘱，让你自己冷酷起来，在这些恐怖事件、这场大屠杀、这场杀戮的尾声的影响下，尽你所能地去充分利用这出戏剧，这个展现俄国专制主义的残酷、专断和残暴的大型例子……请给在我们的祖国和国外的各个角落的所有的［乔治·］凯南们写信……这是我们能在这场可怕的国家复仇行动中弥补我们的损失的唯一办法。[62]

到1889年秋天，详述雅库茨克当局的“专制残酷”的革命小册子确实在西伯利亚和俄国欧洲部分传播着。伊尔库茨克省的政治流放者给亚历山大三世本人写了一封信，谴责奥斯塔什金对政治流放者实施了“粗暴和血腥的惩罚”[63]。

在欧洲和美国，新闻界不再同情当局。亚历山大三世的反动政权受到了广泛斥责；凯南在新闻界对流放制度展开的斗争以及在伦敦、巴黎和日内瓦的政治流放者不断写出的回忆录，煽动起了反对沙皇的情绪。在伦敦出版的俄语流亡杂志《社会民主党人》宣称：“沙皇食人者的壮举足够雄辩，因而它们不需要任何注解。”伦敦《泰晤士报》在1889年12月26日报道了这个事件，将其称为一起“对西伯利亚政治犯的杀戮”，并声称：“这个血腥和恐怖的故事是一个俄国政府永远无法回避的故事。它自称高于民意，但是有一道线，过了这道线，它便不能无视人类的裁决。”《纽约时报》在2月发表了一篇长文，题目是《人像狗一样被枪杀：雅库茨克大屠杀的真实故事》。[64]沙皇俄国正在创造一个西伯利亚牺牲者军团，但它似乎没有发现这一危险。在西伯利亚当局残酷地解决了雅库茨克惨剧幸存者的问题一个月后，当局又陷入了另一场有损政府的信誉和合法性的困境。这次的煽动者是伊丽莎白·科瓦尔斯卡娅。

副官长安德烈·科尔夫男爵是阿穆尔河沿岸总督辖区的总督，这个职务直接负责卡拉的政治犯。科尔夫是一个坚定的保守主义者，认为圣彼得堡在应付“国家罪犯”时过于宽宏大量。1888 年 8 月 5 日，他对乌斯季-卡拉监狱进行了一次正式探访，其间偶然碰到了坐在院子里的科瓦尔斯卡娅，随后命令她在他面前站着。科瓦尔斯卡娅拒绝照做。“作为一个罪犯，”她回忆说，“我绝对**不能**在我没有停止与之作对的敌人面前站着，哪怕是在监狱里。”这个著名的政治流放者有着一串对其他罪犯造成“有害影响”的不良记录，科尔夫对她的这个反抗表现感到愤怒。两天后，他下令把科瓦尔斯卡娅转移到赤塔附近的上乌金斯克监狱，在“最严酷的条件下”单独监禁。他明确表示，这项惩罚是“以儆效尤”[65]。

8 月 11 日深夜，卡拉女子监狱的指挥官马休科夫让人把半裸的科瓦尔斯卡娅推出了牢房。他要求她在男性流放犯面前穿上常规的囚服，随后让人将她带出了监狱，乘船前往斯列坚斯克。科瓦尔斯卡娅的女狱友非常愤慨。玛丽亚·卡卢日斯卡娅、玛丽亚·科瓦列夫斯卡娅和娜杰日达·斯米尔尼茨卡娅谴责这种“对一个国家罪犯的无耻嘲弄”。她们写信给伊尔库茨克当局，要求正式调查这次“可耻的违法行为”，并将马休科夫撤职。政治犯和监狱当局之间的关系在下一年急剧恶化，其间，罪犯实施了三次绝食行动，每次都到逼近死亡时才放弃。这是危险的边缘政策。1889 年 5 月 31 日，卡拉的古列维奇医生被派去检查女罪犯的身体状况，他报告说，她们确实“表现出了饥饿状态的症状……所有人都心率很快，口中呼出的气味非常难闻，脉搏很快，失眠，表情淡然”。然而，不到几天，这些罪犯的决心开始减弱，无法抗拒每天送进牢房的食物。[66]

另一名卡拉的女罪犯纳塔利娅·西吉达令这场冲突剧烈升级。28 岁的西吉达是一名塔甘罗格商人的女儿（她家和安东·契诃夫是邻居），也是一名人民意志党成员，因运营一家地下印刷厂被判服八年苦役。她认识到这些妇女无法成功通过绝食来迫使当局让步，于是要求在 1889 年 8 月底与马休科夫会面。进入马休科夫的办公室后，西吉达宣称：“我原希望你被撤职，但是当局并不重视我们的申诉，所以我要亲自侮辱你。”西吉达走到马休科夫面前，打了他一个耳光。在已经成为围绕着道德权威和政治合法性展开的磨人斗争（对革命者和监狱当局来说都是）中，打一名高级监狱官员就是象征性地攻击沙皇俄国。[67]

科尔夫决定在这些难以管束的政治犯身上彻底贯彻自己的权威，10 月 26 日，他下令让卡拉监狱保持沉默状态。看守们获悉，监狱管理制度从今以后将

> 从根本上改变，绝对不会姑息纵容。一旦再发生骚乱……她们都只能得到普通罪犯的配给，被剥夺她们此前获准用自己的钱买来的东西，包括写作材料等物品。如果哪个罪犯表现出任何反抗……那么反抗将受到武装压制，不管后果是什么。惹麻烦的人会遭受没有丝毫让步的肉刑。[68]

让革命者非常受辱的是，科尔夫下令用桦树条鞭打西吉达一百下。这种做法强硬地无视了受过教育的俄国人和妇女不受肉刑的传

统，其影响极为巨大。公众普遍反对使用肉刑，甚至是对普通罪犯使用也不行，鞭打出自俄国受教育阶层的政治犯，就是违反公认的道德标准；用桦树条鞭打一名年轻女性一百下，就是实施一种暴行。鉴于西吉达健康状况不佳，卡拉医生古列维奇拒绝批准也不愿意出席鞭打她的活动。当局没有就此收手，他们在没有医生在场的情况下于 1889 年 11 月 7 日执行了惩罚。在鞭打之前，西吉达“宣称这样的惩罚无异于死亡，然后自愿躺到桦树条下”[69]。

这么说不是空话。当天晚些时候西吉达被送回牢房，随后她和狱友玛丽亚・卡卢日斯卡娅、玛丽亚・科瓦列夫斯卡娅以及娜杰日达・斯米尔尼茨卡娅一起服毒自杀。西吉达在那天晚上去世，其他人在接下来的两天里去世。当这次鞭打的消息传到达卡拉政治犯的耳中后，自杀式抗议活动开始蔓延。已经被释放到监狱外的定居点的政治流放者瑙姆・凯克开枪自杀，但他活了下来。在一个星期的时间里，男子监狱里的七名囚犯也试图用过量的吗啡自杀。很多人效仿了他们。共有二十名囚犯服毒，六人死亡。[70]

在卡拉上演的致命场景，是革命者和国家围绕着对囚犯身体的控制权展开的公开争夺。激进分子否认国家拥有在肉体上惩罚他们的权利，这样做的同时也是否认了当局把他们当作普通罪犯对待的权利。通过自杀，西吉达和她的革命者同伴把肉刑用作了一个强调当局非法的暴力行径的公开展示，再延伸一下，用作了一个强调专制政权本身的专横性的公开展示。1828 年，十二月党人伊万・苏希诺夫在涅尔琴斯克的牢房里上吊自杀，因为遭受鞭打是对**贵族**的羞辱；对于 19 世纪 80 年代的革命者来说，同样的惩罚是对**人类**的尊严的侵害。“我没有别的选择，只能死，”谢尔盖・季科夫斯基在集体服毒自杀事件后说，“因为无论是我接受的教育还是我强烈的人格尊严感，都**不允许我生活**在这种可怕耻辱的持久威胁之下。”[71]

与此同时，顽固不化的科尔夫也关心尊严，但这里指的尊严是他的职务的尊严。11 月 14 日，他向内政大臣伊万 · 杜尔诺沃发出电报：

> 您知道我不是一个残忍的人，但如果再发生这样的情况，即使我知道惩罚的结果是什么，我仍然会下令执行惩罚，因为我坚信我们必须结束政治犯监狱里的混乱。现在已经到了罪犯可以攻击我们的高级官员的时候，这种局面令人蒙羞。我相信，继续忍受放肆行为——因为圣彼得堡的宽宏大量，这些怪物和弑君者可以这般行事——会违反我［在加冕礼时］立下的誓言。我非常了解，在圣彼得堡和其他地方的许多人会责难我，但我必须履行我的神圣职责。[72]

他们的确责难了他。和“雅库茨克惨剧”一道，“卡拉惨剧”——很快被冠以这一名称——在沙皇政权与革命运动的斗争中对沙皇政权的道德权威和合法性造成了重击。凯南向在欧洲和美国的受惊读者们介绍了这个事件：“西吉达女士和她的……同伴就如同是被东西伯利亚官员杀死，就像她们的喉咙在监狱院子里被刽子手割破一样。”[73]1890 年 2 月，伦敦《泰晤士报》报道了“优雅、受过良好教育的女性”西吉达的命运：

> 即使在沙皇尼古拉一世在位期间，有地位、有身份的女士也不应遭受这种恶行。这种野蛮的惩罚使西吉达女士深受

> 侮辱，在无比的痛苦和对日后其他折磨的恐惧中，她服毒自杀了。可能会发生的事情至今是一个谜，但显然，女性政治犯，特别是那些因自己的身份和所受的教育对那些有可能损伤其荣誉和自尊心的事情非常敏感的女性，认为自己再也无法免受当局的羞辱了。[74]

《纽约时报》在题为《被逼自杀的流放者：西伯利亚政治监狱里的恐怖事件》和《俄国的残酷》的新闻中详细介绍了西吉达“令人震惊的官方谋杀事件”和“在卡拉政治监狱中的愤怒”[75]。1890年3月9日，“一场大规模示威游行”在伦敦海德公园举行，以抗议“俄国政府在管理政治犯时的残忍行为，这些政治犯在未经审判的情况下被流放西伯利亚，这个埋葬着无数贵族男女的‘活人坟墓’，他们唯一的罪行就是渴望享受我们英国人从祖先那里继承而来的政治自由”。为了调动情绪，其中一位发言者宣称：

> 英国人有义务抗议、让公众关注俄国可怕的社会和政治奴役状态……在俄国，数十名杰出的男性和贵族妇女因要求政治自由而被关在地牢和牢房里，这些牢狱太低矮，他们在里面无法站立，也太狭小，他们在里面无法躺下……经过一番荒唐的审判，年轻的男性和美丽的女性被拉到银矿、铅矿、盐矿工作，过得比役畜还累，经受着可怕的穷困和残酷。这些可怜的囚犯在雪地里穿行数英里，戴着锁链和手铐，像虚弱的绵羊一样倒在路边，而那些幸存下来的人，特别是妇女，遭受了极其严重的侮辱。英国人可以平静地看待这些事吗？[76]

凯南对流放制度的猛烈批评也激发出了一种对外国革命者的同情。凯南刚从西伯利亚回到美国，便就流放制度向公众发表了演讲，他常常在台上以如下形象示人：头上的半边头发剃去了，身穿破衣烂衫，戴着镣铐，就像一个西伯利亚罪犯。他想要传达的信息很明确：“西伯利亚流放者并不是野蛮的狂热分子，他们是已经放弃了所有他们热爱的人和事物、用自己的生命去赌那些被我们视为人类的基本权利的东西的人。”“西伯利亚流放请愿协会”于19世纪90年代在美国的五十个城市中设有分会，并在抗议沙皇对待政治犯的方式的请愿书上收集了超过一百万个签名。1890年，凯南在波士顿发表演讲时，马克·吐温从座位上站起来，含泪说道：“如果这样的政府只能用炸药来推翻，那么感谢上帝赐予我们炸药！”[77]

1884年7月回到伦敦后，革命者谢尔盖·克拉夫钦斯基——在1878年刺杀俄国政治警察负责人尼古拉·梅津采夫的刺客——开始提升关在刑罚定居点和监狱中的俄国激进分子的形象。他的作品，包括《俄国风暴》（1886年）和很大程度上属自传性质的《虚无主义者的事业》（1889年），受到了英国公众的热烈欢迎。1890年3月31日在伦敦，和著名的俄国无政府主义者彼得·克鲁泡特金（他是一名逃出西伯利亚的逃犯）一起，克拉夫钦斯基帮助建立了俄国自由之友协会。该协会公开宣布的目标是帮助遭受沙皇虐待的受害者，为政治犯逃跑提供资金援助，并呼吁西方关注俄国改革的必要性。1890年8月，该协会发行了它的第一份英文报纸，截至11月，该报拥有超过十万名订阅者。这种严厉的谴责自然损害了俄国专制政权，巩固了国际社会将其视为残暴、专横政权的看法。有同情心的俄国政治异见人士的形象在维多利亚时代的英国传播广泛、产生了强烈共鸣，甚至在伊迪丝·内斯比特的《铁路边的孩子们》（1905 年）中，斯捷潘斯基先生这个人物的身上就可以看到他们的影子。[78]

为了回应国际社会对俄国政治犯所处困境的普遍同情，英国、法国和瑞士政府拒绝将激进分子引渡到俄国，以免他们回国后要面对着被普遍认为藐视最基本的法律原则、让囚犯接受残忍对待的沙皇司法体系。因此，格奥尔基·普列汉诺夫（俄国马克思主义之父）、尤里·马尔托夫、列宁和约瑟夫·斯大林都能在国外从事革命活动，而不用担心欧洲国家政府的干涉。[79]

在国内，审查制度曾阻止俄国国内新闻界公开讨论重大事件，在这套制度在 1905 年革命中崩溃后，有关卡拉和雅库茨克悲惨事件的新闻便充斥着激进派和自由派的出版物。正在沙皇政权为自己的生存而战时，关于在西伯利亚的残暴和专制故事却进一步破坏了沙皇政权在俄国读者公众眼中的可信性。[80]

有洞察力的政府成员非常清楚眼下正在发生什么。西西伯利亚总督尼古拉·卡兹纳科夫说，流放制度正在西伯利亚孕育着暴动。他认为，让成千上万名行政流放者分散到西伯利亚各地的城镇和村庄里并让他们处在有效的监管之下，这是不可能实现的，而且，把他们流放到西伯利亚，“很难达到让他们意识到自己的错误的效果，而只会加剧他们的愤怒”。内政部官员德卡雷尔注意到，行政流放颠覆分子，就是把革命者锻造成团结的团体，“让他们坚信自己遭受了不公正的待遇并激发了他们的反抗精神”[81]。

革命者自己也赞同这一点。凯克——在西吉达遭受鞭打之后他曾企图自杀，但失败了——带着某种近似骄傲的感觉回顾了自己在下卡拉监狱的岁月：“我们的一代代革命青年来到卡拉，对数十人来说……它是一个母校，是一所关于发展和教育的高等学校。”令当局担心的是，西伯利亚的政治流放者热衷于与自己周边的市民和村民分享这种教育，东西伯利亚总督德米特里·阿努钦在1882年注意到：“必须要说，通过流放，政府本身，而且是在用自己的资金，在像东西伯利亚这样的地方传播无政府主义学说，而那些地方在此之前从未听说过任何此类学说。”[82]

凯南确信：“不是恐怖主义让行政流放在俄国成为必需的制度；是极端的残忍和未经正当法律程序的放逐刺激了恐怖主义。”[83]在调查在1905年革命期间席卷俄罗斯帝国的暴力行为时，自由主义法学理论家弗拉基米尔·格森——他自己就是一名狂热的革命者——非常明白：

> 未来的历史学家……如果想了解民众无法安抚的仇恨和疯狂的残酷（它们导致了血腥和恐怖的无政府状态），他当然会记得，面临在俄国重塑国家这一艰巨历史任务的一代人是不健全且在政治上和道德上腐败的一代人。除了极为残忍的紧急警察措施，这一代人没有见过任何国家命令。[84]

1889年，不幸已经快要到来了。革命杂志《社会民主党人》在评论当年的雅库茨克暴力决战时发出警告：“‘失败者要倒霉了！’这就是政府想要用野蛮、残酷的手段对待那些落入其手中的革命者所表示的意思。那就这样吧！总有一天政府会明白这条规则的极端残忍性。”[85]大约十年后，政府将迎来这一天。如果说负罪感是革命的鼓舞力量，那么复仇则是革命的命脉。

13

收缩的大陆

1877年11月19日下午，17米长的“黎明”号纵帆船在圣彼得堡涅瓦河畔的海关抛锚。激动的围观者争相观看这艘船。“黎明”号刚刚完成了从东西伯利亚叶尼塞河到圣彼得堡的第一次成功海上航行。它驶过了喀拉海和巴伦支海，经由瓦尔德、克里斯蒂安尼亚（奥斯陆）、斯德哥尔摩和赫尔辛福斯（赫尔辛基）绕过斯堪的那维亚，最后到达了俄国首都。俄国国内外一致认为，这是一次惊人的航海壮举：这艘半甲板船没有龙骨，船员只有5人，他们穿越了在海图上基本没有标注且以危险闻名的北极海域，行过了此片海域的浮冰和风暴。这艘船已经以胜利的姿态通过了挪威、瑞典和芬兰大公国的沿海城镇，在那里受到了众多祝福者的热烈欢迎；它的船员得到了国家新闻界的盛赞，参加了为纪念它而举行的宴会。

然而，当“黎明”号到达瓦西列夫斯基岛的海关时，8月9日从叶尼塞河出发的5名船员中只有4人在船上。安德烈·齐布连科不在船上，正如日报《圣彼得堡新闻》冷淡地指出的那样，“因为他无法控制的原因”[1]。在该船于那天早上驶入喀琅施塔得海军基地后，按照驻克里斯蒂安尼亚的俄国领事的情报，齐布连科被捕。原来齐布连科是叶尼塞省的流放者，他非法从西伯利亚返回了俄国欧洲部分，因此是个逃犯。根据内政大臣亚历山大·季马舍夫的命令，他遭到拘留，随后收押在喀琅施塔得要塞。当局打算将齐布连科放逐回叶尼塞省，让他余生都在那里流放，但到1878年1月，齐布连科已经获释，并获得了亚历山大二世的官方赦免，甚至还得到了具有广泛影响力的俄国帝国商船协会和贸易部的嘉奖。

齐布连科的命运发生的惊人逆转——从东西伯利亚的流放者到勇敢无畏的明星船员，再到喀琅施塔得的国家罪犯，最后到被赦免的逃犯——反映出，公众反对将西伯利亚用作刑罚殖民地。从19世纪50年代开始，俄国科学、商业和政治精英中的领军人物开始质疑将西伯利亚视为一个严寒且荒凉的荒地、只适合作为帝国罪犯的流放地的固有看法。他们主张将西伯利亚重新设想为一个富有的经济殖民地，一个曾被国家忽视，被流放制度拖累，但实际上却有着大量有待勘探和开发的自然资源的地方。除了从战略上批评政府把西伯利亚用作一个大陆规模的监狱，人们在道德上越来越反对这套以残酷的鞭打、罪犯无辜的妻儿的贫穷和堕落以及革命者的牺牲为特征的制度。

在俄国，人们对西伯利亚的看法是不断变化的。18世纪中期，大多数俄国人把西伯利亚视为国家的一个商业殖民地，这个观点与俄国新获得的殖民帝国的身份相协调。[2]例如，博学多识的米哈伊尔·罗蒙诺索夫把西伯利亚河流（如勒拿河）比作尼罗河，为这片大陆的自然财富献上了颂歌，并于18世纪60年代初声称："西伯利亚将促进俄国帝国力量壮大。"叶卡捷琳娜大帝也曾把西伯利亚设想为一个自给自足的殖民地带。[3]但是，在她统治的末期，西伯利亚散发出的诱人光芒以及它所承载的殖民乐观主义开始变得暗淡。

在 16 和 17 世纪不断东扩的皮毛贸易在 18 世纪急剧衰退，而由彼得大帝开创的冶金厂无法比拟“软黄金”的经济重要性。随着西伯利亚的经济意义减弱，它作为刑罚殖民地的地位提升了。与此同时，对于俄国政府和很多受过教育的俄国公众来说，西伯利亚作为一个金矿的形象逐渐被一幅贫瘠、冰冻的亚洲荒地的险恶图景所取代。一名北极探险家曾在 1830 年评论：“[西伯利亚] 这个名字本身就足以让一个俄国人恐惧，俄国人在这个名字中只看到了他（她）会与自己的故土永远分离，看到了一个无法逃离、始终不变的巨大地牢。”[4]1841 年，《祖国纪事》杂志恰如其分地总结了西伯利亚在公众印象中的惨淡悲观形象。它详述了西伯利亚无法融入贸易路线的情况：“只要现有的自然法则在我们的世界仍然存在，那么鄂毕河和勒拿河的河口就会被冰封住……西伯利亚注定在很长一段时间内都是一片荒原。”作者断定，如果西伯利亚的“大片积雪”都换成真正的水，这至少将便利与远东地区的海上贸易，那么俄国将变得非常富有。围绕着一个冰封雪裹、无法穿越的西伯利亚的诸多形象在 19 世纪 60 年代和 70 年代发生了彻底改变。开通到东西伯利亚的海路，不仅仅在西伯利亚与俄国欧洲部分之间建立起了真正的联系，也建立起了头脑世界中的联系。[5]

在这些对西伯利亚的变换看法中，流放制度占据着模糊的地位。一方面，西伯利亚的惩罚和殖民功能在理论上是兼容的，而且这一推定源于流放制度的本质。米哈伊尔·斯佩兰斯基在 1822 年的改革设想把流放者和苦役犯最终改造为遵纪守法、积极进取的定居者，他们将生活在西伯利亚，并且用自己的文化和勤劳将西伯利亚和俄国欧洲部分联系到一起。另一方面，只有让西伯利亚的流放者生活在落后和艰苦的环境中，西伯利亚才能保证惩罚效果。这个未解决的矛盾在英国的澳大利亚刑罚殖民地已经出现过，在19世纪，这个矛盾一直是流放制度的核心问题。

无论俄罗斯帝国对西伯利亚的设想有多么宽广，刑罚殖民这个想法正在拆解。官方越来越担心把成千上万名流放者送到西伯利亚的花费、低效率和完全破坏性的影响。一份又一份报告，一个又一个调查团，都强调了流放者——背井离乡、穷困潦倒的罪犯，其中有些人有病或有伤残，很多人是冷酷无情的罪犯——给西伯利亚本地居民和在那里定居的自愿移民造成了几乎无法承受的负担。[6] 地区总督和政府巡视员一再哀叹，流放制度不仅未能开发出西伯利亚的潜力，而且还阻止了真正的殖民者——当地农民——殖民开发西伯利亚的进程。这些官员通常深谙刑罚殖民政策的固有矛盾，主张进行一系列改革：从限制流放人口到彻底废除西伯利亚流放制度。1835年，一项重大调查总结出，政府用罪犯殖民开发西伯利亚的计划是失败的：

> 最好的意图和最崇高的目标经常是不可行的，因为它们得不到实施它们所需的资源。检查近期的流放定居者的身体和道德状况就足以证明这一事实。流放定居者是你在路上会遇见的人，尽管西伯利亚的冬天十分寒冷，但他们差不多是衣不遮体，因饥饿而没有生气，浑身邋遢，垂头丧气，眼中充满痛楚……与那种摧毁着他们的所有身体和精神力量的痛苦、疲惫生活相比，死刑就是一种祝福。[7]

除了刑罚殖民的失败，官员们往往认为流放者严重阻碍了西伯利亚乃至整个帝国的经济发展。1851 年，由尼古拉·安年科夫副官长领导的著名委员会建议废除流放到定居点的做法，以支持只将所有罪犯关在监狱、要塞和工厂内的苦役模式。在尼古拉一世统治的后期，他也命令官员调查“是否有可能停止流放西伯利亚的做法，只把西伯利亚留给苦役犯”。然而，国家在 19 世纪 50 年代和 60 年代仅仅修补了流放制度的边边角角。国家零星改进了休息站和刑罚堡的基础设施，并试图解决流放行政机构中最恶劣的渎职和无能行为。随着 1863 年波兰一月起义遭到镇压，每年流放到西伯利亚的罪犯数量急剧增加，于是这些微不足道的改革措施便被全然无视了。[8]

为什么沙皇政权要坚持使用这套明显有害于西伯利亚自身的经济和社会的刑罚制度呢？部分是因为官僚主义惯性，部分是因为创立新的替代制度——一套把俄国欧洲部分的罪犯关押在其家乡的监狱系统——会引起成本上涨。然而，还有部分原因是，在官方和公众的印象中，19 世纪上半叶的西伯利亚仍然是一片基本上不适合经济发展的荒地。比起西伯利亚作为一个广阔、落后和不可穿行的刑罚地带的角色，一个可以成功融入俄国欧洲部分的经济殖民地的角色显得不是那么重要。毕竟，不可穿行不是没有好处的。政府中的保守人士倾向于把西伯利亚的原始落后视作它作为一个成功的“没有屋顶的大监狱”[9]的担保。卡尔·内塞尔罗德曾长期担任尼古拉一世的外交大臣，是神圣联盟里的主要保守派政治人物，他对占领阿穆尔河的益处表示怀疑，理由是这样会使流放人口非常容易接触到太平洋：

> 一直到那时，偏远的西伯利亚对我们来说都是一个大麻袋，我们以流放者、苦役犯等形式把社会的罪恶全都扔进去。随着阿穆尔河被吞并，这个袋子的底部会撕破，我们的罪犯可能会获得一个可沿着阿穆尔河逃往太平洋的广阔逃亡场所。[10]

然而，内塞尔罗德和其他反对发展的人正在围绕着保持西伯利亚的隔绝状态进行一场不会获胜的战斗。19 世纪中期，公众对西伯利亚的兴趣开始彻底重新定位。由于受到了克里米亚战争（1853—1856 年）可耻战败的刺激，民族主义情绪促使受教育阶层放弃了欧洲，将西伯利亚视为一个帝国主义探索、扩张和发挥影响力的场所。[11]

19 世纪中期，民族志、地理、地质和商业探索等领域的佼佼者，即帝国蓬勃发展的各个志愿协会，促使人们“发现”了西伯利亚是一个物产丰富的俄国殖民地。在爱国、科学和创业利益的联合驱动下，这些协会在打造关于俄国在东方的殖民使命的公众讨论方面发挥着越来越突出的作用。俄国帝国地理协会（成立于 1845 年）等组织受爱国精神的驱使，期望能见证俄国在西伯利亚实现帝国使命，挖掘西伯利亚大陆上无尽的自然资源，成为一个能与英国、法国比肩的大帝国。[12] 东西伯利亚总督尼古拉 · 穆拉维约夫（后来的穆拉维约夫-阿穆尔斯基）是地理协会的副会长，他于 1850 年向协会成员说：“西伯利亚隐藏着巨大的生产力量，只待勤劳的双手为国家和俄罗斯民族把它们转变成一个无尽的财富来源。”[13]

穆拉维约夫下定决心去追求他对西伯利亚的巨大殖民野心，把俄国疆土进一步拓展到外贝加尔地区和太平洋海岸之间的阿穆尔河流域。那片领土仍然在名义上受虚弱的清朝控制，但是通过发挥军事力量和外交智慧，1858 年，穆拉维约夫成功实现了对这个地方的吞并。如今，西伯利亚拥有了一条进入太平洋的主要水路。在十年的时间里，蒸汽船在这条路线上航行，推进着西伯利亚与远东地区的贸易。穆拉维约夫的远房表弟、被流放的无政府主义者米哈伊尔·巴枯宁热情赞扬阿穆尔河流域的吞并："通过阿穆尔河，[西伯利亚] 和太平洋联系了起来，不再仅是一片没有出口的荒地。"他在给同为激进分子的亚历山大·赫尔岑的信中这么说。在"靠近美国和欧洲而不是俄国的过程中，它正变得高尚、文明。西伯利亚——一块未来的福地，一块新兴之地"[14]！

这番对西伯利亚的重新评估在 19 世纪下半叶变得更有影响力，其他拥有穆拉维约夫那样的精力和野心的政府高级官员也支持这样的评估。交通大臣康斯坦丁·波塞特也支持帝国在西伯利亚的殖民使命。19 世纪 70 年代，他设计了建设跨西伯利亚铁路的计划，由于 1877—1878 年俄土战争的花费，这项计划被推迟到 19 世纪 90 年代。结束第三次西伯利亚之旅返回首都后，1874 年 5 月，波塞特写出了报告《结束西伯利亚流放》，报告指出，流放制度正在阻碍俄国在东方的帝国计划："一个广阔的地区，其面积是俄国欧洲部分的 2.5 倍，其财富尚未得到适当评估和探索，却一直被用作 7000 万人口中的所有罪犯的居住地。"波塞特继续说道，"当西伯利亚——边界是堪察加和鄂霍次克海，只有荒凉的太平洋比它更远——本身被视为一个仅有野蛮的游牧民族定居的荒芜之地时"，这样的政策有意义。然而，现在太平洋一天比一天变得像地中海，在 1858 年阿穆尔河流域被吞并后，俄国直接扩展到了那个海域。靠近西伯利亚的地域已经获得开发，而且正在迅速发展："眼下重要的是给予西伯利亚发展机会，为它撕去'罪犯之地'的标签。"[15]当"黎明"号在圣彼得堡抛锚以庆贺船员的成功航行时，波塞特匆匆登上"黎明"号并非巧合。

"黎明"号的航行是富有实业家、探险家和民族志学者米哈伊尔·西多罗夫的创见。西多罗夫兴趣十分广泛且有足够的财富去追逐这些兴趣，他为东西伯利亚在 19 世纪 60 年代和 70 年代的发展做出了显著贡献。他在 1858 年与一个富有的西伯利亚商人家族联姻，自此开始在叶尼塞省开展大规模的黄金和石墨开采业务。除了对西伯利亚发展具有明显的商业兴趣，西多罗夫还致力于俄国北方的福祉和发展，而且写作了一些关于这个地区及其土著民族、野生动植物和矿产资源的书籍和文章。西多罗夫确信可以通过商业来推动西伯利亚殖民化，到 19 世纪 60 年代中期，他积极游说西伯利亚行政机构中的高级官员出台贸易友好政策。他于 1864 年出版了题为《通过工业和贸易殖民于西伯利亚北部的可能性及西伯利亚对外贸易的发展》的小册子，并提交给托博尔斯克省省长、西西伯利亚总督和财政大臣。西多罗夫认为有必要建立一支商船队，为西伯利亚的企业创立有利的税收制度，并改造现有的工厂和采矿业。[16]

19 世纪 60 年代末和 70 年代，西多罗夫多次赞助挪威和英国探险家在巴伦支海和喀拉海进行航行探索，1869 年，首次有船只载着他的一些石墨沿叶尼塞河而下，驶入喀拉海，通过喀拉海峡和巴伦支海，绕过斯堪的纳维亚半岛北部，再回到首都，他慷慨地向这艘船的船长提供了 1.4 万卢布。后来，在 1875—1876 年，西多罗夫亲自组织了一次从叶尼塞河到圣彼得堡的航行探索。商业航行的成功开辟使他能够更轻松地将他的石墨出口到欧洲（跨西伯利亚铁路仍是遥远的未来，而西伯利亚的道路像以往一般恶劣），但是他还有着更大的野心：在东西伯利亚开放新的贸易路线，从而推动东西伯利亚的经济活动。这不是第一次对危险航程的探索。船只现在已经成功地从喀拉海航行到了叶尼塞河和鄂毕河，但还没有船只成功完成从东西伯利亚到俄国欧洲部分的旅程。[17] 二者间的差异很大。从俄国欧洲部分进入西伯利亚是一个探索问题；从东西伯利亚**返回**首都的航行意味着无限的商业机会。在西伯利亚，开创性活动是一种具有爱国意义的努力。

1876 年，西多罗夫下令在叶尼塞斯克建造一艘 25 米长的远洋快速帆船——“北方之光”号，由叶尼塞河上唯一一家能建造这种船的造船厂负责建造。西多罗夫让波罗的海德意志人达维德·施瓦嫩贝格带领这艘载着石墨的船驶出叶尼塞河河口，返回圣彼得堡。施瓦嫩贝格在当年 6 月和芬兰大副古斯塔夫·努梅林抵达叶尼塞斯克，他立即发现无法找到任何水手，所以不得不从没有任何航行经验的当地工人当中选出了船员。9 月 6 日，这艘船终于驶出了叶尼塞河，进入喀拉海，但很快遇到了足以扯破船帆、迫使船只返回叶尼塞河的冰霜和风暴。施瓦嫩贝格决定把这艘船留在叶尼塞河河口过冬，因为没有在当地找到修理船帆、重新装备“北方之光”号的材料以返回圣彼得堡。他留下了努梅林和其他 3 名船员——切斯诺科夫、塔布林和科罗特科夫——在这个冬季养护这艘船，准备在来年夏天再次尝试航行。施瓦嫩贝格安排离他们最近的定居点（在 150 千米外）为他们供应补给，但是补给一直没有送来，因此在 6 个多月的时间里，努梅林和他的同伴们都被迫自谋生计。

施瓦嫩贝格在第二年春天派出一支救援队，但是当救援人员于1877年4月29日最终抵达那艘船那里时，却看到了令人怜悯的场面：科罗特科夫和塔布林死于坏血病；切斯诺科夫被狼吞食了；努梅林曾在照顾生病的同伴的同时，在船上的4只西伯利亚狗的协助下成功抵御了食肉动物的侵袭，他现在处于一种精神错乱的状态。救援队包括另一艘船的大副爱沙尼亚人爱德华·梅瓦尔德、一个名叫安德烈·齐布连科的人以及两名当地的猎人，这两名猎人此前同意从大约360千米外的杜金卡城出发搜寻“北方之光”号。救援人员成功地拯救了努梅林，却没能拯救得了那艘船。气温在1876年11月12日降至-46℃，在1877年5月5日仍低至-14℃，船员没法让这艘船远离冰雪的侵袭。当冰雪终于在6月6日开始融化时，随着叶尼塞河河水泛滥，这艘受困的船只被冲毁了。努梅林和他的4个同伴被迫在河岸上芬兰人过冬的小屋的屋顶上避难。他们在4平方米的地方困了8天，轮班推走浮冰（水面距离屋顶不到30厘米），而这条河淹没了方圆30千米的地方。[18]

令施瓦嫩贝格感到高兴的是，他从西多罗夫那里获得了一张空白支票，即“只要我没有返回圣彼得堡”，就可以根据需要尽可能多地建造替代船只。施瓦嫩贝格艰难地穿过了西伯利亚森林，终于于7月16日来到了“北方之光”号处，监督这艘船的转移。[19]这艘船的损伤是不可修复的，但是施瓦嫩贝格成功地购买了一艘新船，这是艘用于在叶尼塞河上来回运输货物的大船。卸载了“北方之光”号上剩余的物品后，船员们在西伯利亚当地人的帮助下，花了2个星期时间将这艘大船改装成能够在外海航行的原始纵帆船。改造后，施瓦嫩贝格十分乐观，将其更名为“黎明”号。

“黎明”号只有17米长、4米宽，基本上不适合在外海航行。

它没有龙骨，只有一个简陋地装备着航海仪器且无法抵挡大风的半甲板。然而，这艘船是西伯利亚自己的产品，是用当地的专门技能建造的。因为施瓦嫩贝格只能找到一个叫库济克的芬兰人作为替补水手，所以他又找到了以前也从未出过海的齐布连科作为第五个船员。

图拉第 72 步兵团的前文书安德烈·齐布连科是一个西伯利亚流放者。梁赞的一个军事法庭在 1873 年认定他“醉酒，用污言秽语冒犯了他的军士长，对他的步兵指挥官不服从、缺乏尊重”。法庭剥夺了他所有的权利和财产，判处他在斯摩棱斯克军事惩戒营服刑 4 年，随后流放到西伯利亚的定居点。被流放到叶尼塞省的一个村庄后，1875 年，齐布连科获准在该省更广泛地找工作，之后便从官方的视野中消失了，一年后才在拯救努梅林的救援队中再次出现。作为流放者，齐布连科被永久禁止返回俄国欧洲部分，而且施瓦嫩贝格知道这一情况。协助逃跑者会让这名船长变成共犯，所以施瓦嫩贝格提出了以下方案：“我说服了齐布连科只跟我们一起航行到拜达拉茨湾［在西西伯利亚托博尔斯克省的岸边］，从那里他可以很容易地到达奥布多尔斯克，然后沿着鄂毕河回到叶尼塞省。”[20]

“黎明”号做好最后的准备工作，除了石墨，它还装载了一些有民族志意义的人工制品和当地野生动植物的样本，1877 年 8 月 9 日，它从高齐哈定居点沿叶尼塞河起航。叶尼塞河河口的水域在海图上标注得很不清楚，在此处航行非常困难。有几次，这艘船差点儿搁浅。8 月 13 日，“黎明”号靠近拜达拉茨湾，但是风暴和密布的浮冰让这艘船无法靠岸，因此齐布连科不能按计划下船。

“黎明”号在大风和汹涌的大海上艰难行进，周围满是可能会刺穿船体的冰块。船员不得不一直在甲板上守卫，用船桨推走浮冰。这些水手缺乏睡眠，身体冻僵，且筋疲力尽，在暗藏凶险的喀拉海峡，他们差点因为风暴而丧生。然而，他们的决心、技术和忍耐得到了回报，他们在这场灾难中幸存了下来，随后航行至巴伦支海，并于 8 月 31 日终于到达了挪威的瓦尔德港口。

瓦尔德的电报站立即开始播报“黎明”号无畏的航行，在该船停靠的每个斯堪的纳维亚城镇，船员们都被当作英雄欢迎。随着这次航行的消息传播开来，沙皇本人也向商船协会发出贺信，斯堪的纳维亚和英国的新闻界也开始报道这个故事。在克里斯蒂安尼亚、哥德堡和斯德哥尔摩，警方需要控制聚集在码头区的祝福人群，船员们受到了当地达官显贵的款待，当地为他们举行了庆祝晚宴。10月 17 日抵达挪威首都后，俄国领事欢迎了这些船员，还邀请挪威所有的大臣出席为这艘船及其船长举行的晚宴。英国、德国和法国的领事也分别举行了晚宴，以庆祝这些船员的成就。然而，俄国领事的反应并不局限于举起香槟酒杯和祝酒。10 月 28 日，他写信给财政部：“我认为我有责任提前报告……‘黎明’号上有个流放者——齐布连科。”这一令人不安的消息传到了内政部，这艘在国内外备受瞩目的船只上竟有一名流放者，内政部对这一事实感到非常尴尬和愤怒，于是在 11 月 11 日给出指示：在“黎明”号抵达首都之后，立马逮捕齐布连科，把他“驱逐回西伯利亚”[21]。

“黎明”号终于驶入了涅瓦河，并成功抵达圣彼得堡，当时俄国正处在俄土战争这个国际背景下，俄国社会正沐浴着爱国热情。1877 年 11 月，在巴尔干地区的俄国军队正在包围普列文，并在一场决定性战斗中拿下了位于土耳其和亚美尼亚边境的卡尔斯要塞。[22] 俄国新闻界纷纷报道从战区传来的捷报，乐观的情绪笼罩着俄罗斯帝国。这种新树立起的帝国自信——在克里米亚的奇耻大辱之后仅二十年便出现了——支持了那些认为俄国在西伯利亚有重大使命的人。在亚历山大二世统治时期，“我们的东方”的发展是一个重要的地缘政治目标，同化西伯利亚在经营帝国在远东的商业和战略利益中处于核心地位。[23] 亚历山大二世的政府于 1867 年决定把阿拉斯加出售给美国——此举受到公众的激烈反对，在这个时候，探索圣彼得堡和西伯利亚之间的海上通道的必要性更加突出了。因此，大臣们急切地想要让公众注意到国家对西伯利亚探险提供的资助，想要促进开创性活动，以把争议抛到后面。出售俄国的北美殖民地带来了一个不可预见的后果：西伯利亚东北部的公路网迅速衰落（这些交通要道此前一直由俄美公司维护，作为物品和人员来往阿拉斯加的一条运输路线）。在此背景下，开通进出东西伯利亚的海上航线具有重大的象征和现实意义。[24]

视野更宽广地说，欧洲各国刚开始的“瓜分非洲”也提供了一个关于探索、殖民、经济力量与帝国威望之间的关系的实例（俄国新闻界甚至报道了亨利·莫顿·斯坦利在 1877 年秋天遇到戴维·利文斯通的故事）。“黎明”号的航行向俄国公众表明，俄罗斯帝国与其英国和法国竞争者一样，在探索和经济开发自己吞并的领土方面并不懈怠。人们把西伯利亚想象成了一个拥有大量尚未开发的资源的殖民地，这种更广阔的设想为“黎明”号的成就灌输了超越航行本身无疑具有的英雄主义的重要意义。[25]

西伯利亚在俄国的帝国使命中的作用正在得到赞同，而它作为流放地的功能正受到广泛批评。废奴情绪的增长重演了 18 世纪 70 年代在英国的美洲殖民地、19 世纪 30 年代在澳大利亚出现过的争论。在这两个大陆，殖民地的经济发展都损害了刑罚放逐的威慑效果。随着时间推移，曾经条件恶劣的荒芜之地变成了许多人理想的目的地，而且如果情况进展不顺利，从那里返回故土不再是那么困难。殖民地的繁荣兴旺也使得殖民者当中滋生出了一种反抗情绪，他们抗议自己的土地被用作了倾倒祖国的罪犯的垃圾场。[26]

沙皇俄国把西伯利亚作为流放地的做法首先受到了对其缺点最有发言权的人的批评，即西伯利亚行政管理人员。到了 19 世纪 70 年代，几乎西伯利亚的每个高级官员都恳求圣彼得堡减少每年放逐到他们所辖的地区和城镇的人数。1871 年，西西伯利亚总督亚历山大·赫鲁晓夫请求不要把更多流放者送到托博尔斯克省的城镇，请求十年内停止把罪犯流放到托木斯克省。[27]1875 年，托博尔斯克省省长尤里·佩利诺提到即将施工的跨西伯利亚铁路，以强调国家既发展西伯利亚又把它用作流放地之间的核心矛盾："通过一条新的铁路，西西伯利亚即将与俄国欧洲部分更加靠近，从而进入知识生活和经济活动的新阶段。因此，它基本无法再保持适于流放的条件，而当它是一个几乎荒无人烟的地方时，它曾拥有这种条件。"佩利诺指出，尽管西西伯利亚北部地区的人口的确仍旧非常稀少，但流放者聚集到了城市中心。佩利诺列举了人们对不负责任、犯法的流放者的常见抱怨，这些流放者寄生于辛勤工作的西伯利亚农民和商人。佩利诺呼吁圣彼得堡停止把罪犯流放到西西伯利亚，让罪犯在"更遥远的地方"定居。然而，即便没有对每年进入西西伯利亚的数千名行政流放者承担额外的责任，更遥远的地方（东西伯利亚）也正在努力应对他们自己分配到的苦役犯和流放者。[28]

矛盾越来越明显。流放者正集中到西伯利亚人口密度较高的地区，而那里不再需要刑罚殖民者拥入。与此同时，由于缺乏设施和资源，国家没有将大量人口转移到人口较为稀少的地区，而这些地区更需要殖民开发。1887至1896年间，每年平均有5600人流放到较发达的西西伯利亚托博尔斯克省；每年平均只有160人流放到东西伯利亚的雅库茨克省。民族志学者兼记者尼古拉·亚德林采夫在1889年评述，这样的分配“完全有悖于流放制度的殖民目标”[29]。

各种政府委员会在19世纪70年代和80年代成立，它们负责解决国家对西伯利亚作为罪犯倾倒地的依赖。这些委员会均指责流放制度不再能履行它的三个惩罚功能：“安全、威慑和矫正”。每个委员会都提出了一系列法律改革，以减少每年的流放人数并增强监狱的建设。其中一个具有影响力的委员会成立于1877年，其成员是来自各个重要部门的高级官员和法律专家，在召开了两年的例会之后，这个委员会发现，“很明显，流放制度出现混乱的原因在于管理它的法律；在于它一直追求的目标的不可行性；在于资金的匮乏；在于有经验的管理人员的缺乏；在于西伯利亚用作刑罚殖民地的位置劣势；在于流放制度被应用的地域之广”[30]。这个委员会进一步指出，如果说流放制度是西伯利亚发展的障碍，那么反之亦然：

> 毫无疑问，流放制度在很大程度上耗尽了它以往的惩罚力量。以前，流放是一种可怕的惩罚，伴随着折磨人的肉刑

以及历时一年半至两年戴着镣铐的艰苦旅程……流放者常常不得不在几乎荒芜的土地上寻找维持生计的方法。但是……随着铁路、船只、马车这些运送罪犯的交通运输工具改善，随着西伯利亚人口不断增加，流放已经成为一种重新安置人口的手段。[31]

这个委员会建议把流放改为定居，但“考虑到与其废除有关的财政困难”（指的是在俄国欧洲部分建造大规模监狱机构的费用），政府拒绝了这个建议。但是，维持流放制度的费用也在不断上涨。到1869年，从下诺夫哥罗德到阿钦斯克（位于西西伯利亚和东部西伯利亚之间）的这段流放路程的押送，牵涉56名军官、96名高级士官、470名初级士官、1900个列兵和56名文员。政府1876年的一项审计估测，政府为了把流放者运送到西伯利亚花费了66万卢布：其中9.45万卢布用于给他们提供饮食，4.65万卢布用于提供服装；运输费用为42.9万卢布；6.95万卢布用于给病人治病等等。此时，流放制度的批评者质疑了这是一种相对便宜的惩罚方式的说法。亚德林采夫声称，政府每年在每个流放者身上花费不少于800卢布。[32]

政府官员和越来越多的公众意识到，农民和商人社区行政流放自己的成员——被认定有“不道德行为”的人——的权利可随意使用。1882至1898年间，流放到西伯利亚定居点的14.8万人中有一半以上是行政流放者，绝大多数人（94%）是被自己的社区放逐的。西伯利亚自身的高级官员们异口同声地恳求圣彼得堡限制行政流放的人数。托木斯克省和托博尔斯克省省长报告，“鉴于自愿定居者人数众多，几乎再也没有适合流放者定居的地域了”，把更多流放者分配到现有农民社区是极为困难的，那些社区已经“罪犯泛滥”。在伊尔库茨克省的一些地区，流放者已经占人口的25%，当地官员称，再增加流放人数是“极为令人厌烦的”[33]。

在大改革时代，这些争论开始进入公共领域，出现在一系列谴责流放制度的功能障碍的出版物中。公众反对的呼声越来越大。亚德林采夫在19世纪70年代和80年代提出了毁灭性的批评，打破了关于流放制度的殖民和改造效果的官方神话。亚德林采夫认为，流放制度将成千上万不事生产、行事凶暴的犯罪分子塞进了西伯利亚，他们寄生于当地居民，然后“不留痕迹地死去了”。俄国忽视了西伯利亚的财富，该地区“仿佛被遗忘了，随着日子一天天过去，它进一步落后于东方的邻近地区”[34]。

到了19世纪70年代中期，西伯利亚各个城镇自己纷纷抗议，国家硬塞给它们的流放人口给它们带来了不利影响。西西伯利亚塔拉城杜马于1874年抱怨，来自俄国欧洲部分的流放者“带来了偷懒、酗酒、欺诈、腐败、无法无天的行为，甚至还有抢劫和谋杀”。东西伯利亚赤塔城杜马在1881年哀叹：“最不合适的人分配到了我们这里，最顽固的罪犯……给社会和整个地区……带来了堕落、酗酒和犯罪科学。”[35]

现在蓬勃发展的西伯利亚新闻界大肆责难流放制度，并呼吁废除这一制度。伊尔库茨克的周报《西伯利亚》报道，当地居民正在乞求国家，别再让他们应付俄国欧洲部分的流放者：

> 这个地区承担着供养流放队伍的税务负担；这里的村庄里到处都是流放者，当地农民必须供养他们……成千上万的

流放者和苦役犯成群地走在路上，他们面前是毫无防备的西伯利亚村庄。西伯利亚各地有多达 3 万名流浪者，因为农民每日面对着抢劫、谋杀和纵火的威胁，所以不得不供他们吃喝。城镇里充满着罪行。[36]

在伊尔库茨克发行的杂志《东方导报》于 1891 年坚称，政府应该争取“采用一种［建造监狱的］新制度——这一做法在西欧十分普遍——取代流放制度，来作为一种刑罚殖民体系”。反对流放制度是由亚德林采夫和格里戈里·波塔宁领导的西伯利亚地方主义运动的集体呼声之一。这些地方主义者努力从圣彼得堡争取更大的自治权，争取结束西伯利亚作为俄国的一个殖民地的二等地位。[37]

在全国范围内，趋势也是反对流放制度。有影响力的“厚期刊”《祖国纪事》《欧洲导报》《俄国思想》《北方导报》《俄国财富》正是公民社会的标志，它们发表了一系列谴责流放制度的过失的文章，并指出它阻碍了西伯利亚的殖民开发。《俄国思想》称：“流放制度不但没能加强殖民浪潮，反而阻碍了它，让西伯利亚在俄国人民眼中成了罪犯和叛徒之地。”英国在澳大利亚的刑罚殖民地有近 300 万人口，而西伯利亚的城镇的人口过去的几十年内几乎没有发展：叶尼塞斯克依然只有 1.2 万名居民，托博尔斯克只有 2 万。国家试图用罪犯殖民开发西伯利亚的做法是一个“彻底的失败”[38]。同时，《俄国财富》指出，世界各地的刑罚殖民历史表明，一旦殖民地达到了一定的经济和公民社会发展水平，“新的犯罪分子就成了殖民地的沉重负担，给殖民地的进一步发展造成了重大障碍，而且殖民地会竭尽全力摆脱这些危险的客人”。

北美洲、塔斯马尼亚、西澳大利亚和新南威尔士的历史上均出现过这一幕。西伯利亚如今也经历着同样的进程："几十年来，西伯利亚社会和专家研究已经证明了流放制度对西伯利亚公民社会发展造成的破坏、它作为一种惩罚方式的失败，以及废除它的必要性。然而，俄国一直坚持使用这种从未产生任何预期效果的改造和殖民制度。"[39]

"黎明"号于1877年11月19日上午停靠在俄国海军基地喀琅施塔得，齐布连科随即遭到逮捕，并被带到要塞的牢房里。施瓦嫩贝格和其他船员一起航行到圣彼得堡，他"担心，如果'黎明'号涉嫌故意运送流放者，那么我或许也要迎来类似的命运"。在受到海关负责人尼古拉·卡恰洛夫的热烈欢迎和交通大臣尼古拉·波塞特（波塞特长期以来一直呼吁废除西伯利亚流放制度）对船只的巡视后，施瓦嫩贝格的担忧很快消失了。接着，一场晚宴在卡恰洛夫的住所举行，有许多显要人物出席。施瓦嫩贝格后来回忆："当然，自彼得一世和叶卡捷琳娜二世的辉煌时期以来，没有哪个俄国船长曾在俄国享受过这样的招待。"[40]

这艘船的船员们得到了沙皇俄国政府和海军中的重要人物的祝贺，但其中一名成员却被关在监狱里，这种违反常情的矛盾令这次航行的赞助者西多罗夫站了出来，他动员自己的力量发起了一场持久的斗争，不仅是为了使齐布连科获释，还是为了让他自己最终得到沙皇的赦免。西多罗夫和他的盟友在陈词中强调了西伯利亚作为一块富饶殖民地的新形象，它的资源可以被施瓦嫩贝格和齐布连科这样的爱国人士的勇气和努力开发。西伯利亚作为俄国的帝国使命的形象颠覆了已有的但日渐消磨的巨大监狱（从那逃跑是一种社会和政治反抗行为）的形象。

在“黎明”号终于在圣彼得堡的瓦西列夫斯基岛抛锚的那一天，西多罗夫从施瓦嫩贝格那里得知了齐布连科遭拘留的消息，于是他给内政大臣季马舍夫写信，请求他撤销逮捕令。这次请愿是政治操纵的一个巧妙例子，它提及了一种在西伯利亚重新振兴的殖民拓展精神：“安德烈·齐布连科……是俄国在商船领域取得现有荣耀的原因之一，这一壮举也为我们的‘解放者’沙皇的统治时期增光添彩。”西多罗夫宣称，如果内政大臣同意请求沙皇赦免齐布连科，那么商船协会会感到无比高兴。[41]

事态的发展速度已经超出了大臣们的直接控制。甚至在“黎明”号到达俄国首都之前，俄国新闻界已经转载了斯堪的纳维亚报刊上关于这次航行的消息。11月18日、19日和21日，日报《声音》和《股市新闻》都根据瑞典和芬兰新闻界的报道详细介绍了这艘船的壮举。这些报纸详述了船员们的非凡勇气、“北方之光”号的悲惨命运、“黎明”号的胜利以及这艘船在经过斯堪的纳维亚时受到的热情欢迎。同时，《圣彼得堡新闻》把注意力转向了围在码头区以观看“那些勇敢的水手和他们脆弱的小船”的人群。[42]报纸强调了这次航行的商业意义和爱国意义：“这艘小帆船从叶尼塞河行至欧洲海岸的航程表明，通过一条便宜的贸易路线，把叶尼塞河乃至几乎整个西伯利亚和欧洲联系在一起的蒸汽船航程是完全可行的。”[43]

正是在公众对“黎明”号的航行越来越感兴趣的背景下，帝国的志愿协会（包括最负盛名的俄国帝国地理协会）的成员都聚集起来，庆祝西伯利亚和首都之间的航线终于开通。这一成就在新闻界得到了广泛报道，赞颂之辞迅速涌现。在商船协会的一次集会上，地理学家费奥多尔·斯图吉茨基宣称：“是的，‘黎明’号，你将是整个西伯利亚和我们的商船队的黎明！我们可以大胆地说，从西伯利亚的河流入海的航行是西伯利亚的一个新的黎明！”商船协会把施瓦嫩贝格和两个同船船员选为终身会员，并向库济克和齐布连科赠送了刻有沙皇肖像的手表，即那个还没有赦免齐布连科的沙皇。[44]

关于齐布连科有两种不一致的说法。第一种说他是个反抗了沙皇的意志、逃离流放地的逃犯。第二个说法更有力，说他是一名勇敢的海员，完成了从西伯利亚中心地带至俄国欧洲部分的大胆航行，这个壮举表明俄国有能力发展和勘探在其东部的这片大陆。

因为西多罗夫的个人影响力和公众对齐布连科案件的持续关注，政府内的高级官员迅速争取到了对他的赦免。12 月 15 日，在其他高级大臣的支持下，季马舍夫将这个案件呈给了亚历山大二世。1878 年 1 月 13 日，沙皇完全赦免了齐布连科，甚至给予了他一枚刻有“勤奋”字样的银牌。2 月 1 日，齐布连科在自己的释放文件签上了“前流放者，安德烈·伊万诺维奇·齐布连科”[45]。

正是在公众改变了对西伯利亚的看法的情况下，国家在 19 世纪 80 年代后期和 90 年代加紧实施了自己的殖民政策。1889 年，几项法律通过了，它们鼓励定居者移居国有土地，而且，19 世纪 90 年代跨西伯利亚铁路的建造将“俄罗斯民族”的工业和文化带到了西伯利亚。[46] 用尼古拉二世的话说，这条铁路是为了“将西伯利亚丰富的自然资源与俄国的铁路交通网联系起来”，但它同样有利于把西伯利亚的流放者与他们被驱逐出的地方联系起来。铁轨在泰加林中蜿蜒而过，它们把西伯利亚各个城镇连在了一起，其中每个城镇都有大量定居流放者。到了 1900 年，跨西伯利亚铁路的火车轰鸣着经过秋明、鄂木斯克、克拉斯诺亚尔斯克和伊尔库茨克。随着火车开始行驶在西伯利亚的西部，想要利用这片免费土地而自愿移民西伯利亚的人数量不断增加。每年春天，当政府把一个四口之家的旅费减到圣彼得堡或莫斯科工厂的月工资以下时，专列便会将成千上万名渴望土地的俄国农民和工人阶级定居者向东运去。当时的人用“重新安置”而不是“殖民”这个词，来指称实际上是俄国农民在帝国现有边界内的大规模移民。[47]

俄国媒体把这条铁路称颂为欧洲和亚洲之间的“铁桥”。如果说彼得大帝面向欧洲“打开了一扇窗户”，《圣彼得堡新闻》滔滔不绝地报道，那么尼古拉二世则“为我们打开了大海的门户”，把俄国带向了“国际生活的新门口”。1894 年以后，每年拥入西伯利亚的移民只有在 1904—1905 年日俄战争期间才低于 10 万。西伯利亚正蓬勃发展，与此同时，流放制度则越来越像来自另一个时代的古董。[48]

到 19 世纪 90 年代，只有萨哈林岛和西伯利亚最北部的一些边远定居点仍然偏远、无法抵达。对于西伯利亚的其他地区，总监狱管理局在 1899 年承认，“旅程的艰巨性和返回俄国欧洲部分的不可能性”不再是可信的情况：“随着西伯利亚铁路的建设，应该承认，流放制度已经不合时宜。”[49]1900 年，许多政府报告都把流放制度比作农奴制。这个不合时代的制度早就失去了最初的目标，并且正在妨碍国家的现代化：

> 如果流放制度被理解为一种刑罚殖民方式，那么它本身就包含着阻碍自己成功的因素……对一个已经拥有独立的生

活且不必再被视作“一个没有屋顶的大监狱”的地方来说，流放人口的持续到来是负担繁重且有害的。[50]

到19世纪末，各界的共识是，如果帝国要在乌拉尔山以东释放出它不活跃的殖民力量，那么西伯利亚必须摆脱供养俄国的罪犯这个负担。政府需要废除流放制度。

西伯利亚流放者的境况引起了越来越多道义方面的愤怒，这种情况支持了上述战略考虑。严肃的文学期刊上刊载了大量契诃夫、弗拉基米尔·柯罗连科以及许多知名度略低的作家的短篇小说，它们记述了西伯利亚的野蛮状况。[51]1893年契诃夫的小说《萨哈林岛》出版，该书沉重打击了流放制度的形象和国家管理流放制度的合法性。随后的十年陆续出版了一系列斥责流放制度无人道的自传、民族志和新闻作品，包括彼得·雅库博维奇的小说《被逐出者的世界》（1896年）和弗拉斯·多罗舍维奇的小说《萨哈林》（1903年）。与此同时，乔治·凯南也在俄国成为著名的流放制度猛烈批评者。虽然沙皇的审查人员禁止凯南的文章和书籍在俄国出版，但它们仍然在俄国期刊上被转载、总结和讨论。[52]妇女、儿童、行政流放者、政治犯和不幸的西伯利亚人的命运在一篇篇呼吁改革的报道中占据支配地位。大多数受过教育的俄国人如今把西伯利亚流放制度看作一段野蛮历史留下的令人尴尬的残余，也是俄国落后于其欧洲邻国的证据。

也许，对西伯利亚流放制度最有影响力的谴责出自1899年列夫·托尔斯泰的笔下。他最后一本伟大的小说《复活》，无畏地描绘了男人、妇女和儿童艰难地前往流放地的旅程，以及他们在到达后忍受的贫困、潦倒和暴力。到达西伯利亚三个月后，小说主人公聂赫留朵夫发现流放制度：

> 都是一些精心发明的机构，为的是制造严重到极点、在其他环境中不可能这样严重的腐化和罪恶，然后把这种严重的腐化和罪恶大规模地散布到全民中去。“就好像布置过一种任务：要用最好、最有效的方法尽可能多腐蚀一些人。”聂赫留朵夫观察监狱里和旅站上的情形，不禁这样想道。年年都有成千上万的人遭到最严重的腐蚀，等到他们完全败坏了，就把他们放出来，让他们把他们在监狱里学到的败坏行径传播到全民中去。[53]

到20世纪初，这样的观点已经成为受教育阶层的共识。自由主义者谴责个人权利遭滥用；保守主义者谴责流放家庭的道德堕落和性堕落。也许，西伯利亚流放制度是当时唯一一个令两个极端的社会群体共同谴责的社会问题。

国家行政管理机构内部、西伯利亚人民和俄国舆论造成的压力越来越大，政府终于认识到了改革的必要性。1899年5月6日，尼古拉二世下令设立一个由司法大臣尼古拉·穆拉维约夫为主席的委员会，“或者通过法庭，或者在行政方面通过商人行会和村民会议的规则，来解决废除或限制流放制度的迫切问题”。在政治层面上，俄国和国际新闻界把尼古拉二世的法令赞许为期待已久的，而且是朝着正确方向迈出的重要一步。据自由主义日报《圣彼得堡新闻》报道：“获悉流放制度即将被废除，一个持续了几个世纪的不公平现象将要终结，整个俄国都带有一种道德解脱之感。”

保守主义报纸《新时代》也很激动：帝国法令“将为西伯利亚撕下流放者和苦役犯聚集地的可耻标签，这对于西伯利亚乃至整个俄国来说都是神圣的时刻。在那些仍落后于进步趋势和我们的时代的人道主义思想的俄国生活领域，它确立了仁爱和正义的基础”[54]。

但是，委员会在一年后提交给国务会议的成果却基本没有实现这种豪言壮语。1900年6月10日和12日据此制定的法律保留了“苦役”，但不再规定苦役必须伴随着流放西伯利亚。新法律也减少了流放到定居点的人数。1900年的约30万流放者中有一半是被自己的社区的行政裁决送到那里的，这么做时绕开了法庭。新的法律取消了商人行会的这种权力，但让村民会议保有这种权力。但新法律确实取消了农民社区拒绝重新接受服完刑期的流放者的权利，而这项规定在1882至1898年期间已经造就了4.3万多名行政流放者。然而，村民会议继续行使着因“不道德行为”而流放自己的成员的权力。这类行为的界定十分灵活，涵盖了从酗酒到暴力犯罪的一切行为，造就了在1882至1898年间通过流放事务部的近2.7万名行政流放者。这项法律确实缩小了普通罪犯被流放到定居点的法律适用范围，而且随着19世纪80年代和90年代在俄国欧洲部分的监狱修建项目启动，这项法律要求，越来越多的普通罪犯应监禁在本地，而不是流放。[55]

穆拉维约夫的委员会十分直白地陈述了设置这些不彻底的举措的原因。国家无法剥夺农民实施放逐的庭外权力，因为国家不能提供任何可行的替代品：在帝国广阔的领土上警力保护不足，人口分散，法律实施覆盖的地域广，且道路不畅，这些意味着“很多偏远的地区在很长的时期内无法抵达，许多罪犯因此逃脱了应受的惩罚”。国家根本无力妥善管理自己的农村人口，因此不得不坚持使用它在 1879 年就承认过其“有害且没有任何司法基础”的惩罚制度。[56]

1900 年的改革或许曾试图减少流放到定居点的普通罪犯人数，但对犯有政治和宗教罪行的罪犯，改革保留了流放西伯利亚的惩罚。如果说国家不再把西伯利亚当成罪行隔离地带，它却仍将其视为暴动隔离地带：“在罪犯的煽动行为可以发展和传播的地方，罪犯无法被容忍。为了彻底解决煽动问题，当局必须把煽动者转移到他的宣传活动无法传播的地方。”亚历山大二世遇刺后颁布的紧急法律一直有效，即《关于维护政治制度和社会安宁的措施的法规》，它赋予了当局行政流放颠覆分子的广泛权力。[57]

狂热的爱国人士在 1877 年将“黎明”号的航行盛赞为西伯利亚探索、运输和经济发展新时代的先兆。二十年后，跨西伯利亚铁路的建设似乎实现了这一预示。西伯利亚的未来不是一个收容流放者的荒野。事实上，西伯利亚是一个在经济上富饶、在战略上非常宝贵的地域，如果用现代通信和交通网络开发它，它将成为一个充满经济机会的地方，注定会成为俄国必不可少的组成部分。现在，成千上万的迁徙农民挤在铁路车厢里，越过乌拉尔山。每一个踏上这段旅途的男人、女人和孩子都在见证，苦役犯的被迫迁移已经成为一个地缘政治上的荒谬事物。这条铁路还瓦解了流放制度的最后防线：监禁。外贝加尔地区与莫斯科和圣彼得堡之间的距离突然缩短了；对于那些有能力弄到伪造文件逃跑的人来说，一条非常简单的逃生路线已经开放了。

蓄势待发的革命风暴正在令国家和社会之间的冲突更具风险，但政府仍然在坚持那个几乎被普遍谴责为道德败坏和战略盲目的制度。对于 20 世纪初的众多沙皇制度反对者来说，流放制度已经成为对国家的残暴的控诉。政府不再把殖民主义吹捧成流放制度的理论基础。流放西伯利亚此后被重新明确界定为惩罚和监禁事务。在 19 世纪 80 年代和 90 年代，因政治罪行被行政流放的人只有几百人；在 1905 年革命之后，这个数字将激增到几万人。

14

严峻的考验

未来的布尔什维克记者和历史学家尤里·斯捷克洛夫在 1895 年 7 月被行政流放到雅库茨克省，此时他认为自己将跟随“不可战胜的巨人”的脚步。斯捷克洛夫十分期待与“前辈”见面，即 19 世纪 60 年代、70 年代和 80 年代的革命运动的代表。“在我们看来”，他回忆道，“他们就像英勇无畏的半神。”不仅仅是斯捷克洛夫一个人从老一辈的政治流放者那里获取鼓舞。对于新一代革命者——他们当中的许多人都因参与 19 世纪 90 年代在俄国大学和工厂中的新一波动乱而被捕——来说，在西伯利亚见到卡拉和雅库茨克的“牺牲者”让他们深信，自己是贯通 19 世纪的重大改革运动当中的主人公。在十月革命的一百位主要人物中，有六十多人曾遭流放，其中有些人流放了四五次。到 20 世纪初，西伯利亚流放已经成为一个革命仪式。[1]

亚历山大三世的高压统治持续了十余年，成功遏制了只有少数俄国工人和农民支持的脆弱小革命党。让新一代激进分子与他们的革命先辈相区别的，是其革命运动的广度。到亚历山大三世在 1894 年去世时，俄国城镇和乡村中的工业化、城市化、识字率提高，于是在贫苦农民、被剥削的城市工人和心怀不满的少数民族这些易激动的群体当中，出现了一个有政治意识的新的反对派。

农民忍受着农村人口过剩、贫困、频发的饥荒（1892 年和 1900 年最为突出），他们容易接受社会革命党领导的复苏的民粹派运动的革命理论。既有的意识形态农业社会主义、无政府主义和民族主义遭遇了马克思主义构成的新挑战，后者在俄国城镇中不断扩大的工业地区产生了极大的吸引力。在帝国各地，大学成了激进主义的轮机舱。1899 年关于言论自由的抗议遭到了政府的镇压：挥舞着短棍的哥萨克骑兵小分队受命驱散学生的示威游行，随后的大规模逮捕使许多受过教育的俄国中、上层家族第一次感受到国家的专制、强制力量。数百名学生只不过因为 1901 年在圣彼得堡市中心参与和平请愿便被关押在彼得保罗要塞的牢房里，于是他们当中的很多人以及他们的数千名支持者得出结论：渐进式的改革是不可能的。烈火必须以烈火对抗。[2]

随着 19 世纪接近尾声，沙皇俄国的边陲地带再一次变得动荡。亚历山大三世在波兰和西部边疆地区的中小学校和大学里推行强制性俄化政策，这激怒了新一代的波兰人，他们已经浸染了父母对沙俄政权的深切敌意。帝国的犹太人在 19 世纪的最后几十年多次遭遇大屠杀，现在他们在居住权利、教育和职业方面受到严格限制，他们中的许多人认定，他们的未来在于革命，而不在于与沙皇俄国的迁就通融。崩得运动开始于 1897 年，它将社会主义与犹太文化自治的要求相结合，吸引了成千上万名新成员。不管是把希望寄托在农民群体、无产阶级，还是作为历史变迁媒介的国家身上，所有的俄国激进派都决心实现革命。[3]

尼古拉二世在位时期，俄国政府加紧把流放用作与暴动进行斗争的武器。最初，当局表示他们——至少在一定程度上——从卡拉和雅库茨克的 1889 年自杀事件和处决政治犯这些公共关系灾难中吸取了教训。在 1905 年革命前的十年里，官员们的办法是拒绝给予革命者表达抗议、打造牺牲故事的平台。他们不仅仅是把革命者流放到乌拉尔山以东，还把他们流放到西伯利亚东北部远离公众视线的偏远定居点。帝国各个革命运动的领导者们都亲身体验过流放制度，有些人默默无闻地忍受着，而另一些人却在努力重演前辈们在 19 世纪 80 年代展现过的英勇反抗。行政流放以其他方式给予了政治激进分子力量。它在他们当中塑造出了一种派系团结感，这种团结感基于共同的苦难经历，在以后的革命斗争中将加强他们的权威。流放殖民地成为煽动的学堂，新成员可以在这里学习革命学说，资深成员可以在这里创造出大量革命理论和文章。

1905 年革命把尼古拉二世的统治时期分成了两个阶段。通过革命运动的秘密印刷厂、安全屋和海外代表大会，革命运动在俄罗斯帝国各地爆发。面对着恐怖行动、反抗的农民阶层和广泛的城市动荡，国家再一次开始将自己的敌人流放到西伯利亚。但是，当局无法把数万名经过战斗洗礼的新一代革命者、恐怖分子和时常行事凶暴的罪犯关在默默无闻的偏远定居点，他们几乎没法监督和控制这些定居点。所以他们将这些人关押在了西伯利亚的封闭式监狱和刑罚堡中。流放制度或许曾帮助平息了俄国的第一次革命，但是它激发了人们对政府的无尽仇恨，这种仇恨助燃了第二次革命。如果说在尼古拉二世统治初期，西伯利亚曾经用作政治隔离区域，那么在第一次世界大战爆发前夕，西伯利亚就像一个巨大的革命实验室。

1889 年，年轻的革命者米哈伊尔·波利亚科夫被放逐到西伯利亚东端的科雷马地区（在斯大林时期，它是一个重要的古拉格劳改营），距离圣彼得堡约12800千米："在这片面积大过法国的广袤地域，只有……6500名居民。"波利亚科夫说。其中有不到1000人是俄罗斯人。波利亚科夫来到了"一个人间地狱，这个地方被2000千米的沼泽地和多山荒凉地带与整个世界隔绝开来"[4]。中科雷姆斯克本身是一个有18名政治流放者的定居点，其中大部分人在1888年被送到那里。食物和衣物十分短缺，即使有，价格也是高得离谱，超出大部分人的负担能力。每年9月初，地面上就已经落上了雪，气温降至-30℃。这个地区的居民会用水喷洒他们的"小屋"，形成一个抵御即将到来的严冬的冰壳；在夏天用作窗玻璃的鱼鳔被大块半透明的冰块取代了，这样可以让光照入室内。但到11月中旬，这些做法已经没有任何实际意义了，因为黑暗总不退去："白天的最后短短几个小时过去了，你不得不靠壁炉……或蜡烛微弱的火光照明。"波利亚科夫记得，"夜晚的沉寂无声"只会被狗吠声打破：

> 在这些时候，你感觉自己像只微不足道的可怜蠕虫。你走进自己并不舒适的泥砖房，感到极度沮丧，以至于连监狱的种种回忆都像一场美梦。似乎一个半月都是这样：晚上上床睡觉，晚上起床。1月初，**太阳重新升起**：最初是新月形，每天都在变大。你看着它，心中升腾起深深的喜悦感，可能只有那些曾关在黑暗的牢房里，后来终于离开监狱的人才能理解这种感受。[5]

这并不是所有行政流放者的命运。反复无常的流放制度还可以让那些有社会关系的人更为舒适地服完刑期。十月革命的未来设计师弗拉基米尔·乌里扬诺夫（列宁）就是这样一个激进人士，他于1897年流放到偏远的西伯利亚村庄舒申斯克，此处位于叶尼塞河上游，在将西伯利亚南部与蒙古分开的萨彦岭的山麓。列宁在3年流放生涯中享有的生活环境会让10年前的革命者感到惊讶。列宁是个世袭贵族，而且他还有个有很好的社会关系、为人坚决自信的母亲，因此他能够坐火车前往克拉斯诺亚尔斯克。在那里，他在一个同情“政治人物”的妇女家中租了一个舒适的房间并在著名藏书家根纳季·尤金的图书馆里收集材料，一边等待着自己最终的流放目的地确定。当列宁终于到达流放地时，他感到非常惊喜。他写信给妹妹说，舒申斯克“是个不错的村子。虽然周围光秃秃的，但不远处……有个森林，虽说许多树已被砍伐。这里没有通往叶尼塞河的路，但舒什河流经这个村庄，而且这里有叶尼塞河的一个大支流……你可以在那里洗澡。在地面上可以看到萨彦岭或者它的山脊……”[6]

舒申斯克有287个家庭，1400名居民。在那里，列宁与在圣彼得堡、莫斯科以及在俄国各地的各种密室中的积极分子进行了大量通信。在姐妹们的帮助下，他还稳定地收到了圣彼得堡和莫斯科的图书馆的借书，而且出借时间都延长了，以满足他强烈的阅读愿望。尽管列宁对邮政系统的速度感到沮丧（把信寄到首都，再收到回信，需要大概35天），但他如饥似渴地阅读了关于政治、经济、工业史、农业和统计学的书籍，当他在1900年初离开西伯利亚时，他带走了225千克书。正是在流放期间，列宁写作并在1899年出版了有影响力的作品《俄国资本主义的发展》，这本书让他成了重要的马克思主义思想家。[7]

列宁一再请求自己的母亲和姐妹给他寄来令生活舒适的物品，如温暖的袜子、狩猎时穿的防水披肩，这让人想起了十二月党人拥有的物资和他们对在西伯利亚地区偏远地区弄不到的消费品的渴求。列宁需要一顶草帽和一副羔皮手套（让人免受可怕的西伯利亚蚊虫叮咬的基本防护，每年夏天它们都会短暂但来势汹汹地出现在这个多沼泽的地区）。不沉浸于学习的时候，列宁就会与住在舒申斯克附近的十几名流放者一起享受田园生活、狩猎和溜冰。到 1897 年底，他的同伴们说列宁体重增加了，健康的古铜色皮肤使他看起来“就像一个西伯利亚人”[8]。

年轻的列夫·勃朗施坦（托洛茨基）于 1904 年流放到被上帝遗弃的村庄乌斯季库特，该村位于勒拿河上游，他在那里一边学习马克思的《资本论》，“一边拂走书页上的蟑螂”。这里的环境也和在更北部的激进分子所处的环境迥然不同。在这里，托洛茨基有机会与妻子亚历山德拉共同抚养两个孩子，通过在进步报纸《东方导报》上持续发表文章来磨砺自己卓越的记者才能，还能带着强烈的求胜心玩槌球。[9]

国家对列宁和托洛茨基的宽松待遇，不仅揭示出社会等级和财富能长期缓解西伯利亚流放的恶劣环境，同时也揭示出国家并不知晓他们书生气激进主义的萌芽力量。列宁或许曾焦急地抱怨书籍和信件投递出现延误，但他却能够与一个从伊尔库茨克和克拉斯诺亚尔斯克到莫斯科、基辅、日内瓦和伦敦的颠覆网络取得联系。[10]

在偏远的东北部地区，科雷马的行政流放者所处的环境是另一种景象。他们常年忍受着与世隔绝的状态，这种隔绝状态每年只会打破三次，波利亚科夫回忆，当邮递员到达时，“就像一阵电流……每个人都沉浸到欣喜若狂的状态”。然而，几个星期过去后，流放者已经反反复复读过了至亲之人寄来的报纸、杂志、书籍和信件，于是先前的狂喜情绪平静了下来：

> 六个月、九个月和十二个月前发生的所有新闻和事件，都已经被热切地仔细读过了，有些还被讨论过了；狂喜情绪消散，你再次陷入沮丧无望的状态。你拿着本书坐在那里，专心致志地写信，沉浸在写信中。突然之间，你想道：这有什么意义？这都是为了什么？语言、杰出学者的训诫、数百年的智慧以及你读过和思考过的一切？因为你还要在这里再待上六年、七年、八年！等到你在这孤独、潮湿的围墙内，在极为漫长、没有尽头的黑夜——一夜如同一年——中结束流放生涯时，你还会剩下些什么呢？……值得吗？这些阴郁的想法让人无法忍受，于是你跑去找自己的同志。[11]

在这种幽闭和静止环境中，即使是同志情谊也可能迅速变味。另外一个科雷马流放者——社会民主党人格里戈里·齐佩罗维奇——在一封信中吐露，每个人“都知道别人就这个或那个话题会说些什么；我不喜欢争论、讨论任何事情，因为这归根结底都是在重复一些著名和反复演练过的论据。哎，我对这毫无意义的单调生活，对这种围着满是灰尘的壁炉（一旁还摆着茶壶）的欢腾感到厌倦！”[12]

在北方的行政流放者被迫远离了世界，远离了给他们的生命带来意义的革命斗争，他们开始争吵，产生纠纷。个人恩怨、竞争和嫉妒令围绕着革命学说和战术的政治争论变得激烈。齐佩罗维奇观察到，琐碎的争吵非常影响人们之间的关系，以至于流放者不得不搬离共同居住的小屋，分开生活。这种暗斗也可能酿成不幸的后果。尼古拉·费多谢耶夫是列宁的同志，他在1897年被送到西伯利亚东北部的上扬斯克。列宁愤怒地写道，费多谢耶夫无法容忍“流放者当中某些恶人的诽谤”。他于1898年6月开枪自杀。布尔什维克党的派别主义多是在这些流放殖民地的封闭环境中形成的。不信任、怨恨和个人对抗，都被流放期间共同的孤立状态放大，给那些日后将统治俄国的人留下了心理印记。到了20世纪30年代，在布尔什维克的自相残杀中，个人的怠慢和敌意会成为生死攸关的问题。[13]

单调的生活和封闭的环境让部分人丧失了精神健康。齐佩罗维奇指出，他的同志们似乎“被黑暗的模具遮盖着。他们的动作死气沉沉；从他们的脸色和言语可以明显地看出，他们极度疲惫；当其中某个人确实变得兴奋时，沉重苦难的迹象会通过他的每个姿态和每句话显露出来”。许多人陷入绝望当中；有些人自杀了。路德维希·亚诺维奇在1897年流放到中科雷姆斯克；在当局传唤他去雅库茨克出庭作证前，他忍受了五年的流放生涯。亚诺维奇和东西伯利亚一个早期革命牺牲者悲剧性地联系到了一起：在死于1889年3月“雅库茨克惨剧”中的人民意志党成员帕皮·波德别利斯基的墓前，亚诺维奇开枪自杀了。亚诺维奇给同志们留下一张字条：“我的勇气完全耗尽了；一点小事都能让我情绪异常。我已经变得全无骨气。那么，让我自己见笑于人有什么意义呢？”他写道，他的疲惫和绝望是“在极为艰难的条件下度过多年监禁和流亡生涯（共十八年）的结果。实质上，杀死我的是俄国政府。愿对于我的死亡和我无数同志的死亡的责任能够落在它的头上”[14]。

在尼古拉二世即位后的10年中，不少于2700人因政治罪行被行政流放。暴动事件迅猛增加：1894年，帝国法令处理了56起政治案件；到1903年，这个数量增加到了1500起。到1901年1月1日，西伯利亚共有1800名政治流放者。新上任的伊尔库茨克总督帕维尔·库泰索夫抱怨说，政治犯不断涌向东西伯利亚，这使得对他们的妥当监督几乎无法实现。他认为，目前的制度“只会让革命思想在俄国各地广泛传播，实际上，政府本身正在采取激进的措施，使得它与之斗得难解难分的理论得到传播”。西伯利亚的快速发展和西伯利亚城市在世纪之交的成长意味着，支持把颠覆分子从圣彼得堡和莫斯科清理出去的论据，现在被西伯利亚的行政官员应用到了克拉斯诺亚尔斯克和伊尔库茨克身上。积极的革命者在那些正迅速成为人口稠密的城市中心的地方——在俄国的东扩进程中，它们占据着有重要战略意义的位置——像在首都一样不可容忍。[15]

库泰索夫怀疑当局处理那些态度坚定、组织良好且有时行事凶暴的革命者的能力，于是他实行了镇压。他的措施是赶走东西伯利亚城市里的麻烦制造者，把他们流放到更远的北极圈以北，去冰天雪地的魔岛上扬斯克和科雷马。1903年8月，他颁布了一项法令，这项法令相当于突然放弃了国家近期在对待政治流放者时的相对仁慈。他下令，从今往后，违反官方指令的人一律要被行政流放到最北面永久冰冻的荒芜之地。在这项惩罚之前，当局对轻微违规行为熟视无睹；暂时离开自己的流放地去雅库茨克寻找食物的流放者，可能会象征性地监禁一天。现在，如果有同样的行为，他或她会被放逐到科雷马。[16]

雅库茨克位于勒拿河河畔，在伊尔库茨克东北约3200千米处，一直是进入北极圈的通道。因此，这个小城镇给那些注定要在遥远的流放殖民地被遗忘的政治流放者提供了最后一次展现力量和集体决心的机会。高强度的镇压将极其有积极性且几乎没什么可失去的年轻人聚集在了一起。来自威尔诺（维尔纽斯）的医生宾胡思·罗森塔尔已经在沙皇的监狱关了15个月，后来因在工人阶级中煽动革命、传播反动宣传资料被判处流放雅库茨克6年。他描述了库泰索夫的镇压举措带来的影响：

> 当通往雅库茨克的冬季道路沿着结冰的勒拿河形成时，新的罪犯运送行动又开始了。一批又一批罪犯先后抵达。就像民族大移徙。新到来的人不断地争取与当地流放者见面的权利……每一批里都有几名来自伊尔库茨克省的非自愿移徙者，有些因为和警方发生冲撞而流放，有些是因为协助逃跑，有些是因为没有遵守官方的指令。他们都被官员秘密处置，正在前往雅库特、上扬斯克和科雷马的路上。[17]

在这种早已紧张的局势中，库泰索夫仍提出撤销用于刑满获释流放者返乡的国家资金，这个决定引起了轩然大波。流放者抗议称，从每个月仅有的12卢布中省出返乡旅途所需的300卢布是不可能的。这项新的指令意味着流放者将被迫在西伯利亚继续待上数年，以攒下回家的旅费。[18]

他们的抗议将不仅仅是“雅库茨克惨剧”的重现。1904年的差异令人震惊。和19世纪80年代一样，这些流放者密切注意公众，但他们对国家的对抗更加有组织、准备更充分。与此同时，雅库茨克的官员展示出了一种战术意识，而且他们更加明白与流放者的血腥决斗的政治含义。

在雅库茨克，流放生活的中心是一座大型的两层木构建筑，这座房子属于雅库茨克当地人罗曼诺夫。二楼住着几个流放者，住在周边的人把这栋房子用作会议场所和邮件代存处。只有150名士兵驻扎在雅库茨克，其中半数负责守卫不同的场所。1904年2月17日，54名政治流放者——崩得派人士、布尔什维克党人和社会革命党人——把自己关在罗曼诺夫的房子里，里面配备着日常用品和武器。他们向省长提出了一系列要求：

1. 已服完刑期的流放者返乡时，由国家支付费用。
2. 废除对于未经许可而缺席的行政处罚。
3. 撤销禁止我们与正在流放的同志见面的指令。
4. 保证这份抗议书的签字人不受侵害。[19]

1889年流放者抗议活动的血腥结局曾引起国际愤慨，为避免再次出现这种情况，暂时负责该省事务的副省长尼古拉·恰普林试图避免武装冲突。他令士兵把那栋房子包围起来，自己不带武器地走到院子里与流放者谈判。他解释说，自己没有权力取消库泰索夫的命令，流放者应该向圣彼得堡寻求法律补救。然而，他坚称自己不打算命令士兵开枪："如果你们想待在反锁的房子里，那就这么做吧！这对我来说没有什么区别！"他甚至没有把这个僵持事件告诉圣彼得堡，以防收到猛攻那栋房子的指令。当流放者挑衅性地在房子上插上一面红旗时，这位省长仍坚持自己"不予理会"的政策。包围还在继续，革命者意识到他们的斗争是博取大众同情的斗争，于是开始向雅库茨克的居民发表宣言，阐述抗议的原因。第一份宣言于 2 月 21 日发布："在政府将流放制度变成一个持续很久的屠杀制度时，我们不能坐以待毙。"[20]

恰普林对流放者的抗议持冷漠态度，这让他们感到受挫，不到一个星期，他们指责恰普林想要阴险地摧毁他们的意志，便又一次向当地居民宣告道：

> 我们现在已经被关在这个房子里一个星期了，迄今为止，我们只是被包围着。当局想要用饥饿迫使我们走出去。为什么没有通过暴力恢复"秩序"？……政府担心，如果向我们开枪，它会激起所有那些它必须要消除其感受愤慨的能力的人的怒火和愤慨。[21]

革命者的食物和水正在耗尽，且他们一再受到包围这座房子的士兵的刺激，于是他们召集会议，讨论他们的几个选项，并最终决定采取进攻。3 月 4 日 3 时，他们开枪了，房子周围的士兵猛烈回击。两名士兵和一名革命者死亡。零星的射击还在继续，但是，恰普林坚决不下令猛攻这栋房子。流放者被逼入绝境，面对着缓慢的死亡和投降之间的抉择，流放者选择了后者，3 月 7 日上午，他们放下了武器。罗曼诺夫党人（Романовцы，他们后来被这样称呼）坚持了十八天，并成功地在有同情心的东西伯利亚流放者同伴当中引发了一波抗议热潮。然而，狡猾的恰普林的战术最终取得了成效。这次没有出现屠杀，因而流放者无法再塑造出野蛮国家造成的殉难故事。[22]

1904 年 7 月，这起案件举行审判。那年夏天，帝国境内反政府情绪高涨，而且帝国海军一再败于日军手下，政府急于避免再次出现1889年判处“雅库茨克牺牲者”死刑后产生的公众抗议。库泰索夫决定，这一次，流放者交由民事法庭审判，而不是军事法庭，这一举措实际上排除了判处死刑的可能性。在1905年之前的几年里，政治流放者的大批自杀再一次让当局处境不利，并且有可能影响他们争取公众支持他们与颠覆活动的斗争的努力。著名的律师亚历山大·扎鲁德内代理罗曼诺夫党人一方，强调了那些只想将“流放这种缓慢的死亡”变成“处决这种快速的死亡”的人的绝望。经过十天的审判，法庭宣判了相对宽松的刑罚。参与反抗的流放者要在西伯利亚的中央监狱中服不同刑期的苦役。[23]

在1905年之前的三四十年间，西伯利亚的政治流放者一直人数很少，但是有影响力。这些书生气激进分子中的许多人曾是沙皇政权的强烈反对者，但他们在西伯利亚的流放生活揭示出了他们的孤立，最终也揭示出了他们的无能。如果没有他们的步兵，这些革命将领将一无是处，经过第一次俄国革命的严峻考验，步兵人数成千上万地增加。进入20世纪以来，这场风暴——最终在1905年爆发——一直在集结力量。在基层政府的镇压的刺激下，社会革命党人成立了一个致力于从事暗杀活动的“战斗组织”，它杀死了两名内政大臣：1902年杀死了德米特里·西皮亚金，1904年杀死了维亚切斯拉夫·冯·普雷威。[24]但是引爆点出现在1905年1月9日，当时，守卫圣彼得堡冬宫的士兵向示威者开枪，屠杀了数百名手无寸铁的工人及其家属。

抗议活动遍布全国，到1905年9月，政府面临着总罢工和暴力的农村暴动。革命者向国家的代表发动了战争，而且通常是不加区别的战争，俄国乡镇和城市里不断回响着枪炮声。社会革命党在 1902 至 1904 年只发动了 6 次袭击。次年，它的恐怖行动增加到 51 次，1906 年 78 次，1907 年 62 次。1905 年 2 月 4 日，袭击目标包括国家官员、宪兵、省长，甚至沙皇的叔叔和莫斯科总督谢尔盖・亚历山德罗维奇大公。在战斗组织的直接控制之外，一系列其他团体、小派别和独自行动的刺客也在实施恐怖暴力行动。1906 年 1 月 1 日至 8 月 20 日，共有近 1800 次恐怖行动，包括多次爆炸事件，造成近 1500 人伤亡，其中三分之一的伤亡人员是普通公民。当时最轰动的恐怖事件之一发生在 1906 年 8 月 12 日，当时有人企图在彼得・斯托雷平首相的圣彼得堡别墅里对其进行暗杀。3 名布尔什维克党（社会革命工党的派别）成员进入了这座别墅，2 人军官打扮，1 人平民打扮，他们随身带着装有炸药的手提箱。在遭到斯托雷平多疑的守卫盘问后，他们大喊“自由万岁”和“无政府主义万岁”，然后引爆了炸弹。结果是一场大屠杀：27 人当场死亡，70 人（包括斯托雷平的 2 个孩子）受重伤。斯托雷平自己奇迹般地幸存了下来。[25]

由政治动机驱动的暴力行为经常会转变成单纯的犯罪和无意义的暴行。被一个评论员称为“创伤疫情”的局面——暴力袭击、纵火、强奸、大屠杀和谋杀——撕裂了俄罗斯帝国。革命党派为增加财源而进行的“征收”有时无异于罪犯为了扩充腰包而抢劫银行的行为。“群众的愤怒”（一个受到惊吓的观察者提出了这个说法）对准的是乡绅、贫穷的犹太社区、乡村警察、工厂工头和无数普通公民。[26]

沙皇俄国在日俄战争中的帝国灾难进一步煽动了革命动乱的火焰。在 1904 年和 1905 年的 18 个月，在世界新闻界的注视下，俄国军队全面败给了一个在他们看来种族低劣的敌人。这次惨败暴露了俄国政府的无能，增添了国内的革命不满。[27]

像帝国的其他地方一样，西伯利亚的城市因同样的社会和政治紧张局势而痛苦，它们也最先经历了这场灾难性的短暂战争的革命性影响。俄国于 1905 年 9 月与日本缔结了屈辱的和平条约，此后俄国士兵开始返回家乡，途经已经深受革命影响的西伯利亚城市。有些人加入了西伯利亚工厂和铁路系统的流放者和工人发动的暴乱。1905 年 11 月 16 日，约 4000 人参加了在外贝加尔地区赤塔举行的会议，决定成立共和国。在伊尔库茨克，革命者努力争取城市驻军的支持，并成功选举了一个军事罢工委员会；委员会要求召开立宪议会，实行普选并赦免政治犯。11 月初，革命抗议活动同样席卷了克拉斯诺亚尔斯克，工人和士兵建立了自己的革命委员会或称苏维埃，宣告成立红旗下的“克拉斯诺亚尔斯克共和国”，要求“自由、平等和博爱”。12 月 8 日，苏维埃控制了地方出版社，开始印制《克拉斯诺亚尔斯克工人》。[28]

面对着来自几乎所有社会阶层的普遍反对，沙俄专制政权在 1905 年 10 月让步，旨在使温和派和反政府势力中的激进分子分离开来。新闻自由、集会自由、结束宗教歧视、组建用于讨论新法律的协商机构“杜马”以及政党合法化，这些内容都在《十月宣言》中列出了。镇压与改革相伴。由于忠心的士兵逐渐回心转意，政府用在帝国各地的野蛮镇压来回应革命者的暴力行为。次月发布的一项法令，赋予所有的总督、省长和城市总督在自己的辖区内宣布紧急状态甚至戒严状态的权力。

至 1907 年 1 月，23 个省、25 个区、9 个城市和 2 条铁路线沿线处于戒严状态。1906 年 2 月，内政部授权各个省长流放涉嫌参与农村暴乱的农民。军事法庭在1905至1912年期间因参与革命的罪行判处约3000名水手和士兵长期乃至终身服苦役。1903年，仅仅43个平民在地区军事法庭受审；到1908年，这个数字增长到约7000人，其中超过1000人被判处死刑。正如法学教授米哈伊尔·丘宾斯基所说，这是“军事法庭和处决的时代”。运送罪犯的封闭火车开始将成千上万名新政治犯送到西伯利亚的监狱里。[29]

1906至1912年间，约6万人因政治罪行在普通法庭和军事法庭受审。绝大多数人不仅因参与叛乱和煽动而获罪，还因只不过是隶属于非法组织或传播反叛宣传材料而获罪。帝国的苦役犯人数从1905年的6100人激增到1910年的28500人；同一时期，被判处流放的人由6500人上升至30000人。布尔什维克党未来的总书记雅科夫·斯维尔德洛夫指出，在1905年之前，国家流放的只是“群众中的代表，现在群众自身正在被流放”[30]。

政府的反暴动运动使得西伯利亚监狱人口出现爆炸式增长，还使得囚犯的生活环境急剧恶化（1905年萨哈林苦役殖民地的崩溃已经让流放系统的管理人员费力地重新安置罪犯）。1912年，可容纳1570名罪犯的涅尔琴斯克监狱实际上关押了3560人。巡视报告描述，囚犯们挤在通风条件极差的牢房里，室内弥漫着装粪便的木桶散发出的恶臭。随着斑疹伤寒和结核病在人口过多的封闭监狱里肆虐，苦役系统中的死亡率飙升，用一名记者的话说，这些监狱成了“感染源”。在亚历山德罗夫斯克中央苦役监狱里，到1914年，结核病的发病率增加了一倍多，监狱医院现在只接收“没有康复希望”的病人。1911年，在托博尔斯克省的各个监狱中，5200人——13500名罪犯中的38%——有生病记录；147人在狱中死亡。[31]

1905 年实际上注定了沙皇专制政权的厄运。政府设法夺回了权力，但是镇压的残酷性确保了其胜利是短暂的。国家凶暴的反暴动运动让俄国群众与他们的统治者之间出现了越来越大的裂隙，《十月宣言》里的让步也不能弥合这道裂隙。政府后来采取措施努力修复其合法性，但这些努力始终无法摆脱因政府使用刺刀和监狱而投下的阴影。

起初，1905 年革命对西伯利亚的囚犯来说是个好兆头。在《十月宣言》颁布的同时，10 月 21 日，在西伯利亚，犯有“国家罪行”的流放革命者获得了局部特赦，监狱管理制度大大放宽。当天，托博尔斯克中央苦役监狱的囚犯在院子里游行，他们举着红旗，唱着革命歌曲，而他们的支持者聚集在监狱门外，要求立即释放所有政治犯。政府立场坚定，但是政府的监狱在一段时期内——用一个政治犯的话说——就像“共和国”[32]。

然而，随着政府镇压的势头增强，这种短暂的自由化仅是昙花一现。12 月下旬，政府成功地在西伯利亚的叛乱城市中重建了权威。在克拉斯诺亚尔斯克，省长不得不等待来自鄂木斯克的增援抵达。他们包围了革命者，为迫使革命者投降，他们在 1 月 2 日部署了炮兵部队。约四百人因参与“武装暴动”而被捕，随后被关进城市监狱里。[33]

恢复西伯利亚监狱纪律的过程是迅速而残酷的。1906 年 1 月 18 日，忠于政府的部队到达托博尔斯克中央苦役监狱，他们搜查了牢房，收缴武器、书籍、信件和个人物品，给罪犯戴上镣铐，鞭打了许多罪犯。[34] 在 1906 和 1907 年，一系列新官员开始管理西伯利亚的多座监狱。新来的官员对待罪犯的态度往往比前任官员更为严苛。对待罪犯态度松散的监狱看守被解职。[35]

1907 年 1 月，外贝加尔地区的军事长官米哈伊尔·叶别洛夫写信给涅尔琴斯克刑罚地区的负责人尤里·米图斯称，只有“最有干劲”的人才应该招募为监狱看守和警卫。从此以后，“应当采取一切措施来在监狱里重建合乎规矩的管理制度”。这些措施包括锁好牢房门，在惩罚那些违反监狱纪律的犯人时遵照法律条文，禁止罪犯保留个人钱财和其他法律没有授权他们保留的物品，并关闭囚犯自己的市场。米图斯匆忙向负责涅尔琴斯克地区 8 个监狱的看守下达新增的指示：从此以后，囚犯要戴上镣铐，监狱警卫要用自己的枪支对待反抗。米图斯指责阿卡杜伊监狱的松懈管理，他宣称“管理温和、缺乏威信的监狱管理机构容许违法事态的时代已经过去了。如果看守不愿重塑秩序，那么他们最好辞职！”似乎很多人都愿意去重塑秩序。看守把政治犯的个人床单、枕头和毯子拿走了，没收了他们的书写材料，关闭了他们的图书室，查禁了烟草，只允许他们与近亲通信，有时甚至完全不允许通信。[36]

但是，如果说 1905 年之后西伯利亚监狱的看守是新的，那么囚犯也是新的。许多人初次参加罢工、暴动、恐怖运动和农村革命活动。到 1908 年，托博尔斯克的苦役犯中有 249 人因谋杀或杀人未遂被判刑；四分之一是再犯。事实上，随着西伯利亚的监狱里充斥着越来越多的暴动农民、罢工工人、哗变陆军士兵和水兵、银行劫匪、大屠杀参与者、盗贼和坚定革命者，政治犯和普通罪犯的界限变得前所未有地模糊。让许多新的政治犯变得激进的不仅仅是革命暴力行为，还有革命话语的激情。这批在西伯利亚监狱中的新苦役犯越来越意识到自己的权利。1906 年夏天，一份调查涅尔琴斯克监狱的官方报告指出：“今天的苦役犯更关心自己的利益，更注重自己的自由；他们更加意识到要保护自己的尊严。”自然权利和不可剥夺的人格尊严的观念不再仅仅属于受过教育的俄国人，它们现在正在影响那些因参与革命活动而被流放的下层阶层的心态和行为。把大多数囚犯团结在一起的，是对专制政权发自肺腑的仇恨。很多人也基本没什么可失去的。1909 年，在托博尔斯克服苦役的 610 人中，只有 16%的人刑期在 8 年以下；62%的人刑期在 8 至 20 年，12%的人要终身服苦役。[37]

到 1907 年，两个敌对的阵营在西伯利亚过度拥挤的监狱里对峙。一方是新的监狱看守，他们决心把国家的权威施加于不服管束的监狱囚犯身上；另一方是革命者和罪犯，他们准备在监狱里使用暴力，并且现在得到了监狱外的流放革命者的支持。[38] 在 1905 年至第一次世界大战爆发之间的 10 年中，西伯利亚监狱成了一场暴力对抗的集中点。

在托博尔斯克，这种对抗比在其他地方更加突出，也更加暴力。该城当局正在努力应付政治犯大量拥入的问题；1905 年，只有 21 名苦役犯因政治罪行获刑；到 1907 年，这个数字增至 250 名。托博尔斯克监狱官员担心政治犯对普通罪犯的影响越来越大，于是在一场火灾过后，把大多数政治犯从大广场上的中央监狱转移到城镇边缘那座更小、更为破旧的监狱（被称为第二监狱）里。起初，这座旧监狱里的管理制度较为自由。监狱长博戈亚夫连斯基想要在 1905 年之后重塑自己的权威，于是他坚持要让罪犯按照俄国军事传统，在自己出现时立马站起来并大声说“我们祝您健康！”，但他的这个想法遭到了轻蔑的拒绝。这些囚犯每三人一组被关在大牢房里；他们可以订阅报纸，可以有自己的书、笔和纸；他们可以定期运动，可以穿自己的衣服；他们宽松的镣铐能在晚上卸下来；食物还过得去，这些人有时甚至可以到厨房给自己做饭。但是后来，罪犯和警卫之间的关系开始恶化，因为在1907年1月一次查房时，警卫搜出了一段厚木板，那是罪犯从墙上扯下来的，用来挖掘隧道。不久之后，警卫在流放者某本书的夹缝中发现了一张假证件。于是，博戈亚夫连斯基剥夺了流放者与亲人用除俄语以外的其他语言通信的权利，这个决定让几个波兰人、几个犹太人和一个芬兰人失去了与家人通信的机会。这一举动令罪犯和监狱官员做出了一系列升级的行动：绝食，收走床垫、钢笔和纸张，"抵制"警卫的一切指示。这些行动的高潮是政治犯的首领德米特里·塔赫乔格洛被单独监禁了两个星期。[39]

塔赫乔格洛生于1877年，是一位来自俄国西南部的赫尔松省的贵族。他曾在圣彼得堡帝国大学物理与数学系学习，并在那里参与学生运动，加入了俄国社会民主工党。在1905年革命中，塔赫乔格洛被认定意图谋杀一名叶卡捷琳诺斯拉夫的警察，被判处死刑。然而，在《十月宣言》之后，他的刑罚减为十五年苦役。塔赫乔格洛刚一到达托博尔斯克，当局就发现他是"监狱管理系统的顽固敌人，他拒绝服从看守的命令，并在狱友当中享有极大的权威，他们将他视作一个接受过大学教育的重要革命人物"[40]。

在政府于帝国境内实施广泛镇压的刺激下，1907年7月16日，监狱内的紧张局势演变成公开的冲突。这一次，导火索又是政治犯遭遇鞭打。第二监狱的革命者听说，城镇另一端的托博尔斯克中央苦役监狱中有三名同志遭桦树条鞭打。[41] 十六名愤怒的罪犯决心发起暴动，并向博戈亚夫连斯基递交了一份声明：

> 我们听说了三位同志遭受的惩罚……我们表示，鉴于此举，托博尔斯克管理机构已经向所有政治犯宣战。我们这些在第二监狱的政治犯决定应战，在此宣布：我们宁愿死在不受约束的暴君手中，也不愿忍受被嘲弄，不愿忍受每个人都应享有的神圣权利被侮辱。[42]

那天晚上，囚犯给各自的朋友和家人写信。塔赫乔格洛写道："已经过卢比孔河了！"伊万·谢苗诺夫是他的一个同伴，他是个来自特维尔省的农民，后移居圣彼得堡，在这座城市的大工厂普梯洛夫厂中既找到了工作，也找到了革命。谢苗诺夫为布尔什维克党实施了银行抢劫，因而获刑二十年苦役。他在给母亲的信中写道：

> 亲爱的母亲：
>
> ……当您收到这封信时，我可能已经不在人世了。我不会向您详述发生了什么事。我简单跟您说。他们用桦树条鞭打了我们的三位同志。我们不能忍受这种耻辱，所以我们决定用自己的鲜血来洗刷耻辱。明天我们将发动暴动，他们很可能会用刺刀对付我们。我们别无选择，只能选择死去。我亲爱的母亲，我请求您，不要为我哭泣，不要责备我给您造成了巨大的痛苦。我只能这么做。我不会解释为什么，因为您不会明白。那么，原谅我吧，再见了！我永远亲吻您。
>
> 您亲爱的儿子[43]

正如谢苗诺夫预计的那样，这是他写的最后一封信。第二天这十六名政治犯用床板和家具腿武装起自己，拒绝让看守进入牢房搜查，他们声称：“你们可以实施搜查，但你们必须先杀死我们所有人！”警卫叫来了博戈亚夫连斯基，他与另外二十名士兵和警卫一起来到现场，囚犯在大喊“绞刑吏！吸血鬼！”。监狱长命令下属守在每个牢房的门口，如果他们做出任何抵抗，就让他们看看“混蛋行为”。博戈亚夫连斯基下令把手持木板的塔赫乔格洛和他的两个同志关进惩罚牢房里。为表抗议，革命者开始打破窗户，用木板砸碎房门，于是，紧张的士兵向这些闹事的囚犯开枪。等到士兵服从了停火的纷乱命令时，谢苗诺夫头部中弹而死，七名囚犯受伤。[44]

1907 年 11 月，这些暴动的流放者被送到军事法庭，然而，他们面对的是一场有同情心的听证会。著名律师、政治审判老手谢尔盖·阿尼西莫夫从圣彼得堡来到托博尔斯克，为他们进行辩护，他向法庭做了雄辩的结案陈词：

> 在俄国，考虑到我们的政治生活的悲剧性特质，那些让人们在文明国家的社会生活中拥有主导地位的品质，让他们沦为了政治犯。在俄国的生活，使得每个对被践踏、被侵害之人怀有深切同情心的人，每个拥有某种道德独立性且能够在生活中不必跟自己的良知做出巨大妥协的人，都成了所谓的“政治人物”。在不可能存在公开政治斗争的情况下，这些政治人物当中的每一个早晚都要迎来监狱、流放、苦役和镣铐。

阿尼西莫夫向那些审判这些政治犯的军官解释，人格尊严对于这些革命者的意义，就像军事荣誉对于军官的意义一样重要。鞭打他们意味着“损害他们的人格”。阿尼西莫夫把这些革命者的抗议与1889年集体服毒的“卡拉惨剧”联系在一起，并强调像伊万·谢苗诺夫这样的革命者愿意以死来表示对同志遭到鞭打的抗议。甚至控方律师也请求法庭宽大处理，这些人被判处象征性的单独监禁十天，苦役刑期延长六个月。这样的刑罚类似于宣判无罪，表明管理机构里的有些人想要缓和而不是升级与革命者的对抗。[45]但是，这种克制政策即使不是不可能维持的，也是难以维持的。

亚历山德罗夫斯克中央苦役监狱发生的大规模逃跑事件，说明了囚犯和警卫之间日益激化的对抗。亚历山德罗夫斯克中央苦役监狱开设于1873年，直到20世纪，它一直都是西伯利亚最先进的刑罚机构之一。那里拥有宽敞、通风良好的牢房和车间，一个图书室以及一所学校。开明的监狱长法杰伊·萨维茨基甚至允许囚犯组建管弦乐队，在一个简易剧院中演出。[46]这种自由主义管理制度是设计来关押那些快要服完刑期的囚犯的，因此几乎不具有让囚犯挑战警卫权威、试图逃跑的刺激要素。但是，政府镇压1905年革命带来的一个直接结果是进入亚历山德罗夫斯克中央监狱的政治犯人数激增：到1907年底，这里关押了约四百名被判服苦役的政治犯，其中四分之一的人要终身服苦役。[47]

暴力事件在1908年4月10日爆发。按照预先安排的信号，一个监区的二十名罪犯袭击了警卫。他们用一个从车间里偷带出来的钝器将一名警卫打死了，夺下他的左轮手枪，然后又开枪打死了两个警卫。随后，他们拼杀过警卫室，又杀死一个看守，重伤另外两个人；其中一个政治犯被一个守卫打死。这些罪犯最终逃离了监狱，潜入了附近的森林里。但他们的运气实在不好：那天晚上的大雪延缓了他们的行进速度，骤降的气温使得在林中存活困难。依令来到监狱的士兵成功追踪到了他们，并迅速逮捕了其中几个人。[48]

9 月，伊尔库茨克的一个军事法庭判处其中十五名逃犯死刑，这一次，当局对逃犯家属乞求宽大处理的举动无动于衷。1909 年 2 月 9 日，这些囚犯在伊尔库茨克监狱里服毒，预先执行了自己的死刑（但只有一个人被毒死）。下个月，尼古拉二世把幸存者的刑罚减轻为终身服苦役。[49]

沙皇临时性的宽赦并没有打破西伯利亚监狱内不断升级的残忍循环。在民众支持和同情者网络的鼓励下，激进且愤恨的政治犯在逃跑时能够发起武装越狱和暴力抢劫。1906 年 10 月 10 日晚，二十七名政治犯孤注一掷地尝试逃离伊尔库茨克监狱。他们制服了警卫，抢夺了他们的武器，把他们捆绑起来，堵住了他们的嘴，接着打开了普通罪犯的牢房，把狱友们都放了出来。当监狱长前来调查这场骚乱时，他遭到了攻击和殴打，五天后因伤而死。他的副手也来到牢房里，被囚犯抢来的枪打死。一名受伤的警卫在走廊被殴打致死。这些罪犯来到院子里，但发现监狱的大门是锁着的，在警卫开枪时，他们奋力爬上了一个车间的屋顶，从屋顶跳出了围墙。十七名囚犯成功逃脱，十人死亡，五人受伤。[50]

这样的逃跑可能会引发血腥但为时较短的动乱。1908 年 8 月至 1909 年 1 月间，叶尼塞省图鲁汉斯克地区的流放革命者发动了一场越狱、抢劫和谋杀结合的活动。两名无政府主义流放者因涉嫌暴力抢劫商店和盗窃武器、钱财而被捕，随后警卫将他们押送往叶尼塞斯克。途中，约二十名无政府主义者、社会民主党人和被流放的波兰士兵开枪袭击了运送队伍，杀死了两名警卫，释放了囚犯。随后，这些革命者在这个地区实施了一系列武装抢劫和谋杀，从邮局、商人和富农那里“征收”了数万卢布。他们杀死了两个警官、两个哥萨克人和三个商人。12 月 20 日，他们袭击了图鲁汉斯克城，释放了当地监狱里的政治犯，然后潜入一家警察局，偷走了印章、制服和通行证。1909 年 2 月，增援——一支由哥萨克人和步枪兵组成的骑兵团——才赶到，开始追捕这些叛乱分子。几天后，这些革命者遭围困，几个人被枪杀，后来其余的人投降。一股镇压浪潮席卷这个地区，约一百五十名政治流放者因涉嫌协助这些逃犯而被捕。[51] 这些争取自由的活动的暴力程度和绝望程度，以及政治流放者让当地人遭受的随意暴行，在十年前是不可想象的。

随着革命者对监狱负责人员展开报复，恐怖主义在西伯利亚城镇也十分猖獗。守卫和警卫或许在监狱和刑罚堡中居支配地位，可是在监狱和刑罚堡外面，他们非常容易被态度坚定、组织良好、行事冷酷的刺客伤害。

1907 年夏，军事法庭不是托博尔斯克城唯一一个进行审判的法庭。7 月 14 日，即狱方鞭打三名政治犯的那天，博戈亚夫连斯基收到一张纸条：“我们听说……你残酷地对待我们在政治流放者和普通流放者当中的同志，因此，我们判处你死刑并且会立即执行。”纸条上的签名是“隐姓埋名”。两个星期后，当博戈亚夫连斯基在叶尔马克公园坐在马车里时，一个不知名的刺客用勃朗宁手枪杀死了他。刺客在随后的混乱中趁机逃跑了。[52]

在展现 1905 年以后西伯利亚革命运动的影响范围、组织性和力量方面，刺杀博戈亚夫连斯基的行动是非常值得关注的。这场枪杀事件是由监狱外的激进分子们实施的预谋处决。在 19 世纪

80年代和90年代，革命者在自己与监狱看守所进行的斗争中会诉诸舆论法庭；现在他们要求充当舆论法庭的审判的代理人。[53]

尤里·米图斯后来从涅尔琴斯克刑罚地区的负责人升任整个外贝加尔地区的监狱的巡视员，他曾在赤塔出差，于1907年5月27日入住新中央酒店。一名年轻女性与米图斯乘坐同一列火车抵达赤塔，并且入住了同一家酒店，她通行证上的名字是利迪娅·尤什科娃，是一个教区牧师21岁的女儿。第二天早上，她告诉看门人，自己想去拜访米图斯。这位监狱官员同意在餐厅见她。这个年轻女性在餐厅向他递交了一份请愿书，请求探视一位囚禁在米图斯治下的马尔采夫监狱里的政治犯。米图斯接过请愿书，走到窗前开始读起来。就在那时，尤什科娃拿出一把左轮手枪，冲着米图斯开了一枪，打中了他头颅的下部。米图斯倒地而死。

尤什科娃逃离了那栋楼，但酒店门卫瓦西里·叶夫列缅科夫在后面追赶她，并在集市附近将她抓住。叶夫列缅科夫呼喊围观者帮助他，但却遇到了俄国公众对法律和制度的效力的深切矛盾情绪。据官方调查显示，这个门卫“不仅没在人群中得到同情和协助，恰恰相反，有些人说这件事完全不关他的事，如果他坚持这么做，他会被杀死”。由于受到恐吓并且寡不敌众，叶夫列缅科夫只好把尤什科娃放了。尤什科娃喊着：“让我走！我只是照办同志的指示！”随后跳到等待着她的马车上，然后消失了。[54]

几天后，社会革命党人制作的1500份公告开始在东西伯利亚传播：

> 公民们！注定发生的事情现在发生了！5月28日，按照社会革命党的命令，其流动战斗组织的一名成员处决了外贝

加尔监狱的巡视员和涅尔琴斯克刑罚地区的前负责人米图斯。我们同志开的枪是人民的法庭最后的愤怒语言。米图斯是政府在阿卡杜伊和阿尔卡奇（位于涅尔琴斯克）杀害和折磨我们被囚禁的同志——其中也有妇女和病人——的代理人，他甚至是鼓励这些做法。

沙皇专制政权的代表在整个国家面前声称，把监狱变成暴力和酷刑盛行之地，只不过是沙皇工作热心的行刑者"忠实地履行了他们的职责"……因为政府的回应，政府自己定下了米图斯的死刑，于是，社会革命党人认为自己有义务执行这项处决。[55]

接着发生了更多此类暗杀事件。一个月后，四名袭击者开枪射击克拉斯诺亚尔斯克监狱的监狱长斯米尔诺夫，那时他正坐着马车穿过该城。斯米尔诺夫逃过了第一波射击，然后徒步逃亡，但恐怖分子在街上追赶他，赶上他后对他开了十五枪。当局很快就拘留了一个名叫彼得·罗夏科夫的嫌疑人，此前他已经被认定参加 1905 年 12 月在该市爆发的武装起义并被关在托木斯克，但之后逃跑了。罗夏科夫在附近的一个小酒馆被捕，当时他身上持有一把纳干转轮手枪，里面有三发子弹，叶尼塞省省长称他是"一个危险的无政府主义恐怖分子，能够犯下各种罪行"。当局将他移交给了军事法庭。法庭认定罗夏科夫犯有暗杀罪行，判处他死刑。尽管他的母亲为他求情，但是他还是于 1908 年 10 月 25 日被处决了。[56]

同时，在托博尔斯克，塔赫乔格洛和他的同志或许是在军事法庭上遇到了有同情心的听证会，但是地方官员认为，监狱里缺乏纪律的问题要对他们的暴动负责。博戈亚夫连斯基遇刺后，接替他的伊万·莫吉廖夫决心让该城不守规矩的囚犯就范。这一次，对抗会在托博尔斯克中央苦役监狱里上演，因为当局把大多数政治犯送回了那里。围绕着进入厨房和戴镣铐的争论引发了抗议和镇压的相似循环。这些对抗扩展到了城镇广场；莫吉廖夫甚至把罪犯食物的样品放在监狱门前，以向托博尔斯克居民表明罪犯们并没有受到虐待。不过，这些作秀的举动无法扭转民众的看法。有关监狱里的虐待行为的报道仍在地方新闻界传播：莫吉耶夫将罪犯锁在一个“闷热”的惩罚牢房里，在里面，“他们因为高温而气闷”，“像苍蝇一样死去”[57]。

1907年秋天，莫吉廖夫下令，所有罪犯都要戴上镣铐，头发要剃去；三个罪犯挑衅性地摘下了自己的镣铐，他让人鞭打了他们。这种残忍行径在监狱中引发了一波抗议。罪犯们开始敲击窗户，用瓶瓶罐罐敲打牢房窗户的铁栏，尽全力大声喊叫。整个城镇都可以听到喧闹声。莫吉廖夫不甘示弱。

这位监狱长没有被吓住，他继续实行镇压。肉刑使用得十分普遍。轻微的违规行为（例如罪犯不愿意在看守出现时摘掉帽子）以及更为严重的罪行（如蓄意逃跑），都会招致肉刑。托博尔斯克被称为“桦树条的地带”。莫吉廖夫拒绝给予监狱医生把罪犯送往医务室的权利，坚持要求病人也要始终戴着镣铐，开始设定病人的口粮配给，把一些囚犯从医院里转移出来并单独监禁。他特意报复性地对待塔赫乔格洛，下令抽走防止镣铐擦伤脚踝和手腕的皮条。塔赫乔格洛几个月内不能接触书籍和书写材料，他被故意安排在关押最危险的普通罪犯的牢房里。[58]

和西伯利亚的很多监狱一样，这座监狱正成为一位当时的记者口中的“政治斗争的公开场所”。1908 年 1 月 7 日，看守想要将一名不服从监管的罪犯转移到惩罚牢房，这个犯人的几十个狱友起而抗议。他们高喊：“把我们都逮捕吧！”莫吉廖夫下令逮捕了为首的人，但此举却在整个监狱里煽起了骚乱的火焰。莫吉廖夫召集了援军，要求把这些人从牢房里拖出来，但这一次，警卫自己蒙受了损失。七名囚犯受伤，但一名囚犯抢到了一把左轮手枪，向警卫射击，造成了警卫一死一伤。[59]

1908 年 3 月，叛乱牢房中的十三名囚犯因谋杀罪行被一个在监狱里的军事法庭审判。原告援引国家法律，将被告描述为暴力的狂热分子。相反，被告援引自然法，努力描绘一幅专制和残酷制度的图景，这种制度逼得他们起义。为了求助于舆论法庭，在被告席上的人请求把自己的裤子脱下，以展示莫吉廖夫的多次殴打留下的伤痕，但法官拒绝了这一请求。

这一次，当局不会表现任何克制和宽仁。法庭认定这些囚犯合谋杀害他们的警卫、蓄意谋杀，判处他们绞刑。鄂木斯克地区的军事长官伊万·纳达罗夫将军没有法外开恩，于是，这十三个人在托博尔斯克中央苦役监狱的院子里被绞死。那里的境况现在非常可怕，因此，当其中一个死刑犯终于看到行刑台时，他大声疾呼：“啊，你在这里，我亲爱的绞刑架，我美丽的阳光，你终于来了！”参加这场绞刑的监狱医生出现了精神失常，随后离职。[60]

这场处决过后，监狱里的镇压还在继续。7 月，塔赫乔格洛试图用锋利的笔尖割腕自杀；还有四个人也仿效了他的做法。行刑的恐怖状态和自杀事件传出了监狱，在整个城镇散播。托博尔斯克杜马的议员尼古拉·斯卡洛祖博夫向彼得·斯托雷平首相抗议“托博尔斯克监狱（位于城镇中央）给当地居民造成的噩梦”。

在受难周，他写道："人们无法睡觉，由于紧张而啜泣。祷告仪式在城镇的教堂和（索菲亚）大教堂里举行，而在隔壁，在监狱围墙那一侧，有 13 个绞刑架。""当墙内的人正在闷热的惩罚牢房里被狠狠地鞭打、殴打、折磨，被绞死时"，托博尔斯克的居民怎么能"在墙外平静地生活"？托博尔斯克的社会革命党人向当地居民和当地的驻军分发了布告，谴责监狱里的"兽行"[61]。

绞刑的报复来得很缓慢，但肯定会来。莫吉廖夫已经作为托博尔斯克中央苦役监狱的长官存活了一年半，但是他现在是个被盯上的人。尽管当地社会革命党领导层的一些人认为暗杀行动只会让他们在狱中的同志遭受更严厉的镇压，但一位名叫尼古拉·希什马廖夫的社会革命党人还是于 1909 年 4 月前往了托博尔斯克。他在监狱外熙熙攘攘的广场上游荡，当莫吉廖夫抵达时，他走上前去，开枪把他打死了。与在赤塔的同志不同，希什马廖夫没有得到有同情心的旁观者的帮助，而是被一群当地居民抓住了。

社会革命党的地方委员会迅速印制了另一份顶端写着"权利必须通过斗争赢得！"的布告，并把它们分发到托博尔斯克各地：

> 1909 年 4 月 20 日，社会革命党乌拉尔地区战斗组织的一名成员杀死了托博尔斯克苦役监狱的监狱长莫吉廖夫。这名监狱长因残暴的折磨和对我们在狱中的兄弟、同志的嘲弄而被社会革命党判处死刑。[62]

法庭判处希什马廖夫绞刑，但他在行刑前夜服毒自杀身亡。同时，莫吉廖夫被埋葬在城镇公墓里他的前任博戈亚夫连斯基的坟墓旁；他的讣告刊登在官方期刊《监狱导报》上。现在，就像革命者针对监狱看守所做的那样，看守开始编制他们自己的殉难谱系。[63]

约300年前，鲍里斯·戈都诺夫将叛乱的乌格利奇人和被噤声的铜钟流放到托博尔斯克，让他们在政治上被遗忘，现在，这个城镇本身已成为国家与其国内敌人之间公开斗争的舞台。1907至1909年在托博尔斯克上演的血腥戏剧是1905年革命的缩影。积极分子刺激着狱方实施野蛮的镇压，而这种镇压只是进一步疏远了在狱中的数万囚犯，疏远了在监狱外的数十万流放者及其家属。塔赫乔格洛在1907年的审判中敏锐地指出，政府在监狱里的严惩“只是扩大了当局与人民之间的裂隙”[64]。

在第一次世界大战爆发前的几年里，政府的镇压没有减轻的迹象。激进的记者韦涅季克特·米亚科京抗议称，西伯利亚的监狱制度现在“被有意设计得……能尽可能多地为罪犯制造困境，不管大小”。1913年在阿尔卡奇监狱里，看守侮辱性地对囚犯们使用了俄语中不合礼节的“你”，囚犯拒绝答复他们，便被投入惩罚牢房中。如果在看守出现时拒绝立正，狱方会给罪犯戴上镣铐，把他们关进黑暗、狭窄的惩罚牢房里，收走书写材料、床单、书籍等物。囚犯们通过绝食和自杀来抗议这些惩罚。1909年，在托博尔斯克中央苦役监狱终身服刑的一名苦役犯不让人给他剃头，因为剃头是“羞辱性的”。在单独监禁期间，他试图用玻璃碎片割腕自杀；第二天，另一名罪犯也这么做了。在阿尔卡奇，为了抗议一名同志遭到鞭打，7名政治犯试图自杀。[65]1912年，在涅尔琴斯克的库塔托尔斯克监狱里，年轻的社会革命党恐怖分子伊兹拉埃尔·布里隆因不服从命令、暴力反抗警卫而被鞭打，这件事在他的同志当中引发了一连串抗议活动。他们开始绝食，看到看守拒绝让步后，4 个人自杀，有的人服毒，有的人用刀子。1900 年，在托博尔斯克省的监狱中，有 10 名罪犯自杀；1909 年，不少于 145 名罪犯自杀。[66] 狱中自杀成为革命者跟国家之间的无情斗争与他们愤怒的无能为力的晴雨表。1900 至 1914 年间，国家赢得了这场持久的力量测验，但付出了代价。

在 1905 年之前的 10 年间，逮捕、流放和监禁成功地破坏了革命者的活动，摧残了很多人的身心。但是，这些举动强化了革命者在同时代人眼中的地位，使得其他人变得激进。随着西伯利亚的前流放者要求担起革命领导权，牺牲和苦难都将成为在 1917 年的道德权威的一个来源。1905 年革命使西伯利亚的监狱从一个激进分子精英与众不同的标志，转变成了一种成千上万名政治化的沙皇臣民——他们来自帝国的各个角落、各个社会阶层和民族群体——共同的命运。

西伯利亚的监狱也是政府镇压 1905 年革命的利器，但它们是柄双刃剑。监狱里挤满了愤怒、有敌意的革命者，它们不仅仅是监禁和惩罚场所，还是报复心切、无法安抚的仇恨的孵化地，这种仇恨将在 1917 年在帝国各地爆发。

1910 年 7 月 1 日，位于托博尔斯克的鄂木斯克军事法庭将一位不引人注目的政治犯谢尔盖·维尔科夫判处死刑，罪名是他参与谋杀了一名监狱警卫。维尔科夫在下午 4 点回到惩罚牢房，然后坐下来给监狱当局写了临终遗言。维尔科夫潦草的字里行间包含着对小加图的英勇自杀的回响。公元前 46 年，加图宁愿选择剖腹自杀，也不愿屈从恺撒的暴政，虽然这种暴政是以“恺撒的恩惠”*的形式表达的。同样地，维尔科夫也拒绝了沙皇俄国的司法制度和沙皇的宽仁：

> 你们是强盗和凶手，而不是实行审判的人！你们无缘无故地判处我死刑，但是我跟你们没有关系了！我知道怎么绞死自己，没有你们的绞刑执行人，我也能做到。即使我的死刑被改判为服苦役，我也不想再活下去。至少我再也看不到暴政了！[67]

维尔科夫不仅仅是为了维护他的人格尊严而自杀；通过自杀，他不仅否认了国家杀死他的权力，也否认了国家通过宽仁赐予他生命的权力——这是对沙皇的父权权威更激进的挑战。1826年，一名十二月党人曾写信给尼古拉一世，感谢他把死刑改判为服苦役，从而“赐予了我生命”。近一个世纪以后，新的革命者队伍不会容忍这样的宽宏大量。维尔科夫的自杀遗书是对宽赦的一种痛苦、令人惊叹的拒绝。这个年轻的囚犯不是为了躲避绞刑架而选择自杀，而是为了预先阻止缓刑的可能性。这样一来，他颠覆了或许是君主权力的终极展现：不是夺取生命，而是赐予生命的权力。[68]

维尔科夫的自杀遗书也是对定他死罪的国家的死刑判决。这位革命者在满怀热情的信念中自杀，他相信，沙皇专制政权的权

---

* “对于我来说，”他说，“如果我要通过恺撒的恩惠来保命，那么我应该自己去恳求他。但我不会欠一个暴君的恩情，因为他的暴虐行径。如果他要饶恕他无权去统治的人们，这就相当于把他当作他们的合法主人，这对他来说是僭越之举。” *Plutarch's Lives*, trans. John Dryden, vol. 2 (New York, 2001), p. 313.

威终会被剥夺，展露出国家的腐朽内核。等到那时，沙皇的权力将现出它诡计多端的原形，那些因为被欺骗而支持沙皇政权的人会转而攻击他们的统治者：

> 你们这些盗贼和凶手对夺取了这么大的权力感到高兴！……你们这些刽子手已经杀害了无数人，还在继续杀戮！你们这些寄生虫啃食着诚实、勤劳的人，你们夺去性命，只是为了饮下更多的血！农民供养你们，你们却通过众多士兵统治他们。但是，终有一天，他们会发现你们原来是骗子、盗贼、凶手和放荡者！到那时，你们不会被宽恕！

维尔科夫的尸体在1910年7月1日晚上9点被人发现。他把绳子绑在他的床靠着的墙上，然后躺在地上，慢慢地把自己勒死。[69]这个年轻的革命者不但拒绝了宽赦，还发誓永远不会赐予宽赦。的确，在1917年以后，布尔什维克党人对自己的敌人没有怜悯，只有报复。那位赐予生命的权力曾被维尔科夫唾弃的专制君主，最终会在西伯利亚地下室里死于革命者的子弹。[70]

尾声

红色西伯利亚

1917 年 3 月 2 日，尼古拉二世退位，权力移交给了临时政府。俄国被宣称为“世界上最自由的国家”。此前被普遍斥责为专制政治的象征的流放制度崩溃了。新政府宣布实行大赦，88000 名囚犯因此获释，包括近 5700 名政治犯和约 68000 名罪犯。另有 14500 名囚犯被革命群众释放。在随后的几个月里，大规模逃跑也成为常见之事。4 月 25 日，临时政府正式废除流放这种惩罚手段。[1]

随着西伯利亚监狱的大门打开，从这些监狱中走出的政治犯往往怀有一种摧毁旧政权残余的坚定决心。伊尔库茨克的革命群众以一种迎接英雄的方式欢迎从亚历山德罗夫斯克中央苦役监狱里释放出的政治犯，这些政治犯走上讲台发表演讲。“他们的眼睛兴奋地发光，很多人憔悴的面庞表露出他们曾遭受的苦难。”民族志学者伊万·谢列布连尼科夫写道，“他们的演讲是那种狂热分子的演讲，洋溢着坚定不移的信念……他们从属于自己的观念，是社会主义的现代大司祭，诞生于［革命性的］地下组织和沙皇的监狱中。”[2]

1917 年有一件具有讽刺意味的事：革命本应破除沙皇专制政权曾长期用作对抗颠覆活动的武器的流放制度，但并没有破除。监狱看守、流放官员和警卫突然被剥夺了权力，并且很容易受到他们以前的囚犯的报复。西伯利亚流放和监狱制度到 1917 年底仅存的表面秩序，被 1918 至 1920 年间席卷这片大陆的内战铲除了。流放者、囚犯、他们的家人和官员卷入了战斗、难民队伍、饥荒和流行病构成的大漩涡中。对于一个代价如此巨大却几无收获的制度来说，这是一个适切的不光彩结局。[3]

然而，西伯利亚只是暂时交出了它的囚犯。1917 年以后，流放和苦役将彻底改变，在科学、理性和工业化的时代，惩罚手段将有所改进。布尔什维克党人没有从沙皇那里继承一个运作良好的刑罚制度，但他们确实继承了一套非常相似的现实困境：如何从广袤寒冷的泰加林和冻原地带中开采大量有价值的矿产资源，以及如何遏制苏维埃国家内的犯罪和颠覆活动。1917 年以后，布尔什维克党开始以自己的热情和严厉来迎接这些挑战。

流放到西伯利亚的制度，不再是主要关于强制孤立和刑罚流放罪犯和持异议者（并让少数特别危险的人从事强制性劳动）。现在，出于“净化社会”的需要和“个人改造”的预期，这个制度要按工业规模坚决地利用罪犯劳动。遥远的沙皇时代流放定居地（如中科雷姆斯克）和监狱（如鄂木斯克）发展成了主要的劳改中心。古拉格在新闻界被称颂为新公民的车间，古拉格的营地被誉为“有疗效的劳改营”[4]。

作为布尔什维克党巩固自己的合法性和使十月革命获得认可的文化运动的一部分，在 20 世纪 20 和 30 年代，国家级出版社出版了大量纪念革命前的美化政治犯的牺牲精神的书籍。回忆录、历史研究和档案文件建立了一套沙皇压迫和革命英雄主义的振奋家谱，这套家谱回溯了过往，将布尔什维克党人与他们的革命先驱联系起来，并将苏维埃势力的胜利表现为与暴政进行的长达一个世纪的斗争的高潮。西伯利亚流放的历史成为一个联系俄国的新统治者与19世纪60年代众多的杰出激进分子（如尼古拉·车尔尼雪夫斯基）以及19世纪20年代的十二月党人的重要纽带。前政治苦役犯协会在1921年成立，并开始出版《苦役与流放》杂志，该杂志致力于记录政治流放者和苦役犯的经历。然而，就在布尔什维克党人强调西伯利亚流放者的牺牲和沙皇俄国的暴政时，他们将自己的对手、持异见者和旧制度的残余势力投入了劳改营，其规模可能会超出沙皇刑罚管理人员的想象。[5]

许多在革命前从事地下活动的激进分子——特别是社会革命党和孟什维克党成员，但也有日益增加的布尔什维克反对派——因此获得了比较在西伯利亚的沙皇监狱和苏维埃监狱的有利机会。大多数人不舍地回顾他们在革命前的监禁条件。伊万·特奥多罗维奇就是这样的一个“老布尔什维克”[6]。

特奥多罗维奇在1875年出生于一个波兰贵族家庭，这个家庭拥有与沙皇专制政权进行革命斗争的骄傲历史。他的曾祖父在1830年华沙十一月起义中起到了积极作用，他的父亲和两个哥哥在1863年的波兰起义中战斗。在被沙皇军队俘获后，一个哥哥流放到高加索，另一个流放到西伯利亚。特奥多罗维奇在“憎恨俄国沙皇制度”的环境中长大。到他高中毕业时，这个起义者家族的后代深信自己将以一个“专业革命者”的身份生活。他于19世纪90年代在莫斯科学习，成了一名马克思主义者，并加入了俄国社会民主工党——该党后来于1903年分裂成布尔什维克党和孟什维克党。

特奥多罗维奇于19和20世纪之交在莫斯科的地下革命活动中表现活跃，后被一名告密者告发，于1902年被捕，并被流放到雅库茨克。三年后，他从流放地逃脱，随后一直留在日内瓦，1905年10月，他返回圣彼得堡，在那里继续在地下革命活动中发挥重要作用。他于1908年再次被捕，并被判处五年苦役，后被流放伊尔库茨克省。九年后，他在二月革命期间返回彼得格勒，成为一名重要的布尔什维克党人。特奥多罗维奇是布尔什维克党中央执行委员会的成员（该委员会于1918年7月19日发布了公布和认可对尼古拉二世的处决的公告）。他在1922年成为农业副委员，在建立前政治苦役犯协会方面发挥了重要作用，并从1929年起担任《苦役与流放》的主编。

1929年，苏维埃政权下令在列宁格勒革命广场（今天的三一广场）的边缘为前政治苦役犯协会的成员建造一座现代化的大型公寓。最终，这些年迈革命者所从事的斗争通过这座位于涅瓦河畔的恢宏建筑得到了肯定，该建筑被称为“政治苦役犯之家”。从设备齐全的阳台上，他们可以越过广场看到彼得保罗要塞，一百多年前，戴着镣铐的十二月党人从那里开始了前往西伯利亚的流放之路。

今日，一个小型石刻纪念碑坐落于三一广场中心的政治苦役犯之家的脚下。该纪念碑于2002年建成，上有题词“献给古拉格的囚犯”。这个位置意义重大。在这栋新公寓里居住的几年中，这些前政治犯完全有理由羡慕十二月党人的西伯利亚流放岁月。

随着镇压活动在20世纪30年代加剧，代表着革命历史中一个更包容、更多元化的维度的前政治苦役犯协会，与意识形态方面的不宽容相冲突。1935年，它被解散，它的杂志停刊。1937年6月11日，特奥多罗维奇像他的许多同志一样被捕。这个饱经忧患的西伯利亚刑罚定居点资深囚犯又一次身陷牢房中，他被指控密谋推翻政府。但是这一次，没有逃跑，也没有获释。一百三十名协会成员在“大清洗”中遭到处决，另有九十人被送到革命政权的劳改营，而他们中的许多人曾奋力让这个政权掌权。然而，特奥多罗维奇从未到达劳改营。1937 年 9 月 20 日，他被行刑队枪决。[7]

致谢

这本书的完成是个漫长的过程，在此期间，我欠下了很多人情债，在此我一并感谢。伦敦大学皇家霍洛威学院和利弗休姆信托基金的补助金支持我在俄罗斯联邦做了一年半的档案研究。A·D·马戈利斯、阿纳托利·列姆涅夫、阿比·施拉德尔、艾伦·伍德，尤其是安德鲁·让特，他们关于西伯利亚流放的开创性研究工作，在我确定这个主题的研究方法、在处理第一手资料方面非常珍贵。

我非常感谢我在圣彼得堡、莫斯科、托博尔斯克和伊尔库茨克拜访过的档案馆的员工，尤其是玛丽娜·帕夫诺夫娜·波德维吉娜和她在圣彼得堡科学院图书馆的同事。在寻找和解读在圣彼得堡的档案材料方面，伊利亚·马京提供了非常宝贵的帮助，而且在我的种种想法具体化的过程中，他提供了中肯的批评意见。在识别本书中出现的一些不太知名的人物方面，他也极为有帮助。伊万·巴毕茨基帮助我在莫斯科俄罗斯联邦国家档案馆收集资料。2012 年夏天，尤利娅·波波娃帮我解释了俄语表达中的口语和废词。在英国，与阿纳托利·米哈伊洛维奇·阿尔塔莫诺夫讨论革命者回忆录让我获益良多。

本书中有些材料和内容摘要曾在伦敦大学、牛津大学、莱顿大学、慕尼黑大学、乔治城大学、伊利诺伊大学厄巴纳－香槟分校和圣彼得堡欧洲大学的研讨班和专题讨论会上，在《斯拉夫评论》和《评论界：俄罗斯和欧洲历史探究》上提交过。我非常感谢能参与这些座谈会，感谢这些期刊的编辑和匿名读者，他们为我提出了敏锐的问题和批评。朋友、家人和同事阅读了本书的草稿，有些时候，是整部稿件。对于这些人的评论和建议，我要感谢托宾·奥贝尔、亚历克斯·巴伯、理查德·比尔、罗伯特·比尔、亚历山德鲁·奇米西奥、奥兰多·费吉斯、詹姆斯·格罗夫纳、彼得·克雷默、加维纳·雅各布森、斯蒂芬·洛弗尔、鲁道夫·穆斯、亚历山德拉·奥伯兰德、阿曼达·维克里和乔纳森·沃特洛。除了给予我其他方面的帮助，丽贝卡·赖克还用自己非凡的批判技能审读了这份书稿，为我免去了众多不当之处，并大大提高了我在行文和论证中的清晰度。

从本书在 2010 年喝杯咖啡的间隙起步到六年后成书，我的经纪人彼得·鲁宾逊始终在敏捷地把控着这个项目。企鹅的西蒙·温德尔看到了本书提案的潜质，而且从那时到现在，他一直是个给予我支持与包容的编辑。克诺夫的乔治·安德烈乌对于重写这部稿件的部分内容提出了极好的意见。出色的技术编辑贝拉·库尼亚心平气和地忍受了我在最后时刻的改写。

最后，我要感谢已故的朋友和同事戴维·切萨拉尼，是他鼓励我从事这个主题的研究。我把本书献给我的儿子古斯塔夫·米洛陶伊。

剑桥，2016 年 1 月

注 释

档案缩写

圣彼得堡

RGIA（Rossiiskii gosudarstvennyi istoricheskii arkhiv）—— 俄罗斯国家历史档案馆

IRLI RAN（Institut russkoi literatury Rossiiskoi Akademii Nauk）——俄罗斯科学院俄罗斯文学研究所

AAN SPb（Sankt Peterburgskii filial arkhiva Akademii Nauk）——科学院档案馆圣彼得堡分馆

TsGIA SPb（Tsentral'nyi gosudarstvennyi istoricheskii arkhiv Sankt Peterburga）——圣彼得堡国家中央历史档案馆

莫斯科

GARF（Gosudarstvennyi arkhiv Rossiiskoi Federatsii）——俄罗斯联邦国家档案馆

RGVIA（Rossiiskii gosudarstvennyi voenno-istoricheskii arkhiv）——俄罗斯国家军事-历史档案馆

托博尔斯克

GATOvgT（Gosudarstvennyi arkhiv Tiumen'skoi oblasti v gorode Tobol'sk）——秋明州国家档案馆（位于托博尔斯克市）

伊尔库茨克

GAIO（Gosudarstvennyi arkhiv Irkutskoi oblasti）——伊尔库茨克州国家档案馆

档案文献使用了如下缩写

f. (fond)

op. (opis')

d. (delo)

k. (karton)

n. (nomer)

ch. (chast')

dp. (deloproizvodstvo)

eksp. (ekspeditsiia)

t. (tom)

sv. (svodka)

o. o. (osoboe otdelenie)

l. 或 ll. (list or listy)

引 言

1. F. M. Dostoevskii, 'Zapiski iz Mertvogo doma', in idem, *Polnoe sobranie sochinenii*, 30 vols. (Leningrad, 1972–90), vol. 4, p. 9.

序言 乌格利奇的铜钟

1. K. Iaroslavskii, *Vozvrashchennyi iz Sibiri uglichskii kolokol* (Uglich, 1892); D. V. Lavrov, *Uglichskii ssyl'nyi kolokol* (Uglich, 1913); A. M. Lobashkov, *Istoriia ssyl'nogo kolokola* (Yaroslavl, 1988), pp. 32–45.
2. Lobashkov, *Istoriia ssyl'nogo kolokola*, pp. 9–27; Andrew A. Gentes, *Exile to Siberia, 1590–1822* (Basingstoke, 2008), pp. 36–7.
3. Ippolit Zavalishin, *Opisanie Zapadnoi Sibiri*, 2 vols. (Moscow, 1862), vol. 1, pp. 317–18.
4. Galina Shebaldina, *Shvedskie voennoplennye v Sibiri (Pervaia chetvert' XVIII veka)* (Moscow, 2005), ch. 1; A. P. Mikheev, *Tobol'skaia katorga* (Omsk, 2007), pp. 24–5.
5. F. Kudriavtsev and G. Vendrikh, *Irkutsk: ocherki po istorii goroda* (Irkutsk, 1971), pp. 105–6; L. M. Dameshek (ed.), *Irkutsk v panorame vekov* (Irkutsk, 2002), pp. 139, 146; N. V. Kulikauskene (ed.), *Letopis' goroda Irkutska XVII—XIX vv.* (Irkutsk, 1996), pp. 233–6.
6. Alexander Solzhenitsyn, *The Gulag Archipelago: 1918–1956*, trans. Thomas P. Whitney and Harry Willetts (London, 1995); Anne Applebaum, *Gulag: A History* (London, 2004); Steven A. Barnes, *Death and Redemption: The Gulag and the Shaping of Soviet Society* (Princeton, 2011).
7. Yuri Slezkine and Galya Diment, 'Introduction', in idem (eds.), *Between Heaven and Hell: The Myth of Siberia in Russian Culture* (New York, 1993), p. 2; Valerie Kivelson, *Cartographies of Tsardom: The Land and Its Meanings in Seventeenth-Century Russia* (Ithaca, 2006), ch. 4.
8. Robert Hughes, *The Fatal Shore: A History of the Transportation of Convicts to Australia, 1787–1868* (London, 1986), p. xi; Stephen A. Toth, *Beyond Papillon: The French Overseas Penal Colonies, 1854–1952* (Lincoln, NE, 2006), p. 12.
9. A. P. Chekhov, 'V ssylke', *Polnoe sobranie sochinenii i pisem*, 20 vols. (Moscow,

1944–51), vol. 8, p. 87.

10. *Iaroslavskie eparkhial'nye vedomosti*, 1892, no. 24, pp. 373–5; Lobashkov, *Istoriia ssyl'nogo kolokola*, pp. 39–41.
11. Frith Maier, 'The Forgotten George Kennan: From Cheerleader to Critic of Tsarist Russia', *World Policy Journal*, vol. 19, no. 4 (Winter 2002–3), pp. 79–84; Jane E. Good, 'America and the Russian Revolutionary Movement, 1888–1905', *The Russian Review*, vol. 41, no. 3 (July 1982), p. 274.
12. George L. Yaney, *The Systematization of Russian Government: Social Evolution in the Domestic Administration of Imperial Russia, 1711–1905* (Urbana, IL, 1973); Richard Pipes, *Russia Under the Old Regime*, 2nd edn (London, 1995), ch. 11.

1 流放制度的起源

1. George V. Lantzeff and Richard A. Pierce, *Eastward to Empire: Exploration and Conquest on the Russian Open Frontier, to 1750* (Montreal, 1973).
2. Michael Khodarkovsky, *Russia's Steppe Frontier: The Making of a Colonial Empire, 1500–1800* (Bloomington, IN, 2002), ch. 3; George V. Lantzeff, *Siberia in the Seventeenth Century* (New York, 1972), pp. 87–8; Andrew A. Gentes, *Exile to Siberia, 1590–1822* (Basingstoke, 2008), pp. 22–5; Janet M. Hartley, *Siberia: A History of the People* (New Haven, 2014), pp. 5–11.
3. James Forsyth, *A History of the Peoples of Siberia: Russia's North Asian Colony, 1581–1990* (Cambridge, 1992), pp. 6–10; Andrew A. Gentes, *Exile, Murder and Madness in Siberia, 1823–61* (Basingstoke, 2010), pp. 1–4.
4. W. Bruce Lincoln, *The Conquest of a Continent: Siberia and the Russians* (Ithaca, 1994), pp. 48–56; Forsyth, *A History of the Peoples of Siberia*, pp. 10–28; Piers Vitebsky, *Reindeer People: Living with Animals and Spirits in Siberia* (London, 2011), chs. 1–2.
5. Robert J. Kerner, *The Urge to the Sea. The Course of Russian History. The Role of Rivers, Portages, Ostrogs, Monasteries, and Furs* (New York, 1970), p. 86; Raymond H. Fisher, *The Russian Fur Trade, 1550–1700* (Berkeley, 1943), chs. 1–3; Mark Bassin, 'Expansionism and Colonialism on the Eastern Frontier: Views of Siberia and the Far East in Pre-Petrine Russia', *Journal of Historical Geography*, vol. 14, no. 1 (1988), pp. 3–21.
6. Lantzeff, *Siberia in the Seventeenth Century*, pp. 87–91; Hartley, *Siberia*, pp. 38–41; Lincoln, *The Conquest of a Continent*, pp. 45–6, 61; Forsyth, *A History*

of the Peoples of Siberia, pp. 33–5, 61–6; Valerie Kivelson, 'Claiming Siberia: Colonial Possession and Property Holding in the Seventeenth and Early Eighteenth Centuries', in Nicholas B. Breyfogle et al. (eds.), *Peopling the Russian Periphery: Borderland Colonization in Eurasian History* (London, 2007), pp. 27–32.

7. Lincoln, *The Conquest of a Continent*, pp. 81–2; Fisher, *The Russian Fur Trade*, ch. 6; Janet Martin, *Treasure from the Land of Darkness: The Fur Trade and Its Significance for Medieval Russia* (Cambridge, 1986); Christoph Witzenrath, *Cossacks and the Russian Empire, 1598–1725: Manipulation, Rebellion and Expansion into Siberia* (London, 2007), pp. 62–70; ch. 4.
8. A. P. Shchapov, 'Sibirskoe obshchestvo do Speranskogo', *Sochineniia*, 4 vols. (St. Petersburg, 1906–8), vol. 3, p. 673; Lantzeff, *Siberia in the Seventeenth Century*, ch. 5; Lincoln, *The Conquest of a Continent*, pp. 83–4; Gentes, *Exile to Siberia*, pp. 29–31, 82–4, 135, 142–5; Richard Pipes, *Russia Under the Old Regime*, 2nd edn (London, 1995), p. 282; Witzenrath, *Cossacks and the Russian Empire*, chs. 1, 4.
9. I. V. Shcheglov, *Khronologicheskii perechen' vazhneishikh dannykh iz istorii Sibiri: 1032–1882 gg.* (Irkutsk, 1883), pp. 44–5; Lincoln, *The Conquest of a Continent*, pp. 59–63; Witzenrath, *Cossacks and the Russian Empire*, p. 18.
10. V. A. Aleksandrov, *Rossiia na dal'nevostochnykh rubezhakh (vtoraia polovina XVII v.)* (Khabarovsk, 1984), pp. 37–8; Forsyth, *A History of the Peoples of Siberia*, p. 45; Gentes, *Exile to Siberia*, p. 17.
11. Forsyth, *A History of the Peoples of Siberia*, pp. 67–9; Lincoln, *The Conquest of a Continent*, p. 88; Witzenrath, *Cossacks and the Russian Empire*, p. 69.
12. N. M. Iadrintsev, *Sibir' kak koloniia v geograficheskom, etnograficheskom i istoricheskom otnoshenii* (St. Petersburg, 1882), p. 165.
13. Cited in A. A. Alekseev, 'Istoriia slova grazhdanin v XVIII v.', *Izvestiia Akademii Nauk SSSR*, vol. 31, no. 1 (1972), p. 68; Bassin, 'Expansion and Colonialism', pp. 3–21.
14. William Coxe, *Travels into Poland, Russia, Sweden and Denmark*, 4th edn, 5 vols. (London, 1792), vol. 3, pp. 120–22. 在 18 世纪末，除了考克斯，还有其他外国人也带着好奇和畏惧的心情看到了鞭刑、残害和打烙印。See the memoirs of the Japanese captain Katsuragav Khosiu, *Kratkie vesti o skitaniiakh v severnykh vodakh*, trans. V. M. Konstantinov (Moscow, 1978), pp. 187–8.
15. E. Anisimov, *Dyba i knut: politicheskii sysk i russkoe obshchestvo v XVIII veke* (Moscow, 1999), pp. 498–500; Cyril Bryner, 'The Issue of Capital Punishment

in the Reign of Elizabeth Petrovna', *The Russian Review*, vol. 49, no. 4 (October 1990), pp. 389–416; John P. LeDonne, *Absolutism and Ruling Class: The Formation of the Russian Political Order, 1700–1825* (Oxford, 1991), pp. 216–17; Alan Wood, 'Siberian Exile in the Eighteenth Century', *Sibirica*, vol. 1, no. 1 (Summer 1990), pp. 45–6.

16. Abby Schrader, *Languages of the Lash: Corporal Punishment and Identity in Imperial Russia* (DeKalb, IL, 2002), ch. 1.
17. Coxe, *Travels into Poland*, pp. 129–30.
18. P. A. Slovtsov, *Istoricheskoe obozrenie Sibiri. Stikhotvoreniia. Propovedi*, ed. V. A. Kreshchik (Novosibirsk, 1995), p. 149.
19. N. D. Sergeevskii, *O ssylke v drevnei Rossii* (St. Petersburg, 1887), p. 15; Gentes, *Exile to Siberia*, ch. 3; Anisimov, *Dyba i knut*, pp. 503–10; idem, *The Reforms of Peter the Great: Progress Through Coercion in Russia*, trans. John T. Alexander (Armonk, NY, 1993), p. 229.
20. M. G. Levin and L. P. Potapov (eds.), *Narody Sibiri* (Moscow, 1956), p. 140; Lincoln, *The Conquest of a Continent*, p. 149; Hartley, *Siberia*, pp. 24–5.
21. Stephen D. Watrous (ed.), *John Ledyard's Journey through Russia and Siberia, 1787–1788* (Madison, WI, 1966), pp. 77–8, 152; Edward G. Gray, *The Making of John Ledyard: Empire and Ambition in the Life of an Early American Traveler* (New Haven, 2007), chs. 8–9.
22. V. K. Andreevich, *Istoricheskii ocherk Sibiri*, 6 vols. (St. Petersburg, 1889), vol. 5, pp. 159–69; Lincoln, *The Conquest of a Continent*, p. 142.
23. Robert Hughes, *The Fatal Shore: A History of the Transportation of Convicts to Australia, 1787–1868* (London, 1986), p. xi.
24. David Moon, 'Peasant Migration and the Settlement of Russia's Frontiers, 1550–1897', *The Historical Journal*, vol. 40, no. 4 (1997), p. 863; L. G. Beskrovnyi (ed.), *Opisanie Tobol'skogo namestichestva, sostavlennoe v 1789–1790 gg.* (Novosibirsk, 1982), pp. 246–51.
25. John Dundas Cochrane, *Narrative of a Pedestrian Journey Through Russia and Siberian Tartary, from the Frontiers of China to the Frozen Sea of Kamchatka; Performed During the Years 1820, 1821, 1822 and 1823* (Philadelphia, 1824), p. 86.
26. Hartley, *Siberia*, pp. 24–5; *Aziatskaia Rossiia*, vol. 2, pp. 501–3; Lincoln, *The Conquest of a Continent*, pp. 147–9; Cochrane, *Narrative of a Pedestrian Journey*,

pp. 133–4.

27. L. M. Dameshek and A. V. Remnev (eds.), *Sibir' v sostave Rossiiskoi Imperii* (Moscow, 2007), appendix 2; Hartley, *Siberia*, pp. 55–69.

28. N. M. Iadrintsev, *Russkaia obshchina v tiur'me i ssylke* (St. Petersburg, 1872), pp. 508–9; Adele Lindenmeyr, *Poverty Is Not a Vice: Charity, Society, and the State in Imperial Russia* (Princeton, 1996), ch. 2; Wood, 'Siberian Exile in the Eighteenth Century', p. 54; Alison K. Smith, '"The Freedom to Choose a Way of Life": Fugitives, Borders, and Imperial Amnesties in Russia', *The Journal of Modern History*, vol. 83 (June 2011), pp. 243–71; RGIA, f. 1374, op. 6, d. 1366 (1800), ll. 1–19.

29. Paul Avrich, *Russian Rebels, 1600–1800* (New York, 1972), parts 3–4; Isabel de Madariaga, *Russia in the Age of Catherine the Great* (New Haven, 1981), ch. 16; Gentes, *Exile to Siberia*, pp. 111–14.

30. E. N. Anuchin, *Issledovaniia o protsente soslannykh v Sibir' v period 1827–1846 godov. Materialy dlia ugolovnoi statistiki Rossii* (St. Petersburg, 1873), pp. 309–10; Gentes, *Exile, Murder and Madness*, pp. 22, 26–34; idem, 'Vagabondage and the Tsarist Siberian Exile System: Power and Resistance in the Penal Landscape', *Central Asian Survey*, vol. 30, nos. 3–4 (2011), pp. 407–21.

31. Gentes, *Exile to Siberia*, pp. 115–16; Laura Engelstein, *Castration and the Heavenly Kingdom: A Russian Folktale* (Ithaca, 1999).

32. Madariaga, *Russia in the Age of Catherine the Great*, pp. 542–5; Wood, 'Siberian Exile in the Eighteenth Century', pp. 52–3.

33. Iadrintsev, *Russkaia obshchina*, p. 523; Gentes, *Exile to Siberia*, pp. 117–18; RGIA, f. 1264, op. 1, d. 400 (1824), ll. 1–4; RGIA, f. 1281, op. 6, d. 27 (1856), 14 ob–15.

34. Ssylka v Sibir'. *Ocherk ee istorii i sovremennogo polozheniia* (St. Petersburg, 1900), pp. 46–7; Alan Wood, 'The Use and Abuse of Administrative Exile to Siberia', *Irish Slavonic Studies* (1985), no. 6, p. 69; V. N. Dvorianov, *V sibirskoi dal'nei storone…(Ocherki istorii politicheskoi katorgi i ssylki. 60-e gody XVIII v.—1917 g.)* (Minsk, 1985), p. 27; Ivan Turgenev, 'Punin and Baburin' in *Youth and Age: Three Short Novels by Ivan Turgenev*, trans. Marion Mainwaring (London, 1968), pp. 31–4.

35. Jerome Blum, *Lord and Peasant in Russia: From the Ninth to the Nineteenth Century* (Princeton, 1961), p. 430.

36. Andrew A. Gentes, '"Completely Useless": Exiling the Disabled to Tsarist Siberia', *Sibirica*, vol. 10, no. 2 (Summer 2011), p. 33; *Ssylka v Sibir'*, pp. 54–6; RGIA, f. 1286, op. 10, d. 1090 (1846), ll. 7–8; RGIA, f. 1286, op. 16, d. 671 (1855), ll. 4–7.
37. Robert J. Abbott, 'Police Reform in the Russian Province of Iaroslavl, 1856–1876', *Slavic Review*, vol. 32, no. 2 (1973), p. 293; Neil Weissman, 'Regular Police in Tsarist Russia, 1900–1914', *The Russian Review*, vol. 44, no. 1 (January 1985), p. 49; Stephen P. Frank, *Crime, Cultural Conflict and Justice in Rural Russia, 1856–1914* (Berkeley, 1999), pp. 30–36, 236–41.
38. Wood, 'The Use and Abuse', pp. 69–70; Anuchin, *O protsente soslannykh*, pp. 310–12; *Ssylka v Sibir'*, ch. 2; Hughes, *The Fatal Shore*, pp. 72–3, 163.
39. David F. Lindenfeld, *The Practical Imagination: The German Sciences of the State in the Nineteenth Century* (Chicago, 1997), ch. 1; Marc Raeff, *The Well-Ordered Police State: Social and Institutional Change through Law in the Germanies and Russia, 1600–1800* (New Haven, 1983), pp. 204–50; Pipes, *Russia Under the Old Regime*, p. 128.
40. RGIA, f. 1374, op. 6, d. 1366 (1800), ll. 1–19; *Ssylka v Sibir'*, pp. 47–8; A. D. Kolesnikov, 'Ssylka i zaselenie Sibiri', in L. M. Goriushkin (ed.), *Ssylka i katorga v Sibiri (XVIII—nachalo XX v.)* (Novosibirsk, 1975), p. 42; Gentes, '"Completely Useless"', p. 31; Daniel Beer, 'Penal Deportation to Siberia and the Limits of State Power, 1801–1881', *Kritika: Explorations in Russian and Eurasian History*, vol. 16, no. 3 (2015), pp. 621–50.
41. Marc Raeff, *Siberia and the Reforms of 1822* (Seattle, 1956), pp. 59–62; Marc Raeff, *Michael Speransky: Statesman of Imperial Russia, 1772–1839* (The Hague, 1957); Gentes, *Exile to Siberia*, pp. 156–201.
42. Andrew Gentes, '"Licentious Girls" and Frontier Domesticators: Women and Siberian Exile from the Late Sixteenth to the Early Nineteenth Centuries', *Sibirica*, vol. 3, no. 1 (2003), pp. 3–20; Abby M. Schrader, 'Unruly Felons and Civilizing Wives: Cultivating Marriage in the Siberian Exile System, 1822–1860', *Slavic Review*, vol. 66, no. 2 (Summer 2007), pp. 230–56.
43. Wood, 'Siberian Exile in the Eighteenth Century', p. 59; *Aziatskaia Rossiia*, vol. 1, p. 81; *Ssylka v Sibir'*, appendix 4; Dameshek and Remnev (eds.), *Sibir'*, p. 279.
44. *Ssylka v Sibir'*, appendix 1; A. D. Margolis, 'Chislennost' i razmeshchenie ssyl'nykh v Sibiri v kontse XIX veka', in idem, *Tiur'ma i ssylka v imperatorskoi*

Rossii. Issledovaniia i arkhivnye nakhodki (Moscow, 1995), p. 41; Andrew A. Gentes, 'Towards a Demography of Children in the Tsarist Siberian Exile System', *Sibirica*, vol. 5, no. 1 (Spring 2006), p. 1; Frank, *Crime, Cultural Conflict, and Justice*, ch. 2.

2 界 标

1. Petr Kropotkin, *In Russian and French Prisons* (London, 1887), pp. 124–5.
2. George Kennan, *Siberia and the Exile System*, 2 vols. (New York, 1891), vol. 1, pp. 52–4.
3. I. P. Belokonskii [Petrovich], *Po tiur'mam i etapam. Ocherki tiuremnoi zhizni i putevye zametki ot Moskvy do Krasnoiarska* (Oryol, 1887), pp. 107–8.
4. Cited in Andrew A. Gentes, *Exile to Siberia, 1590–1822* (Basingstoke, 2008), p. 48.
5. Robert Hughes, *The Fatal Shore: A History of the Transportation of Convicts to Australia, 1787–1868* (London, 1986), p. 145; Gwenda Morgan and Peter Rushton, *Banishment in the Early Atlantic World: Convicts, Rebels and Slaves* (London, 2013), ch. 6. 关于把刑罚殖民者放逐到法属圭亚那，参见 Stephen A. Toth, *Beyond Papillon: The French Overseas Penal Colonies, 1854–1952* (Lincoln, NE, 2006); Michel Pierre, *La terre de la grande punition* (Paris, 1982)。
6. Hughes, *The Fatal Shore*, pp. 129–57; J. McDonald and R. Shlomowitz, 'Mortality on Convict Voyages to Australia, 1788–1868', *Social Science History*, vol. 13, no. 3 (1989), pp. 285–313; James J. Willis, 'Transportation versus Imprisonment in Eighteenth- and Nineteenth-Century Britain: Penal Power, Liberty, and the State', *Law and Society Review*, vol. 39, no. 1 (2005), pp. 171–210; Hamish Maxwell-Stewart, 'Convict Transportation from Britain and Ireland, 1615–1870', *History Compass*, vol. 8, no. 11 (2010), pp. 1221–42.
7. Anton Chekhov, *Sakhalin Island*, trans. Brian Reeve (Richmond, 2007), p. 26; N. Rumiantsev, *Istoricheskii ocherk peresylki arestantov v Rossii* (St. Petersburg, 1876), p. 10; William L. L. D. Spottiswoode, *A Tarantasse Journey through Eastern Russia in the Autumn of 1856* (London, 1857), p. 37.
8. Gryts'ko [G. Z. Eliseev], 'Ugolovnye prestupniki', *Sovremennik*, 1860, vol. 74, p. 286; A. A. Vlasenko, 'Ugolovnaia ssylka v Zapadnuiu Sibir' v politike samoderzhaviia XIX veka', Kandidatskaia diss. (Omsk State University, 2008), pp. 63, 69.
9. 'Rasskazy Praskov'i Egorovny Annenkovoi', *Russkaia starina*, 1888, no. 4, p. 3.
10. RGIA, f. 383, op. 29, d. 924 (1806), ll. 27, 29; G. Peizen, 'Istoricheskii ocherk

kolonizatsii Sibiri', *Sovremennik*, 1859, no. 9, pp. 29–30; RGIA, f. 383, op. 29, d. 953 (1818), ll. 2, 24.

11. RGIA, f. 468, op. 20, d. 273 (1787), ll. 2, 8, 22; RGIA, f. 383, op. 29, d. 924 (1806), l. 29.
12. RGIA, f. 383, op. 29, d. 938 (1811), ll. 88–9; RGIA, f. 383, op. 29, d. 953 (1818), ll. 1, 12–14. 关于抵达西伯利亚的伤残流放者的问题，参见 Andrew A. Gentes, '"Completely Useless": Exiling the Disabled to Tsarist Siberia', *Sibirica*, vol. 10, no. 2 (Summer 2011), pp. 26–49。
13. RGIA, f. 1149, op. 1, d. 10 (1828), ll. 2–6; 'Arestanty v Sibiri', *Sovremennik*, 1863, no. 11, p. 146.
14. RGIA, f. 383, op. 29, d. 924 (1806), l. 29; Rumiantsev, *Istoricheskii ocherk peresylki*, pp. 12–13.
15. O. N. Bortnikova, *Sibir' tiuremnaia: penitentsiarnaia sistema Zapadnoi Sibiri v 1801–1917 gg.* (Tyumen, 1999), p. 45; RGIA, f. 1286, op. 1, d. 195 (1804), l. 1.
16. S. M. Shtutman, *Na strazhe tishiny i spokoistviia: iz istorii vnutrennykh voisk Rossii (1811–1917 gg.)* (Moscow, 2000), pp. 107–9; RGIA, f. 1286, op. 1, d. 195 (1804), ll. 51, 53, 64; RGIA, f. 1286, op. 2, d. 245 (1817), l. 1; 'O prestupleniiakh po vsei Sibiri, v koikh uchastvovali ssyl'nye s 1823 po 1831 god', *Zhurnal Ministerstva Vnutrennykh Del*, 1833, no. 8, pp. 224–33.
17. *Ssylka v Sibir'. Ocherk ee istorii i sovremennogo polozheniia* (St. Petersburg, 1900), appendix no. 1; Gentes, *Exile to Siberia*, p. 137.
18. Bortnikova, *Sibir' tiuremnaia*, p. 47; H. G. Stepanov (Shenmaier), 'Upravlenie katorgoi v Sibiri v nachale XIX veka (pravovoi aspekt)', *Sibirskaia ssylka* (Irkutsk, 2011), no. 6 (18), pp. 92–107; 'Ustav ob etapakh v sibirskikh guberniiakh', *Uchrezhdenie dlia upravleniia sibirskikh gubernii* (St. Petersburg, 1822), pp. 4–5; Ippolit Zavalishin, *Opisanie Zapadnoi Sibiri*, 2 vols. (Moscow, 1862), vol. 1, pp. 355–6.
19. S. V. Maksimov, *Sibir' i katorga*, 3rd edn (St. Petersburg, 1900), p. 14; Rumiantsev, *Istoricheskii ocherk peresylki*, p. 12; N. M. Iadrintsev, *Russkaia obshchina v tiur'me i ssylke* (St. Petersburg, 1872), p. 320; Vlasenko, 'Ugolovnaia ssylka', p. 63.
20. 'Ustav ob etapakh v sibirskikh guberniiakh', p. 26; L. M. Dameshek and A. V. Remnev (eds.), *Sibir' v sostave Rossiiskoi Imperii* (Moscow, 2007), pp. 277–8.
21. 'Ustav o ssyl'nykh', articles 210–13; Marc Raeff, *Siberia and the Reforms of*

1822 (Seattle, 1956), p. 60; RGIA, f. 1286, op. 21, d. 1118 (1860), l. 1; Gentes, *Exile to Siberia*, pp. 198–9. 1870 年，流放事务部从托博尔斯克转到秋明。See Vlasenko, 'Ugolovnaia ssylka', pp. 81–2.

22. RGIA, f. 1264, op. 1, d. 414 (1825), l. 6; RGIA, f. 1264, op. 1, d. 71 (1835), l. 138.
23. 'Ustav ob etapakh v sibirskikh guberniiakh', no. 22; RGIA, f. 1264, op. 1, d. 71 (1835), ll. 136 ob–137; Gentes, *Exile to Siberia*, pp. 195–6.
24. Rumiantsev, *Istoricheskii ocherk peresylki*, pp. 10–11; GARF, f. 109, op. 8, 1 eksp., d. 357 (1833), l. 10; GATOvgT, f. 152, op. 31, d. 127 (1849), l. 18; RGIA, f. 1286, op. 29, d. 836 (1868), l. 8.
25. 'Arestanty v Sibiri', pp. 153–4; Iadrintsev, *Russkaia obshchina*, pp. 2–5, 304. 凯南记录过 19 世纪 80 年代在阿尔卡奇监狱中有类似的简易装修。Kennan, *Siberia and the Exile System*, vol. 2, pp. 292–3.
26. V. P. Kolesnikov, 'Zapiski neschastnogo, soderzhashchie puteshestvie v Sibir' po kanatu', *Zaria*, 1869, no. 5, pp. 25–6.
27. Vlasenko, 'Ugolovnaia ssylka', pp. 66–7; Gentes, *Exile to Siberia*, p. 198; Kennan, *Siberia and the Exile System*, vol. 1, p. 378; RGIA, f. 1286, op. 22, d. 925 (1857), l. 8 ob; Gryts'ko [Eliseev], 'Ugolovnye prestupniki', p. 286; RGIA, f. 1286, op. 29, d. 771 (1868), l. 2.
28. Iu. Ruchin'skii, 'Konarshchik, 1838–1878: vospominaniia o sibirskoi ssylke', in B. S. Shostakovich (ed.), *Vospominaniia iz Sibiri: memuary, ocherki, dnevnikovye zapiski pol'skikh politicheskikh ssyl'nykh v vostochnuiu Sibir' pervoi poloviny XIX stoletiia (Irkutsk, 2009)*, p. 374; V. L. Seroshevskii, 'Ssylka i katorga v Sibiri', in I. S. Mel'nik (ed.), *Sibir': ee sovremennoe sostoianie i ee nuzhdy. Sbornik statei* (St. Petersburg, 1908), p. 209; Nikolai Leskov, *Lady Macbeth of Mtsensk and Other Stories*, trans. David McDuff (London, 1987), pp. 158–71.
29. RGIA, f. 1263, op. 1, d. 415 (1825), ll. 296, 298; RGIA, f. 1264, op. 1, d. 414 (1825), l. 1; RGIA, f. 1286, op. 7, d. 341 (1840), l. 30; GAIO, f. 32, op. 1, d. 199 (1877), l. 2; Vlasenko, 'Ugolovnaia ssylka', p. 66; L. Mel'shin [P. F. Iakubovich], *V mire otverzhennykh: zapiski byvshego katorzhnika* (St. Petersburg, 1896), p. 14.
30. RGIA, f. 1286, op. 7, d. 377 (1840), l. 71; Vlasenko, 'Ugolovnaia ssylka', p. 299.
31. GARF, f. 109, 1 eksp., op. 8, d. 357 (1833), l. 15; RGIA, f. 1286, op. 7, d. 377 (1840), l. 38.
32. Andrew A. Gentes, *Exile, Murder and Madness in Siberia, 1823–61* (Basingstoke, 2010), p. 52; RGIA, f. 1286, op. 10, d. 1428 (1846), ll. 15–22.

33. GATOvgT, f. 152, op. 39, d. 114 (1864), l. 4.

34. 'Arestanty v Sibiri', pp. 139–40, 149.

35. RGIA, f. 1286, op. 22, d. 925 (1861), ll. 10–12.

36. RGIA, f. 1286, op. 22, d. 925 (1861), ll. 13–13 ob; RGIA, f. 468, op. 20, d. 1198 (1855), ll. 1–6; RGIA, f. 1286, op. 24, d. 941 (1863), ll. 1–2; RGIA, f. 1286, op. 29, d. 771 (1868), l. 10.

37. RGIA, f. 1286, op. 29, d. 771 (1868), ll. 19–20; RGIA, f. 1286, op. 9, d. 719 (1844), ll. 1–2, 17–18. 1875 年，下诺夫哥罗德—秋明高速路巡视员报告过在流放队伍中囚犯被分到的烂鱼。See RGIA, f. 1286, op. 36, d. 686 (1875), l. 14.

38. Maksimov, *Sibir' i katorga*, p. 14; Iadrintsev, *Russkaia obshchina*, pp. 151–2.

39. Andrew A. Gentes, 'Vagabondage and the Tsarist Siberian Exile System: Power and Resistance in the Penal Landscape', *Central Asian Survey*, vol. 30, nos. 3–4 (2011), p. 410.

40. Iadrintsev, *Russkaia obshchina*, p. 179.

41. Maksimov, *Sibir' i katorga*, p. 3.

42. 'Ustav ob etapakh v sibirskikh guberniiakh', no. 61; Iadrintsev, *Russkaia obshchina*, p. 176; Maksimov, *Sibir' i katorga*, pp. 17–18.

43. Iadrintsev, *Russkaia obshchina*, p. 276; GATOvgT, f. i376, op. 1, d. 56 (1848), ll. 38–40.

44. Fyodor Dostoevsky, *The House of the Dead*, trans. David McDuff (London, 2003), pp. 99–102 [translation modified].

45. Kennan, *Siberia and the Exile System*, vol. 1, pp. 391–2.

46. GAIO, f. 24, op. 3, k. 2, d. 23 (1827), l. 9; RGIA, f. 1149, op. 2, d. 99 (1838), l. 6; RGIA, f. 1286, op. 8, d. 1086 (1843), l. 6; RGIA, f. 1286, op. 7, d. 341 (1840), l. 112 ob; RGIA, f. 383, op. 29, d. 924 (1806), l. 28; RGIA, f. 1264, op. 1, d. 51 (1828), ll. 187–8 ob; *Polnoe sobranie zakonov Rossiiskoi Imperii* II (55 vols.), vol. 3, no. 2286; vol. 4, no. 3377; vol. 28, section 1, no. 27736; A. D. Margolis, 'Soldaty-dekabristy v Petropavlovskoi kreposti i sibirskoi ssylke', in idem, *Tiur'ma i ssylka v imperatorskoi Rossii: Issledovaniia i arkhivnye nakhodki* (Moscow, 1995), p. 73.

47. RGIA, f. 1264, op. 1, d. 71 (1835), l. 150.

3 折断的剑

1. I. D. Iakushkin, *Memuary, stat'i, dokumenty* (Irkutsk, 1993), p. 151; S. P.

Trubetskoi, *Materialy o zhizni i revoliutsionnoi deiatel'nosti*, 2 vols. (Irkutsk, 1983–7), vol. 1, pp. 281–2; Mariia Volkonskaia, *Zapiski Marii Volkonskoi* (St. Petersburg, 1904), p. 14; N. M. Iadrintsev, *Russkaia obshchina v tiur'me i ssylke* (St. Petersburg, 1872), p. 537; A. N. Murav'ev, *Sochineniia i pis'ma* (Irkutsk, 1986), p. 263.

2. N. V. Basargin, *Zapiski* (Krasnoyarsk, 1985), p. 79.
3. Allison Blakely, 'American Influences on Russian Reformist Thought in the Era of the French Revolution', *The Russian Review*, vol. 52, no. 4 (October 1993), pp. 451–71; Orlando Figes, *Natasha's Dance: A Cultural History of Russia* (London, 2002), pp. 74–5; Krista Agnew, 'The French Revolutionary Influence on the Russian Decembrists', *Consortium on Revolutionary Europe*, vol. 22 (1993), pp. 333–9; Julie Grandhaye, *Les décembristes: une génération républicaine en Russie autocratique* (Paris, 2011), pp. 74–8.
4. G. A. Rimskii-Korsakov, 'Extrait de la lettre d'un russe refugié en Allemagne', in Gennadii Nevelev (ed.), *Dekabristskii kontekst* (St. Petersburg, 2012), p. 33; Richard Stites, *The Four Horsemen: Riding to Liberty in Post-Napoleonic Europe* (Oxford, 2014), pp. 256–7; Figes, *Natasha's Dance*, pp. 84–5; Marc Raeff, *The Decembrist Movement* (Englewood Cliffs, NJ, 1966), ch. 2.
5. M. V. Dovnar-Zapol'skii, *Idealy dekabristov* (Moscow, 1907), p. 94.
6. Cited in Theophilus Prousis, *Russian Society and the Greek Revolution* (DeKalb, IL, 1994), p. 47; Stites, *The Four Horsemen*, pp. 272–89; Isabel de Madariaga, 'Spain and the Decembrists', *European Studies Review*, vol. 3, no. 2 (1973), pp. 141–56.
7. Andrzej Walicki, *Philosophy and Romantic Nationalism: The Case of Poland* (Oxford, 1982), pp. 33, 81; Franklin Walker, 'Poland in the Decembrists' Strategy of Revolution', *Polish Review*, vol. 15, no. 2 (Spring 1970), pp. 43–54.
8. S. G. Volkonskii, *Zapiski* (Irkutsk, 1991), p. 383.
9. V. A. Fedorov (ed.), 'Arest dekabristov', *Vestnik Moskovskogo Universiteta. Seriia VIII: Istoriia*, vol. 5 (1985), pp. 59–71.
10. Stites, *The Four Horsemen*, pp. 293–314.
11. Anatole Mazour, *The First Russian Revolution, 1825: The Decembrist Movement, Its Origins, Development, and Significance* (Stanford, 1937), ch. 8; Grandhaye, *Les décembristes*, ch. 7.
12. Aleksander Pushkin, *Eugene Onegin* (1833), trans. Stanley Mitchell (London, 2008), p. 213.

13. Mazour, *The First Russian Revolution*, ch. 4; Patrick O'Meara, *The Decembrist Pavel Pestel: Russia's First Republican* (Basingstoke, 2003), ch. 6; Glynn R. V. Barratt (ed.), *Voices in Exile: The Decembrist Memoirs* (Montreal, 1974), pp. 1–10; Susanna Rabow-Edling, 'The Decembrists and the Concept of a Civic Nation', *Nationalities Papers*, vol. 35, no. 2 (May 2007), pp. 369–91; Grandhaye, *Les décembristes*, ch. 6; Raeff, *The Decembrist Movement*, chs. 4–6. 关于 19 世纪初对爱国主义的广泛讨论，参见 Maurizio Viroli, *For Love of Country: An Essay on Patriotism and Nationalism* (Oxford, 1995)。
14. W. Bruce Lincoln, *Nicholas I: Emperor and Autocrat of All the Russias* (Bloomington, IN, 1978), p. 79; Figes, *Natasha's Dance*, pp. 72–3; Stites, *The Four Horsemen*, p. 256.
15. N. M. Karamzin, *Zapiski o drevnei i novoi Rossii* (St. Petersburg, 1914), p. 122.
16. Pavla Miller, *The Transformations of Patriarchy in the West, 1500–1900* (Bloomington, IN, 1998); Susan K. Morrissey, *Suicide and the Body Politic in Imperial Russia* (Cambridge, 2006), pp. 11–12; Richard S. Wortman, *Scenarios of Power: Myth and Ceremony in Russian Monarchy*, 2 vols. (Princeton, 1995), vol. 1, ch. 9.
17. ' 'Gosudar'! Ispoveduiu tebe iako boiashchiisia boga', *Istoricheskii arkhiv*, 2006, no. 1, pp. 166–7, 174.
18. IRLI RAN, f. 57, op. 5, n. 2, ll. 27, 273; B. Syroechkovskii, 'Iz zapisok Nikolaia I o 14 dekabria 1825 g.', *Krasnyi arkhiv*, 1924, no. 4, pp. 230–31; N. F. Karash, *Kniaz' Sergei Volkonskii: istoriia zhizni dekabrista* (Irkutsk, 2006), pp. 161–2.
19. Roman Koropeckyj, *Adam Mickiewicz: The Life of a Romantic* (Ithaca, 2008), p. 72.
20. N. K. Shil'der, *Imperator Nikolai Pervyi: ego zhizn' i tsarstvovanie*, 2 vols. (St. Petersburg, 1897), vol. 1, pp. 453–4.
21. A. I. Gertsen, 'Byloe i dumy', *Sobranie sochinenii*, 30 vols. (Moscow, 1954–65), vol. 8, p. 61; 'Manifest 13 iulia 1826', in Nevelev (ed.), *Dekabristskii kontekst*, p. 25.
22. 'Kazn' 14 iiulia 1825 goda', *Poliarnaia zvezda*, 1861, no. 6, pp. 72–5; Mazour, *The First Russian Revolution*, p. 213.
23. N. Ramazanov, 'Kazn' dekabristov. Rasskazy sovremennikov', *Russkii arkhiv*, 1881, no. 2, pp. 341–6; Ludmilla A. Trigos, 'The Spectacle of the Scaffold: Performance and Subversion in the Execution of the Decembrists', in Marcus

Levitt and Tatyana Novikov (eds.), *Times of Trouble: Violence in Russian Literature and Culture* (Madison, WI, 2007), pp. 42–56. 事实上，正是因为死刑在约七十年的时间里基本没有使用过，所以俄国必须要从瑞典找来专业绞刑执行人；俄国国内没有绞刑执行人。Mikhail Zetlin, *The Decembrists* (New York, 1958), p. 277.

24. 'Manifest 13 iulia 1826', in Nevelev (ed.), *Dekabristskii kontekst*, p. 25.
25. V. M. Bokov (ed.), *Dekabristy i ikh vremia. Trudy moskovskoi i leningradskoi sektsii po izucheniiu dekabristov i ikh vremia*, 2 vols. (Moscow, 1929–32), vol. 1, p. 209; Gertsen, 'Byloe i dumy', p. 59; *Arkhiv dekabrista S. G. Volkonskogo*, vol. 1: *Do Sibiri* (Petrograd, 1918), p. xix; Raeff, *The Decembrist Movement*, p. 163.
26. Jacques-François Ancelot, *Six mois en Russie: Lettres écrites à M. X.-B. Saintines en 1826* (Paris, 1827), pp. 411–12.
27. IRLI RAN, f. 57, op. 1, n. 61, ll. 27, 42.
28. Nikita Murav'ev, *Pis'ma dekabrista 1813–1826 gg.* (Moscow, 2001), pp. 212–13; GARF, f. 1153, op. 1, d. 135 (1825), l. 1. 沃尔孔斯基表达了相似的懊恼之情。See O. Popova, 'Istoriia zhizni M. N. Volkonskoi', *Zven'ia*, nos. 3–4 (Moscow, 1934), p. 54.
29. Nikolai Nekrasov, 'Russkie zhenshchiny', *Sobranie sochinenii v vos'mi tomakh*, 8 vols. (Moscow, 1965–7), vol. 3, pp. 21–87; Christine Sutherland, *The Princess of Siberia: The Story of Maria Volkonsky and the Decembrist Exiles* (London, 1984); Anatole Mazour, *Women in Exile: Wives of the Decembrists* (Tallahassee, FL, 1975); Mikhail Filin, *Mariia Volkonskaia: 'utaennaia liubov' Pushkina* (Moscow, 2006).
30. Trubetskoi, *Materialy*, vol. 1, pp. 110, 112, 166, 177, 204–5.
31. Filin, *Mariia Volkonskaia*, pp. 143–53.
32. Popova, 'Istoriia zhizni M. N. Volkonskoi', pp. 28–60; Sutherland, *The Princess of Siberia*, p. 108.
33. E. Anisimov, *Dyba i knut: politicheskii sysk i russkoe obshchestvo v XVIII veke* (Moscow, 1999), pp. 621–30.
34. Iu. M. Lotman, 'Dekabrist v povsednevnoi zhizni', in idem, *Besedy o russkoi kul'ture: byt i traditsii russkogo dvorianstva (XVIII–nachalo XIX veka)* (St. Petersburg, 2011), pp. 353–4.
35. Basargin, *Zapiski*, p. 39; Volkonskaia, *Zapiski*, p. 10.
36. Popova, 'Istoriia zhizni M. N. Volkonskoi', p. 36; IRLI RAN, f. 57, op. 5, n. 2, l.

203.

37. Popova, 'Istoriia zhizni M. N. Volkonskoi', pp. 42–3.

38. Volkonskaia, *Zapiski*, p. 20.

39. V. A. Fedotov (ed.), 'Krestnyi put' dekabristov v Sibir': Dokumenty ob otpravke osuzhdennykh na katorgu i v ssylku i ob usloviiakh ikh soderzhaniia 1826–1837 gg.', *Istoricheskii arkhiv*, 2006, no. 6, p. 48; D. I. Zavalishin, *Zapiski dekabrista*, 2nd edn (St. Petersburg, 1906), p. 249.

40. 'Vospominaniia o 1826-m i 1827-m godakh Kniazia Evgeniia Petrovicha Obolenskogo', in V. A. Fedotov (ed.), *Memuary dekabristov* (Moscow, 1981), p. 97; I. I. Gorbachevskii, 'Zapiski', in A. S. Nemzer (ed.), *Memuary dekabristov* (Moscow, 1988), p. 395; A. E. Rozen, *Zapiski dekabrista* (Leipzig, 1870), p. 197.

41. Zavalishin, *Zapiski*, p. 255.

42. Basargin, *Zapiski*, p. 52; Murav'ev, *Pis'ma dekabrista 1813–1826 gg.*, p. 215; B. E. Syroechkovskii, *Mezhdutsarstvie 1825 goda i vosstanie dekabristov v memuarakh i perepiske chlenov tsarskoi sem'i* (Moscow, 1926), p. 62; Trubetskoi, *Materialy*, vol. 1, pp. 113–14; Iakushkin, *Memuary*, p. 177; Barratt (ed.), *Voices in Exile*, p. 19; Karash, *Kniaz' Sergei Volkonskii*, p. 170.

43. A. D. Margolis, 'Etapirovanie dekabristov v Sibir'', in idem, *Tiur'ma i ssylka v imperatorskoi Rossii. Issledovaniia i arkhivnye nakhodki* (Moscow, 1995), p. 60; Fedotov (ed.), 'Krestnyi put' dekabristov', p. 49.

44. M. K. Azadovskii (ed.), *Vospominaniia Bestuzhevykh* (Moscow, 1951), pp. 139, 140, 142; Fedotov (ed.), 'Krestnyi put' dekabristov', p. 52; P. E. Shchegolev, 'Dekabristy na puti v Sibir': Po neizdannym materialam. Otkliki', no. 22 Prilozhenie k no. 150 gazety *Den'*, 1914, pp. 4–5.

45. M. M. Gedenshtrom, *Otryvki o Sibiri* (St. Petersburg, 1830), p. 4; Barratt (ed.), *Voices in Exile*, p. 209; Fedotov (ed.), 'Krestnyi put' dekabristov', p. 52.

46. N. I. Lorer, 'Zapiski moego vremeni: vospominanie o proshlom', in Nemzer (ed.), *Memurary dekabristov*, p. 397.

47. Fedotov (ed.), 'Krestnyi put' dekabristov', p. 52; Basargin, *Zapiski*, p. 99.

48. Zavalishin, *Zapiski*, p. 256; S. V. Kodan, *Sibirskaia ssylka dekabristov* (Irkutsk, 1983), p. 100; Fedotov (ed.), 'Krestnyi put' dekabristov', p. 49; T. A. Pertseva, 'Nakazanie dekabristov: dolzhenstvuiushchee i real'noe', in *Sibirskaia ssylka* (Irkutsk, 2011), no. 6 (18), p. 117.

49. M. A. Fonvizin, *Sochineniia i pis'ma*, 2 vols. (Irkutsk, 1979), vol. 1, p. 134;

Basargin, *Zapiski*, p. 98; S. V. Maksimov, *Sibir' i katorga*, 3rd edn (St. Petersburg, 1900), p. 392.

50. Basargin, *Zapiski*, p. 99.

51. Margolis, 'Etapirovanie dekabristov', p. 57; Andrew A. Gentes, *Exile, Murder and Madness in Siberia, 1823–61* (Basingstoke, 2010), pp. 86–7.

52. Iadrintsev, *Russkaia obshchina*, p. 189; Fyodor Dostoevsky, *The House of the Dead*, trans. David McDuff (London, 2003), pp. 95–6; L. Mel'shin [P. F. Iakubovich], *V mire otverzhennykh: zapiski byvshego katorzhnika* (St. Petersburg, 1896), p. 16.

53. V. P. Kolesnikov, 'Zapiski neschastnogo, soderzhashchie puteshestvie v Sibir' po kanatu', *Zaria*, 1869, no. 4, pp. 57–8, 60–63; RGIA, f. 468, op. 25, d. 244 (1828), l. 124 ob.

54. Kolesnikov, 'Zapiski neschastnogo', no. 5, pp. 22, 25–6, 30.

55. Wortman, *Scenarios of Power*, vol. 1, ch. 9.

56. 'Ustav o ssyl'nykh', nos. 758–9, in *Uchrezhdenie dlia upravleniia sibirskikh gubernii* (St. Petersburg, 1822); GARF, f. 109, 1 eksp., op. 1, d. 61, ch. 3 (1826), ll. 6–7. 19 世纪 70 年代，这些规定仍然阻止着跟随丈夫来到涅尔琴斯克的妇女返回俄国欧洲部分。See RGIA, f. 1286, op. 38, d. 334 (1877), l. 1.

57. 'Dnevnik Anastasii Vasil'evny Iakushkinoi', *Novyi mir*, 1964, no. 12, pp. 138–59; Iakushkin, *Memuary*, pp. 51, 54, 165; GARF, f. 109, 1 eksp., op. 1, d. 61, ch. 56 (1826), ll. 6–7, 11, 18.

58. B. L. Mozdalevskii, 'Dekabrist S. G. Volkonskii v katorzhnoi rabote v Blagodatskom rudnike', in Iu. G. Oskman (ed.), *Bunt Dekabristov* (Leningrad, 1926), pp. 340, 346.

59. Mozdalevskii, 'Dekabrist S. G. Volkonskii', p. 351; Volkonskaia, *Zapiski*, p. 15; Filin, *Mariia Volkonskaia*, p. 172.

60. Sutherland, *The Princess of Siberia*, p. 124; W. Bruce Lincoln, *The Conquest of a Continent: Siberia and the Russians* (Ithaca, 1994), pp. 174–5; Figes, *Natasha's Dance*, p. 92; Volkonskaia, *Zapiski*, p. 15. 关于尼古拉一世的命令，参见 GARF, f. 109, 1 eksp., op. 1, d. 61, ch. 3 (1826), ll. 6–7; M. O. Gershenzon (ed.), 'Pis'ma kn. M. N. Volkonskoi iz Sibiri, 1827–1831', *Russkie propilei* (Moscow, 1915), p. 18; GARF, f. 1146, op. 1, d. 2028 (1826), l. 7; Popova, 'Istoriia zhizni M. N. Volkonskoi', p. 58。

61. S. Wilson, 'The Myth of Motherhood a Myth: The Historical View of European

Child-Rearing', *Social History*, vol. 9, no. 2 (1984), pp. 81–98; P. D. Jimack, 'The Paradox of Sophie and Julie: Contemporary Responses to Rousseau's Ideal Wife and Ideal Mother', in E. Jacobs et al (eds.), *Woman and Society in Eighteenth-Century France* (London, 1979), pp. 152–65; Carol Duncan, 'Happy Mothers and Other New Ideas in French Art', *Art Bulletin*, vol. 55, no. 4 (1973), pp. 570–83; Michelle Lamarche Marrese, *A Woman's Kingdom: Noblewomen and the Control of Property in Russia, 1700–1861* (Ithaca, 2002), pp. 197–204; idem, ' "The Poetics of Everyday Behavior" Revisited', *Kritika: Explorations in Russian and Eurasian History*, vol. 11, no. 4 (Fall 2010), p. 715; Figes, *Natasha's Dance*, pp. 120–21.

62. Mozdalevskii, 'Dekabrist S. G. Volkonskii', p. 358.
63. Popova, 'Istoriia zhizni M. N. Volkonskoi', p. 43; P. E. Shchegolev, 'Iz razyskanii v oblasti biografii i teksta Pushkina', *Pushkin i ego sovremenniki*, vol. 14 (1911), p. 180; L. G. Frizman, *Dekabristy i russkaia literatura* (Moscow, 1988); Harriet Murav, ' "Vo Glubine Sibirskikh Rud": Siberia and the Myth of Exile', in Galya Diment and Yuri Slezkine (eds.), *Between Heaven and Hell: The Myth of Siberia in Russian Culture* (New York, 1993), pp. 95–100.
64. Alexander S. Pushkin, 'Message to Siberia', trans. Alan Myers, in idem, *The Complete Works of Alexander Pushkin*, 15 vols. (ed. I. Sproat et al) (Downham Market, 1999), vol. 3, p. 42.
65. M. V. Nechkina, *14oe dekabria 1825-ogo goda i ego tolkovateli: Gertsen i Ogarev protiv Barona Korfa* (Moscow, 1994); S. E. Erlikh, *Istoriia mifa: 'Dekabristskaia legenda' Gertsena* (St. Petersburg, 2006); Stites, *The Four Horsemen*, pp. 328–9.
66. O'Meara, *The Decembrist Pavel Pestel*, pp. 124–38; K. F. Miziano, 'Ital'ianskoe Risordzhimento i peredovoe obshchestvennoe dvizhenie v Rossii XIX veka', in *Rossiia i Italiia: iz istorii russko-ital'ianskikh kul'turnykh i obshchestvennykh otnoshenii* (Moscow, 1986), p. 97; B. S. Shostakovich, 'Politicheskie ssyl'nye poliaki i dekabristy v Sibiri', *Ssyl'nye revoliutsionery v Sibiri (XIX v.—fevral' 1917)*, no. 1 (Irkutsk, 1973), pp. 245–53.
67. Basargin, Zapiski, pp. 77–8; Ludmilla A. Trigos, *The Decembrist Myth in Russian Culture* (Basingstoke, 2009), pp. 15–23, 31.

4 涅尔琴斯克的矿山

1. William Coxe, *Travels into Poland, Russia, Sweden and Denmark*, 4th edn, 5 vols.

(London, 1792), vol. 3, pp. 436–7; I. V. Shcheglov, *Khronologicheskii perechen' vazhneishikh dannykh iz istorii Sibiri: 1032–1882 gg.* (Irkutsk, 1883), pp. 67–8; L. A. Puliaevskii, *Ocherk po istorii g. Nerchinska* (Nerchinsk, 1929), pp. 6–7; E. Anisimov, *Dyba i knut: politicheskii sysk i russkoe obshchestvo v XVIII veke* (Moscow, 1999), pp. 654–5; Andrew A. Gentes, *Exile to Siberia, 1590–1822* (Basingstoke, 2008), pp. 101, 108, 125.

2. RGIA, f. 1264, op. 1, d. 53 (1829), ll. 161 ob–4; RGIA, f. 468, op. 20, d. 668 (1829), ll. 36, 70; S. V. Maksimov, *Sibir' i katorga*, 3rd edn (St. Petersburg, 1900), pp. 52–3; Grigorii Spasskii, 'Vzgliad na Dauriiu i v osobennosti na Nerchinskie gornye zavody v 1820', *Sibirskii vestnik*, vol. 9 (1823), p. 107.
3. Mariia Volkonskaia, *Zapiski Marii Volkonskoi* (St. Petersburg, 1904), p. 44.
4. 'Novye svedeniia o prebyvanii vos'mi dekabristov v Nerchinskikh zavodakh v 1826–1827 godakh', *Istoricheskii vestnik*, vol. 45, no. 7 (1891), p. 223; Glynn R. V. Barratt (ed.), *Voices in Exile: The Decembrist Memoirs* (Montreal, 1974), p. 229; P. Trunev, 'Dekabristy v nerchinskikh rudnikakh', *Istoricheskii vestnik*, vol. 97, no. 8 (1897), pp. 492–4; Volkonskaia, *Zapiski*, p. 144.
5. B. L. Mozdalevskii, 'Dekabrist S. G. Volkonskii v katorzhnoi rabote v Blagodatskom rudnike', in Iu. G. Oskman (ed.), *Bunt Dekabristov* (Leningrad, 1926), p. 346.
6. M. V. Golovinskii, 'Dekabrist kniaz' E. P. Obolenskii', *Istoricheskii vestnik*, 1890, no. 8, pp. 120–21; Barratt (ed.), *Voices in Exile*, p. 232.
7. GAIO, f. 24, op. 3, k. 49, d. 297 (1826), l. 33; GARF, f. 109, op. 1, 1 eksp., d. 61, ch. 1 (1826), l. 36.
8. Barratt (ed.), *Voices in Exile*, pp. 230–31; 'Novye svedeniia o prebyvanii vos'mi dekabristov', p. 227.
9. F. G. Safronov, 'Ssylka v Vostochnuiu Sibir' v pervoi polovine *XVIII* v.', in L. M. Goriushkin (ed.), *Ssylka i katorga v Sibiri (XVIII—nachalo XX v.)* (Novosibirsk, 1975), pp. 30–32.
10. Volkonskaia, *Zapiski*, p. 46.
11. Ibid., pp. 48, 72.
12. M. O. Gershenzon (ed.), 'Pis'ma in M. N. Volkonskoi iz Sibiri 1827–1831', *Russkie propilei* (Moscow, 1915), p. 42.
13. Volkonskaia, *Zapiski*, p. 144.
14. Trunev, 'Dekabristy v Nerchinskikh rudnikakh', pp. 492–4.

15. Volkonskaia, *Zapiski*, pp. 50–52, 144; 'Novye svedeniia o prebyvanii', p. 223; Barratt (ed.), *Voices in Exile*, p. 231; Golovinskii, 'Dekabrist kniaz' E. P. Obolenskii', p. 121; S. F. Koval' (ed.), *K Rossii liubov'iu goria: Dekabristy v Vostochnom Zabaikal'e* (Irkutsk, 1976), p. 17.
16. RGIA, f. 468, op. 20, d. 668 (1829), l. 27; John Dundas Cochrane, *Narrative of a Pedestrian Journey through Russia and Siberian Tartary from the Frontiers of China to the Frozen Sea and Kamchatka; Performed during the Years 1820, 1821, 1822, and 1823*, 2 vols. (Edinburgh, 1829), vol. 2, p. 111.
17. Spasskii, 'Vzgliad na Dauriiu', pp. 81–2; Maksimov, *Sibir' i katorga*, p. 54.
18. RGIA, f. 468, op. 20, d. 669 (1829), ll. 40–43; Maksimov, *Sibir' i katorga*, pp. 56–7.
19. RGIA, f. 1149, op. 2, d. 99 (1838), ll. 3–6.
20. Maksimov, *Sibir' i katorga*, p. 49; L. Mel'shin [P. F. Iakubovich], *V mire otverzhennykh: zapiski byvshego katorzhnika* (St. Petersburg, 1896), pp. 79–80.
21. Mel'shin [Iakubovich], *V mire otverzhennykh*, p. 57; 'Arestanty v Sibiri', *Sovremennik*, 1863, no. 11, p. 159.
22. RGIA, f. 1286, op. 10, d. 1353 (1847), l. 59; Mel'shin [Iakubovich], *V mire otverzhennykh*, p. 57; A. A. Vlasenko, 'Ugolovnaia ssylka v Zapadnuiu Sibir' v politike samoderzhaviia XIX veka', Kandidatskaia diss. (Omsk State University, 2008), p. 157; V. I. Semevskii, *Rabochie na sibirskikh zolotykh promyslakh: istoricheskoe issledovanie*, 2 vols. (St. Petersburg, 1898), vol. 1, p. 305.
23. RGIA, f. 468, op. 20, d. 667 (1827), l. 272.
24. GAIO, f. 24, op. 3, k. 5, d. 82 (1831), ll. 28–28 ob.
25. RGIA, f. 1264, op. 1, d. 609 (1833), ll. 2, 9; RGIA, f. 468, op. 25, d. 244 (1828), l. 18; RGIA, f. 468, op. 19, d. 291 (1847), ll. 5–7; RGIA, f. 468, op. 21, d. 16 (1857), l. 22; RGIA, f. 1149, op. 9, d. 3 (1877), l. 336 ob.
26. RGIA, f. 1264, op. 1, d. 382 (1808), l. 1; RGIA, f. 1263, op. 1, d. 52 (1813), ll. 416–17; RGIA, f. 468, op. 20, d. 543 (1818), ll. 1–2; RGIA, f. 468, op. 19, d. 547 (1828), ll. 4, 14, 22–3.
27. Semevskii, *Rabochie na sibirskikh zolotykh promyslakh*, vol. 1, p. 322.
28. RGIA, f. 468, op. 25, d. 244 (1828), l. 45 ob; RGIA, f. 468, op. 20 (326/487), d. 625 (1828), ll. 1–3.
29. RGIA, f. 1264, op. 1, d. 51 (1828), ll. 11–12 ob; RGVIA, f. 410, op. 1, d. 71 (1827), l. 2; RGIA, f. 468, op. 25, d. 244 (1828), ll. 10 ob–11. 与清朝边界毗邻是东西

伯利亚管理人员的长久难题，因为罪犯为逃脱俄国的抓捕，一再试图逃过边界。See RGIA, f. 1264, op. 1, d. 53 (1829), ll. 134–6; RGIA, f. 1286, op. 7, d. 334 (1840), ll. 1–11.

30. GAIO, f. 24, op. 3, k. 2, d. 23 (1827), ll. 2, 9, 26–7, 31, 111, 116–17 ob. 1835 年有一次类似的告发：GAIO, f. 24, op. 3, d. 268 (1835), ll. 22–3, 48。

31. A. E. Rozen, *Zapiski dekabrista* (Leipzig, 1870), p. 197; D. I. Zavalishin, *Zapiski dekabrista*, 2nd edn (St. Petersburg, 1906), p. 250.

32. Olga Chayanova, *Teatr Maddoksa v Moskve 1776–1805* (Moscow, 1927).

33. Solomon Shtraikh, *Roman Medoks. Pokhozhdeniia russkogo avantiurista XIX veka* [1930] (Moscow, 2000), pp. 58, 71.

34. A. A. Orlov, '"Spasitel" otechestva' Roman Medoks—uznik dvukh imperatorov', *Voprosy istorii*, 2002, no. 12, p. 147; Iu. M. Lotman, *V shkole poeticheskogo slova: Pushkin, Lermontov, Gogol'* (Moscow, 1988), pp. 315–16.

35. M. K. Azadovskii (ed.), *Vospominaniia Bestuzhevykh* (Moscow, 1951), p. 145.

36. GARF, f. 109, 1 eksp., d. 61, ch. 1 (1826), ll. 136–9.

37. RGIA, f. 468, op. 25, d. 244 (1828), ll. 1 ob–2, 48 ob.

38. Daniel Beer, 'Decembrists, Rebels and Martyrs in Siberian Exile: The 'Zerentui Conspiracy' of 1828 and the Fashioning of a Revolutionary Genealogy', *Slavic Review*, vol. 72, no. 3 (Autumn 2013), pp. 528–51.

39. RGIA, f. 468, op. 25, d. 244 (1828), l. 159.

40. RGIA, f. 468, op. 25, d. 244 (1828), ll. 52 ob, 55–7 ob.

41. RGIA, f. 468, op. 25, d. 244 (1828), ll. 158 ob, 70 ob, 68.

42. GARF, f. 109, 1 eksp., d. 61, ch. 154 (1826), ll. 1–8.

43. [V. N. Solov'ev], 'I. I. Sukhinov. Odin iz dekabristov', *Russkii arkhiv*, 1870, nos. 4–5, pp. 918–19; Iu. G. Oksman, 'V. N. Solov'ev, Zapiska o I. I. Sukhinove', in idem (ed.), *Vospominaniia i rasskazy deiatelei tainykh obshchestv 1820-kh gg.*, 2 vols. (Moscow, 1933), vol. 2, p. 46; RGVIA, f. 36, op. 4, sv. 17, d. 132 (1826), ll. 4–5 ob; Iu. G. Oksman, 'Poimka poruchika I. I. Sukhinova', in B. L. Mozdalevskii and Iu. G. Oksman (eds.), *Dekabristy: neizdannye materialy i stat'i* (Moscow, 1925), pp. 64–70; 'Otnoshenie upravliaiushchego ministerstvom vnutrennykh del arkhangel'skomu grazhdanskomu gubernatoru', *Russkaia starina*, 1899, no. 6, p. 586; B. Brazilevskii (ed.), *Gosudarstvennye prestupleniia v Rossii v XIX veke. Sbornik izvlechennykh iz ofitsial'nykh izdanii pravitel'stvennykh soobshchenii*, 3 vols. (St. Petersburg, 1906), vol. 1, p. 65; M. F. Shugurov, 'O

bunte Chernigovskogo polka', *Russkii arkhiv*, 1902, no. 2, pp. 298–301; 'Vosstanie Chernigovskogo polka v pokazaniiakh uchastnikov', *Krasnyi arkhiv*, vol. 13 (1925), pp. 1–67.

44. Iu. G. Oksman, 'Dekabrist V. N. Solov'ev i ego vospominaniia', in Mozdalevskii and Oksman (eds.), *Dekabristy*, pp. 16–17; B. A. Kurakin, 'Dekabristy na puti v Sibir'', in Mozdalevskii and Oksman (eds.), *Dekabristy*, p. 114; GAIO, f. 24, op. 3, k. 49, d. 282 (1829), ll. 5–6; T. A. Pertseva, 'Nakazanie dekabristov: dolzhenstvuiushchee i real'noe', in *Sibirskaia ssylka: sbornik statei* (Irkutsk, 2011), no. 6 (18), pp. 119–22.
45. RGIA, f. 468, op. 25, d. 244 (1828), ll. 76, 80–81 ob; 161–2.
46. RGIA, f. 468, op. 25, d. 244 (1828), ll. 61 ob–63 ob; 69 ob.
47. RGVIA, f. 410, op. 1, d. 71 (1827), ll. 4–4 ob; RGIA, f. 468, op. 25, d. 244 (1828), ll. 45 ob, 148 ob; M. V. Nechkina, 'Zagovor v zerentuiskom rudnike', *Krasnyi arkhiv*, vol. 13 (1925), p. 260.
48. RGIA, f. 468, op. 25, d. 244 (1828), ll. 48, 150; RGIA, f. 468, op. 20, d. 670 (1829), ll. 60 ob–61.
49. RGIA, f. 468, op. 25, d. 244 (1828), ll. 48 ob, 49 ob; John P. LeDonne, 'Criminal Investigations Before the Great Reforms', *Russian History*, vol. 1, no. 2 (1974), p. 111. See, for example, Mel'shin [Iakubovich], *V mire otverzhennykh*, pp. 334–5.
50. RGIA, f. 468, op. 25, d. 244 (1828), ll. 55–7, 64, 66–7, 150–150 ob.
51. Nechkina, 'Zagovor v Zerentuiskom rudnike', pp. 263, 269; RGIA, f. 468, op. 25, d. 244 (1828), ll. 27, 43 ob, 114–15 ob; M. Sokolovskii, 'Imperator Nikolai I v voenno-sudnykh konfirmatsiiakh', *Russkaia starina*, Oct.–Dec. 1905, pp. 397–420.
52. John P. LeDonne, 'The Administration of Military Justice Under Nicholas I', *Cahiers du monde russe et soviétique*, vol. 13, no. 2 (1972), p. 183. 这样的做法在整个 19 世纪持续进行。See Samuel Kucherov, *Courts, Lawyers, and Trials under the Last Three Tsars* (New York, 1953); Samuel Kutscheroff, 'Administration of Justice under Nicholas I of Russia', *American Slavic and East European Review*, vol. 7, no. 2 (April 1948), p. 128; *Polnoe sobranie zakonov Rossiiskoi Imperii* (1830), vol. 20, art. 14309; 'K istorii zagovora Sukhinova', *Byloe*, 1906, no. 8, p. 131.
53. 'K istorii zagovora Sukhinova', pp. 130–35.
54. *Uchrezhdenie dlia upravleniia bol'shoi deistvuiushchei armii. Chast' pervaia* (St. Petersburg, 1812), p. 4; 'K epilogu zagovora I. I. Sukhinova', *Byloe*, 1906, no. 5,

pp. 37–8.

55. RGIA, f. 468, op. 19, d. 547 (1828), l. 30.
56. RGIA, f. 468, op. 25, d. 244 (1828), l. 132.
57. [Solov'ev], 'I. I. Sukhinov', pp. 920, 926.
58. [I. I. Gorbachevskii], 'Zapiski neizvestnogo iz Obshchestva Soedinennykh Slavian', *Russkii arkhiv*, 1882, no. 1, pp. 435–554; 'Zapiski Barona Andreia Evgenievicha Rozena', *Otechestvennye zapiski*, 1876, no. 3, p. 48; 'Vospominaniia Matveia Ivanovicha Murav'eva-Apostola', *Russkaia starina*, 1886, no. 5, p. 535; Volkonskaia, *Zapiski*, p. 86; 'Rasskazy Praskov'i Egorovny Annenkovoi', *Russkaia starina*, 1888, no. 4, p. 374. 只有扎瓦利申怀疑根本不曾有密谋: Dmitrii Zavalishin, *Zapiski dekabrista*, 2nd edn (St. Petersburg, 1906), p. 287。

5 十二月党人共和国

1. 'Neizdannaia rukopis' dekabrista N. V. Basargina', *Katorga i ssylka*, 1925, no. 5, p. 164; M. K. Azadovskii (ed.), *Vospominaniia Bestuzhevykh* (Moscow, 1951), pp. 248, 313–14.
2. Geoffrey Hosking, *Russia: People and Empire, 1552–1917* (Cambridge, MA, 1998), p. 144; W. Bruce Lincoln, *Nicholas I: Emperor and Autocrat of All the Russias* (Bloomington, IN, 1978), ch. 4; Nicholas V. Riasanovsky, *Nicholas I and Official Nationality in Russia, 1825–1855* (Berkeley, 1959).
3. Nicholas V. Riasanovsky, *A Parting of the Ways: Government and the Educated Public in Russia, 1801–1855* (Oxford, 1976).
4. Mariia Volkonskaia, *Zapiski Marii Volkonskoi* (St. Petersburg, 1904), p. 70; Andrei Rozen, *Zapiski dekabrista* (Leipzig, 1870), pp. 218–19; GARF, f. 109, 1 eksp., d. 61, ch. 1 (1826), l. 140; Mikhail O. Gershenzon (ed.), 'Pis'ma M. N. Volkonskoi iz Sibiri', *Russkie propilei* (Moscow, 1915), p. 44.
5. Azadovskii (ed.), *Vospominaniia Bestuzhevykh*, p. 248; Rozen, *Zapiski*, p. 221; N. V. Basargin, *Zapiski* (Krasnoyarsk, 1985), p. 111.
6. Volkonskaia, *Zapiski*, pp. 42–4.
7. Gershenzon (ed.), 'Pis'ma M. N. Volkonskoi', p. 55.
8. Volkonskaia, *Zapiski*, pp. 76–8.
9. V. A. Fedotov (ed.), 'Krestnyi put' dekabristov v Sibir': Dokumenty ob otpravke osuzhdennykh na katorgu i v ssylku i ob usloviiakh ikh soderzhaniia 1826–1837 gg.', *Istoricheskii arkhiv*, 2006, no. 6, pp. 52–3; A. D. Kolesnikov, 'Ssylka i

zaselenie Sibiri', in L. M. Goriushkin (ed.), *Ssylka i katorga v Sibiri XVIII-nachalo XX v.* (Novosibirsk, 1975), p. 52.

10. D. I. Zavalishin, *Zapiski dekabrista*, 2nd edn (St. Petersburg, 1906), pp. 264–5. See also Basargin, *Zapiski*, p. 113.
11. I. D. Iakushkin, *Memuary, stat'i, dokumenty* (Irkutsk, 1993), p. 176; M. V. Golovinskii, 'Dekabrist kniaz' E. P. Obolenskii', *Istoricheskii vestnik*, 1890, no. 8, p. 126.
12. V. A. Fedotov (ed.), ''U nas net nikakikh sviazei s vneshnim mirom': Pis'ma dekabrista P. N. Svistunova k bratu Alekseiu. 1831–1832 gg.', *Istoricheskii arkhiv*, 1993, no. 1, pp. 188–9.
13. Fedotov (ed.), 'Krestnyi put' dekabristov', pp. 52–3; F. G. Safronov, 'Ssylka v Vostochuiu Sibir' v pervoi polovine XVIII v.', in Goriushkin (ed.), *Ssylka i katorga*, pp. 31–2; Andrew A. Gentes, *Exile, Murder and Madness in Siberia, 1823–61* (Basingstoke, 2010), p. 93.
14. Iakushkin, *Memuary*, pp. 187–8; Rozen, *Zapiski*, pp. 215, 221, 235.
15. Azadovskii (ed.), *Vospominaniia Bestuzhevykh*, p. 198.
16. Rozen, *Zapiski*, p. 223.
17. Basargin, *Zapiski*, pp. 115–16.
18. Jeanne Haskett, 'Decembrist N. A. Bestuzhev in Siberian Exile, 1826–55', *Studies in Romanticism*, vol. 4, no. 4 (Summer 1965), p. 190.
19. N. Kuchaev, 'Stanislav Romanovich Leparsky, komendant Nerchinskikh rudnikov s 1826 po 1837 god', *Russkaia starina*, vol. 28 (August 1880), p. 717; Glynn R. V. Barratt (ed.), *Voices in Exile: The Decembrist Memoirs* (Montreal, 1974), p. 242.
20. 'Pis'ma M. N. Volkonskoi', pp. 28, 37, 40, 75–6.
21. S. Gessen and A. Predtechenskii (eds.), *Vospominaniia Poliny Annenkovoi* (Moscow, 1929), chs. 4–10.
22. Volkonskaia, *Zapiski*, p. 74; Basargin, *Zapiski*, p. 128.
23. Volkonskaia, *Zapiski*, p. 78.
24. O. Popova, 'Istoriia zhizni M. N. Volkonskoi', *Zven'ia*, vol. 3–4 (Moscow, 1934), pp. 66–7; S. Volkonskii, *O dekabristakh: po semeinym vospominaniiam* (Paris, 1921), p. 84.
25. A. D. Margolis, 'Pis'ma zhen dekabristov A. Kh. Benkendorfu', in idem, *Tiur'ma i ssylka v imperatorskoi Rossii. Issledovaniia i arkhivnye nakhodki* (Moscow, 1995), p. 80. Iakushkin, *Memuary*, pp. 178, 188; Popova, 'Istoriia zhizni M. N.

Volkonskoi', p. 71.

26. Gessen and Predtechenskii (eds.), *Vospominaniia Poliny Annenkovoi*, pp. 161–3.
27. 'Perekhod dekabristov iz Chity v Petrovskii Zavod', in B. L. Mozdalevskii and Iu. G. Oksman (eds.), *Dekabristy: Neizdannye materialy i stat'i* (Moscow, 1925), pp. 128–48; Basargin, *Zapiski*, p. 137.
28. Basargin, *Zapiski*, p. 141; Azadovskii (ed.), *Vospominaniia Bestuzhevykh*, pp. 166, 335; Barratt (ed.), *Voices in Exile*, p. 274.
29. Margolis, 'Pis'ma zhen dekabristov', pp. 82, 86–7.
30. Ibid., p. 84.
31. Iakushkin, *Memuary*, pp. 203, 213–14.
32. M. A. Rakhmatullin, 'Imperator Nikolai I i sem'i dekabristov', *Otechestvennye zapiski*, 1995, no. 6, pp. 3–20.
33. A. I. Gertsen, 'Byloe i dumy', *Sobranie sochinenii*, 30 vols. (Moscow, 1954–65), vol. 8, p. 59.
34. *Poems by Nikolai Nekrasov*, trans. Juliet M. Soskice (Oxford, 1938), p. 82; Anna Biel, 'Nikolai Nekrasov's Representation of the Decembrist Wives', *Australian Slavonic and East European Studies*, vol. 25, nos. 1–2 (2011), pp. 39–59.
35. M. M. Khin, 'Zheny dekabristov', *Istoricheskii vestnik*, vol. 18 (1884), pp. 650–83; P. E. Shchegolev, 'Zheny dekabristov', in idem, *Istoricheskie etiudy* (St. Petersburg, 1913); Nikolai Nekrasov, 'Russkie zhenshchiny', *Sobranie sochinenii*, 8 vols. (Moscow, 1965–7), vol. 3, pp. 27, 40; Iu. M. Lotman, 'Dekabrist v povsednevnoi zhizni' in idem, *Besedy o russkoi kul'ture: byt i traditsii russkogo dvorianstva (XVIII–nachalo XIX veka)* (St. Petersburg, 2011), pp. 353–4.
36. Vera Figner, 'Zheny dekabristov', *Katorga i ssylka*, vol. 21 (1925), p. 18.
37. Golovinskii, 'Dekabrist kniaz' E. P. Obolenskii', pp. 124–5.
38. Popova, 'Istoriia zhizni M. N. Volkonskoi', pp. 65–6, 72; RGIA, f. 914, op. 1, d. 38 (1848), l. 1; N. F. Karash, *Kniaz' Sergei Volkonskii: istoriia zhizni dekabrista* (Irkutsk, 2006), pp. 244–5; IRLI RAN, f. 57, op. 1, n. 61, l. 42; M. P. Volkonskii, 'Pis'ma S. G. Volkonskogo', *Zapiski otdela rukopisei gosudarstvennoi biblioteki SSSR*, 1961, no. 24, p. 371; Basargin, *Zapiski*, p. 233.
39. Azadovskii (ed.), *Vospominaniia Bestuzhevykh*, p. 146.
40. Basargin, *Zapiski*, pp. 211–12.
41. Karash, *Kniaz' Sergei Volkonskii*, p. 215; Basargin, *Zapiski*, pp. 144–5; Julie Grandhaye, *Les décembristes: une génération républicaine en Russie autocratique*

(Paris, 2011), pp. 277–8.

42. Fedotov (ed.), '"U nas net nikakikh sviazei"', p. 186.

43. Rozen, *Zapiski*, p. 230; Basargin, *Zapiski*, p. 165; O. S. Tal'skaia, 'Ssyl'nye dekabristy o vneshnei politike Rossii vtoroi chetverti XIX v.', *Sibir' i dekabristy*, no. 2 (1981), pp. 28–9; T. A. Pertseva, 'Pol'skii vopros v publitsistike M. S. Lunina', *Sibir' i dekabristy*, no. 2 (1981), pp. 46–53; Zavalishin, *Zapiski*, p. 268.

44. Haskett, 'Decembrist N. A. Bestuzhev', p. 189; Zavalishin, *Zapiski*, pp. 268–9. 讽刺的是，卢梭写过大量植物学方面的文字。See J.-J. Rousseau, *Letters on the Elements of Botany* (1787).

45. Glynn R. Barratt, 'A Note on N. A. Bestuzhev and the Academy of Chita', *Canadian Slavonic Papers*, vol. 12, no. 1 (1970), p. 56; Zavalishin, *Zapiski*, p. 269; Rozen, *Zapiski*, p. 231; A. P. Beliaev, *Vospominaniia dekabrista o perezhitom i perechuvstvovannom* (Krasnoyarsk, 1990), p. 170.

46. S. I. Cherepanov, 'Otryvki iz vospominanii sibirskogo kazaka', *Drevniaia i novaia Rossiia* (1876), vol. 2, p. 267 (cited in Barratt, 'A Note on N. A. Bestuzhev', p. 59); Grandhaye, *Les décembristes*, pp. 275–6.

47. M. V. Nechkina (ed.), *Zapiski dekabrista N. I. Lorera* (Moscow, 1931), p. 148; Haskett, 'N. A. Bestuzhev', pp. 191–2; Golovinskii, 'Dekabrist kniaz' E. P. Obolenskii', p. 126; Gershenzon (ed.), 'Pis'ma M. N. Volkonskoi', p. 68.

48. N. A. Bestuzhev, *Sochineniia i pis'ma* (Irkutsk, 2003), pp. 245–6.

49. V. N. Dvorianov, *V sibirskoi dal'nei storone…(Ocherki istorii politicheskoi katorgi i ssylki. 60-e gody XVIII v.—1917 g.)* (Minsk, 1985), p. 56.

50. *Zavalishin, Zapiski*, pp. 272, 333, 314, 347.

51. Barratt, 'A Note on N. A. Bestuzhev', p. 57; Anatole Mazour, *The First Russian Revolution 1825: The Decembrist Movement, Its Origins, Development and Significance* (Stanford, 1937), p. 246.

52. Azadovskii (ed.), *Vospominaniia Bestuzhevykh*, pp. 220, 232; Zavalishin, *Zapiski*, pp. 362–5; N. M. Druzhinin, 'Dekabrist I. D. Iakushkin i ego lankasterskaia shkola', *Uchenye zapiski Moskovskogo gorodskogo pedagogicheskogo instituta*, 1941, vol. 2, no. 1, pp. 33–96; Mazour, *The First Russian Revolution*, pp. 244–6.

53. Karash, *Kniaz' Sergei Volkonskii*, pp. 233–90; Mazour, *The First Russian Revolution*, p. 247.

54. Barratt, 'A Note on N. A. Bestuzhev', p. 58; O. S. Tal'skaia, 'Bor'ba administratsii s vliianiem dekabristov v Zapadnoi Sibiri', in Goriushkin (ed.), *Ssylka i katorga*,

p. 90; D. I. Zavalishin, 'Amurskoe delo i vliianie ego na vostochnuiu Sibir' i gosudarstvo', *Russkaia starina*, 1881, no. 9, pp. 75–100; Zavalishin, *Zapiski*, pp. 389–424; Mazour, *The First Russian Revolution*, pp. 249–52; O. S. Tal'skaia, 'Ssyl'nye dekabristy', in L. M. Goriushkin (ed.), *Ssylka i obshchestvenno-politicheskaia zhizn' v Sibiri* (Novosibirsk, 1978), pp. 231–51.

55. Basargin, *Zapiski*, p. 217.
56. Tal'skaia, 'Bor'ba administratsii', pp. 75, 85; Bestuzhev, *Sochineniia*, pp. 422, 432.
57. GARF, f. 109, eksp., 1, d. 61, ch. 43 (1826), ll. 1–5; Glynn R. V. Barratt, *The Rebel on the Bridge: A Life of the Decembrist Baron Andrey Rozen, 1800–1884* (London, 1975), pp. 160–63; Volkonskii, 'Pis'ma S. G. Volkonskogo', p. 365.
58. Azadovskii (ed.), *Vospominaniia Bestuzhevykh*, p. 145; M. K. Azadovskii (ed.), *Sibir' i dekabristy* (Irkutsk, 1925), p. 142; Barratt (ed.), *Voices in Exile*, p. 304; Dvorianov, *V sibirskoi dal'nei storone*, p. 58.
59. Rozen, *Zapiski*, p. 262; Fedotov (ed.), 'Krestnyi put' dekabristov', p. 55.
60. M. S. Lunin, *Sochineniia, pis'ma, dokumenty* (Irkutsk, 1988), pp. 81–116, 285–8.
61. Ibid., pp. 246, 82, 285.
62. Ibid., pp. 101, 103, 112, 84, 251.
63. Glynn V. R. Barratt, *M. S. Lunin: Catholic Decembrist* (The Hague, 1976), pp. 112–18; Lunin, *Sochineniia*, p. 181.
64. Lunin, *Sochineniia*, pp. 293, 372; T. A. Pertseva, 'Dekabrist M. S. Lunin v Akatue', in L. M. Goriushkin (ed.), *Ssyl'nye dekabristy v Sibiri* (Novosibirsk, 1985), pp. 148–9.
65. S. V. Maksimov, *Sibir' i katorga*, 3rd edn (St. Petersburg, 1900), p. 398; Gessen and Predtechenskii (eds.), *Vospominaniia Poliny Annenkovoi*, p. 166; Pertseva, 'Dekabrist M. S. Lunin', p. 150.
66. GAIO, f. 24, op. 3, k. 32, d. 67 (1844), l. 2; Lunin, *Sochineniia*, pp. 262–3.
67. Lunin, *Sochineniia*, pp. 262–3, 265, 268, 272, 350, 362; V. A. D'iakov, 'Smert' dekabrista Lunina', *Voprosy istorii*, 1988, no. 2, pp. 99–106.
68. E. A. Iakushkin (ed.), *Dekabristy na poselenii (v 1839–1855)* (Moscow, 1926), p. 67; Dvorianov, *V sibirskoi dal'nei storone*, p. 48.
69. Trans. Valentine Snow in John Simpson (ed.), *The Oxford Book of Exile* (Oxford, 1995), p. 80.
70. S. V. Kodan, 'Amnistiia Dekabristam (1856 g.)', *Voprosy istorii*, 1982, no. 4, pp.

178–82; B. G. Kubalov, *Dekabristy i amnistiia* (Novonikolaevsk, 1925); L. A. Sokol'skii, 'Vozvrashchenie dekabristov iz sibirskoi ssylki', in Iu. G. Oksman (ed.), *Dekabristy v Moskve* (Moscow, 1963), pp. 220–40; Orlando Figes, *Natasha's Dance: A Cultural History of Russia* (London, 2002), p. 141; Rosamund Bartlett, *Tolstoy: A Russian Life* (London, 2010), pp. 141–8, 165.

71. A. I. Gertsen, 'Kniaz' Sergei Grigor'evich Volkonskii', *Sobranie sochinenii*, 30 vols. (Moscow, 1954–65), vol. 19, p. 16.
72. S. G. Volkonskii, 'Iz vospominanii', in I. Ia. Shchipanov (ed.), *Izbrannye sotsial'no-politicheskie i filosofskie proizvedeniia dekabristov*, 3 vols. (Moscow, 1951), vol. 2, p. 265.

6 西伯利亚人

1. Vintsenty Migurskii, 'Zapiski iz Sibiri', in B. S. Shostakovich (ed.), *Vospominaniia iz Sibiri: memuary, ocherki, dnevnikovye zapiski pol'skikh politicheskikh ssyl'nykh v vostochnuiu Sibir' pervoi poloviny XIX stoletiia* (Irkutsk, 2009), pp. 175–83.
2. L. Bol'shakov and V. A. D'iakov, 'I eto byla pravda. Strogo dokumental'naia povest' o shiroko izvestnom rasskaze L. N. Tolstogo "Za chto?" i podlinnykh sud'bakh ego nepridumannykh personazhei', Prostor, 1979, no. 7, p. 99; Andrzej Walicki, *The Enlightenment and the Birth of Modern Nationhood: Polish Political Thought from Noble Republicanism to Tadeusz Kościuszko*, trans. Emma Harris (Notre Dame, IN, 1989), ch. 1; Andrzej Walicki, *Philosophy and Romantic Nationalism: The Case of Poland* (Oxford, 1982), pp. 11–30; Dominic Lieven, *Russia Against Napoleon: The True Story of the Campaigns of War and Peace* (London, 2009), pp. 242–328; B. P. Milovidov, 'Voennoplennye poliaki v Sibiri v 1813–1814 gg.', *Otechestvennaia voina 1812 goda. Istochniki, pamiatniki, problemy* (Mozhaisk, 2009), pp. 325–59; S. V. Shvedov, 'Plennye Velikoi armii v Rossii', *Otstuplenie Velikoi Armii Napoleona iz Rossii* (Maloyaroslavets, 2000), pp. 69–70.
3. Walicki, *Philosophy and Romantic Nationalism*, pp. 64–85; RGIA, f. 733, op. 62, d. 644 (1823), ll. 1–2, 8–9, 12, 30, 38, 57, 138, 155.
4. W. Bruce Lincoln, *Nicholas I: Emperor and Autocrat of All the Russias* (Bloomington, IN, 1978), pp. 135–43.
5. R. F. Leslie, *Polish Politics and the Revolution of November 1830* (Westport, CT, 1969), p. 155; Adam Zamoyski, *Holy Madness: Romantics, Patriots and Revolutionaries, 1776–1871* (London, 1999), p. 276.

6. Leslie, *Polish Politics*, p. 155; Philippe Darriulat, *Les Patriotes: La gauche républicaine et la nation 1830–1870* (Paris, 2001), ch. 3; Walicki, *Philosophy and Romantic Nationalism*, pp. 78–80; Robert E. Spiller, 'Fennimore Cooper and Lafayette: Friends of Polish Freedom, 1830–1832', *American Literature*, vol. 7, no. 1 (1935), pp. 58–9; *The Times* cited in Orlando Figes, *Crimea* (London, 2010), p. 80; Joseph W. Wieczerzak, 'The Polish Insurrection of 1830–1831 in the American Press', *The Polish Review*, vol. 6, nos. 1–2 (1961), pp. 53–72; Jill Harsin, *Barricades: The War of the Streets in Revolutionary Paris* (New York, 2002).
7. R. F. Leslie, 'Polish Political Divisions and the Struggle for Power at the Beginning of the Insurrection of November 1830', *Slavonic and East European Review*, vol. 31, no. 76 (Dec. 1952), pp. 113–32; Norman Davies, *God's Playground: A History of Poland*, 2 vols. (Oxford, 1981), vol. 2, pp. 315–33.
8. A. S. Nagaev, *Omskoe delo, 1832–1833* (Krasnoyarsk, 1991), p. 4; RGIA, f. 1286, op. 5, d. 483 (1833), l. 93; F. F. Bolonev, A. A. Liutsidarskaia and A. I. Shinkovoi, *Ssyl'nye poliaki v Sibiri: XVII, XIX vv.* (Novosibirsk, 2007), p. 61; S. V. Kodan, 'Sibirskaia ssylka uchastnikov oppozitsionnykh vystuplenii i dvizhenii v tsarstve pol'skom 1830–1840-kh gg. (Politiko-iuridicheskii srez)', p. [3] (http://textarchive.ru/c-1413151.html, accessed 15 February 2014).
9. V. A. D'iakov, 'Petr Vysotskii na sibirskoi katorge (1835–1856), in idem and V. S. Bol'shakov (eds.), *Ssyl'nye revolutsionery v Sibiri (XIX v.–fevral' 1917 g.)* (Irkutsk, 1979), p. 4.
10. S. V. Kodan and B. S. Shostakovich, 'Pol'skaia ssylka v Sibir' vo vnutrennei politike samoderzhaviia (1830–1850-e gody), *Slavianovedenie*, 1992, no. 6, p. 4; RGIA, f. 1286, op. 5, d. 483 (1833).
11. R. F. Leslie, 'Left-Wing Political Tactics in Poland, 1831–1846', *Slavonic and East European Review*, vol. 33, no. 80 (December 1954), pp. 120–39; Idesbald Goddeeris, *La grande émigration polonaise en belgique (1831–1870): Élites et masses en exil à l'époque romantique* (Frankfurt, 2013); Roman Koropeckyj, *Adam Mickiewicz: The Life of a Romantic* (Ithaca, 2008), pp. 190–91.
12. Karma Nabulsi, 'Patriotism and Internationalism in the 'Oath of Allegiance' to Young Europe', *European Journal of Political Theory*, vol. 5, no. 1 (2006), pp. 61–70; Roland Sarti, 'Giuseppe Mazzini and Young Europe', in C. A. Bayly and E. F. Biagini (eds.), *Giuseppe Mazzini and the Globalisation of Democratic Nationalism, 1830–1920* (Oxford, 2008), pp. 275–98; Walicki, *Philosophy and*

Romantic Nationalism, p. 81.

13. Leslie, 'Left-Wing Political Tactics in Poland', pp. 120–39; Anna Procyk, 'Polish Émigrés as Emissaries of the Risorgimento in Eastern Europe', *Harvard Ukrainian Studies*, vol. 25, no. 1/2 (Spring 2001), pp. 7–29; Migurskii, 'Zapiski iz Sibiri', pp. 71–81.
14. Migurskii, 'Zapiski iz Sibiri', pp. 98–9, 107–8, 111; Bol'shakov and D'iakov, 'I eto byla pravda', p. 105.
15. B. S. Shostakovich, 'Konarshchik Iustyn'ian Ruchin'skii', in idem (ed.), *Vospominaniia iz Sibiri*, pp. 302–4; Thomas Frost, *The Secret Societies of the European Revolution, 1776–1876*, 2 vols. (London, 1876), vol. 2, pp. 255–61; G. N. Marakhov, 'Deiatel'nost' Sodruzhestva pol'skogo naroda na Pravoberezhnoi Ukraine v 1835–1839 gg. (po materialam kievskogo arkhiva)', in *Sviazi revoliutsionerov Rossii i Pol'shi XIX–nachala XX v.* (Moscow, 1968), pp. 166–93.
16. RGIA, f. 1286, op. 5, d. 483 (1833), ll. 81–2; Bolonev et al, *Ssyl'nye poliaki v Sibiri*, p. 86; B. S. Shostakovich, *Istoriia poliakov v Sibiri (XVII–XIX vv.)* (Irkutsk, 1995), pp. 60–62; Andrew A. Gentes, *Exile, Murder and Madness in Siberia, 1823–61* (Basingstoke, 2010), p. 136.
17. B. S. Shostakovich, 'Eva Felin'skaia—vidnaia predstavitel'nitsa politssylki poliakov v Sibir' pervoi poloviny XIX v., obshchestvennyi deiatel', memuarist', in V. G. Datsyshen (ed.), *Zhenshchina v istorii Rossii XVIII–XXI vekov* (Irkutsk, 2010), p. 31; Viktoria Slivovskaia, 'Sibirskie teni: o pol'skikh zhenshchinakh v mezhpovstancheskii period ssylki', *Sibirskaia ssylka* (Irkutsk, 2000), no. 1 (13), pp. 99–102; Eva Felinska, *Revelations of Siberia by a Banished Lady*, trans. Colonel Lach Szyrma, 2 vols. (London, 1852).
18. Gentes, *Exile, Murder and Madness*, pp. 133–5; Piotr Wandycz, *The Lands of Partitioned Poland, 1795–1918* (Seattle, 1974), pp. 125–6; RGIA, f. 1286, op. 5, d. 483 (1833), l. 1.
19. Kodan and Shostakovich, 'Pol'skaia ssylka v Sibir'', p. 4; Iu. Ruchin'skii, 'Konarshchik, 1838–1878: vospominaniia o sibirskoi ssylke', in Shostakovich (ed.), *Vospominaniia iz Sibiri*, pp. 328, 331.
20. Shostakovich, *Istoriia poliakov v Sibiri*, pp. 58–63.
21. Migurskii, 'Zapiski iz Sibiri', pp. 119–27, 141.
22. Anton Chekhov, *The Steppe and Other Stories, 1887–1891*, trans. Ronald Wilks (London, 2001); idem, *Ward No. 6 and Other Stories, 1892–1895*, trans. Ronald

Wilks (London, 2002); idem, *The Lady with the Little Dog and Other Stories, 1896–1904*, trans. Ronald Wilks (London, 2002); Migurskii, 'Zapiski iz Sibiri', p. 142.

23. Migurskii, 'Zapiski iz Sibiri', pp. 147–8.
24. Ibid., p. 149.
25. Kodan and Shostakovich, 'Pol'skaia ssylka v Sibir'', p. 7; M. D. Filin, 'Pol'skie revoliutsionery v Zabaikal'skoi politicheskoi ssylke v 30–40 gg. XIX v.', in L. M. Goriushkin (ed.), *Politicheskie ssyl'nye v Sibiri (XVIII—nachalo XX v.)* (Novosibirsk, 1983), p. 173.
26. D'iakov, 'Petr Vysotskii', pp. 3–30.
27. RGIA, f. 468, op. 18, d. 489 (1803), ll. 1–12; Leo Tolstoy, *The Death of Ivan Ilyich and Other Stories*, trans. David McDuff (London, 2008), pp. 221–32; John P. LeDonne, 'The Administration of Military Justice under Nicholas I', *Cahiers du monde russe et soviétique*, vol. 13, no. 2 (1972), pp. 180–91; John Keep, 'No Gauntlet for Gentlemen: Officers' Privileges in Russian Military Law, 1716–1855', *Cahiers du monde russe et soviétique*, vol. 34, nos. 1–2 (1993), pp. 171–92; Abby Schrader, *Languages of the Lash: Corporal Punishment and Identity in Imperial Russia* (DeKalb, IL, 2002), pp. 105–6; RGIA, f. 1286, op. 9, d. 493 (1845), l. 29; Nagaev, *Omskoe delo,* p. 34.
28. L. M. Goriushkin (ed.), *Politicheskaia ssylka v Sibiri. Nerchinskaia katorga*, vol. 1, no. 2 (Novosibirsk, 1993), pp. 48–9, 100–101; Kodan and Shostakovich, 'Pol'skaia ssylka v Sibir'', p. 8; B. S. Shostakovich, 'Politicheskie ssyl'nye poliaki i dekabristy v Sibiri', *Ssyl'nye revoliutsionery v Sibiri (XIX v.–fevral' 1917)*, no. 1 (Irkutsk, 1973), pp. 279–80.
29. A. A. Ivanov, 'Politicheskie ssyl'nye v Vostochnoi Sibiri v XIX v.', in L. M. Korytnyi (ed.), *Vklad pol'skikh uchenykh v izuchenie Vostochnoi Sibiri i ozera Baikal* (Irkutsk, 2011), pp. 108–9.
30. S. V. Kodan, *Politicheskaia ssylka v sisteme karatel'nykh mer samoderzhaviia pervoi poloviny XIX v.* (Irkutsk, 1980), p. 71; Kodan and Shostakovich, 'Pol'skaia ssylka v Sibir'', pp. 8–9.
31. Migurskii, 'Zapiski iz Sibiri', pp. 160, 177.
32. L. Bol'shakov, 'Delo Migurskikh: povest' v dokumentakh', *Prometei*, 1971, vol. 8, pp. 135–6.
33. Ibid., pp. 139–140.

34. Migurskii, 'Zapiski iz Sibiri', pp. 206–11; Bol'shakov, 'Delo Migurskikh', p. 141.
35. Bol'shakov and D'iakov, 'I eto byla pravda', pp. 112–13.
36. Ibid., p. 117.
37. Ibid., p. 118.
38. Migurskii, 'Zapiski iz Sibiri', pp. 262–3.
39. Ibid., pp. 264–9; Goriushkin (ed.), *Politicheskaia ssylka*, p. 94.
40. V. I. Dal', 'Ssyl'nyi', *Otechestvennye zapiski*, 1846, vol. 46, no. 5, pp. 153–6; Migurskii, 'Zapiski iz Sibiri', p. 59; Wincenty Migurski, *Pamiętniki z Sybiru spisane przez Wincentego Migurskiego* (Lviv, 1863); S. V. Maksimov, *Sibir' i katorga*, 3rd edn (St. Petersburg, 1900), p. 346.
41. Maksimov, *Sibir' i katorga*, p. 356; L. N. Tolstoi, 'Za chto', in idem, *Polnoe sobranie sochinenii*, 91 vols. (Moscow, 1928–64), vol. 42, pp. 84–106.
42. B. S. Shostakovich, 'Eti neizvestnye izvestnye Migurskie', in idem (ed.), *Vospominaniia iz Sibiri*, p. 41.
43. Goriushkin (ed.), *Politicheskaia ssylka*, pp. 92, 113–17; Maksimov, *Sibir' i katorga*, pp. 344, 346.
44. Maksimov, *Sibir' i katorga*, p. 346. 这样的讨论在 19 世纪 60 年代和 70 年代持续进行。See Shostakovich, *Istoriia poliakov v Sibiri*, pp. 93–4.
45. Ruchin'skii, 'Konarshchik', p. 384.
46. M. S. Lunin, *Sochineniia, pis'ma, dokumenty* (Irkutsk, 1988), p. 105; Gentes, *Exile, Murder and Madness*, p. 139; F. F. Bolonev (ed.), *Ssyl'nye poliaki v Sibiri: XVII, XIX vv.* (Novosibirsk, 2007), pp. 149–52; Kodan and Shostakovich, 'Pol'skaia ssylka v Sibir'', p. 13.
47. Richard S. Wortman, *Scenarios of Power: Myth and Ceremony in the Russian Monarchy*, 2 vols. (Princeton, 1995), vol. 1; Andrew A. Gentes, 'Siberian Exile and the 1863 Polish Insurrectionists According to Russian Sources', *Jahrbücher für Geschichte Osteuropas*, vol. 51, no. 2 (2003), pp. 200, 216; RGIA, f. 1341, op. 51, d. 449 (1843), ll. 1–3, 10–10 ob.
48. Goriushkin (ed.), *Politicheskaia ssylka*, pp. 104–5, 108.
49. RGIA, f. 1286, op. 10, d. 1089 (1846), ll. 2–3, 14, 20; S. V. Kodan, 'Amnistiia Dekabristam (1856)', *Voprosy istorii*, 1982, no. 4, pp. 178–82; Maksimov, *Sibir' i katorga*, p. 346.
50. RGIA, f. 1265, op. 9, d. 229 (1860), l. 2.
51. RGIA, f. 1265, op. 9, d. 229 (1860), ll. 3–3 ob.

52. 穆拉维约夫被授予“阿穆尔斯基”的头衔，因为他在 1858 年谈判签订了《瑷珲条约》，根据该条约，清朝将阿穆尔河（黑龙江）流域的控制权让与了俄国。See W. Bruce Lincoln, *The Conquest of a Continent: Siberia and the Russians* (Ithaca, 1994), pp. 190–96.
53. RGIA, f. 1265, op. 9, d. 229 (1860), ll. 3 ob–8.
54. D'iakov, 'Petr Vysotskii', p. 29.
55. Ruchin'skii, 'Konarshchik', pp. 475–6.
56. Adam Mickiewicz, 'The Books of the Polish Nation and of the Polish Pilgrimage', in idem, *Konrad Wallenrod and Other Writings of Adam Mickiewicz*, trans. Jewell Parish et al (Berkeley, 1925), pp. 142–3; Zofia Stefanowska, 'Romantic Messianism', *Dialogue and Universalism*, nos. 5–6 (2000), pp. 31–8; Walicki, *Philosophy and Romantic Nationalism*, pp. 247–76; Serhiy Bilenky, *Romantic Nationalism in Eastern Europe: Russian, Polish, and Ukrainian Political Imaginations* (Stanford, 2012), ch. 4.
57. Lubov Keefer, 'The Influence of Adam Mickiewicz on the Ballades of Chopin', *American Slavic and East European Review*, vol. 5, nos. 1–2 (1946), pp. 38–50.
58. Zamoyski, *Holy Madness*, pp. 291–2.
59. Martin Malia, *Russia Under Western Eyes: From the Bronze Horseman to the Lenin Mausoleum* (Cambridge, MA, 1999), pp. 93–4.
60. Michel Cadot (ed.), *Publications de Jules Michelet: légendes démocratiques du Nord* (Paris, 1968); Walicki, *Philosophy and Romantic Nationalism*, pp. 80–81; Darriulat, *Les Patriotes*, ch. 3; Ervin C. Brody, 'The 1830 Polish Uprising in the Mirror of Hungarian Literature', *The Polish Review*, vol. 17, no. 2 (1972), pp. 56–8; Zamoyski, *Holy Madness*, p. 277.
61. Malia, *Russia Under Western Eyes*, chs. 1–2.
62. George F. Kennan, *The Marquis de Custine and His Russia in 1839* (London, 1972), pp. 19–29.
63. Astolphe de Custine, *Letters from Russia*, anonymous trans., ed. Anka Muhlstein (New York, 2002), p. 377.
64. Kennan, *The Marquis de Custine*, pp. 95–8; Figes, *Crimea*, pp. 86–99.
65. Custine, *Letters from Russia*, p. 376.

7 刑罚堡

1. W. Bruce Lincoln, *Nicholas I: Emperor and Autocrat of All the Russias*

(Bloomington, IN, 1978), p. 290.

2. 'Pokazaniia F. M. Dostoevskogo po delu petrashevtsev', *Krasnyi arkhiv*, 1931, no. 2, pp. 130–46; no. 3, pp. 160–78; J. H. Seddon, *The Petrashevtsy: A Study of the Russian Revolutionaries of 1848* (Manchester, 1985).

3. Joseph Frank, *Dostoevsky: The Years of Ordeal, 1850–1859* (Princeton, 1983), pp. 51–2.

4. Ibid., p. 55.

5. Fyodor Dostoevsky, *The Idiot*, trans. David McDuff (London, 2004), pp. 71–2.

6. L. Grossman, 'Grazhdanskaia smert' F. M. Dostoevskogo', *Literaturnoe nasledstvo*, vols. 22–4 (Moscow, 1935), pp. 683–92.

7. 'M. V. Butashevich-Petrashevskii v Sibiri', *Krasnyi arkhiv*, vol. 10, 1925, p. 188; Frank, *Dostoevsky*, pp. 51–9; Grossman, 'Grazhdanskaia smert'', p. 683.

8. N. Bel'chikov, 'Pis'mo F. M. Dostoevskogo iz kreposti', *Krasnyi arkhiv*, vol. 2, 1922, pp. 237–8.

9. F. M. Dostoevskii, 'Pis'ma', in idem, *Polnoe sobranie sochinenii*, 30 vols. (Leningrad, 1972–90), vol. 28, pp. 163–4.

10. Fyodor Dostoevsky, *A Writer's Diary. Volume 1, 1873–1876*, trans. Kenneth Lantz (Evanston, IL, 1994), p. 130.

11. Frank, *Dostoevsky: The Years of Ordeal*, p. 73.

12. Joseph Frank, *Dostoevsky: The Stir of Liberation, 1860–1865* (Princeton, 1986), p. 215; L Tolstoi, 'Pis'ma', in *Polnoe sobranie sochinenii*, 91 vols. (Moscow, 1928–64), vol. 63, p. 24; Nancy Ruttenburg, *Dostoevsky's Democracy* (Princeton, 2008), pp. 72–81.

13. Gryts'ko [G. Z. Eliseev], 'Ugolovnye prestupniki', *Sovremennik*, 1860, vol. 74, pp. 283–4; V. L. Seroshevskii, 'Ssylka i katorga v Sibiri', in I. S. Mel'nik (ed.), *Sibir': ee sovremennoe sostoianie i ee nuzhdy. Sbornik statei* (St. Petersburg, 1908), pp. 220–21; Frank, *Dostoevsky: The Stir of Liberation*, pp. 214–20; V. A. Zelenskii (ed.), *Kriticheskii kommentarii k sochineniiam F. M. Dostoevskogo. Sbornik kriticheskikh statei*, vol. 2 (Moscow, 1901), p. 38.

14. Fyodor Dostoevsky, *The House of the Dead*, trans. David McDuff (London, 2003), p. 27.

15. Dostoevskii, 'Pis'ma', p. 170.

16. L. Mel'shin [P. F. Iakubovich], *V mire otverzhennykh: zapiski byvshego katorzhnika* (St. Petersburg, 1896), p. 122; S. V. Maksimov, *Sibir' i katorga*, 3rd

edn (St. Petersburg, 1900), pp. 32, 34; George Kennan, *Siberia and the Exile System*, 2 vols. (New York, 1891), vol. 2, pp. 145–6.

17. Dostoevsky, *The House of the Dead*, pp. 29–31; Mel'shin [Iakubovich], *V mire otverzhennykh*, p. 29.
18. N. M. Iadrintsev, *Russkaia obshchina v tiur'me i ssylke* (St. Petersburg, 1872), p. 57.
19. Mel'shin [Iakubovich], *V mire otverzhennykh*, p. 112; Dostoevsky, *The House of the Dead*, p. 30; Dostoevskii, 'Pis'ma', p. 171.
20. Shimon Tokarzhevskii, 'Sem' let katorgi' (1907), in idem, *Sibirskoe likholeti'e* (Kemerovo, 2007), p. 190; Nina Perlina, 'Dostoevsky and his Polish Fellow Prisoners from the House of the Dead', in David L. Ransel and Boz˙ena Shallcross (eds.), *Polish Encounters, Russian Identity* (Bloomington, IN, 2005), pp. 100–109; Abby Schrader, *Languages of the Lash: Corporal Punishment and Identity in Imperial Russia* (DeKalb, IL, 2002), p. 109; Dostoevsky, *The House of the Dead*, p. 50.
21. Dostoevsky, *The House of the Dead*, p. 93.
22. Dostoevskii, 'Pis'ma', p. 170; 'Ocherki nevol'nogo turista', *Knizhki nedeli*, 1895, no. 1, pp. 126–7; Mel'shin [Iakubovich], *V mire otverzhennykh*, p. 50.
23. Dostoevsky, *The House of the Dead*, p. 33; Mel'shin [Iakubovich], *V mire otverzhennykh*, pp. 60–61.
24. Mel'shin [Iakubovich], *V mire otverzhennykh*, p. 29; 'Ocherki nevol'nogo turista', 1895, no. 3, p. 57.
25. Stephen P. Frank, *Crime, Cultural Conflict and Justice in Rural Russia, 1856–1917* (Berkeley, 1999); Christine Worobec, *Possessed: Women, Witches, and Demons in Imperial Russia* (DeKalb, IL, 2001); Christine Worobec, 'Horse Thieves and Peasant Justice in Post-Emancipation Imperial Russia', *Journal of Social History*, vol. 21, no. 2 (Winter 1987), pp. 281–93; Orlando Figes, *A People's Tragedy: The Russian Revolution, 1891–1924* (London, 1996), pp. 87–9; Richard S. Wortman, *The Development of a Russian Legal Consciousness* (Chicago, 1976); Daniel Beer, *Renovating Russia: The Human Sciences and the Fate of Liberal Modernity, 1880–1930* (Ithaca, 2008), pp. 19–21.
26. I. V. Efimov, *Iz zhizni katorzhnykh Ilginskogo i Aleksandrovskogo togda kazennykh, vinokurennykh zavodov, 1848–1853 gg.* (St. Petersburg, 1899), p. 17; Dostoevsky, *The House of the Dead*, p. 231; Mel'shin [Iakubovich], *V mire*

otverzhennykh, p. 161.

27. Mel'shin [Iakubovich], *V mire otverzhennykh*, p. 60.
28. Dostoevsky, *The House of the Dead*, pp. 72–3.
29. 'Arestanty v Sibiri', *Sovremennik*, 1863, no. 11, p. 162.
30. E……v, 'Ocherki, rasskazy i vospominaniia: ssyl'no-katorzhnye v Okhotskom solevarennom zavode', *Russkaia starina*, vol. 22, 1878, pp. 306–7.
31. Efimov, *Iz zhizni katorzhnykh*, pp. 31–2; GAIO, f. 24, op. 2, k. 2619, d. 233 (1884), ll. 62–3.
32. Maksimov, *Sibir' i katorga*, pp. 44–5; Dostoevsky, *The House of the Dead*, pp. 86, 94.
33. Iadrintsev, *Russkaia obshchina*, pp. 64–5, 472–5; V. Moskvich, 'Pogibshie i pogibaiushchie. Otbrosy Rossii na sibirskoi pochve', *Russkoe bogatstvo*, 1895, no. 7, pp. 65–6.
34. Dostoevsky, *The House of the Dead*, pp. 108–9.
35. Andrew A. Gentes, '"Beat the Devil!": Prison Society and Anarchy in Tsarist Siberia', *Ab Imperio*, 2009, no. 2, p. 209; Tokarzhevskii, 'Sem' let katorgi', p. 180.
36. Dostoevsky, *The House of the Dead*, p. 66; Maksimov, *Sibir' i katorga*, pp. 12, 43; Iadrintsev, *Russkaia obshchina*, pp. 59–61, 92; Moskvich, 'Pogibshie i pogibaiushchie', pp. 69–71.
37. Tokarzhevskii, 'Sem' let katorgi', p. 179; 'Arestanty', pp. 136–7; Iadrintsev, *Russkaia obshchina*, pp. 60–61.
38. Kennan, *Siberia and the Exile System*, vol. 1, p. 364; Maksimov, *Sibir' i katorga*, pp. 40–41; Gentes, '"Beat the Devil!"', p. 214.
39. Dostoevsky, *The House of the Dead*, p. 84; Maksimov, *Sibir' i katorga*, p. 41.
40. Vasilii Vlasov, *Kratkii ocherk neustroistv sushchestvuiushchikh na katorge* (St. Petersburg, 1873), p. 4.
41. Charles Henry Hawes, *The Uttermost East; Being an Account of Investigations Among the Natives and Russian Convicts of the Island of Sakhalin, with Notes of Travel in Korea, Siberia, and Manchuria* (London, 1904), p. 150.
42. I. P. Belokonskii, *Po tiur'mam i etapam: Ocherki tiuremnoi zhizni i putevye zametki ot Moskvy do Krasnoiarska* (Oryol, 1887), p. 157; Dostoevsky, *The House of the Dead*, pp. 84–5; Vlas M. Doroshevich, *Sakhalin*, 2 parts (Moscow, 1903), part 1, p. 340; Gentes, '"Beat the Devil!"', pp. 213–14.
43. Maksimov, *Sibir' i katorga*, p. 39; Mel'shin [Iakubovich], *V mire otverzhennykh*,

p. 34.

44. Dostoevsky, *The House of the Dead*, p. 110.
45. Kennan, *Siberia and the Exile System*, vol. 1, p. 391.
46. Seroshevskii, 'Ssylka i katorga v Sibiri', in Mel'nik (ed.), *Sibir'*, p. 219; Iadrintsev, *Russkaia obshchina*, pp. 152–3; Maksimov, *Sibir' i katorga*, p. 36.
47. Maksimov, *Sibir' i katorga*, p. 38.
48. Kennan, *Siberia and the Exile System*, vol. 1, p. 391; Belokonskii, *Po tiur'mam i etapam*, p. 155; Doroshevich, *Sakhalin*, part 1, pp. 271–2.
49. Frank, *Crime, Cultural Conflict*; Figes, *A People's Tragedy*, pp. 95–8.
50. Iadrintsev, *Russkaia obshchina*, pp. 93–4.
51. Ibid., p. 149.
52. Maksimov, *Sibir' i katorga*, p. 36.
53. 'Ocherki nevol'nogo turista', 1895, no. 1, p. 131; Maksimov, *Sibir' i katorga*, p. 43.
54. Belokonskii, *Po tiur'mam i etapam*, p. 35.
55. 'Arestanty', p. 138.
56. Dostoevsky, *The House of the Dead*, p. 354.
57. Ruttenburg, *Dostoevsky's Democracy*, pp. 185–95; Joseph Frank, *Dostoevsky: The Miraculous Years, 1865–1871* (Princeton, 1995); idem, *Dostoevsky: The Mantle of the Prophet, 1871–1881* (Princeton, 2002); Anna Schur, *Wages of Evil: Dostoevsky and Punishment* (Evanston, IL, 2012).
58. Orlando Figes, *Natasha's Dance: A Cultural History of Russia* (London, 2002), chs. 4, 6; Andrzej Walicki, *A History of Russian Thought: From the Enlightenment to Marxism*, trans. Hilda Andrews-Rusiecka (Stanford, 1979), chs. 6–12; Martin Malia, *Alexander Herzen and the Birth of Russian Socialism, 1812–1855* (London, 1961); Franco Venturi, *Roots of Revolution: A History of the Populist and Socialist Movements in Nineteenth-Century Russia*, trans. Francis Haskell (London, 1972); Tibor Szamuely, *The Russian Tradition* (New York, 1974); Isaiah Berlin, *Russian Thinkers* (London, 2008); Laura Engelstein, *Slavophile Empire: Imperial Russia's Illiberal Path* (Ithaca, 2009), ch. 4.
59. Dostoevsky, *A Writer's Diary*, p. 349 [translation modified].
60. Dostoevskii, 'Pis'ma', pp. 172–3.
61. Ibid., p. 169; Dostoevsky, *The House of the Dead*, pp. 35–6.
62. A. I. Gertsen, 'Le peuple et le socialisme', in idem, *Sobranie sochinenii*, 30 vols.

(Moscow, 1954–65), vol. 7, pp. 271–306.

63. Dostoevskii, 'Pis'ma', pp. 169–70.

64. Ibid., p. 172.

65. Fyodor Dostoevsky, *Crime and Punishment*, trans. David McDuff (London, 2003), pp. 647–56.

66. Fyodor Dostoevsky, *The Brothers Karamazov*, trans. David McDuff (London, 2003), p. 756.

67. Aileen Kelly, 'Dostoevsky and the Divided Conscience', in idem, *Toward Another Shore: Russian Thinkers Between Necessity and Chance* (New Haven, 1998), pp. 55–79.

68. Dostoevsky, *A Writer's Diary*, p. 354; Frank, *Dostoevsky: The Years of Ordeal*, chs. 9–10; Schur, *Wages of Evil*, pp. 137–44.

69. Dostoevsky, *A Writer's Diary*, p. 139.

70. Ibid., p. 289 [translation modified].

71. Harriet Murav, 'Dostoevskii in Siberia: Remembering the Past', *Slavic Review*, vol. 50, no. 4 (Winter 1991), pp. 858–66; Figes, *Natasha's Dance*, pp. 329–31; Wayne Dowler, *Dostoevsky, Grigor'ev and Native Soil Conservatism* (Toronto, 1982); Gary Morson, *The Boundaries of Genre: Dostoevsky's Diary of a Writer and the Traditions of Literary Utopia* (Austin, 1981); Hans Kohn, 'Dostoyevsky and Danilevsky: Nationalist Messianism', in E. J. Simmons (ed.), *Continuity and Change in Russian and Soviet Thought* (Cambridge, MA, 1955), pp. 500–515.

8 "以自由的名义！"

1. Adam Zamoyski, *Holy Madness: Romantics, Patriots and Revolutionaries, 1776–1871* (London, 1999), pp. 413–17.

2. Stefan Kieniewicz, 'Polish Society and the Insurrection of 1863', *Past and Present*, no. 37 (July 1967), pp. 130–48.

3. RGIA, f. 1286, op. 25, d. 1182 (1864), l. 32; Norman Davies, *God's Playground: A History of Poland*, 2 vols. (Oxford, 1981), vol. 2, pp. 347–68.

4. P. L. Kazarian, *Chislennost' i sostav uchastnikov pol'skogo vosstaniia 1863–1864 gg. v iakutskoi ssylke* (Yakutsk, 1999), pp. 12–13; N. P. Mitina, *Vo glubine sibirskikh rud. K stoletiiu vosstaniia pol'skikh ssyl'nykh na Krugobaikail'skom trakte* (Moscow, 1966), p. 10; L. P. Rochevskaia, *Istoriia politicheskoi ssylki v Zapadnoi Sibiri vo vtoroi polovine XIX v. (60-kh–80-kh godov)* (Tyumen, 1976), p. 43; Davies, *God's*

Playground, p. 368.

5. Helena Boczek, *Aleksander Sochaczewski, 1843–1923, malarz syberyjskiej katorgi: Zycie, twórczośćć i dzieje kolekcji* (Warsaw, 1993).
6. I. P. Belokonskii (Petrovich), *Po tiur'mam i etapam: Ocherki tiuremnoi zhizni i putevye zametki ot Moskvy do Krasnoiarska* (Oryol, 1887), p. 80; RGIA, f. 1286, op. 38, d. 467 (1877), l. 34; RGIA, f. 1286, op. 28, d. 917 (1867), l. 2; RGIA, f. 1286, op. 25, d. 229 (1864), ll. 1–68; RGIA, f. 1286, op. 25, d. 99 (1864), l. 18.
7. RGIA, f. 1286, op. 25, d. 862 (1865), l. 1.
8. GARF, f. 122, 3 dp., op. 5, d. 1 (1864), ll. 17–18; L. M. Goriushkin (ed.), *Politicheskaia ssylka v Sibiri. Nerchinskaia katorga*, vol. 1, no. 2 (Novosibirsk, 1993), pp. 156, 160–61, 167–9.
9. Mitina, *Vo glubine sibirskikh rud*, pp. 13, 30; Andrew A. Gentes, 'Siberian Exile and the 1863 Polish Insurrectionists According to Russian Sources', *Jahrbücher für Geschichte Osteuropas*, vol. 51, no. 2 (2003), pp. 203–4, 209; Goriushkin (ed.), *Politicheskaia ssylka*, pp. 177–8, 208–9; B. S. Shostakovich, *Istoriia poliakov v Sibiri (XVII–XIX vv.)* (Irkutsk, 1995), p. 88.
10. Gentes, 'Siberian Exile and the 1863 Polish Insurrectionists', p. 205.
11. Mitina, *Vo glubine sibirskikh rud*, pp. 16–17; I. N. Nikulina, 'Pol'skaia politicheskaia ssylka na Altai v XIX v.', in *Sibirskaia ssylka* (Irkutsk, 2011), no. 6 (18), pp. 415–16; E. Semenov, 'Khoziaistvennaia deiatel'nost' pol'skikh politicheskikh ssyl'nykh v Zabaikal'e v 1860-kh–1880-kh gg.', *Vlast'*, 2010, no. 11, pp. 131–3; Gentes, 'Siberian Exile and the 1863 Polish Insurrectionists', p. 208.
12. S. V. Maksimov, *Sibir' i katorga*, 3rd edn (St. Petersburg, 1900), p. 361.
13. Mitina, *Vo glubine sibirskikh rud*, p. 15.
14. RGIA, f. 1286, op. 25, d. 1182 (1864), ll. 1–5, 14.
15. GAIO, f. 24, op. 3, k. 1760, d. 23 (1864), ll. 7–8; GAIO, f. 24, op. 3, k. 1764, d. 57 (1866), ll. 18–19, 25–6.
16. GAIO, f. 24, op. 3, k. 1764, d. 57 (1866), ll. 35, 41–2.
17. GAIO, f. 24, op. 3, k. 1764, d. 57 (1866), l. 76.
18. RGIA, f. 1286, op. 25, d. 1296 (1864), ll. 21, 114–16, 127; RGIA, f. 1286, op. 25, d. 1189 (1864), ll. 1–2.
19. V. A. D'iakov, 'Peterburgskaia ofitserskaia organizatsiia', in *Russko-pol'skie revoliutsionnye sviazi*, 3 vols. (Moscow, 1961–3), vol. 1, pp. 197–351; V. A.

D'iakov, *Iaroslav Dombrovskii* (Moscow, 1969), pp. 46–7, 134; Jerzy Zdrada, *Jarosław Dombrowski, 1836–1871* (Krakow, 1973); RGIA, f. 1282, op. 1, d. 140 (1863), ll. 126–7 ob.

20. D'iakov, *Iaroslav Dombrovskii*, pp. 139–40.
21. RGIA, f. 1286, op. 25, d. 1481 (1864), ll. 10–13.
22. RGIA, f. 1286, op. 25, d. 1481 (1864), ll. 15–15 ob; 29–29 ob.
23. RGIA, f. 1286, op. 25, d. 1481 (1864), ll. 34–41.
24. Andrzej Walicki, 'The Slavophile Thinkers and the Polish Question in 1863', in David L. Ransel and Boz˙ena Shallcross (eds.), *Polish Encounters, Russian Identity* (Bloomington, IN, 2005), pp. 90–91; Edyta M. Bojanowska, 'Empire by Consent: Strakhov, Dostoevskii and the Polish Uprising of 1863', *Slavic Review*, vol. 71, no. 1 (Spring 2012), pp. 1–24; Alexis E. Pogorelskin, 'Vestnik Evropy and the Polish Question in the Reign of Alexander II', *Slavic Review*, vol. 46, no. 1 (Spring 1987), pp. 87–105; Svetlana Ivanova, 'Obsuzhdenie 'pol'skogo voprosa' na stranitsakh periodicheskikh izdanii 60-kh godov XIX veka', *Rocznik Instytutu Polsko-Rosyjskiego*, 2012, no. 1, pp. 13–14; Andreas Renner, 'Defining a Russian Nation: Mikhail Katkov and the 'Invention' of National Politics', *Slavonic and East European Review*, vol. 81, no. 4 (2003), pp. 674–5; Olga Maiorova, *From the Shadow of Empire: Defining the Russian Nation through Cultural Mythology* (Madison, WI, 2010), pp. 94–127.
25. D'iakov, *Iaroslav Dombrovskii*, pp. 150–51; A. A. Kornilov, *Obshchestvennoe dvizhenie pri Aleksandre II (1855–1881)* (Paris, 1905), p. 128.
26. *The Times*, 22 September 1863, p. 6; Mieczyslaw Giergielewicz, 'Echoes of the Polish January Rising in "Punch"', *The Polish Review*, vol. 8, no. 2 (Spring 1963), pp. 3–27; J. H. Harley, 'Great Britain and the Polish Insurrection of 1863', *Slavonic and East European Review*, vol. 16, no. 46 (July 1937), pp. 155–67; vol. 16, no. 47 (January 1938), pp. 425–38; K. S. Pasieka, 'The British Press and the Polish Insurrection of 1863', *Slavonic and East European Review*, vol. 42, no. 98 (December 1963), pp. 15–37.
27. Andrzej Walicki, *Philosophy and Romantic Nationalism: The Case of Poland* (Oxford, 1982), p. 371; Zamoyski, *Holy Madness*, pp. 438–9.
28. Alice Bullard, *Exile to Paradise: Savagery and Civilization in Paris and the South Pacific, 1790–1900* (Stanford, 2001), p. 186; D'iakov, *Iaroslav Dombrovskii*, chs. 7–8; Robert Tombs, *The Paris Commune 1871* (London, 1999); Alistair Horne,

The Fall of Paris: The Siege and the Commune 1870–71 (London, 2007), pp. 318–19; Hugh Thomas, *The Spanish Civil War* (London, 1961), p. 324.

29. Orlando Figes, *Crimea* (London, 2011), pp. 177–9; A. S. Gulin, 'Garibal'diitsy na Nerchinskoi katorge 1863–1867 gg.', in *Sibirskaia ssylka* (Irkutsk, 2011), no. 6 (18), p. 262.
30. Gulin, 'Garibal'diitsy', pp. 262–3.
31. K. Ferlej-Bielańska, *Nullo i jego towarzysze* (Warsaw, 1923), p. 186; B. G. Kubalov, 'Stranitsy iz zhizni garibal'diitsev v Petrovskom zavode', *Svet nad Baikalom* (Ulan Ude, 1960), no. 4, pp. 139–41.
32. Ferlej-Bielańska, *Nullo*, p. 137; B. G. Kubalov, 'N. G. Chernyshevskii, M. L. Mikhailov i garibal'diitsy na Kadainskoi katorge', *Sibirskie ogni*, 1959, no. 6, pp. 139–44.
33. Rozanna Kazari, 'N. G. Chernyshevskii i garibal'diitsy iz Bergamo', in O. B. Lebedeva (ed.), *Obrazy Italii v russkoi slovesnosti* (Tomsk, 2009), p. 156; Goriushkin (ed.), *Politicheskaia ssylka*, pp. 146–7; Monica Gardner, 'An Italian Tragedy in Siberia', *Sewanee Review*, vol. 34, no. 3 (July–Sept. 1926), pp. 329–38; Gulin, 'Garibal'diitsy', p. 271; Gavin Jacobson, 'Fraternity in Combat: An Intellectual History of the Republican Tradition from the Republic of Virtue to the Republic of Silence', DPhil dissertation, University of Oxford (2015), pp. 212–13.
34. A. S. Gulin, 'Novye fakty k biografii A. A. Krasovskogo po arkhivnym i memuarnym istochnikam. Versiia pobega i gibeli', http://sibir-ssylka.ucoz.com (accessed 3 March 2014).
35. N. Bykhovskii, '"Son katorzhnika" i ego avtor', *Literaturnoe nasledstvo*, vols. 25–6 (Moscow, 1936), p. 459; Goriushkin (ed.), *Politicheskaia ssylka*, p. 150.
36. GAIO, f. 24, op. 3, k. 1760, d. 23 (1864), ll. 67–8; Bykhovskii, '"Son katorzhnika"', p. 459.
37. Bykhovskii, '"Son katorzhnika"', p. 459; GAIO, f. 24, op. 3, k. 1760, d. 23 (1864), l. 67; V. A. D'iakov, 'Zapisnye knizhki A. A. Krasovskogo i V. V. Khreshchetskogo', in *Revoliutsionnaia situatsiia v Rossii 1859–1861 gg.* (Moscow, 1962), pp. 418–22.
38. Goriushkin (ed.), *Politicheskaia ssylka*, pp. 149–50 [emphasis in original].
39. Ibid., p. 150.
40. GAIO, f. 24, op. 3, k. 1760, d. 23 (1864), ll. 67–8; 'Dukhovnoe zaveshchanie Krasovskogo', *Krasnyi arkhiv*, 1929, no. 6, p. 233.

41. 'Dukhovnoe zaveshchanie Krasovskogo', p. 232; GAIO, f. 24, op. 3, k. 1760, d. 23 (1864), ll. 67–8; Goriushkin (ed.), *Politicheskaia ssylka*, pp. 204–6.
42. Goriushkin (ed.), *Politicheskaia ssylka*, pp. 167–9.
43. Mitina, *Vo glubine sibirskikh rud*, p. 105.
44. Goriushkin (ed.), *Politicheskaia ssylka*, pp. 173–4; GAIO, f. 24, op. 3, k. 1766, d. 65 (1866), ll. 6–8, 42, 61–4.
45. GAIO, f. 24, op. 3, k. 1766, d. 65 (1866), ll. 95–7.
46. Goriushkin (ed.), *Politicheskaia ssylka*, p. 175.
47. A. V. Volochaeva, 'Vidy truda na Nerchinskoi katorge vo vtoroi polovine XIX v.', in *Sibirskaia ssylka* (Irkutsk, 2011), no. 6 (18), pp. 237–40; Gentes, 'Siberian Exile and the 1863 Polish Insurrectionists', p. 212.
48. GAIO, f. 24, op. 3, d. 501 (1866), ll. 60–120; 'Vosstanie poliakov v Sibiri 1866 goda', *Sibirskii arkhiv*, 1912, no. 3, pp. 176–84; Mitina, *Vo glubine sibirskikh rud*, pp. 121–31.
49. 'Vosstanie na Krugobaikal'skoi doroge 1866 goda', *Byloe*, 1921, no. 17, pp. 134–5.
50. Mitina, *Vo glubine sibirskikh rud*; Gentes, 'Siberian Exile and the 1863 Polish Insurrectionists', p. 213; A. I. Gertsen, 'Pol'sha v Sibiri i Karakozovskoe delo', in idem, *Sobranie sochinenii*, 30 vols. (Moscow, 1954–65), vol. 19, p. 127.
51. Boczek, *Aleksander Sochaczewski*.
52. Émile Andreoli, 'La clémence du tsar', *Le temps*, 23 September 1868, p. 5; idem, 'De Pologne en Sibérie', *Revue moderne*, 1868, vol. 48, p. 163.
53. Andreoli, 'De Pologne en Sibérie', pp. 124, 529, 748.
54. Ibid., p. 748.

9 库库什金将军的军队

1. V. Moskvich, 'Pogibshie i pogibaiushchie. Otbrosy Rossii na sibirskoi pochve', *Russkoe bogatstvo*, 1895, no. 7, p. 49.
2. A. A. Vlasenko, 'Ugolovnaia ssylka v Zapadnuiu Sibir' v politike samoderzhaviia XIX veka', Kandidatskaia diss. (Omsk State University, 2008), p. 204; N. M. Iadrintsev, *Sibir' kak koloniia v geograficheskom, etnograficheskom i istoricheskom otnoshenii* (St. Petersburg, 1882), p. 190.
3. L. M. Goriushkin (ed.), *Politicheskaia ssylka v Sibiri. Nerchinskaia katorga*, vol. 1, no. 2 (Novosibirsk, 1993), p. 139; RGIA, f. 1149, op. 9, d. 3 (1877), l. 773 ob.

4. 'Ob izmeneniiakh poriadka raspredeleniia ssylaemykh v Sibir' iz Evropeiskoi Rossii', *Tiuremnyi vestnik*, 1898, no. 9, p. 447; A. D. Margolis, 'Chislennost' i razmeshchenie ssyl'nykh v Sibiri v kontse XIX veka', in idem, *Tiur'ma i ssylka v imperatorskoi Rossii. Issledovaniia i arkhivnye nakhodki* (Moscow, 1995), p. 37; N. M. Iadrintsev, *Russkaia obshchina v tiur'me i ssylke* (St. Petersburg, 1872), p. 363; Alan Wood, 'Russia's "Wild East": Exile, Vagrancy and Crime in Nineteenth-Century Siberia', in idem (ed.), *The History of Siberia from Russian Conquest to Revolution* (London, 1991), p. 124.
5. Iadrintsev, *Russkaia obshchina*, pp. 351–5; Wood, 'Russia's "Wild East"', p. 120; Andrew A. Gentes, *Exile, Murder and Madness in Siberia, 1823–61* (Basingstoke, 2010), p. 34; idem, 'Vagabondage and the Tsarist Siberian Exile System: Power and Resistance in the Penal Landscape', *Central Asian Survey*, vol. 30, nos. 3–4 (2011), p. 408; RGIA, f. 468, op. 18, d. 489 (1803), ll. 1–12.
6. George Kennan, *Siberia and the Exile System*, 2 vols. (New York, 1891), vol. 1, p. 382; Iadrintsev, *Russkaia obshchina*, pp. 364, 415–17.
7. 'Arestanty v Sibiri', *Sovremennik*, 1863, no. 11, pp. 169–74; Iadrintsev, *Russkaia obshchina*, pp. 385–95.
8. RGIA, f. 1264, op. 1, d. 438 (1831), l. 1 ob; RGIA, f. 1149, op. 3, d. 114 (1842), l. 5 0b; RGIA, f. 1405, op. 83, d. 2697 (1883), l. 3; RGIA, f. 1149, op. 3, d. 74 (1848), l. 2; Iadrintsev, *Russkaia obshchina*, pp. 363–4, 567.
9. Iadrintsev, *Russkaia obshchina*, pp. 366, 371.
10. RGIA, f. 1286, op. 33, d. 633 (1872), ll. 1–18, 27–34, 39–43, 52–68.
11. Anton Chekhov, *Sakhalin Island*, trans. Brian Reeve (London, 2007), p. 306; RGIA, f. 1409, op. 2, d. 5247 (1828), ll. 1–7.
12. RGIA, f. 1286, op. 5, d. 650 (1830), ll. 18–19; GAIO, f. 24, op. 3, k. 5, d. 96 (1831), l. 3.
13. GAIO, f. 24, op. 2, k. 2619, d. 233 (1884), l. 50; Iadrintsev, *Sibir' kak koloniia*, p. 192; Kennan, *Siberia and the Exile System*, vol. 2, p. 156.
14. RGIA, f. 1286, op. 38, d. 405 (1877), ll. 1, 5, 10, 19, 22, 42; RGIA, f. 1286, op. 38, d. 348 (1877), ll. 27, 31; RGIA, f. 1286, op. 38, d. 326 (1877), ll. 3, 9, 10, 12, 16–17; GARF, f. 122, 3 dp., op. 5, d. 1455 (1890), l. 8; GARF, f. 122, 3 dp., op. 5, d. 1000 (1883), ll. 1–4.
15. RGIA, f. 1286, op. 33, d. 529 (1872), ll. 1, 6 ob–7 ob, 9, 58; Iadrintsev, *Russkaia obshchina*, p. 374; RGIA, f. 1286, op. 2, d. 245 (1817), ll. 1–2; RGIA, f. 1149, op.

9, d. 3 (1877), l. 70; Chekhov, *Sakhalin Island*, p. 302; S. V. Maksimov, *Sibir' i katorga*, 3rd edn (St. Petersburg, 1870), p. 65.

16. Maksimov, *Sibir' i katorga*, pp. 47–8.
17. RGIA, f. 1286, op. 38, d. 326 (1877), l. 12; Iadrintsev, *Russkaia obshchina*, pp. 373–4.
18. Maksimov, *Sibir' i katorga*, p. 51; Chekhov, *Sakhalin Island*, p. 300 [translation modified].
19. Kennan, *Siberia and the Exile System*, vol. 2, pp. 154–5.
20. 'Arestanty', p. 165; GARF, f. 122, op. 5, d. 64 (1879), ll. 15–16. For similar cases, see GARF, f. 102, 3 dp., op. 77, d. 1210 (1881), ll. 1–6.
21. Maksimov, *Sibir' i katorga*, p. 86; Iadrintsev, *Russkaia obshchina*, p. 593.
22. Iadrintsev, *Russkaia obshchina*, p. 594.
23. Ibid., pp. 364–5, 463–4; GATOvgT, f. i378, op. 1, d. 59 (1829), ll. 10–12; GAIO, f. 32, op. 1, d. 1020 (1881), ll. 1, 11, 17, 42–42 ob.
24. Maksimov, *Sibir' i katorga*, p. 86; Iadrintsev, *Russkaia obshchina*, pp. 450–72.
25. RGIA, f. 1149, op. 2, d. 99 (1838), ll. 4–6.
26. Fyodor Dostoevsky, *The House of the Dead*, trans. David McDuff (London, 2003), p. 255.
27. V. Ia. Kokosov, *Rasskazy o kariiskoi katorge (iz vospominanii vracha)* (St. Petersburg, 1907), p. 120.
28. RGIA, f. 1149, op. 3, d. 74 (1848), ll. 2–3.
29. RGIA, f. 1405, op. 83, d. 2697 (1883), l. 39; *Ssylka v Sibir.' Ocherk ee istorii i sovremennogo polozheniia* (St. Petersburg, 1900), p. 277.
30. RGIA, f. 1286, op. 3, d. 323 (1824), ll. 43–43 ob; RGIA, f. 1286, op. 30, d. 1000 (1869), ll. 2–11; RGIA, f. 1405, op. 535, d. 135 (1883), ll. 1–12; Iadrintsev, *Russkaia obshchina*, pp. 609–10.
31. RGIA, f. 1286, op. 7, d. 438 (1840), l. 56; RGIA, f. 1286, op. 7, d. 341 (1840), l. 5; Abby M. Schrader, *Languages of the Lash: Corporal Punishment and Identity in Imperial Russia* (DeKalb, IL, 2002), pp. 92–5.
32. RGIA, f. 1286, op. 7, d. 438 (1840), ll. 56, 60; RGIA, f. 1286, op. 15, d. 1293 (1855), ll. 1–2.
33. Iadrintsev, *Russkaia obshchina*, pp. 372, 438; Maksimov, *Sibir' i katorga*, p. 49.
34. RGIA, f. 1264, op. 1, d. 71 (1835), ll. 143–4; RGIA, f. 1286, op. 33, d. 369 (1872), ll. 37–41; GARF, f. 102, o. o., d. 910 (1901), ll. 9–10.

35. GATOvgT, f. 378, op. 1, d. 62 (1829), ll. 1–8; Maksimov, *Sibir' i katorga*, p. 84; RGIA, f. 1149, op. 9, d. 3 (1877), l. 775; Iadrintsev, *Sibir' kak koloniia*, p. 193; S. Chudnovskii, 'Kolonizatsionnoe znachenie sibirskoi ssylki', *Russkaia mysl'*, 1886, no. 10, p. 48; Vlasenko, 'Ugolovnaia ssylka', p. 197.
36. Iadrintsev, *Russkaia obshchina*, p. 194; Maksimov, *Sibir' i katorga*, p. 83; I. Ia. Foinitskii, *Na dosuge. Sbornik statei,* 2 vols. (St. Petersburg, 1900), vol. 2, p. 430.
37. *Ssylka v Sibir'*, pp. 265–6.
38. Vlasenko, 'Ugolovnaia ssylka', p. 197; *Sibir'*, 17 August 1875, no. 8, p. 6; RGIA, f. 1149, op. 9, d. 3 (1877), l. 775; Maksimov, *Sibir' i katorga*, p. 82; GARF, f. 122, 3 dp., op. 5, d. 1059 (1884), ll. 1–29; GARF, f. 122, 3 dp., op. 5, d. 1255 (1887), ll. 1–10.
39. Iadrintsev, *Russkaia obshchina*, pp. 387–8, 453.
40. Edmund Noble, 'No American Siberia', *North American Review*, vol. 145, no. 370 (Sept. 1887), p. 327; Iadrintsev, *Russkaia obshchina*, p. 618.
41. Iadrintsev, *Russkaia obshchina*, pp. 566, 618; RGIA, f. 1286, op. 22, d. 1000 (1861), ll. 1–3, 7–8; GARF, f. 122, 3 dp., op. 5, d. 2601 (1893), l. 1.
42. RGIA, f. 1149, op. 9, d. 3 (1877), l. 337; GATOvgT, f. 378, op. 1, d. 38 (1827), ll. 18–21; Foinitskii, *Na dosuge*, p. 409.
43. Moskvich, 'Pogibshie i pogibaiushchie', p. 48; Maksimov, *Sibir' i katorga*, p. 69; Iadrintsev, *Russkaia obshchina*, pp. 447–8.
44. RGIA, f. 1286, op. 1, d. 195 (1804), l. 24; RGIA, f. 1286, op. 1, d. 120 (1805), l. 3; RGIA, f. 1264, op. 1, d. 71 (1835), ll. 149 ob, 152; *Statisticheskie svedeniia o ssyl'nykh v Sibiri za 1833 i 1834 gody* (St. Petersburg, 1837), p. 22.
45. RGIA, f. 1652, op. 1, d. 197 (1877), l. 10 ob; RGIA, f. 1149, op. 9, d. 3 (1877), l. 773; GAIO, f. 25, op. 6, k. 450, d. 228 (1899), ll. 5–7; GAIO, f. 25, op. 6, k. 452, d. 335 (1899), ll. 6–6 ob; RGIA, f. 1286, op. 33, d. 369 (1872), ll. 5–6.
46. GAIO, f. 25, op. 6, k. 449, d. 185 (1898), ll. 7–7 ob.
47. *Sibir'*, 3 August 1875, p. 4; 31 August 1875, p. 1; 19 October 1875, pp. 3–4; 9 January 1877, p. 3; *Sibirskaia gazeta*, 20 March 1888, p. 10; 26 May 1888, p. 11; *Vostochnoe obozrenie*, 1889, no. 47, p. 7.
48. RGIA, f. 1286, op. 9, d. 493 (1845), ll. 1–38.
49. *Sibir'*, 19 October 1875, pp. 3–4; Iadrintsev, *Russkaia obshchina*, p. 626; 'Sibirskaia bezopasnost' v gorodakh i na dorogakh', *Vostochnoe obozrenie*, 1886, no. 40, pp. 1–23; *Zabaikal'skaia nov'*, 8 June 1907, p. 4.

50. Maksimov, *Sibir' i katorga*, p. 46; Iadrintsev, *Russkaia obshchina*, pp. 485–7, 615–16; V. Ptitsyn, 'Zabaikal'skie razboiniki', *Istoricheskii vestnik*, 1890, vol. 40, pp. 237–9.
51. Iadrintsev, *Russkaia obshchina*, pp. 621–2; Iadrintsev, *Sibir' kak koloniia*, pp. 202–3; Stephen P. Frank, *Crime, Cultural Conflict and Justice in Rural Russia, 1856–1914* (Berkeley, 1999).
52. Iadrintsev, *Russkaia obshchina*, pp. 410–11; idem, *Sibir' kak koloniia*, p. 202; *Sibirskaia gazeta*, 20 March 1888, p. 10; V. L. Seroshevskii, 'Ssylka i katorga v Sibiri', in I. S. Mel'nik (ed.), *Sibir': ee sovremennoe sostoianie i ee nuzhdy. Sbornik statei* (St. Petersburg, 1908), p. 224.
53. *Sankt-Peterburgskie Vedomosti*, 26 November 1871, no. 326, vtoroi list, p. 1.
54. *Ssylka v Sibir'*, pp. 304–5.
55. Maksimov, *Sibir' i katorga*, p. 69; Iadrintsev, *Russkaia obshchina*, pp. 450–55; Moskvich, 'Pogibshie i pogibaiushchie', p. 60; RGIA, f. 1149, op. 9, d. 3 (1877), l. 773.
56. RGIA, f. 1263, op. 1, d. 52 (1813), ll. 416–17.
57. Moskvich, 'Pogibshie i pogibaiushchie', p. 61; L. Mel'shin [P. F. Iakubovich], *V mire otverzhennykh: zapiski byvshego katorzhnika* (St. Petersburg, 1896), p. 168; Iadrintsev, *Russkaia obshchina*, p. 499.
58. *Sibirskaia gazeta*, 29 April 1879, p. 3; 16 January 1883, p. 70; 31 March 1885, p. 325; Kennan, *Siberia and the Exile System*, vol. 2, p. 464; Seroshevskii, 'Ssylka i katorga v Sibiri', p. 222; Iadrintsev, *Russkaia obshchina*, p. 492.
59. RGIA, f. 1284, op. 241, d. 42 (1879), ll. 154–6; *Ssylka v Sibir'*, p. 264.
60. RGIA, f. 468, op. 19, d. 291 (1847), ll. 5–7; GARF, f. 122, 3 dp., op. 5, d. 1455 (1890), l. 14; Chekhov, *Sakhalin Island*, p. 310; Maksimov, *Sibir' i katorga*, pp. 74–5; Iadrintsev, *Russkaia obshchina*, p. 497; Moskvich, 'Pogibshie i pogibaiushchie', pp. 47–8; A. N. Krasnov, 'Na ostrove izgnaniia', *Knizhka nedeli*, 1893, no. 8, p. 166; Kennan, *Siberia and the Exile System*, vol. 2, p. 464; *Ssylka v Sibir'*, p. 263.
61. RGIA, f. 1652, op. 1, d. 197 (1877), l. 6 ob.
62. *Sibirskaia gazeta*, 12 October 1875, p. 5.
63. Iadrintsev, *Sibir' kak koloniia*, p. 205; idem, *Russkaia obshchina*, p. 500.

10 萨哈林岛

1. Vlas M. Doroshevich, *Kak ia popal na Sakhalin* (Moscow, 1903), p. 20.

2. Anton Chekhov, *Sakhalin Island, trans. Brian Reeve* (London, 2007), p. 234; N. Ia. Novombergskii, *Ostrov Sakhalin* (St. Petersburg, 1903), p. 94.
3. Richard Wortman, 'The Russian Imperial Family as Symbol', in Jane Burbank and David L. Ransel (eds.), *Imperial Russia: New Histories for the Empire* (Bloomington, IN, 1998), pp. 60–86; William G. Wagner, *Marriage, Property and Law in Late Imperial Russia* (Oxford, 1994); Pavla Miller, *Transformations of Patriarchy in the West, 1500–1900* (Bloomington, IN, 1998); Susan K. Morrissey, *Suicide and the Body Politic in Imperial Russia* (Cambridge, 2006), ch. 5.
4. Andrew A. Gentes, '"Licentious Girls" and Frontier Domesticators: Women and Siberian Exile from the Late Sixteenth to the Early Nineteenth Centuries', *Sibirica*, vol. 3, no. 1 (2003), pp. 3–20.
5. Michel Foucault, *Discipline and Punish: The Birth of the Prison*, trans. Alan Sheridan (New York, 1995); RGIA, f. 1149, t. 5, d. 68 (1860), ll. 16–17; RGIA, f. 1149, op. 9, d. 3 (1877), l. 758.
6. Abby M. Schrader, 'Unruly Felons and Civilizing Wives: Cultivating Marriage in the Siberian Exile System, 1822–1860', *Slavic Review*, vol. 66, no. 2 (Summer 2007), pp. 230–56; Andrew A. Gentes, 'Sakhalin's Women: The Convergence of Sexuality and Penology in Late Imperial Russia', *Ab Imperio*, 2003, no. 2, pp. 115–37.
7. RGIA, f. 1149, t. 5, d. 68 (1860), ll. 17 ob–18 ob.
8. E. N. Anuchin, *Issledovaniia o protsente soslannykh v Sibiri' v period 1827–1846 godov. Materialy dlia ugolovnoi statistiki Rossii* (St. Petersburg, 1873), p. 310; RGIA, f. 1264, op. 1, d. 427 (1828), l. 14 ob; RGIA, f. 1264, op. 1, d. 53 (1829), ll. 161–2; *Statisticheskie svedeniia o ssyl'nykh v Sibiri za 1833 i 1834 gody* (St. Petersburg, 1837), pp. 57, 64, 66–7.
9. Chekhov, *Sakhalin Island*, p. 226; RGIA, f. 1652, op. 1, d. 197 (1877), l. 2 ob; *Ssylka v Sibir'. Ocherk ee istorii i sovremennogo polozheniia* (St. Petersburg, 1900), appendices 2–3; A. D. Margolis, 'Chislennost' i razmeshchenie ssyl'nykh v Sibiri v kontse XIX veka', in idem, *Tiur'ma i ssylka v imperatorskoi Rossii. Issledovaniia i arkhivnye nakhodki* (Moscow, 1995), p. 32.
10. RGIA, f. 1264, op. 1, d. 51 (1828), l. 186; 'Smes'', *Zhurnal Ministerstva Vnutrennykh Del*, 1833, part 5, no. 8, pp. 226–7.
11. RGIA, f. 1264, op. 1, d. 427 (1828), l. 101; RGIA, f. 1264, op. 1, d. 427 (1828), ll. 116–18, 125 ob–128, 182; Schrader, 'Unruly Felons and Civilizing Wives', pp.

249–50; RGIA, f. 1286, op. 7, d. 341 (1840), l. 36 ob.

12. *Statisticheskie svedeniia o ssyl'nykh*, p. 67.
13. Margolis, 'Chislennost' i razmeshchenie ssyl'nykh', p. 31; Schrader, 'Unruly Felons and Civilizing Wives', p. 247.
14. GARF, f. 122, 3 dp., op. 5, d. 1534 (1891), ll. 1, 7; GATOvgT, f. 330, op. 2, d. 157 (1890), ll. 894, 1394–5.
15. 'Ustav o ssyl'nykh', no. 759, in *Uchrezhdenie dlia upravleniia sibirskikh gubernii* (St. Petersburg, 1822).
16. RGIA, f. 1286, op. 8, d. 426 (1841), ll. 6–7, 16–17.
17. RGIA, f. 1286, op. 38, d. 334 (1877), ll. 1–7.
18. Chekhov, *Sakhalin Island*, p. 234; GARF, f. 122, 3 dp., op. 5, d. 1154 (1885), ll. 293–4.
19. RGIA, f. 1405, op. 90, d. 7654 (1889), ll. 2–4.
20. RGIA, f. 1652, op. 1, d. 197 (1877), l. 2.
21. RGIA, f. 1149, op. 9, d. 3 (1877), ll. 752–752 ob.
22. RGIA, f. 468, op. 39, d. 105 (1857), ll. 25–6 ob; RGIA, f. 1149, op. 9, d. 3 (1877), ll. 749–51; Stephen G. Marks, 'Conquering the Great East: Kulomzin, Peasant Resettlement, and the Creation of Modern Siberia', in Stephen Kotkin and David Wolff (eds.), *Rediscovering Russia in Asia: Siberia and the Russian Far East* (New York, 1995), pp. 23–39; Donald W. Treadgold, *The Great Siberian Migration: Government and Peasant in Resettlement from Emancipation to the First World War* (Princeton, 1957), pp. 67–106.
23. RGIA, f. 1263, op. 1, d. 4236 (1882), ll. 462–4; RGIA, f. 1149, op. 9, d. 3 (1877), ll. 337–8, 753–4; RGIA, f. 560, op. 22, d. 121 (1882), l. 175.
24. A. P. Gorkin, *Geografiia Rossii* (Moscow, 1998), pp. 515–16.
25. Andrew A. Gentes, 'The Institution of Russia's Sakhalin Policy, from 1868 to 1875', *Journal of Asian History*, vol. 36, no. 2 (2002), p. 1; idem, 'No Kind of Liberal: Alexander II and the Sakhalin Penal Colony', *Jahrbücher für Geschichte Osteuropas*, vol. 54, no. 3 (2006), pp. 328–43.
26. Bruce F. Adams, *The Politics of Punishment: Prison Reform in Russia, 1863–1917* (DeKalb, IL, 1996), ch. 4; RGIA, f. 1149, op. 9, d. 3 (1877), ll. 751–7; Gentes, 'No Kind of Liberal', p. 340; Gentes, 'The Institution of Russia's Sakhalin Policy', pp. 5–6.
27. RGIA, f. 560, op. 22, d. 121 (1881), l. 176; Gentes, 'The Institution of Russia's

Sakhalin Policy', pp. 4–6.

28. Konstantin Korablin, 'Katorga na Sakhaline kak opyt prinuditel'noi kolonizatsii', *Vestnik DVO RAN*, 2005, no. 2, p. 75; GATOvgT, f. 152, op. 35, d. 362 (1885), ll. 1–1 ob; Vlas M. Doroshevich, *Sakhalin*, 2 parts (Moscow, 1903), part 1, p. 3; *Otchet po Glavnomu Tiuremnomu Upravleniiu za 1889* (St. Petersburg, 1891), p. 153; A. A. Plotnikov, 'Etapirovanie ssylnokatorzhnykh na ostrov Sakhalin vo vtoroi polovine XIX v.', in *Sibirskaia ssylka* (Irkutsk, 2011), no. 6 (18), pp. 125–6.
29. F. Avgustinovich, *Zametki ob ostrove Sakhaline* (St. Petersburg, 1880); Gentes, 'The Institution of Russia's Sakhalin Policy', pp. 26, 28; D. A. Dril', *Ssylka i katorga v Rossii (Iz lichnykh nabliudenii vo vremia poezdki v Priamurskii krai i Sibir')* (St. Petersburg, 1898), pp. 30–31; A. P. Salomon, 'O Sakhaline', *Tiuremnyi vestnik*, 1901, no. 1, p. 21.
30. Anton Chekhov, *A Life in Letters*, trans. and ed. Rosamund Bartlett (London, 2004), p. 225.
31. Ibid., pp. 204–5.
32. Ibid., p. 248; A. P. Chekhov, 'Ostrov Sakhalin', *Russkaia mysl'*, 1893, no. 10, pp. 1–33; no. 11, pp. 149–70; no. 12, pp. 77–114; 1894, no. 2, pp. 26–60; no. 3, pp. 1–28; no. 5, pp. 1–30; no. 6, pp. 1–27; no. 7, pp. 1–30.
33. Gentes, 'Sakhalin's Women', p. 129; Doroshevich, *Kak ia popal na Sakhalin*, p. 5.
34. RGIA, f. 1374, op. 6, d. 1366 (1800), ll. 1–19; L. V. Poddubskii, 'Sakhalinskie deti i ikh materi', *Pravo*, 1899, no. 50, p. 2354; N. S. Lobas, *Katorga i poselenie na o-ve Sakhaline. Neskol'ko shtrikhov iz zhizni russkoi shtrafnoi kolonii* (Pavlograd, 1903), p. 113; Cathy A. Frierson, *All Russia Is Burning! A Cultural History of Fire and Arson in Late Imperial Russia* (Washington, 2002), ch. 5; Stephen P. Frank, 'Narratives Within Numbers: Women, Crime and Judicial Statistics in Imperial Russia, 1834–1913', *The Russian Review*, vol. 55, no. 4 (October 1996), pp. 541–66; Laurie Bernstein, *Sonia's Daughters: Prostitutes and Their Regulation in Imperial Russia* (Berkeley, 1995).
35. Chekhov, *Sakhalin Island*, p. 230; RGIA, f. 1286, op. 4, d. 413 (1828), l. 12; RGIA, f. 1264, op. 1, d. 414 (1825), ll. 4–5; I. V. Efimov, *Iz zhizni katorzhnykh Ilginskogo i Aleksandrovskogo togda kazennykh, vinokurennykh zavodov, 1848–1853 gg.* (St. Petersburg, 1899), p. 51; L. Mel'shin [P. F. Iakubovich], *V mire otverzhennykh: zapiski byvshego katorzhnika* (St. Petersburg, 1896), p. 17; Dril', *Ssylka i katorga v Rossii*, pp. 32, 35.

36. RGIA, f. 1149, op. 2, d. 97 (1837), l. 14 ob; Vasilii Vlasov, *Kratkii ocherk neustroistv sushchestvuiushchikh na katorge* (St. Petersburg, 1873), p. 39.
37. RGIA, f. 1263, op. 1, d. 1067 (1836), ll. 134–5; GARF, f. 122, 3 dp., op. 5, d. 1154 (1885), l. 91.
38. I. P. Belokonskii (Petrovich), *Po tiur'mam i etapam: Ocherki tiuremnoi zhizni i putevye zametki ot Moskvy do Krasnoiarska* (Oryol, 1887), p. 57; George Kennan, *Siberia and the Exile System*, 2 vols. (New York, 1891), vol. 1, p. 108; RGIA, f. 1286, op. 36, d. 686 (1875), l. 20; RGIA, f. 1286, op. 38, d. 467 (1877), l. 41 ob; N. M. Iadrintsev, *Sibir' kak koloniia v geograficheskom, etnograficheskom i istoricheskom otnoshenii* (St. Petersburg, 1882), p. 175.
39. Chekhov, *A Life in Letters*, p. 261; Vlasov, *Kratkii ocherk neustroistv*, p. 38.
40. S. V. Maksimov, *Sibir' i katorga*, 3rd edn (St. Petersburg, 1900), p. 24; Alexandra Oberländer, *Unerhörte Subjekte: die Wahrnehmung sexueller Gewalt in Russland, 1880–1910* (Frankfurt, 2013), ch. 4.
41. V. I. Semevskii, *Rabochie na sibirskikh zolotykh promyslakh: istoricheskoe issledovanie*, 2 vols. (St. Petersburg, 1898), vol. 1, pp. xvii–xviii; Vlasov, *Kratkii ocherk neustroistv*, pp. 33, 36–8.
42. Vlasov, *Kratkii ocherk neustroistv*, pp. 33, 36.
43. GARF, f. 122, op. 5, d. 2807 (1899), ll. 5–6; Poddubskii, 'Sakhalinskie deti', pp. 2351–3; IRLI RAN, f. 134, op. 4, d. 319, ll. 61–70.
44. Chekhov, *Sakhalin Island*, pp. 228–30; Lobas, *Katorga i poselenie*, pp. 105–10.
45. Chekhov, *Sakhalin Island*, p. 229.
46. Lobas, *Katorga i poselenie*, pp. 107–8.
47. Chekhov, *Sakhalin Island*, p. 232; Dril', *Ssylka i katorga v Rossii*, p. 32.
48. Poddubskii, 'Sakhalinskie deti', pp. 2352–3.
49. A. P. Salomon, 'O Sakhaline', *Tiuremnyi vestnik*, 1901, no. 2, pp. 75–7.
50. Ibid., p. 76; Krasnov, 'Na ostrove izgnaniia', p. 168; Doroshevich, *Sakhalin*, part 1, p. 316; Dril', *Ssylka i katorga v Rossii*, p. 35.
51. N. M. Iadrintsev, *Russkaia obshchina v tiur'me i ssylke* (St. Petersburg, 1872), pp. 76–86; 424; Krasnov, 'Na ostrove izgnaniia', p. 169.
52. Chekhov, *Sakhalin Island*, p. 235.
53. Salomon, 'O Sakhaline', pp. 68–9.
54. Chekhov, *Sakhalin Island*, pp. 71, 126.
55. Ibid., p. 127.

56. Krasnov, 'Na ostrove izgnaniia', p. 168; Salomon, 'O Sakhaline', p. 77.
57. Vlasov, *Kratkii ocherk neustroistv*, pp. 29–30.
58. Ibid., p. 53; Doroshevich, *Sakhalin*, part 1, p. 98.
59. Chekhov, *Sakhalin Island*, p. 236; Poddubskii, 'Sakhalinskie deti', p. 2357; Dril', *Ssylka i katorga v Rossii*, pp. 31–2.
60. GARF, f. 122, 3 dp., op. 5, d. 641 (1880), l. 2 ob.
61. Novombergskii, *Ostrov Sakhalin*, pp. 31–2; Poddubskii, 'Sakhalinskie deti', p. 2350.
62. Vlasov, *Kratkii ocherk neustroistv*, pp. 33, 36; Charles Henry Hawes, *In the Uttermost East; Being an Account of Investigations Among the Natives and Russian Convicts of the Island of Sakhalin, with Notes on Travel in Korea, Siberia, and Manchuria* (London, 1904), p. 145; Novombergskii, *Ostrov Sakhalin*, p. 31; Dril', *Ssylka i katorga v Rossii*, p. 35.
63. Chekhov, *A Life in Letters*, p. 261 [translation modified].
64. Hawes, *In the Uttermost East*, p. 145; Novombergskii, *Ostrov Sakhalin*, p. 95; Dril', *Ssylka i katorga v Rossii*, pp. 34–5.
65. Dril', *Ssylka i katorga v Rossii*, p. 35; Lobas, *Katorga i poselenie*, pp. 150–51; A. A. Vlasenko, 'Ugolovnaia ssylka v Zapadnuiu Sibir'', p. 174; V. G. Korolenko, 'Fedor Bespriiutnyi', in idem, *Sobranie sochinenii v desiati tomakh*, 10 vols. (Moscow, 1953–6), vol. 1, pp. 176–220.
66. B. Savrimovich, *K voprosu po ustroistvu ssyl'nykh na o. Sakhalin* (1896), no. 4721, p. 9; RGIA, f. 892, op. 3, d. 54 (1915), l. 1.
67. M. N. Galkin-Vraskoi, 'Poezdka v Sibir' i na ostrov Sakhalin', *Russkaia starina*, 1901, no. 1, pp. 163–4; Chekhov, *Sakhalin Island*, p. 63. 阿穆尔河沿岸总督辖区（包括阿穆尔地区、外贝加尔和萨哈林）总督的职务在 1884 年设立。
68. Poddubskii, 'Sakhalinskie deti', p. 2353; Chekhov, *Sakhalin Island*, p. 245.
69. Salomon, 'O Sakhaline', pp. 75–7; Dril', *Ssylka i katorga v Rossii*, pp. 16–19; Lobas, *Katorga i poselenie*, pp. 118–21; Chekhov, *Sakhalin Island*, p. 126; Doroshevich, *Sakhalin*, part 1, p. 91.
70. Dril', *Ssylka i katorga v Rossii*, p. 10; Korablin, 'Katorga na Sakhaline', pp. 79–80; Lobas, *Ostrov Sakhalin*, pp. 42–3.
71. Chekhov, *A Life in Letters*, p. 252; V. M. Latyshev, 'Sakhalin posle A. P. Chekhova (Reviziia Sakhalinskoi katorgi generalom N. I. Grodekovym v 1894)', *Vestnik Sakhalinskogo Muzeia*, 2000, no. 7, pp. 157–62; Andrew A. Gentes, 'Sakhalin

as *Cause Célèbre*: The Re-signification of Tsarist Russia's Penal Colony', *Acta Slavica Iaponica*, vol. 32, 2012, pp. 55–72; Sharyl M. Corrado, 'The "End of the Earth": Sakhalin Island in the Russian Imperial Imagination', Ph.D. dissertation, University of Illinois at Urbana-Champaign, 2010, ch. 4.

72. GARF, f. 122, op. 5, d. 2807 (1899), l. 1; V. M. Latyshev, 'Vrach L. V. Poddubskii i ego zapiski o sakhalinskoi katorge', *Vestnik Sakhalinskogo Muzeia*, 2004, no. 11, pp. 141–8; Corrado, 'The "End of the Earth" ', p. 114; 'K voprosu o budushchnosti i ustroistve o. Sakhalina', *Tiuremnyi vestnik*, 1901, no. 6, pp. 271–95.
73. 'Rech' nachal'nika Glavnogo Tiuremnogo Upravleniia na o. Sakhaline', *Tiuremnyi vestnik*, 1899, no. 1, p. 10.
74. Salomon, 'O Sakhaline', p. 69.
75. David Schimmelpenninck van der Oye, *Toward the Rising Sun: Russian Ideologies of Empire and the Path to War with Japan* (DeKalb, IL, 2001), chs. 11–12.
76. Iuliia Ul'iannikova, 'Chuzhie sredi chuzhikh, chuzhie sredi svoikh: Russko-iaponskaia voina i evakuatsiia Sakhalinskoi katorgi v kontekste imperskoi politiki na Dal'nem Vostoke', *Ab Imperio*, 2010, no. 4, pp. 185–93; Corrado, 'The "End of the Earth" ', p. 164.
77. Doroshevich, *Sakhalin*, part 1, pp. 28, 30–31.

11 鞭 打

1. Anton Chekhov, *Sakhalin Island*, trans. Brian Reeve (London, 2007), p. 293.
2. 关于废除肉刑的步骤，参见 Bruce F. Adams, *The Politics of Punishment: Prison Reform in Russia, 1863–1917* (DeKalb, IL, 1996), ch. 1; N. M. Iadrintsev, *Russkaia obshchina v tiur'me i ssylke* (St. Petersburg, 1872), p. 284; Richard S. Wortman, *The Development of a Russian Legal Consciousness* (Chicago, 1976), ch. 9; Abby M. Schrader, *Languages of the Lash: Corporal Punishment and Identity in Imperial Russia* (DeKalb, IL, 2002), ch. 6。
3. Iadrintsev, *Russkaia obshchina*, p. 438; Schrader, *Languages of the Lash*, pp. 3–4, 80–81.
4. N. N. Evreinov, *Istoriia telesnykh nakazanii v Rossii* (St. Petersburg, 1913), pp. 100–101.
5. Schrader, *Languages of the Lash*, pp. 105, 119–20; Evreinov, *Istoriia telesnykh nakazanii*, p. 98; Andrew A. Gentes, *Exile, Murder and Madness in Siberia, 1823–61* (Basingstoke, 2010), p. 50; Fyodor Dostoevsky, *The House of the Dead*, trans.

David McDuff (London, 2003), pp. 229–30; V. M. Doroshevich, *Sakhalin*, 2 parts (Moscow, 1903), part 1, pp. 257–8.

6. Stephen P. Frank, *Crime, Cultural Conflict and Justice in Rural Russia, 1856–1914* (Berkeley, 1999), pp. 226–35; Orlando Figes, *A People's Tragedy: The Russian Revolution, 1891–1924* (London, 1996), p. 96; Schrader, *Languages of the Lash*, pp. 102, 105, 157; W. Bruce Lincoln, *Nicholas I: Emperor and Autocrat of All the Russias* (Bloomington, IN, 1978), pp. 103–4.
7. Schrader, *Languages of the Lash*, p. 216, n. 65.
8. RGIA, f. 1263, op. 1, d. 1067 (1836), ll. 268–9, 308 ob.
9. Chekhov, *Sakhalin Island*, p. 290.
10. N. S. Lobas, *Katorga i poselenie na o-ve Sakhaline. Neskol'ko shtrikhov iz zhizni russkoi shtrafnoi kolonii* (Pavlograd, 1903), p. 94.
11. Chekhov, *Sakhalin Island*, pp. 289–90.
12. Ibid., p. 287.
13. Joseph Frank, *Dostoevsky: The Years of Ordeal, 1850–1859* (Princeton, 1983), p. 78.
14. Shimon Tokarzhevskii, 'Sem' let katorgi' (1907), in idem, *Sibirskoe likholeti'e* (Kemerovo, 2007), p. 173.
15. V. A. D'iakov, 'Katorzhnye gody F. M. Dostoevskogo', in L. M. Goriushkin (ed.), *Politicheskaia ssylka v Sibiri XIX–nachalo XX v.* (Novosibirsk, 1987), p. 201; K. Nikolaevskii, 'Tovarishchi F. M. Dostoevskogo po katorge', *Istoricheskii vestnik*, January 1901, pp. 220–21; Tokarzhevskii, 'Sem' let katorgi', pp. 177–8.
16. Tokarzhevskii, 'Sem' let katorgi', pp. 173–4.
17. Chekhov, *Sakhalin Island*, p. 294.
18. N. M. Iadrintsev, *Sibir' kak koloniia v geograficheskom, etnograficheskom i istoricheskom otnoshenii* (St. Petersburg, 1882), p. 207; Vasilii Vlasov, *Kratkii ocherk neustroistv sushchestvuiushchikh na katorge* (St. Petersburg, 1873), p. 9.
19. Tokarzhevskii, 'Sem' let katorgi', p. 172; Chekhov, *Sakhalin Island*, p. 278; Vlasov, *Kratkii ocherk neustroistv*, p. 23.
20. RGIA, f. 1286, op. 5, d. 508 (1832), ll. 1–2; GARF, f. 122, 3 dp., op. 5, d. 837 (1881), ll. 7–8.
21. Doroshevich, *Sakhalin*, part 1, p. 168; RGIA, f. 1341, op. 65, d. 565 (1847), ll. 13–14, 18.
22. Iadrintsev, *Russkaia obshchina*, pp. 101–102.
23. Doroshevich, *Sakhalin*, part 1, pp. 251–3.

24. V. Ia. Kokosov, *Rasskazy o kariiskoi katorge (iz vospominanii vracha)* (St. Petersburg, 1907), pp. 107–12.
25. Ibid., p. 193.
26. Dostoevsky, *The House of the Dead*, pp. 248, 250–51.
27. Ibid., pp. 81, 227.
28. I. V. Efimov, *Iz zhizni katorzhnykh Ilginskogo i Aleksandrovskogo togda kazennykh, vinokurennykh zavodov, 1848–1853 gg.* (St. Petersburg, 1899), pp. 35–7.
29. Doroshevich, *Sakhalin*, part 2, p. 57; part 1, p. 271.
30. Iadrintsev, *Russkaia obshchina*, p. 371; Lev Deich, *Sixteen Years in Siberia*, trans. Helen Chisholm (London, 1903), pp. 177–8; Doroshevich, *Sakhalin*, part 1, p. 275.
31. V. Moskvich, 'Pogibshie i pogibaiushchie. Otbrosy Rossii na sibirskoi pochve', *Russkoe bogatstvo*, 1895, no. 7, p. 53; Iadrintsev, *Russkaia obshchina*, p. 440; D. A. Dril', *Ssylka i katorga v Rossii (Iz lichnykh nabliudenii vo vremia poezdki v Priamurskii krai i Sibir')* (St. Petersburg, 1898), pp. 237–8; Chekhov, *Sakhalin Island*, p. 289.
32. *Ob otmene tiazhkikh telesnykh nakazanii za prestupleniia sovershaemye ssyl'nymi* (St. Petersburg, 1867), p. 8.
33. Schrader, *Languages of the Lash*, p. 156.
34. Tokarzhevskii, 'Sem' let katorgi', p. 172; Schrader, *Languages of the Lash*, p. 157.
35. L. Mel'shin [P. F. Iakubovich], 'Russkaia katorga pered sudom kafedral'noi nauki', *Russkoe bogatstvo*, 1900, no. 7, part 2, pp. 1–19; I. Ia. Foinitskii, 'Ssylka ili tiur'ma?', *Iuridicheskii vestnik*, 1881, no. 4, pp. 386–98; I. Ia. Foinitskii, *Uchenie o nakazanii v sviazi s tiur'movedeniem* (St. Petersburg, 1889), pp. 155–62; Daniel Beer, *Renovating Russia: The Human Sciences and the Fate of Liberal Modernity, 1880–1930* (Ithaca, 2008), ch. 3; Adams, *The Politics of Punishment*.
36. N. Lobas, 'K voprosu o telesnykh nakazaniiakh', *Vrach*, 27 June 1898, no. 26, pp. 760–63; Dr Lobas, 'Flogging in Siberia', *Current Literature*, vol. 24, no. 6 (December 1898), pp. 553–4; 'The Knout at Sakhalin', *The New York Times*, 29 May 1898, p. 23.
37. V. N. Gartevel'd, *Katorga i brodiagi Sibiri* (Moscow, 1912), p. 56.
38. Kokosov, *Rasskazy o kariiskoi katorge*, pp. 18–19.
39. Ibid., pp. 24–9.

40. RGIA, f. 1286, op. 8, d. 1086 (1843), l. 19 ob; RGIA, f. 1286, op. 10, d. 1154 (1847), ll. 3–3 ob, 6–6 ob.
41. S. V. Maksimov, *Sibir' i katorga*, 3rd edn (St. Petersburg, 1900), pp. 90–92; RGIA, f. 1265, op. 1, d. 206 (1852), l. 122 ob.
42. Efimov, *V zhizni katorzhnykh*, p. 29; Maksimov, *Sibir' i katorga*, p. 91; Iadrintsev, *Russkaia obshchina*, pp. 40–44.
43. Chekhov, *Sakhalin Island*, p. 124; George Kennan, *Siberia and the Exile System*, 2 vols. (New York, 1891), vol. 2, p. 207.
44. N. Ia. Novombergskii, *Ostrov Sakhalin* (St. Petersburg, 1903), p. 247.
45. Vlasov, *Kratkii ocherk neustroistv*, p. 54; I. P. Belokonskii [Petrovich], *Po tiur'mam i etapam: Ocherki tiuremnoi zhizni i putevye zametki ot Moskvy do Krasnoiarska* (Oryol, 1887), pp. 66–7; Iadrintsev, *Russkaia obshchina*, pp. 172–3; Dril', *Ssylka i katorga v Rossii*, p. 28; A. N. Krasnov, 'Na ostrove izgnaniia', *Knizhka nedeli*, 1893, no. 8, p. 161.
46. Doroshevich, *Sakhalin*, part 2, p. 56; M. Finnov, ' "Mrachnoe Onorskoe delo": Po stranitsam knigi A. P. Chekhova "Ostrov Sakhalin" ', in *Ostrov Chekhova: Ot Melikhova do Sakhalina: liudi, sud'by, vstrechi* (Moscow, 1990), pp. 227–55.
47. N. S. Lobas, 'K istorii russkoi shtrafnoi kolonii. 1. Sudebnaia ekspertiza na ostrove (Iz pamiatnoi knizhki byvshego sakhalinskogo vracha)', *Vrachebnaia gazeta*, 1904, no. 42, pp. 1199–202.
48. Lobas, 'K istorii russkoi shtrafnoi kolonii', *Vrachebnaia gazeta*, 1904, no. 43, pp. 1238–42; Lobas, *Katorga i poselenie*, pp. 54–63.
49. Doroshevich, *Sakhalin*, part 2, pp. 54–67.
50. V. M. Latyshev, 'Sakhalin posle A. P. Chekhova (Reviziia Sakhalinskoi katorgi generalom N. I. Grodekovym v 1894)', *Vestnik Sakhalinskogo Muzeia*, 2000, no. 7, pp. 157–62; Sharyl M. Corrado, 'The "End of the Earth": Sakhalin Island in the Russian Imperial Imagination', Ph.D. dissertation (University of Illinois at Urbana-Champaign, 2010), p. 116; Krasnov, 'Na ostrove izgnaniia', p. 161; *Vladivostok*, 15 August 1893, p. 7; 21 November 1893, p. 10; Chekhov, *Sakhalin Island*, p. 281; *Evening Standard*, 10 February 1894.

The New York Times, 10 February 1894, p. 5 [spelling modified].

12 "失败者要倒霉了！"

1. V. N. Shaganov, *Nikolai Chernyshevskii na katorge i v ssylke* (St. Petersburg, 1907),

pp. 1–3; Mikhail Gernet, *Istoriia tsarskoi tiur'my*, 5 vols. (Moscow, 1951–6), vol. 2, pp. 277–81; A. D. Margolis, 'N. G. Chernyshevskii v doroge na katorgu', in idem, *Tiur'ma i ssylka v Imperatorskoi Rossii. Issledovaniia i arkhivnye nakhodki* (Moscow, 1995), p. 95.

2. Nikolai Chernyshevsky, *What Is to Be Done?*, trans. Michael R. Katz (Ithaca, 1989); Orlando Figes, *A People's Tragedy: The Russian Revolution, 1891–1924* (London, 1996), p. 127.
3. GARF, f. 109, 3 eksp., op. 154, d. 115 (1869), ll. 21–3; RGIA, f. 1405, op. 521, d. 410 (1882), ll. 11–12, 22–32, 405–6; RGIA, f. 1405, op. 521, d. 430 (1888), ll. 1–8, 248–50.
4. James Allen Rogers, 'Darwinism, Scientism, and Nihilism', *The Russian Review*, vol. 19, no. 1 (1960), pp. 10–23; Philip Pomper, *The Russian Revolutionary Intelligentsia* (Arlington Heights, IL, 1970); James H. Billington, *Fire in the Minds of Men: Origins of the Revolutionary Faith* (New York, 1980), ch. 14.
5. Franco Venturi, *Roots of Revolution: A History of the Populist and Socialist Movements in Nineteenth-Century Russia*, trans. Francis Haskell (London, 1972), ch. 18; Daniel Field, 'Peasants and Propagandists in the Russian Movement to the People of 1874', *The Journal of Modern History*, vol. 59, no. 3 (1987), pp. 415–38.
6. K. P. Pobedonostsev, 'Bolezni nashego vremeni', in idem, *Moskovskii sbornik* (Moscow, 1896), p. 125; Daniel Beer, *Renovating Russia: The Human Sciences and the Fate of Liberal Modernity, 1880–1930* (Ithaca, 2008), pp. 12–13.
7. Margolis, 'N. G. Chernyshevskii', p. 98; GAIO, f. 24, op. 3, k. 45, d. 160 (1866), ll. 1–3; L. M. Goriushkin (ed.), *Politicheskaia ssylka v Sibiri. Nerchinskaia katorga*, vol. 1, no. 2 (Novosibirsk, 1993), p. 176; E. A. Skripilev, 'N. G. Chernyshevskii na Nerchinskoi katorge', *Politicheskie ssyl'nye v Sibiri (XVIII–nachalo XX v.)* (Novosibirsk, 1983), pp. 80–82.
8. GARF, f. 102, 3 dp., op. 77, d. 1143 (1881), l. 6.
9. Jonathan W. Daly, *Autocracy Under Siege: Security Police and Opposition in Russia, 1866–1905* (DeKalb, IL, 1998), p. 23; Jay Bergman, *Vera Zasulich: A Biography* (Stanford, 1983); Jonathan W. Daly, 'On the Significance of Emergency Legislation in Late Imperial Russia', *Slavic Review*, vol. 54, no. 3 (Autumn 1995), p. 608.
10. Daly, *Autocracy Under Siege*, ch. 3; John D. Klier, *Russians, Jews and the Pogroms of 1881–1882* (Cambridge, 2011).

11. V. I. Lenin, 'Tri zaprosa' (December 1911), *Polnoe sobranie sochinenii*, 5th edn, 55 vols. (Moscow, 1958–65), vol. 21, p. 114.
12. George Kennan, *Siberia and the Exile System*, 2 vols. (New York, 1891), vol. 1, pp. 242–3.
13. Daly, *Autocracy Under Siege*, ch. 3.
14. Daly, 'Emergency Legislation', p. 615; *Ssylka v Sibir'. Ocherk ee istorii i sovremennogo polozheniia* (St. Petersburg, 1900), appendix 4, p. 18; RGIA, f. 1405, op. 521, d. 410 (1882), ll. 11–12, 22–32, 405–6; M. Borodin, 'Mertvaia petlia', *Otechestvennye zapiski*, 1880, no. 7, pt. 2, pp. 40–63; Kennan, *Siberia and the Exile System*, vol. 1, p. 246; Lev Deich, *Sixteen Years in Siberia*, trans. Helen Chisholm (London, 1903), p. 188.
15. N. Gekker, 'Politicheskaia katorga na Kare', *Byloe*, 1906, no. 9, p. 72; D. M. Nechiporuk, 'Zagranichnaia agitatsiia russkikh revoliutsionerov v organizatsii pobegov iz Sibiri v Ameriku v nachale 1890-kh godov', *Istoricheskii ezhegodnik*, 2009, pp. 57–72; GAIO, f. 24, op. 3, k. 2643, d. 82 (1881), ll. 21–21 ob.
16. RGIA, f. 1284, op. 241, d. 42 (1879), ll. 163–163 ob; GAIO, f. 24, op. 3, k. 2244, d. 810 (1880), ll. 36–7, 43; GARF, f. 102, 3 dp., op. 77, d. 1038 (1881), ll. 1–3, 11–17; GATOvgT, f. 152, op. 12, d. 95 (1888), ll. 3–9; GAIO, f. 32, op. 1, d. 417 (1887), ll. 1–1 ob.
17. A. Levandovskii, *Elizaveta Nikolaevna Koval'skaia* (Moscow, 1928).
18. GAIO, f. 32, op. 1, d. 753 (1879), ll. 7–7 ob; Elizaveta Koval'skaia, 'Zhenskaia katorga', in *Kariiskaia tragediia (1889): Vospominaniia i materialy* (Petrograd, 1920), pp. 5–6; GAIO, f. 32, op. 1, d. 1394 (1882), ll. 25–8, 60–61; GAIO, f. 32, op. 2, d. 142 (1882), ll. 1–30; Elizaveta Koval'skaia, 'Pobeg', *Katorga i ssylka*, 1929, no. 5, pp. 130–31.
19. RGIA, f. 1405, op. 535, d. 158 (1884), ll. 1–9; Koval'skaia, 'Zhenskaia katorga', pp. 18–19; idem, 'Pobeg', *Katorga i ssylka*, 1932, no. 10, pp. 110–28.
20. GARF, f. 102, 3 dp., d. 5, ch. 1 (1884), ll. 56–56 ob; GAIO, f. 32, op. 1, d. 171 (1884), ll. 89–90, 121.
21. V. G. Korolenko, 'Istoriia moego sovremmenika', *Sobranie sochinenii*, 10 vols. (Moscow, 1953–6), vol. 7, pp. 197–205; RGIA, f. 1286, op. 40, d. 321 (1879), ll. 1–8; GAIO, f. 24, op. 3, k. 2643, d. 65 (1880), ll. 9–11, 30–33.
22. Kennan, *Siberia and the Exile System*, vol. 2, pp. 24–7.
23. GARF, f. 102, 5 dp., d. 7765 (1888), l. 257; Koval'skaia, 'Zhenskaia katorga', pp.

15–16.

24. GARF, f. 102, 3 dp., d. 1012 (1892), ll. 37–41.
25. Anton Chekhov, *A Life in Letters*, trans. and ed. Rosamund Bartlett (London, 2004), p. 241.
26. Goriushkin (ed.), *Politicheskaia ssylka v Sibiri*, pp. 223–5; V. I. Zorkin, *Vklad politicheskikh ssyl'nykh v izuchenie fol'klora Sibiri (vtoraia polovina XIX—nachalo XX v.* (Novosibirsk, 1985); A. I. Arkhipov, 'Uchastie politicheskikh ssyl'nykh v podgotovke proekta zemel'noi reformy gubernatora V. N. Skrypitsyna v Iakutskoi oblasti', in *Sibirskaia ssylka* (Irkutsk, 2011), no. 6 (18), pp. 307–12.
27. Bruce Grant, 'Empire and Savagery: The Politics of Primitivism in Late Imperial Russia', in Daniel R. Brower and Edward J. Lazzerini (eds.), *Russia's Orient: Imperial Borderlands and Peoples, 1700–1917* (Bloomington, IN, 1997), pp. 292–310; V. M. Andreev, 'O zhurnalistskoi deiatel'nosti predshestvennikov sotsial-demokratii (ssyl'nykh narodnikov) v Sibiri v 70–80-kh gg. XIX v.', in P. V. Zabelin (ed.), *Zhurnalistika v Sibiri* (Irkutsk, 1972), pp. 75–85.
28. L. S. Chudnovskii, 'Shkoly v Sibiri', *Zhurnal Ministerstva narodnogo prosveshcheniia*, 1892, no. 1, pp. 1–45, 107–40; S. P. Shevtsov, 'Kul'turnoe znachenie politicheskoi ssylki v Zapadnoi Sibiri', *Katorga i ssylka*, 1928, no. 3, pp. 57–87; A. I. Blek, 'Biblioteka i muzei v Semipalatinske', *Sibirskaia gazeta*, 1884, no. 24, p. 1.
29. Kennan, *Siberia and the Exile System*, vol. 2, pp. 45–51; *The Times*, 11 January 1884.
30. GAIO, f. 32, op. 1, d. 1299 (1883), ll. 1–4; GAIO, f. 32, op. 1, d. 753 (1880), ll. 2–2 ob.
31. GARF, f. 102, 2 dp., d. 186 (1883), l. 7; GARF, f. 102, 5 dp., d. 7765 (1888), ll. 261–261 ob; RGIA, f. 1405, op. 86, d. 8716 (1885), ll. 1–14.
32. RGIA, f. 1405, op. 535, d. 235 (1888), l. 11.
33. RGIA, f. 1405, op. 535, d. 235 (1888), ll. 10–25.
34. GARF, f. 102, 5 dp., d. 7765 (1888), ll. 258–258 ob. 新闻报道的例子，参见 V. I. Fedorova, *Narodnicheskaia ssylka Sibiri v obshchestvenno-politicheskoi i ideinoi bor'be v Rossii v poslednei chetverti XIX veka* (Krasnoyarsk, 1996), ch. 1。
35. GARF, f. 102, 5 dp., d. 7765 (1888), l. 259 ob.
36. RGIA, f. 1263, op. 1, d. 4236 (1882), l. 466; GARF, f. 102, 2 dp., d. 186 (1883), l. 26.

37. Goriushkin (ed.), *Politicheskaia ssylka v Sibiri*, p. 266.
38. GARF, f. 102, 2 dp., d. 436 (1883), ll. 12–13; Goriushkin (ed.), *Politicheskaia ssylka v Sibiri*, pp. 256–61; Julia Mannherz, *Modern Occultism in Late Imperial Russia* (DeKalb, IL, 2013).
39. Goriushkin (ed.), *Politicheskaia ssylka v Sibiri*, pp. 239–40; GARF, f. 102, 5 dp., d. 2835 (1882), l. 25; M. R. Popov, 'K biografii Ippolita Nikiticha Myshkina', *Byloe*, 1906, no. 2, pp. 252–71.
40. GARF, f. 102, 5 dp., d. 2835 (1882), l. 26; GARF, f. 102, 5 dp., d. 2378 (1881), ll. 29–30; GATOvgT, f. 1686, op. 1, d. 114 (1882), ll. 1–3; N. Levchenko, 'Pobeg s Kary', in A. Dikovskaia-Iakimova et al (eds.), *Kara i drugie tiur'my Nerchinskoi katorgi* (Moscow, 1927), pp. 55–72.
41. Goriushkin (ed.), *Politicheskaia ssylka v Sibiri*, pp. 245–7, 253–64.
42. GARF, f. 102, 3 dp., op. 77, d. 1288 (1881), ll. 6–8; M. I. Drei, 'Kariets I. N. Tsiplov', *Katorga i ssylka*, 1926, no. 1, pp. 218–26; Goriushkin (ed.), *Politicheskaia ssylka v Sibiri*, pp. 241–2.
43. Goriushkin (ed.), *Politicheskaia ssylka v Sibiri*, pp. 262–3.
44. Popov, 'K biografii', pp. 270–71.
45. F. Bogdanovich, 'Posle pobega', in Dikovskaia-Iakimova et al (eds.), *Kara i drugie tiur'my Nerchinskoi katorgi*, pp. 82–4; GARF, f. 102, 5 dp., d. 2835 (1882), ll. 46–7.
46. N. N. Evreinov, *Istoriia telesnykh nakazanii v Rossii* (St. Petersburg, 1913), pp. 133–55; Anton Chekhov, *Sakhalin Island*, trans. Brian Reeve (London, 2007), p. 293; V. Ia. Kokosov, *Rasskazy o kariiskoi katorge* (iz vospominanii vracha) (St. Petersburg, 1907), pp. 107–12; A. Fomin, 'Kariiskaia tragediia', in Dikovskaia-Iakimovaia et al (eds.), *Kara i drugie tiur'my Nerchinskoi katorgi*, p. 134.
47. Belokonskii, *Po tiur'mam i etapam*, pp. 167–80.
48. RGIA, f. 1286, op. 28, d. 917 (1867), ll. 16–18; Belokonskii, *Po tiur'mam i etapam*, p. 86.
49. *Ssylka v Sibir'*, appendix 1; RGIA, f. 1286, op. 38, d. 380 (1877), ll. 3–4; RGIA, f. 1286, op. 28, d. 917 (1867), ll. 48–9; RGIA, f. 1286, op. 37, d. 609 (1876), ll. 41. 关于驳船的描述，参见 Kennan, *Siberia and the Exile System*, vol. 1, ch. 5。
50. RGIA, f. 1286, op. 36, d. 686 (1875), ll. 13–14, 45 ob; GAIO, f. 32, op. 1, d. 199 (1877), l. 1; RGIA, f. 1286, op. 38, d. 467 (1876), l. 49 ob.
51. RGIA, f. 1286, op. 29, d. 836 (1868), ll. 8–8 ob; V. L. Seroshevskii, 'Ssylka i

katorga v Sibiri', in I. S. Mel'nik (ed.), *Sibir': ee sovremennoe sostoianie i ee nuzhdy* (St. Petersburg, 1908), pp. 210–11.

52. RGIA, f. 1286, op. 36, d. 686 (1875), l. 20; GARF, f. 122, op. 5, d. 619 (1880), ll. 1–2; GATOvgT, f. 330, op. 2, d. 1 (1888); GATOvgT, f. 330, op. 2, d. 629 (1890); GATOvgT, f. 333, op. 3, d. 1110 (1894); GAIO, f. 32, op. 1, d. 199 (1877), l. 1; GARF, f. 122, 3 dp., op. 5, d. 1328 (1887), ll. 2–4; D. A. Dril', *Ssylka i katorga v Rossii (Iz lichnykh nabliudenii vo vremia poezdki v Priamurskii krai i Sibir')* (St. Petersburg, 1898), p. 24; RGIA, f. 1024, op. 1, d. 100 (1893), ll. 2–3.
53. Ia. Stefanovich, 'Po etapam. Iz zapisok semidesiatnika (s Kary do Irkutska)', *Vestnik Evropy*, 1916, no. 7, pp. 79–131; A. V. Pribylev, *Ot Peterburga do Kary v 80-kh gg.* (Moscow, 1923); L. Mel'shin [P. F. Iakubovich], *V mire otverzhennykh: zapiski byvshego katorzhnika* (St. Petersburg, 1896), p. 10; RGIA, f. 1405, op. 535, d. 135 (1883), ll. 11–12.
54. RGIA, f. 1405, op. 535, d. 239 (1888), ll. 1–44.
55. RGIA, f. 1405, op. 535, d. 239 (1888), ll. 47, 55; GAIO, f. 32, op. 1, d. 2412 (1888), ll. 28–9.
56. P. L. Kazarian, *Iakutiia v sisteme politicheskoi ssylki Rossii, 1826–1917 gg.* (Yakutsk, 1998), pp. 252–4.
57. 'Doklad Ostashkina Depart. Pol. o dele 22 marta 1889 g.', in M. A. Braginskii et al (eds.), *Iakutskaia tragediia 22 marta (3 aprelia) 1889 goda. Sbornik vospominanii i materialov* (Moscow, 1925), pp. 210–23.
58. GARF, f. 102, o. o. 5 dp., d. 7732 (1889), l. 13.
59. GARF, f. 102, o. o. 5 dp., d. 7732 (1889), ll. 13–15; 'Dokumenty po iakutskomu delu 22 marta 1889 goda', in Braginskii et al (eds.), *Iakutskaia tragediia 22 marta*, pp. 188–203.
60. GARF, f. 102, o. o. 5 dp., d. 7732 (1889), l. 49; M. Bramson, 'Iakutskaia tragediia', in Braginskii et al (eds.), *Iakutskaia tragediia 22 marta*, pp. 26–7.
61. 'Pis'ma osuzhdennykh iakutian', in Braginskii et al (eds.), *Iakutskaia tragediia 22 marta*, pp. 78–9.
62. Ibid., p. 79.
63. GARF, f. 102, 3 dp., op. 87, d. 373 (1889), ll. 2–4, 11; Fedorova, *Narodnicheskaia ssylka Sibiri*, pp. 58–74.
64. 'Izbienie politicheskikh ssyl'nykh v Iakutske', in Braginskii et al (eds.), *Iakutskaia tragediia 22 marta*, p. 34; *The Times*, 26 December 1889, p. 7; *The New York*

Times, 8 February 1890; The Society of Friends of Russian Freedom, *The Slaughter of Political Prisoners in Siberia* (Gateshead, 1890), pp. 14–16.

65. Koval'skaia, 'Zhenskaia katorga', p. 26 [emphasis in original]; V. Pleskov, 'Iz nedra arkhiva', in Dikovskaia-Iakimova et al (eds.), *Kara i drugie tiur'my Nerchinskoi katorgi*, p. 192.
66. 'Kariiskie sobytiia po ofitsial'nym dannym V. Petrovskogo', in *Kariiskaia tragediia (1889). Vospominaniia i materialy* (St. Petersburg, 1920), p. 73; Fomin, 'Kariiskaia tragediia', pp. 122–7.
67. Kennan, *Siberia and the Exile System*, vol. 2, p. 269; Fomin, 'Kariiskaia tragediia', p. 128.
68. Fomin, 'Kariiskaia tragediia', p. 131.
69. Ibid., pp. 130–31; GARF, f. 102, 5 dp., op. 107, d. 7961 (1889), ll. 63–63 ob.
70. Fomin, 'Kariiskaia tragediia', p. 132.
71. Ibid., pp. 134–7.
72. GARF, f. 102, 5 dp., op. 127, d. 7961 (1889), ll. 20–21.
73. Kennan, *Siberia and the Exile System*, vol. 2, p. 272.
74. *The Times*, 28 February 1890, p. 13 [spelling modified].
75. *The New York Times*, 16 February 1890; 23 February 1890.
76. *The Times*, 10 March 1890, p. 6.
77. Jane E. Good, 'America and the Russian Revolutionary Movement, 1888–1905', *The Russian Review*, vol. 41, no. 3 (July 1982), p. 274.
78. Haia Shpayer-Makov, 'The Reception of Peter Kropotkin in Britain, 1886–1917', *Albion*, vol. 19, no. 3 (Autumn 1987), pp. 373–90; Barry Hollingsworth, 'The Society of Friends of Russian Freedom', *Oxford Slavonic Papers*, vol. 3 (1970), pp. 45–64; Good, 'America and the Russian Revolutionary Movement', p. 276; John Slatter, 'Bears in the Lion's Den: The Figure of the Russian Revolutionary Emigrant in English Fiction, 1880–1914', *Slavonic and East European Review*, vol. 77, no. 1 (January 1999), pp. 30–55.
79. Robert Service, *Lenin: A Biography* (London, 2000), chs. 8–10.
80. G. F. Oslomovskii, 'Kariiskaia tragediia', *Byloe*, 1906, no. 6, pp. 59–80; Viliuts, 'Iakutskaia tragediia 1889 g. (Po vospominaniiam ssyl'nogo)', *Russkaia mysl'*, 1906, no. 3, pp. 55–77; L. Mel'shin [P. F. Iakubovich], 'Vae Victis! (Dve tragedii v Sibiri)', *Sovremennye zapiski*, 1906, no. 1, pp. 1–18; Minor, 'Iakutskaia drama 22-ogo marta 1889 goda', *Byloe*, 1906, no. 9, pp. 129–57; Gekker, 'Politicheskaia

katorga na Kare'.

81. GARF, f. 102, 5 dp., d. 7765 (1888), ll. 261–2.

82. Gekker, 'Politicheskaia katorga na Kare', pp. 69–70; RGIA, f. 1263, op. 1, d. 4236 (1882), ll. 468 ob–469.

83. Kennan, *Siberia and the Exile System*, vol. 1, p. 258.

84. V. M. Gessen, *Iskliuchitel'noe polozhenie* (St. Petersburg, 1908), pp. 170–71; Eric Lohr, 'The Ideal Citizen and Real Subject in Late Imperial Russia', *Kritika: Explorations in Russian and Eurasian History*, vol. 7, no. 2 (Spring 2006), pp. 173–94.

85. 'Izbienie politicheskikh ssyl'nykh v Iakutske', in Braginskii et al (eds.), *Iakutskaia tragediia 22 marta*, p. 34.

13 收缩的大陆

1. *Sankt-Peterburgskie Vedomosti*, 21 November 1877, no. 322, p. 2; 24 November 1877, no. 325, p. 3.

2. Mark Bassin, 'Inventing Siberia: Visions of the Russian East in the Early Nineteenth Century', *American Historical Review*, vol. 96, no. 3 (June 1991), pp. 767, 770; Alexander Martin, *Enlightened Metropolis: Constructing Imperial Moscow, 1762–1855* (Oxford, 2013).

3. M. V. Lomonosov, 'Kratkoe opisanie raznykh puteshestvii po severnym moriam i pokazanie vozmozhnogo prokhoda sibirskim okeanom v Vostochnuiu Indiiu' (1762–3), in idem, *Polnoe sobranie sochinenii*, 11 vols. (Moscow-Leningrad, 1950–83), vol. 6, p. 498 (cited in Bassin, 'Inventing Siberia', p. 770).

4. Raymond H. Fisher, *The Russian Fur Trade, 1550–1700* (Berkeley, 1943); W. Bruce Lincoln, *The Conquest of a Continent: Siberia and the Russians* (Ithaca, 1994), pp. 54–6; Bassin, 'Inventing Siberia', p. 771; M. M. Gedenshtrom, *Otryvki o Sibiri* (St. Petersburg, 1830), p. 4.

5. N. B. Gersevanov, 'Zamechaniia o torgovykh otnosheniiakh Sibiri k Rossii', *Otechestvennye zapiski*, 1841, vol. 14, part 4, pp. 26, 33–34, 30; Mark Bassin, *Imperial Visions: Nationalist Imagination and Geographical Expansion in the Russian Far East, 1840–1865* (Cambridge, 1999), ch. 5.

6. A. V. Remnev, *Samoderzhavie i Sibir': Administrativnaia politika v pervoi polovine XIX v.* (Omsk, 1995), pp. 161–97.

7. RGIA, f. 1264, op. 1, d. 71 (1835), ll. 164 ob–165.

8. A. A. Vlasenko, 'Ugolovnaia ssylka v Zapadnuiu Sibir' v politike Samoderzhaviia XIX veka', Kandidatskaia diss. (Omsk State University, 2008), pp. 163–210; Andrew A. Gentes, *Exile, Murder and Madness in Siberia, 1823–61* (Basingstoke, 2010), pp. 68–71; L. M. Dameshek and A. V. Remnev (eds.), *Sibir' v sostave Rossiiskoi Imperii* (Moscow, 2007), p. 286.
9. N. M. Iadrintsev, *Sibir' kak koloniia v geograficheskom, etnograficheskom i istoricheskom otnoshenii* (St. Petersburg, 1882), p. 165.
10. Ivan Barsukov, *Graf Nikolai Nikolaevich Murav'ev-Amurskii po ego pis'mam, ofitsial'nym dokumentam, rasskazam sovremennikov i pechatnym istochnikam*, 2 vols. (Moscow, 1891), vol. 1, p. 671.
11. Bassin, *Imperial Visions*.
12. Nathaniel Knight, 'Science, Empire and Nationality: Ethnography in the Russian Geographical Society, 1845–1855', in Jane Burbank and David L. Ransel (eds.), *Imperial Russia: New Histories for the Empire* (Bloomington, IN, 1998), pp. 108–41; Claudia Weiss, *Wie Sibirien 'unser' wurde: Die Russische Geographische Gesellschaft und ihr Einfluß auf die Bilder und Vorstellungen von Sibirien im 19. Jahrhundert* (Göttingen, 2007), chs. 1–2; Joseph Bradley, *Voluntary Associations in Tsarist Russia: Science, Patriotism and Civil Society* (Cambridge, MA, 2009), ch. 3; Mark Bassin, 'The Russian Geographical Society, the "Amur Epoch", and the Great Siberian Expedition 1855–1863', *Annals of the Association of American Geographers*, vol. 73, no. 2 (1983), pp. 240–56.
13. *Otchet Imperatorskogo Russkogo Geograficheskogo Obshchestva za 1850 g.* (St. Petersburg, 1851), p. 43.
14. Cited in Yuri Semyonov, *The Conquest of Siberia: An Epic of Human Passions*, trans. E. W. Dickes (London, 1947), p. 303.
15. Steven G. Marks, *Road to Power: The Trans-Siberian Railroad and the Colonization of Asian Russia, 1850–1917* (London, 1991), pp. 13–57; David Schimmelpenninck van der Oye, *Russian Orientalism: Asia in the Russian Mind from Peter the Great to the Emigration* (New Haven, 2010), pp. 59, 69–70; K. N. Pos'et, 'Prekrashchenie ssylki v Sibir'', *Russkaia starina*, 1899, no. 7, p. 54.
16. M. K. Sidorov, *Sever Rossii* (St. Petersburg, 1870); idem, *O bogatstvakh severnykh okrain Sibiri i narodov tam kochuiushchikh* (St. Petersburg, 1873); M. K. Sidorov, *Proekt o vozmozhnosti zaseleniia severa Sibiri putem promyshlennosti i torgovli i o razvitii vneshnei torgovli Sibiri* (Tobolsk, 1864). 关于西多罗夫，参见有

关于他的活动的特刊 *Izvestiia obshchestva dlia sodeistviia russkomu torgovomu morekhodstvu*, 1889, no. 21, pp. 1–95; V. Korolev, *Rossii bespokoinyi grazhdanin* (Moscow, 1987)。

17. K. Staritskii, 'Ocherk istorii plavaniia po Karskomu moriu i ust'iam Eniseiia i Obi', *Izvestiia Imperatorskogo Russkogo Geograficheskogo Obshchestva*, 1877, vol. 13, no. 6, p. 435. 关于北极航海的历史，参见 Lincoln, *The Conquest of a Continent*, ch. 14。
18. AAN SPb, f. 270, op. 1, d. 421, 1877–8, ll. 9–26; AAN SPb, f. 270, op. 1, d. 409, ll. 1–4; D. I. Shvanenberg, 'O plavanii iakhty "Utrenniaia Zaria" iz Enisei cherez Karskoe more i Severnyi okean do Varde', in *Trudy S-Peterburgskogo otdeleniia Imperatorskogo obshchestva dlia sodeistviia russkomu torgovomu morekhodstvu za 1877 god* (St. Petersburg, 1877), p. 439; idem, 'V poliarnykh l'dakh', *Sbornik morskikh statei i rasskazov. Ezhemesiachnoe pribavlenie morskoi gazety 'Iakhta'*, December 1877, pp. 507–18; idem, 'Rasskaz kapitana D. I. Shvanenberga o plavanii skhun 'Severnoe Siianie' i 'Utrenniaia Zaria' v nizov'iakh Eniseia, v Karskom more v Severnom Ledovitom Okeane', *Izvestiia Imperatorskogo Russkogo Geograficheskogo Obshchestva*, 1877, vol. 13, no. 6, pp. 439–48.
19. Shvanenberg, 'O plavanii iakhty "Utrenniaia Zaria" ', pp. 248–9.
20. RGIA, f. 1286, op. 38, d. 465 (1877), ll. 25, 35; Shvanenberg, 'O plavanii iakhty "Utrenniaia Zaria" ', p. 251.
21. M. K. Sidorov, 'O plavanii russkikh moriakov na iakhte "Utrenniaia Zaria" ot Varde do Peterburga', *Trudy S-Peterburgskogo otdeleniia*, pp. 229–33; *The Times*, 29 October 1877, p. 8; RGIA, f. 1286, op. 38, d. 465 (1877), ll. 2–4.
22. Hakan Yavuz and Peter Sluglett (eds.), *War and Diplomacy: The Russo-Turkish War of 1877–1878 and the Treaty of Berlin* (Salt Lake City, UT, 2012).
23. Orlando Figes, *Crimea* (London, 2011); Schimmelpenninck van der Oye, *Russian Orientalism*, pp. 229–40; Alberto Masoero, 'Territorial Colonization in Late Imperial Russia: Stages in the Development of a Concept', *Kritika: Explorations in Russian and Eurasian History*, vol. 14, no. 1 (Winter 2013), pp. 64–5; David Schimmelpenninck van der Oye, *Toward the Rising Sun: Russian Ideologies of Empire and the Path to War with Japan* (DeKalb, IL, 2001), ch. 2.
24. A. V. Remnev, *Rossiia Dal'nego Vostoka: imperskaia geografiia vlasti XIX–nachala XX vekov* (Omsk, 2004), pp. 399–410; Ilya Vinkovetsky, *Russian America: An Overseas Colony of a Continental Empire* (New York, 2011), pp.

65–6.

25. Willard Sunderland, 'The "Colonization Question": Visions of Colonization in Late Imperial Russia', *Jahrbücher für Geschichte Osteuropas*, vol. 48, no. 2 (2000), pp. 210–32; A. V. Remnev, 'Colonization and "Russification" in the Imperial Geography of Asiatic Russia: From the Nineteenth to the Early Twentieth Centuries', in Uyama Tomohiko (ed.), *Asiatic Russia: Imperial Power in Regional and International Contexts* (London, 2012), pp. 108–9.
26. A. Roger Ekirch, *Bound for America: The Transportation of British Convicts to the Colonies, 1718–1775* (Oxford, 1987), pp. 207–12; Robert Hughes, *The Fatal Shore: A History of the Transportation of Convicts to Australia, 1787–1868* (London, 1986), ch. 14: Kirsten McKenzie, *Scandal in the Colonies: Sydney and Cape Town, 1820–1850* (Carlton, 2004); Hamish Maxwell-Stewart, *Closing Hell's Gates: The Death of a Convict Station* (Sydney, 2008); D. Meredith and D. Oxley, 'Condemned to the Colonies: Penal Transportation as the Solution to Britain's Law and Order Problem', *Leidschrift*, vol. 22, no. 1 (April 2007), pp. 36–9.
27. Vlasenko, 'Ugolovnaia ssylka', p. 212.
28. RGIA, f. 1652, op. 1, d. 197 (1877), l. 10; RGIA, f. 1149, op. 9, d. 3 (1877), l. 775; RGIA, f. 1586, op. 1, d. 1 (1885), l. 62.
29. N. M. Iadrintsev, 'Statisticheskie materialy k istorii ssylki v Sibiri', *Zapiski Irkutskogo otdela geograficheskogo obshchestva* (St. Petersburg, 1889), vol. 6, p. 330; A. D. Margolis, 'Chislennost' i razmeshchenie ssyl'nykh v Sibiri v kontse XIX veka', in idem, *Tiur'ma i ssylka v imperatorskoi Rossii. Issledovaniia i arkhivnye nakhodki* (Moscow, 1995), pp. 33–4.
30. RGIA, f. 1149, op. 9, d. 3 (1877), ll. 337–777; *Ssylka v Sibir', Ocherk ee istorii i sovremennogo polozheniia* (St. Petersburg, 1900), pp. 78–80; Bruce F. Adams, *The Politics of Punishment: Prison Reform in Russia, 1863–1917* (DeKalb, IL, 1996), pp. 97–120.
31. E. Frish, *Prilozhenie k predstavleniiu v Gosurdarstvennyi sovet o sokrashchenii ssylki v Sibir'* (St. Petersburg, 1887), p. 4.
32. RGIA, f. 1286, op. 28, d. 920 (1869), l. 122; RGIA, f. 1286, op. 38, d. 380 (1877), l. 5; N. M. Iadrintsev, *Russkaia obshchina v tiur'me i ssylke* (St. Petersburg, 1872), pp. 541–2.
33. RGIA, f. 1405, op. 88, d. 10215 (1879), ll. 447–53; Margolis, 'Chislennost' i razmeshchenie ssyl'nykh', p. 31; GARF, f. 122, 3 dp., op. 5, d. 2786a (1895), l. 15

ob.

34. 'Arestanty v Sibiri', *Sovremennik*, 1863, no. 11, pp. 133–75; S. V. Maksimov, *Sibir' i katorga* (St. Petersburg, 1871); Grigorii Fel'dshtein, *Ssylka. Ocherki ee genezisa, znacheniia, istorii i sovremennogo sostoianiia* (Moscow, 1893), pp. 185–91; Iadrintsev, *Russkaia obshchina*, p. 582; N. M. Iadrintsev, 'Polozhenie ssyl'nykh v Sibiri', *Vestnik Evropy*, November 1875, no. 10, pp. 283–312; no. 12, pp. 529–56; Iadrintsev, *Sibir' kak koloniia*, pp. 220–21.
35. RGIA, f. 1652, op. 1, d. 197 (1877), l. 7 ob; RGIA, f. 1287, op. 38, d. 2104 (1881), l. 6.
36. *Sibir'*, 5 October 1875, no. 15, p. 5; 2 October 1877, no. 40, p. 3; 11 September 1877, no. 37, p. 1.
37. *Vostochnoe obozrenie*, 15 September 1891, no. 38, p. 2; *Sibirskaia zhizn'*, 12 December 1897, no. 262, p. 2; Iadrintsev, *Sibir' kak koloniia*; G. N. Potanin, 'Proekt otmeny ssylki v Sibiri', in idem, *Izbrannye sochineniia v trekh tomakh*, 3 vols. (Pavlodar, 2005), vol. 2, pp. 170–76; A. A. Ivanov, 'Samyi nasushchnyi vopros Sibiri', www.penpolit.ru (accessed 19 July 2015); Alan Wood, 'Chernyshevskii, Siberian Exile and Oblastnichestvo', in Roger Bartlett (ed.), *Russian Thought and Society, 1800–1917* (Keele, 1984), pp. 42–66; Stephen Watrous, 'The Regionalist Conception of Siberia, 1860 to 1920', in Yuri Slezkine and Galya Diment (eds.), *Between Heaven and Hell: The Myth of Siberia in Russian Culture* (New York, 1993), pp. 113–32; Yuri Slezkine, *Arctic Mirrors: Russia and the Small Peoples of the North* (Ithaca, 1994), ch. 4.
38. S. Chudnovskii, 'Kolonizatsionnoe znachenie sibirskoi ssylki', *Russkaia mysl'*, 1886, no. 10, pp. 51, 58; Iadrintsev, 'Polozhenie ssyl'nykh v Sibiri'; V. Moskvich, 'Pogibshie i pogibaiushchie: Otbrosy Rossii na sibirskoi pochve', *Russkoe bogatstvo*, 1895, no. 7, pp. 46–81; A. N. Rodigina, *'Drugaia Rossiia': Obraz Sibiri v russkoi zhurnal'noi presse vtoroi poloviny XIX–nachala XX v.* (Novosibirsk, 2006), p. 204.
39. S. Dizhur, 'Russkaia ssylka. Ee istoriia i ozhidaemaia reforma', *Russkoe bogatstvo*, 1900, no. 4, pp. 45–6.
40. Shvanenberg, 'V poliarnykh l'dakh', p. 517.
41. RGIA, f. 1286, op. 38, d. 465 (1877), ll. 6–8.
42. Golos, 18 November 1877, no. 280, p. 3; 19 November 1877, no. 281, p. 3; *Birzhevye Vedomosti*, 21 November 1877, no. 298, pp. 1–2; *Sankt-Peterburgskie*

Vedomosti, 21 November 1877, no. 322, p. 2.

43. *Sankt-Peterburgskie Vedomosti*, 24 November 1877, no. 325, p. 3.

44. Ibid., 27 November 1877, no. 328, p. 3; *Severnyi Vestnik*, 27 November 1877, no. 210, p. 2; *Peterburgskaia Gazeta*, 25 November 1877, no. 216, p. 2; 'Privetstvie F. D. Studitskogo moriakam, pribyvshim iz Eniseia na Nevu na iakhte 'Utrenniaia Zaria' v zasedanii 22 noiabria', *Trudy S-Peterburgskogo otdeleniia*, p. 222; 'Zhurnal obshchego sobraniia Imperatorskogo Russkogo Geograficheskogo Obshchestva 7-ogo dekabria 1877 goda', *Izvestiia Imperatorskogo Russkogo Geograficheskogo Obshchestva*, 1878, no. 1, pp. 32–4; Staritskii, 'Ocherk istorii plavaniia', p. 437; Glenn M. Stein and Lydia I. Iarukova, 'Polar Honours of the Russian Geographical Society 1845–1995', *Journal of the Hakluyt Society* (December 2008), p. 34; F. D. Studitskii (ed.), *Istoriia otkrytiia morskogo puti iz Evropy v sibirskie reki i do Beringova proliva*, 2 vols. (St. Petersburg, 1883), vol. 1, pp. 198–9.

45. RGIA, f. 1286, op. 38, d. 465 (1877), l. 33; Studitskii (ed.), *Istoriia otkrytiia morskogo puti*, vol. 1, p. 200; TsGIA SPb, f. 254, op. 1, d. 10688 (1877–8), l. 1; AAN SPb, f. 270, op. 1, d. 417 (1878), l. 21; AAN SPb, f. 270, op. 1, d. 417 (1878), l. 9.

46. Dameshek and Remnev (eds.), *Sibir' v sostave Rossiiskoi Imperii*, pp. 40–72; Frithjof Benjamin Schenk, *Russlands Fahrt in die Moderne: Mobilität und sozialer Raum im Eisenbahnzeitalter* (Stuttgart, 2014), pp. 92–6; Sunderland, 'The "Colonization Question"', pp. 217–26; Remnev, 'Colonization and "Russification"', pp. 102–8.

47. Lincoln, *The Conquest of a Continent*, p. 259; L. M. Goriushkin, 'Migration, Settlement and the Rural Economy of Siberia, 1861–1914', in Alan Wood (ed.), *The History of Siberia from Russian Conquest to Revolution* (London, 1991), pp. 140–57; Donald W. Treadgold, *The Great Siberian Migration: Government and Peasant Resettlement from Emancipation to the First World War* (Princeton, 1957); Sunderland, 'The "Colonization Question"', pp. 211–13.

48. Charles Steinwedel, 'Resettling People, Unsettling the Empire: Migration and the Challenge of Governance, 1861–1917', in Nicholas B. Breyfogle, Abby Schrader and Willard Sunderland (eds.), *Peopling the Periphery: Borderland Colonization in Eurasian History* (London, 2007), pp. 129–31; *Sankt-Peterburgskie vedomosti*, 13 January 1904 (cited in Anatolyi Remnev, 'Siberia and the Russian Far East

in the Imperial Geography of Power', in Jane Burbank, Mark von Hagen and Anatolyi Remnev (eds.), *Russian Empire: Space, People, Power, 1700–1930* (Bloomington, 2007), p. 445.

49. 'Po povodu predstoiashchego preobrazovaniia katorgi i ssylki', *Tiuremnyi vestnik*, 1899, no. 6, p. 249.

50. *Ssylka v Sibir'*, pp. 134–5, 333–4, 337.

51. A. P. Chekhov, 'V ssylke', in idem, *Polnoe sobranie sochinenii i pisem*, 20 vols. (Moscow, 1944–51), vol. 8, pp. 79–87; F. Kriukov, 'V rodnykh mestakh', *Russkoe bogatstvo*, 1903, no. 9, pp. 5–34; V. Krylov, 'V glushi Sibiri', *Vestnik Evropy*, 1893, no. 5, pp. 65–95; L. Mel'shin [P. F. Iakubovich], 'Kobylka v puti', *Russkoe bogatstvo*, 1896, no. 8, pp. 5–37; M. Paskevich, 'Katorzhnaia', *Zhenskoe delo*, 1900, no. 2, pp. 46–63; P. Khotymskii, 'Na novom meste', *Vestnik Evropy*, 1903, no. 5, pp. 156–80; no. 6, pp. 562–83; Lauren Leighton, 'Korolenko's Stories of Siberia', *Slavonic and East European Review*, vol. 49, no. 115 (April 1971), pp. 200–213; Harriet Murav, '"Vo Glubine Sibirskikh Rud": Siberia and the Myth of Exile', in Diment and Slezkine (eds.), *Between Heaven and Hell: The Myth of Siberia in Russian Culture* (New York, 1993), pp. 95–111.

52. *Vostochnoe obozrenie*, 1 October 1889, no. 4, p. 9.

53. Leo Tolstoy, *Resurrection*, trans. Anthony Briggs (London, 2009), p. 472 [translation modified].

54. A. D. Margolis, 'Sistema sibirskoi ssylki i zakon ot 12 iiunia 1900 goda', in idem (ed.), *Tiur'ma i ssylka v imperatorskoi Rossii*, p. 21; 'Otzyvy pechati po voprosu ob otmene ssylki', *Tiuremnyi vestnik*, 1899, no. 8, p. 358.

55. Margolis, 'Sistema sibirskoi ssylki', p. 23; GARF, f. 122, 3 dp., op. 5, d. 2786a (1895), l. 17; *Polnoe sobranie zakonov Rossiiskoi Imperii*, 3rd compendium (1881–1913), 10 June 1900, no. 18777, p. 633; 12 June, no. 18839, p. 757; Margolis, 'Chislennost' i razmeshchenie ssyl'nykh', pp. 31–2.

56. Margolis, 'Sistema sibirskoi ssylki', pp. 27, 19.

57. Adams, *The Politics of Punishment*, pp. 130–33; Stephen G. Wheatcroft, 'The Crisis of the Late Tsarist Penal System', in idem (ed.), *Challenging Traditional Views of Russian History* (Basingstoke, 2002), pp. 33–9; Margolis, 'Sistema sibirskoi ssylki', p. 26; Vlasenko, 'Ugolovnaia ssylka', pp. 178–210; B. Mironov, 'Prestupnost' v Rossii v XIX–nachale XX veka', *Otechestvennaia istoriia*, 1998, no. 1, p. 35.

14 严峻的考验

1. Iu. Steklov, 'Vospominaniia o iakutskoi ssylke', *Katorga i ssylka*, 1923, no. 6, p. 72; Volker Rabe, *Der Widerspruch von Rechtsstaatlichkeit und strafender Verwaltung in Russland, 1881–1917: Motive, Handhabung und Auswirkungen der administrativen Verbannung von Revolutionären* (Karlsruhe, 1985), pp. 342–3; Jonathan Daly, 'Political Crime in Late Imperial Russia', *The Journal of Modern History*, vol. 74, no. 1 (March 2002), p. 93.
2. Susan K. Morrissey, *Heralds of Revolution: Russian Students and the Mythologies of Radicalism* (Oxford, 1998), ch. 2; Orlando Figes, *A People's Tragedy: The Russian Revolution, 1891–1924* (London, 1996), pp. 166–8.
3. Theodore R. Weeks, *Nation and State in Late Imperial Russia: Nationalism and Russification on the Western Frontier, 1863–1914* (DeKalb, IL, 1996), pp. 112–21; John D. Klier and Shlomo Lambroza (eds.), *Pogroms: Anti-Jewish Violence in Modern Russian History* (Cambridge, 1992); Figes, *A People's Tragedy*, pp. 79–83, 139–54.
4. RGIA, f. 1405, op. 535, d. 235 (1888), ll. 10–25; M. Poliakov, 'Vospominaniia o kolymskoi ssylke', *Katorga i ssylka*, 1928, nos. 8–9, pp. 158, 160.
5. Poliakov, 'Vospominaniia o kolymskoi ssylke', p. 169 [emphasis in original].
6. V. I. Lenin 'Pis'ma', *Polnoe sobranie sochinenii*, 5th edn, 55 vols. (Moscow, 1958–65), vol. 55, p. 35.
7. Robert Service, *Lenin: A Biography* (London, 2000), ch. 7; W. Bruce Lincoln, *The Conquest of a Continent: Siberia and the Russians* (Ithaca, 1994), ch. 27; V. N. Dvorianov, *V sibirskoi dal'nei storone...(Ocherki istorii politicheskoi katorgi i ssylki. 60-e gody XVIII v.—1917 g.)* (Minsk, 1985), ch. 4.
8. Lincoln, *The Conquest of a Continent*, p. 219; Lenin, 'Pis'ma', vol. 55, p. 55.
9. Lincoln, *The Conquest of a Continent*, p. 221; Robert Service, *Trotsky: A Biography* (London, 2009), ch. 6; Isaac Deutscher, *The Prophet Armed: Trotsky, 1879–1921* (Oxford, 1970), pp. 42–56.
10. Service, *Lenin*, ch. 7.
11. Poliakov, 'Vospominaniia o kolymskoi ssylke', p. 171.
12. G. Tsyperovich, *Za poliarnym krugom. Desiat' let ssylki v Kolymske* (St. Petersburg, 1907), p. 110.
13. Ibid., p. 92; Lenin, 'Pis'ma', vol. 55, p. 98; Dvorianov, *V sibirskoi dal'nei storone...*, pp. 127–32.

14. Tsyperovich, *Za poliarnym krugom*, pp. 50, 146; M. A. Braginskii et al (eds.), *Iakutskaia tragediia 22 marta (3 aprelia) 1889 goda. Sbornik vospominanii i materialov* (Moscow, 1925), pp. 108–16.
15. Daly, 'Political Crime', p. 82; A. D. Margolis, 'Chislennost' i razmeshchanie ssyl'nykh v Sibiri v kontse XIX veka', in idem, *Tiur'ma i ssylka v imperatorskoi Rossii. Issledovaniia i arkhivnye nakhodki* (Moscow, 1995), pp. 38–40; Dvorianov, *V sibirskoi dal'nei storone*..., p. 155.
16. P. Teplov, *Istoriia iakutskogo protesta* (St. Petersburg, 1906), p. 453; GARF, f. 102, o. o., d. 9, ch. 8 (1904), ll. 14–14 ob.
17. P. I. Rozental', *'Romanovka' (Iakutskii protest 1904 goda. Iz vospominaniia uchastnika* (Moscow, 1924), pp. 14–15.
18. GARF, f. 102, o. o., d. 9, ch. 8 (1904), ll. 14–14 ob.
19. GARF, f. 124, op. 13, d. 1762 (1904), l. 3; Rozental', *'Romanovka'*, p. 23.
20. GARF, f. 102, op. o. o., d. 9, ch. 8 (1904), l. 12; GARF, f. 124, op. 13, d. 1762 (1904), l. 3.
21. 'Romanovskii protest v proklamatsiiakh iakutskikh politicheskikh ssyl'nykh', *Katorga i ssylka*, 1924, no. 5, pp. 169–70.
22. Rozental', *'Romanovka'*, pp. 63–9.
23. Ibid., pp. 74–5, 78–9.
24. V. M. Chernov, 'Terroristicheskii element v nashei programme', *Revoliutsionnaia Rossiia*, no. 7 (June 1902), pp. 3–4; R. A. Gorodnitskii, *Boevaia organizatsiia partii sotsialistov-revoliutsionerov v 1901–1911 gg.* (Moscow, 1998); Konstantin Morozov, *Partiia sotsialistov-revoliutsionerov v 1907–1911* (Moscow, 1998).
25. Susan K. Morrissey, 'The "Apparel of Innocence": Toward a Moral Economy of Terrorism in Late Imperial Russia', *The Journal of Modern History*, vol. 84 (September 2012), pp. 607, 613–14, 628–36; Anna Geifman, *Thou Shalt Kill: Revolutionary Terrorism in Russia, 1894–1917* (Princeton, 1993), p. 74; Abraham Ascher, *P. A. Stolypin: The Search for Stability in Late Imperial Russia* (Stanford, 2001), pp. 138–9.
26. D. N. Zhbankov, 'Travmaticheskaia epidemiia v Rossii (aprel'-mai 1905 g.), *Prakticheskii vrach*, vol. 4, nos. 32–5 (1907), pp. 633–7; M. O. Gershenzon, 'Tvorcheskoe samosoznanie', in *Vekhi. Intelligentsiia v Rossii: sbornik statei, 1909–1910*, 2nd edn (Moscow, 1909), p. 89; Charters Wynn, *Workers, Strikes, and Pogroms: The Donbass–Dnepr Bend in Late Imperial Russia* (Princeton, 1992);

Joan Neuberger, *Hooliganism: Crime, Culture and Power in St. Petersburg, 1900–1914* (Berkeley, 1993).

27. Abraham Ascher, *The Revolution of 1905: Russia in Disarray* (Stanford, 1988), ch. 2.
28. L. Martov, L. Maslov and A. Potresov (eds.), *Obshchestvennoe dvizhenie v Rossii v nachale XX veka*, 4 vols. (St. Petersburg, 1909–14), vol. 2, part 1, pp. 166–74; Ascher, *The Revolution of 1905*, pp. 291–2.
29. Jonathan W. Daly, 'On the Significance of Emergency Legislation in Late Imperial Russia', *Slavic Review*, vol. 54, no. 3 (Autumn 1995), pp. 622–5; E. Nikitina, 'Matrosy-revoliutsionery na katorge', *Tsarskii flot pod krasnym flagom* (Moscow, 1931), p. 186; A. P. Mikheev, 'Voennosluzhashchie v sostave uznikov tobol'skoi katorgi', *Vestnik Omskogo Gosurdarstvennogo Universiteta*, 2006, p. 1; William C. Fuller Jr, *Civil–Military Conflict in Imperial Russia, 1881–1914* (Princeton, 1985), p. 171; M. P. Chubinskii, 'Smertnaia kazn' i voennye sudy', in M. N. Gernet, O. B. Gol'dovskii and I. N. Sakharov (eds.), *Protiv smertnoi kazni*, 2nd edn (Moscow, 1907), p. 112.
30. Stephen G. Wheatcroft, 'The Crisis of the Late Tsarist Penal System', in idem (ed.), *Challenging Traditional Views of Russian History* (Basingstoke, 2002), pp. 46–8; Daly, 'Political Crime', pp. 84–6; Ia. Sverdlov, 'Massovaia ssylka' (1916), in idem, *Izbrannye proizvedeniia*, 3 vols. (Moscow, 1957–60), vol. 1, pp. 66–7.
31. E. Nikitina, 'Tornaia doroga (tiur'ma i katorga 1905–1913 godov)', in V. Vilenskii (ed.), *Deviatyi val: k desiatiletiiu osvobozhdeniia iz tsarskoi katorgi i ssylki* (Moscow, 1927), p. 38; GAIO, f. 25, op. 6, k. 502, d. 2960 (1906), ll. 5 ob–6 ob; V. Miakotin, 'O sovremennoi tiur'me i ssylke', *Russkoe bogatstvo*, 1910, no. 9, part 2, p. 129; GAIO, f. 226, op. 1, d. 279 (1915), ll. 5, 8, 39; A. P. Mikheev, *Tobol'skaia katorga* (Omsk, 2007), p. 80.
32. Ascher, *The Revolution of 1905*, pp. 247–8; S. Kallistov, 'Iz zhizni tobol'skoi katorgi (Vospominaniia 1908–1910 gg.)', *Katorga i ssylka*, 1923, no. 6, p. 230; A. Fomin, 'Nerchinskaia katorga poslednikh desiatiletii (1888–1917 gg.)', in A. Dikovskaia-Iakimova (ed.), *Kara i drugie tiur'my Nerchinskoi katorgi* (Moscow, 1927), p. 25; Mikheev, *Tobol'skaia katorga*, pp. 88, 92, 162.
33. GAIO, f. 25, op. 6, k. 502, d. 2962 (1906), ll. 1–2.
34. Mikheev, *Tobol'skaia katorga*, p. 163.
35. GAIO, f. 25, op. 6, k. 501, d. 2950 (1906), ll. 3–4.
36. Fomin, 'Nerchinskaia katorga', pp. 25–6; Miakotin, 'O sovremennoi tiur'me i

ssylke', pp. 128–9; 'Khronika', *Sibirskie voprosy*, 1909, no. 19, p. 33.

37. James H. Billington, *Fire in the Minds of Men: Origins of the Revolutionary Faith* (New York, 1980), ch. 14; GAIO, f. 25, op. 6, k. 502, d. 2960 (1906), l. 17; M. K., 'Politicheskaia katorga', *Sibirskie voprosy*, 1912, no. 26, pp. 14–15; Mikheev, *Tobol'skaia katorga*, pp. 94, 96–7.
38. GARF, f. 100, o. 0., d. 100, t. 3 (1907), ll. 301–301 ob.
39. Mikheev, *Tobol'skaia katorga*, p. 122; 'Bunt v tobol'skoi katorzhnoi tiur'me', *Katorga i ssylka*, 1923, no. 6, pp. 199–203.
40. GAIO, f. 226, op. 2, d. 108 (1912), ll. 5, 11, 15–15 ob.
41. Daly 确信"肉刑几乎从没有用到政治犯身上"，但这些关于鞭打西伯利亚政治犯的例子与 Daly 的确信相左。Daly, 'Political Crime', p. 91.
42. 'Bunt v tobol'skoi katorzhnoi tiur'me', pp. 209–10.
43. Ibid., p. 209.
44. GATOvgT, f. 151, op. 1, d. 10 (1907), ll. 1–2; Mikheev, *Tobol'skaia katorga*, p. 165.
45. 'Bunt v tobol'skoi katorzhnoi tiur'me', pp. 213–15.
46. F. Savitskii, 'Aleksandrovskaia tsentral'naia katorzhnaia tiur'ma', *Tiuremnyi vestnik*, 1908, no. 1, p. 62; F. Kudriavtsev, *Aleksandrovskii tsentral (iz istorii sibirskoi katorgi)* (Irkutsk, 1936), pp. 19–33.
47. GAIO, f. 25, op. 6, k. 538, d. 3754 (1908), ll. 30–31.
48. GAIO, f. 25, op. 6, k. 538, d. 3754 (1908), ll. 4–6, 28–30; RGIA, f. 1405, op. 539, d. 499 (1908), ll. 1–1 ob; F. Savitskii, 'Pobeg arestantov iz aleksandrovskoi katorzhnoi tiur'my', *Tiuremnyi vestnik*, 1909, no. 5, pp. 608–31; P. Fabrichnyi, 'Vooruzhennyi pobeg iz aleksandrovskogo tsentrala', *Katorga i ssylka*, 1922, no. 4, pp. 122–3.
49. GAIO, f. 25, op. 6, k. 538, d. 3754 (1908), ll. 82, 87, 103–9; Kudriavtsev, *Aleksandrovskii tsentral*, pp. 54–8.
50. GAIO, f. 25, op. 6, k. 488, d. 2665 (1906), ll. 32–32 ob, 46–8. 托博尔斯克省有一次同样暴力的逃跑活动，参见 GATOvgT, f. i151, op. 1, d. 7 (1907), ll. 1–9。
51. GATOvgT, f. 171, op. 1, d. 137 (1909), ll. 5, 9–13, 18; I. P. Serebrennikov, 'Terroristicheskaia deiatel'nost' ssyl'nykh revoliutsionerov v Vostochnoi Sibiri v mezhrevoliutsionnyi period (1907–1916 gg.)', in *Sibirskaia ssylka* (Irkutsk, 2011), no. 6 (18), pp. 340–41; D. I. Ermakovskii, *Turukhanskii bunt* (Moscow, 1930); D. A. Batsht, 'Podavlenie 'Turukhanskogo bunta': karatel'nyi apparat tsarskoi Rossii za

poliarnym krugom', in *Sibirskaia ssylka*, pp. 137–44.

52. 'Bunt v tobol'skoi katorzhnoi tiur'me', p. 212; Sergei Anisimov, *Kak eto bylo. Zapiski politicheskogo zashchitnika o sudakh Stolypina* (Moscow, 1931), p. 73.
53. A. P. Tolochko, 'O roli terrora v deiatel'nosti eserovskogo podpol'ia v Sibiri (1905-fevral' 1917 gg.)', *Istoricheskii ezhegodnik* (Omsk, 1997), pp. 14–24; A. A. Tsindik, 'Zapadnosibirskie esery i anarkhisty v period reaktsii 1907–1910 gg. (voennaia rabota)', *Omskii nauchnyi vestnik*, 2009, no. 5, pp. 23–6; S. V. Desiatov, 'Politicheskii ekstremizm v tobol'skoi gubernii na primere boevoi deiatel'nosti partii sotsialistov-revoliutsionerov (1906–1913 gg.)', *Omskii nauchnyi vestnik*, 2013, no. 3, pp. 33–5.
54. GAIO, f. 25, op. 6, k. 512, d. 3227 (1907), ll. 8–10.
55. GAIO, f. 25, op. 6, k. 512, d. 3227 (1907), l. 19.
56. GAIO, f. 25, op. 6, k. 507, d. 3115 (1907), ll. 18–21, 34–5, 52–4.
57. GATOvgT, f. 151, op. 1, d. 15 (1907), l. 2.
58. Mikheev, *Tobol'skaia katorga*, pp. 73–4; GATOvgT, f. 151, op. 1, d. 15 (1907), l. 4.
59. GATOvgT, f. 151, op. 1, d. 15 (1907), l. 3; I. Genkin, 'Tobol'skii tsentral', *Katorga i ssylka*, 1924, no. 3, pp. 167–73; V. N. Gartevel'd, *Katorga i brodiagi Sibiri* (Moscow, 1912), p. 56; L. Kleinbort, 'Ravenstvo v bezpravii', *Obrazovanie*, 1909, no. 3, p. 28; GATOvgT, f. 151, op. 1, d. 20 (1908), l. 1 ob; Mikheev, *Tobol'skaia katorga*, p. 167.
60. GATOvgT, f. 15, op. 1, d. 49 (1908), l. 2; Kallistov, 'Iz zhizni tobol'skoi katorgi', p. 230; GATOvgT, f. 151, op. 1, d. 15 (1907), l. 4.
61. GATOvgT, f. 151, op. 1, d. 15 (1907), ll. 3 ob–5; GARF, f. 102, o. o., d. 9, ch. 64 (1908), ll. 11–11ob.
62. A. A. Tsindik, *Voennaia i boevaia rabota revoliutsionnogo podpol'ia v Zapadnoi Sibiri v 1907–1914 gg.*, Kandidatskaia diss. (Omsk University, 2002), pp. 77–8.
63. Genkin, 'Tobol'skii tsentral', pp. 176–7; P. Vitiazev, 'Pamiati N. D. Shishmareva. Iz vospominanii', *Katorga i ssylka*, 1923, no. 6, pp. 249–59; A. P. Mikheev, 'Demony revoliutsii: iz istorii revoliutsionnogo ekstremizma v Zapadnoi Sibiri', *Izvestiia Omskogo Gosudarstvennogo Istoriko-kraevedicheskogo muzeia*, 1997, no. 5, pp. 205–6; 'Nekorolog. I. S. Mogiliev', *Tiuremnyi vestnik*, 1909, no. 5, pp. 576–7.
64. 'Bunt v tobol'skoi katorzhnoi tiur'me', p. 218.
65. Miakotin, 'O sovremennoi tiur'me i ssylke', p. 133; GARF, f. 102, op. 265, d. 881

(1913), ll. 150–52; GAIO, f. 226, op. 1, d. 86 (1911), ll. 3–5; GAIO, f. 266, op. 1, d. 33 (1909), ll. 146, 149; GATOvgT, f. 331, op. 16, d. 20 (1909), ll. 30–31.

66. GAIO, f. 25, op. 6, k. 584, d. 4678 (1912), ll. 12–13; I. Bril'on, *Na katorge. Vospominaniia revoliutsionera* (Petrograd, 1917), pp. 127–36; Mikheev, *Tobol'skaia katorga*, p. 81.

67. GATOvgT, f. 1, op. 1, d. 1074 (1910), ll. 1 ob–2. 关于加图自杀对俄国的影响，参见 Susan K. Morrissey, *Suicide and the Body Politic in Imperial Russia* (Cambridge, 2006), pp. 53–60。

68. A. N. Murav'ev, *Sochineniia i pis'ma* (Irkutsk, 1986), p. 263；弗拉基米尔・柯罗连科记录了其他革命者通过自杀来摒弃国家的宽赦的事例：V. G. Korolenko, 'Bytovoe iavlenie' (1910), in idem, *Sobranie sochinenii*, 10 vols. (Moscow, 1953), vol. 9, pp. 487–8；Morrissey, *Suicide and the Body Politic*, pp. 306–7; GATOvgT, f. 1, op. 1, d. 1074 (1910), l. 3。

69. See also Claudia Verhoeven, *The Odd Man Karakozov: Imperial Russia, Modernity, and the Birth of Terrorism* (Ithaca, 2009), p. 179; GATOvgT, f. 1, op. 1, d. 1074 (1910), l. 4 ob.

70. Richard Pipes, *The Russian Revolution, 1899–1919* (New York, 1990), ch. 17; Figes, *A People's Tragedy*, pp. 635–42; Helen Rappaport, *Ekaterinburg: The Last Days of the Romanovs* (London, 2009).

尾声 红色西伯利亚

1. GARF, f. 122, op. 5, d. 3307 (1917), ll. 38–40; M. G. Detkov, *Soderzhanie penitentsiarnoi politiki Rossiiskogo gosudarstva i ee realizatsiia v sisteme ispolneniia ugolovnogo nakazaniia v vide lisheniia svobody v period 1917–1930 godov* (Moscow, 1992), pp. 5–12; V. N. Dvorianov, *V sibirskoi dal'nei storone... (Ocherki istorii politicheskoi katorgi ssylki. 60-e gody XVIII v.–1917 g.)* (Minsk, 1985), pp. 243–4; Galina Ivanova, *Labour Camp Socialism: The Gulag in the Soviet Totalitarian System, trans. Carol Faith* (Armonk, NY, 2000), pp. 9–11; Orlando Figes, *A People's Tragedy: The Russian Revolution, 1891–1924* (London, 1996), ch. 9.

2. I. I. Serebrennikov, 'Moi vospominaniia: 1917–1922', Hoover Institution Archives, Ivan I. Serebrennikov Papers, box 10, p. 8 [I am grateful to Prof. Robert Service for supplying me with this reference]; L. V. Shapova, 'Amnistii i nachalo reorganizatsii penitentsiarnoi sistemy v Irkutskoi gubernii v 1917 g.', in *Sibirskaia ssylka* (Irkutsk,

2011), no. 6 (18), pp. 170–80.

3. P. Klimyshkin, 'K amnistii', *Katorga i ssylka*, 1921, no. 1, pp. 8–20; G. Sandomirskii, 'Na poslednei stupeni', *Katorga i ssylka*, 1921, no. 1, pp. 41–4; P. Fabrichnyi, 'Tak bylo', *Katorga i ssylka*, 1921, no. 1, pp. 45–9; Jonathan D. Smele, *Civil War in Siberia: The Anti-Bolshevik Government of Admiral Kolchak, 1918–1920* (Cambridge, 2006).
4. Anne Applebaum, *Gulag: A History* (London, 2004); Steven A. Barnes, *Death and Redemption: The Gulag and the Shaping of Soviet Society* (Princeton, 2011); M. Gor'kii, L. Averbakh and S. Firin (eds.), *Belomorsko-Baltiiskii Kanal imeni Stalina. Istoriia stroitel'stva 1931–1934 gg.* (Moscow, 1934; repr. 1998), pp. 593–5; Alexander Solzhenitsyn, *The Gulag Archipelago: 1918–1956*, trans. Thomas P. Whitney and Harry Willetts (London, 1995), p. 175; Golfo Alexopoulos, 'Destructive-Labor Camps: Rethinking Solzhenitsyn's Play on Words', *Kritika: Explorations in Russian and Eurasian History*, vol. 16, no. 3 (2015), pp. 499–526.
5. Ludmilla A. Trigos, *The Decembrist Myth in Russian Culture* (Basingstoke, 2009), chs. 4–5.《苦役与流放》杂志在 1921—1935 年发行。
6. Jonathan Daly, 'Political Crime in Late Imperial Russia', *The Journal of Modern History*, vol. 74, no. 1 (March 2002), p. 93.
7. Ivan Teodorovich, 'Avtobiografiia', *Entsiklopedicheskii slovar' Granat*, vol. 41, part 3, appendix, pp. 141–5; Marc Junge, *Die Gesellschaft ehemahliger politischer Zwangsarbeiter und Verbannter in der Sowjetunion: Gründung, Entwicklung und Liquidierung (1921–1935)* (Berlin, 2009), p. 442; L. Dolzhanskaia, 'Repressii 1937–1938 gg. v moskovskikh artel'iakh OPK', in Ia. Leont'ev and Marc Iunge (eds.), *Vsesoiuznoe obshchestvo politkatorzhan i ssyl'noposelentsev. Obrazovanie, razvitie, likvidatsiia, 1921–1935* (Moscow, 2004), pp. 278–308.

出版后记

19世纪60年代，俄国作家费奥多尔·陀思妥耶夫斯基根据自己流放西伯利亚的经历，写作并发表了纪实小说《死屋手记》。本书书名即取自这部震撼人心的小说。

西伯利亚的地理条件令其长期充当着沙皇俄国的流放地。普通刑事犯与政治犯、被社区抛弃的普通人、追随丈夫和父亲的妇女和儿童，来到了这片广阔的荒原，他们或被监禁，或定居流放地，或造福当地居民，或挣扎着生存，或大胆越狱，或反抗监狱暴政，或积聚着革命力量。但是随着各种移居者将它开发得日益繁荣，西伯利亚的惩罚功能在日渐减损。西伯利亚兼具惩罚与殖民两个功能，但这两个相斥的功能一直在从内部拆解着流放制度。

为写作本书，作者丹尼尔·比尔曾在俄罗斯从事一年半的档案研究，运用19世纪的新闻报道、官方报告和俄国小说，为读者呈现出了西伯利亚流放制度的残酷性及其囚犯悲剧性又鼓舞人心的命运。

本书中的《死屋手记》《叶甫盖尼·奥涅金》《致西伯利亚的囚徒》《白痴》《卡拉马佐夫兄弟》《复活》译文，分别引自娄自良、智量、戈宝权、荣如德、荣如德和力冈的译本。

服务热线：133-6631-2326　188-1142-1266

读者信息：reader@hinabook.com

后浪出版公司

2018年11月